曾平標————著

U0114715

橫琴助力澳門產業
多元發展紀實

國家使命

開明書店

大灣區三部曲之二

國家使命

橫琴助力澳門產業多元發展紀實

責任編輯：王春永
封面設計：林曉娜
排　　版：林筱晨
印　　務：林佳年

出版	開明書店
	香港北角英皇道 499 號北角工業大廈一樓 B
	電話：(852) 2137 2338　傳真：(852) 2713 8202
	電子郵件：info@chunghwabook.com.hk
	網址：http://www.chunghwabook.com.hk
發行	香港聯合書刊物流有限公司
	香港新界大埔汀麗路 36 號
	中華商務印刷大廈 3 字樓
	電話：(852) 2150 2100　傳真：(852) 2407 3062
	電子郵件：info@suplogistics.com.hk
印刷	美雅印刷製本有限公司
	香港觀塘榮業街 6 號海濱工業大廈 4 樓 A 室
版次	2020 年 7 月初版
	© 2020 開明書店
規格	16 開（230mm×170mm）
ISBN	978-962-459-191-0

目　錄

楔 子　　囑 託

2018 年 10 月 22 日。星期二。

珠海藍天白雲，陽光燦爛。

橫琴島一如往常的平靜。沒有標語，沒有封路，工地照常施工，居民照常生活，內地車輛和澳門車輛在環島路上如鯽而過，自由通行。

15 時 11 分，國家主席習近平一行驅車經橫琴大橋上島。

環島東路、港澳大道、厚朴道……習近平透過車窗玻璃，沿途視察橫琴城市建設情況，金融基地、橫琴總部大廈、橫琴口岸樞紐、橫琴澳門勵駿廣場、橫琴澳門青年創業谷一一映入眼簾。

車緩緩駛入粵澳合作中醫藥科技產業園。

產業園是《粵澳合作框架協議》首個粵澳合作的落地專案，承擔着推動粵澳產業合作和促進澳門經濟適度多元發展的重要使命，也牽繫着領導人的關心。

在科研總部大樓一樓，習近平首先觀看了橫琴開發十年總體情況的視頻短片，聽取橫琴新區黨委書記牛敬對橫琴新區啟動開發近十年間的進展和下一步發展思路的匯報。

習近平一邊聽一邊問在場的當地幹部：橫琴目前的人流量有多少，發展產業中澳門人員和企業過來的佔比有多大……

聽完介紹後，習近平很高興，他說：「這次到橫琴來，這算第四次了吧。可以說，我是對橫琴的每一步發展都是關心的、關注的。橫琴確實變化很大，從無到有，十年的時間變化很大，基礎設施、地面的一些公共設施、配套設施看來發展得很順利，下一步就是怎麼使它的內涵能夠充滿活力。」

隨後，中醫藥科技產業園董事長呂紅圍繞沙盤、中醫藥產品展示、中藥製品生產流程等向習近平介紹了產業園建設運營、中醫藥產業發展和國際交流合作情況。

從車間出來，習近平徑直來到位於研發檢測大樓四層的科研人員實驗室。

黎暢明是澳門大學中華醫藥研究院的行政主任，上午剛從澳門來到產業園。他與龔元香、倪靜雲，王建斌服務於一個名叫北澳中醫藥創新研究院的合作項目，這個項目由澳門大學、北京大學和產業園三方聯合發起，主要從事中醫藥新藥研發和澳門中醫藥企業品質標準的提升工作。

此時，他們正在理化實驗室裏討論工作上的事情。

「大家好！」當身穿白大褂的習近平笑容滿面地走進來時，四個人不約而同地怔了一下，然後紛紛站起身來向習近平問好。

習近平與黎暢明等幾位科研人員一一握手。

讓黎暢明十分驚訝的是，上次在澳門大學沒見着習近平，這回在中醫藥產業園巧遇到了。

那是 2014 年 12 月 20 日下午，習近平第三次踏入橫琴考察澳門大學校區，他向澳門大學贈送了現場簽名的《永樂大典》重印本和《北京大學圖書館藏稀見方志叢刊》，還表揚了澳門大學處於領先水準的中醫藥現代化研究。

「你的中醫藥是在哪裏學的？」習近平親切地問他。

「在澳門大學。」黎暢明回答說。

當呂紅介紹到倪靜雲時，習近平問：「你是哪個大學畢業的？」

「澳門大學畢業的。」倪靜雲剛開始還有點忐忑，當看到習近平和藹的面容時，內心瞬間平靜下來，她報告說：「我是技術研發部的，現在澳門生活，在中醫藥產業園工作，每天從澳門通過口岸來到產業園。」

習近平問：「澳門員工過來方不方便？路程上要多長時間？」

「我從澳門家裏到產業園這裏大概需要 45 分鐘左右，單位有通勤車和穿梭巴士，對員工來說還比較方便。」倪靜雲答。

「你們的技術研發平臺主要是做甚麼？」習近平又問。

「主要圍繞澳門服務，一個是為澳門的中醫藥上市品牌提高技術標準，第二是接受企業委託，為澳門企業新產品技術升級以及產品註冊服務。」

「研究的專案來源呢？」習近平問得特別仔細。

「北澳中醫藥創新研究院主要申請國家一些創新研發類的項目，技術研發部則主要是根據澳門企業的需求。」

當北京大學畢業的博士後研究員王建斌匯報自己正在從事經典名方的研發課題時，習近平滿意地頻頻頷首。

「澳門員工和人才公寓這塊的建設怎樣？」習近平詢問陪同介紹情況的呂紅。

「產業園有人才公寓的配套，年底到明年將陸續啟用，未來將不斷完善園區配套，讓更多的國際化人才留下來。」呂紅說：「明年是澳門回歸 20 周年，歡迎主席明年再到產業園來。」

在場所有的人都笑了。緊接着，實驗室裏爆發出熱烈掌聲。

從研發檢測大樓四樓乘電梯來到一樓，習近平發表了重要講話，他指出，橫琴有粵澳合作的先天優勢，要加強政策扶持，豐富合作內涵，拓展合作空間，發展新興產業，促進澳門經濟發展更具活力。[1]

習近平強調，中醫藥學是中華文明的瑰寶。要深入發掘中醫藥寶庫中的精華，推進產學研一體化，推進中醫藥產業化、現代化，讓中醫藥走向世界。

「為什麼要開發橫琴？主要是為澳門產業多元化發展創造條件，而不是搞一般的工業開發區⋯⋯」習近平語重心長地對站在身邊的省、市和橫琴新區的領導說：「我們始終要不忘初心吶！」

橫琴，習近平心之所系，情之所牽。

早在 2009 年 1 月 10 日，時任中共中央政治局常委、國家副主席的習近平前往澳門，在過道珠海時專程到橫琴「看看」。9 日上午，他輕車簡行，經灣仔穿過唯一連接橫琴島與市區的橫琴大橋，順着環島北路狹窄的水泥路，然後通過橫琴口岸，最後停車駐足在蓮花大橋上。

這是一座別具特色的跨境大橋：長 1668 米、寬 30 米、高 22 米。它恰似一枝長長的蓮花葉莖，將澳門這朵美麗的蓮花與祖國緊緊地連在一起。

1　《習近平在廣東考察時強調：高舉新時代改革開放旗幟　把改革開放不斷推向深入》，《人民日報》2018 年 10 月 26 日報道。

在橋的橫琴一端，設計了交通規則互換匝道橋，從橫琴駛向澳門的車輛，上橋時右行，下橋則變成左行；而澳門駛往橫琴的車輛則剛好相反，「一國兩制」在同一座匝道橋上得到生動演繹。

翌日，習近平在澳門鄭重宣佈：中央決定開發橫琴島！

回望歷史，暖心的畫面總是栩栩如生——

那是 2012 年 12 月 8 日，習近平第二次視察橫琴。他乘車再次來到橫跨十字門水道的蓮花大橋。

憑欄遠眺，他目光所及，正是位於橫琴島上的澳門大學新校區。

在橫琴新區規劃建設展示廳，他認真聽取了市委常委、橫琴新區黨委書記劉佳對橫琴總體發展規劃和開發建設進展情況的匯報。

隨後，習近平發表了重要講話，他指出：開發橫琴島，是一個審時度勢之舉，具有導向的作用和重要的意義。既有利於珠海建設成為珠江口西岸地區新的增長點，又有利於澳門的經濟適度多元發展，也有利於深化粵港澳合作和促進港澳地區長期繁榮穩定……

殷殷囑託啊！

從 2009 年至 2018 年，短短不到 10 年，習近平四次到橫琴，第一次定調，第二次鼓勁，第三次勉勵，第四次鞭策……

每一次行色匆匆，步履深深。

每一次諄諄教誨，苦口婆心。

十年的時間裏，黨和國家的主要領導人密集視察同一個地方，這在新中國的歷史上並不多見。

為什麼？

初心！

助力澳門產業多元發展的初心！

橫琴與澳門一水之隔，距離最近處不到 200 米。

這是內地最貼近澳門的地方，也是中國最為特殊的一個島嶼，它地處「一國兩制」的交匯點和內外輻射的接合部，與澳門中心城區的地理關聯甚至於比珠海

中心城區還來得緊密。

　　眾所周知，澳門是一個微型經濟體，博彩業在澳門經濟活動中扮演「主角」，也是維持政府收入的支柱產業。沒有產業集群，便難以單獨抵禦外來的經濟風險。

　　這種潛在的不穩定性，正如北宋呂蒙正《破窯賦》所言：天有不測風雲。

　　2008 年至 2009 年，雲譎波詭，受美國次貸危機引發的全球金融海嘯的影響，澳門以旅遊博彩業為龍頭和支柱的經濟結構弊端凸顯，博彩業節節下滑，一片蕭條，旅客銳減，首季度澳門博彩毛收入同比下跌 13%，澳門經濟負增長 12.9%……

　　澳門被「寒冬」籠罩。

　　2009 年 1 月，時任中共中央政治局常委、國家副主席的習近平在澳門考察期間宣佈，中央政府決定開發橫琴島。[1]

　　橫琴島開發的「按鈕」正式按下，為澳門經濟適度多元發展提供新平台，帶來新機遇。

　　時任澳門特區行政長官何厚鏵感慨萬千，他由衷地說：「這是中央送予澳門特區的一份厚禮，也是『一國兩制』優越性的充分體現。」[2]

　　從國家開發橫琴的初衷看，澳門人多地少，而橫琴地多人少，兩地具有很強的互補性。以 106.46 平方公里的橫琴助力 32 平方公里的澳門，讓橫琴做澳門經濟適度多元化發展的「搖籃」，自然是大有可為！

　　2009 年 8 月，國務院正式批覆《橫琴總體發展規劃》，將橫琴島納入珠海經濟特區範圍，首個「一國兩制」下探索粵港澳合作新模式的示範區脫穎而出。

　　2009 年，注定是橫琴新區的元年。

　　12 月 16 日這天，新區管委會正式掛牌，橫琴成為繼浦東、濱海後的第三個國家級新區。

1　《又是一年開學季，聽青年「引路人」習近平這樣說》，人民網 2019 年 9 月 1 日報道。
2　《何厚鏵：以澳大橫琴新校區為契機完善特區人才戰略》，新華社 2009 年 6 月 27 日報道。

橫琴一次次走向國家戰略最前沿：

2015 年 3 月 24 日，中共中央政治局審議通過《中國（廣東）自由貿易試驗區總體方案》，橫琴與南沙、前海「三足鼎立」，有所不同的是，橫琴自貿片區的使命獨具：促進澳門經濟適度多元發展新載體、新高地。

2019 年 2 月 18 日，國務院發佈《粵港澳大灣區發展規劃綱要》，橫琴被定位為粵港澳深度合作示範區。

千載撫琴無人識，一曲歌罷天下鳴。從昔日冷清獨臥珠江口西畔，到如今成為一片開發投資的熱土，橫琴新區猶如一位卓爾不群、大器晚成的智者，又如一把優雅脫俗的寶琴歷久彌新，引頸長歌。

國家級新區、自由貿易試驗區、粵港澳大灣區重大合作平台、粵港澳深度合作示範區、大橋經濟區龍頭、國際休閒旅遊島⋯⋯被機遇垂青的橫琴躍上改革大潮的浪尖，被激發出澎湃的動力。

惟創新者進，惟創新者強，惟創新者勝。10 年來，橫琴新區牢記習近平的囑託，幹在實處、走在前列，大膽試、大膽闖，新區經濟、政治、文化、社會和生態建設等各項工作取得了重大進展：

率先實施商事登記改革。

率先創新跨境納稅服務。

率先發行多幣種銀聯卡。

率先發佈國內首個臨時仲裁規則。

率先搭建金融創新知識產權運營交易國家平台。

率先推出「知識產權易保護」合作模式。

⋯⋯⋯⋯

這種羅列式的介紹難免抽象而枯燥，但這是一場場暴風驟雨式的體制機制創新，一曲曲「南粵寶琴」的天籟之音。為「一國兩制」下粵港澳緊密合作的「方程式」求解。為中國「深度改革」的創新探路。橫琴篳路藍縷，每一次探索，都

在表達着勇於創新的信念：試水司法改革，設立「三位一體」管理模式，實施口岸一、二線監管，成立國內首個廉政辦公室……

一任接着一任幹，一張藍圖繪到底。橫琴把國家使命高高扛在肩頭，把發展機遇緊緊攥在手中。十年磨一劍，憑其嫻熟的磨劍術，在軟、硬件等大處着眼：橫琴新區成立以來，第一件工作就是通過土地的整理為澳門的多元發展騰出空間，之前政府擁有土地 0.7 平方公里，現在政府已經擁有土地 15 平方公里，為澳門產業多元發展提供了基本保障；第二件工作是投入近千億資金，高質量地搞好基礎設施建設，為澳門企業進入提供了條件。建成了中國目前最先進的供電系統，通達的公路以及國內最高水平的地下綜合管廊，橫琴的基礎設施獲得了國家最高榮譽 —— 魯班獎和詹天佑獎；第三件工作是為澳門的多元發展提供軟件支持，創新政務環境，簡化政務手續，完善法律環境。

410 餘項改革創新成果落地。其中，「政府智能化監管服務新模式」「企業專屬網頁政務服務新模式」「橫琴用電服務新模式」榮獲全國自貿試驗區最佳實踐案例，全國稅收直辦「零跑動」創新被列入國務院第五次大督查典型經驗做法。

33 項入選廣東省自貿試驗區制度創新案例。56 項改革創新措施在廣東省複製推廣。有陽光就會燦爛。橫琴在開辦企業、獲得電力、執行合同等 3 項指標的排名與港澳以及國際先進地區的差距大幅縮小。國際化、法治化、便利化的營商環境，讓橫琴在連續兩屆中國投資者大會上摘得「最具投資價值獎」。橫琴就像一把餘音嫋嫋的古琴，時至今日，被注入了滋潤其生命的「澳門」音符，終於迸發出時代的最強音。

10 年間，橫琴金融業漸入佳境，旅遊業迅速壯大，商務服務企業聚集。翻開橫琴的經濟報表，讓世界歎為觀止的「橫琴奇跡」正在顛覆着人們的想象：

地區生產總值：從 2009 年的 2.85 億元增長到 2018 年的 183.6 億元，年均增長 68.32%。

固定資產投資：從 2009 年的 19.08 億元增長到 2018 年的 412 億元，年均增長 46.83%。

吸收利用外資：從 2009 年的 69 萬美元增長到 2018 年的 6.7 億美元，年均增長 136.35%。

一般公共預算：從 2009 年的 0.36 億元增長到 2019 年的 50.06 億元，年均增長 35%。

截至 2019 年 6 月底，橫琴有商事主體 57700 戶，企業 54673 家。世界 500 強企業落戶 45 家。中國 500 強企業落戶 73 家⋯⋯

穿行於橫琴島，能感受到它強勁的脈動。澳門大學新校區、長隆國際海洋度假區、多聯供燃氣清潔能源站、橫琴新家園、十字門中央商務區⋯⋯橫琴，昔日的泥濘灘塗上，現今馬路縱橫交錯，一棟棟高樓拔地而起，一座現代化的未來之城正在噴薄而出。

風帆起濠江，春潮湧橫琴。秉持創新、協調、綠色、開發、共享的「五大發展理念」不動搖，橫琴走出了一條不一樣的路，這座曾經渴望變革、謀求發展的小島，完成了它史詩般的嬗變和轉身！

10 年，對橫琴來說，不僅是一場化蛹成蝶的精神蛻變，更是一次滲透骨髓的自我洗禮！

合作、創新、服務。橫琴在創造奇跡的同時，也成就了更美澳門 —— 以琴澳合作為主線，以促進澳門產業多元化和港澳地區的繁榮發展為目標，橫琴在不遺餘力地營造一個與港澳同步的國際化、法制化營商環境，搭建澳門產業多元化發展的新平台：建立溝通渠道，落實土地供給，推進產業聯動，提供專項服務，注重資源互補，設施跨境對接⋯⋯

迄今，在橫琴注冊的港資企業 1450 家，注冊資本 208.98 億美元，投資總額 720.83 億美元；澳資企業 2025 家，注冊資本 134.29 億美元，投資總額 141.88 億美元。

澳門於橫琴：借資源，借土地，借人才。

橫琴於港澳：搭平台，搭載體，搭媒介。

開放島。生態島。

活力島。智能島。

一組組數據鏈，一個個關鍵詞，橫琴踏歌而行。

承載國家使命，橫琴不負光陰。

澳門大學、粵澳合作產業園、粵澳合作中醫藥科技產業園、澳門青年創業谷⋯⋯橫琴如同一塊能量巨大的「磁鐵」，牢牢吸引着澳門同胞的目光。一個與國際接軌，全方位對接港澳，擁有法治化、國際化營商環境的中國改革開放新地標正在南海之濱悄然崛起。

橫琴開發情系港澳，成為「一國兩制」偉大構想的生動實踐和最新體現。

好風憑借力。

橫琴牢記習近平囑託，以「歸零」和「重啟」的心態，再次校准開放開發的准心，用行動兌現不忘初心的莊嚴承諾！

第一章

橫琴！橫琴！

明嘉靖《廣東通志》記載:「橫琴山在城南二百里海中,二山相連,形如橫琴,名大小橫琴,下有井澳。」

這是一方歷史厚重的土地——

曾經,低沉渾濁的疍水歌一唱幾千年,循着這些嫋嫋餘音,我們仍然尋找到橫琴古老的蒼涼和它蒼涼中的古老——

橫琴島最早的人類活動可追溯到 5000 年前,赤沙灣貝丘遺址保留着新石器中晚期的歷史痕跡。

唐朝時,橫琴處在廣州至大食國(今阿拉伯國家)的航線上,是「海上絲綢之路」的必經之地。

南宋時,小皇帝宋端宗趙昰及陸秀夫、張世傑等文武重臣、軍士民眾數十萬人在元兵追擊下,逃至橫琴島十字門一帶。宋、元開啟中國歷史上一場最大的海戰,這場戰役,給三百多年的大宋王朝畫上了句號,也給橫琴留存了一段可歌可泣的歷史迴響。

惆悵?

哀歎?

橫琴的身後,是一個王朝悵然的背影和一段無法抹去的記憶……

這是一塊命運多舛的土地——

明朝時,葡萄牙曾經染指它。

民國時,日本人曾經侵佔它。

中華人民共和國成立前夕,國民黨軍隊敗退橫琴島……

這些歲月荏苒中的歷史插曲,牽引着我前去與那些塵封的歷史對話。

它凝聚着悵惋和痛楚,彌漫在長長的時空隧道裏,也彌漫了我的心。漫步在十字門這塊曾經腥風血雨的土地,撫摸着沐風櫛雨、飽受驚濤駭浪拍打的石碑,心中慨歎:這會不會是大宋王朝沒有痊癒的傷疤?

我們必須承認歷史的遺憾和惋惜,就像不能否認它的蒼涼和悲壯一樣。

千古往事,已付紅塵一笑……

對面的澳門看過來

「問渠那得清如許，為有源頭活水來。」

在中國地圖上，澳門就像伸向大海的一枝美麗的蓮花，蕩漾在祖國南海的碧波上。四百年前，葡萄牙侵佔澳門，從此，這個充滿傳奇色彩的城市，離橫琴很近，又離橫琴很遠。

你可知 Macau

不是我真姓

我離開你太久了

母親⋯⋯

20 年前，這首《七子之歌》在澳門回歸的當晚唱起，無數華夏兒女熱淚盈眶。如今，20 年過去了，旋律依然銘記於心。在橫琴，美麗傳說從遠古的轆轆中走來——

相傳，玉皇大帝有 4 個女兒，稱為春、夏、秋、冬四季姑娘，相傳她們常常結伴來到凡間的江河湖海裏沐浴嬉戲。

四季姑娘相邀來到濠江，她們踏浪而舞，撫琴而歌。浴畢，夏姑娘獨自來到岸邊的礁石旁更換蓮花裙，不巧被出海打魚的阿豪闖見了。阿豪家住珠海灣仔，長得相貌堂堂，一表人才。

夏姑娘一見鍾情，她想起孤獨寂寞的天宮，頓生思凡之心。惜別之際，夏姑娘贈阿豪大琴、小琴兩把，並告知他：夜晚想念她的時候，就對着天庭撥動琴弦，但千萬不要在海上撥⋯⋯

夏姑娘走後，阿豪茶飯不思，心神不定。一次出海拉網打魚，他想起天宮中的夏姑娘，按捺不住思念之情，情不自禁，輕輕撥動起琴弦，不想天籟之音驚動

了正在睡午覺的南海龍王，龍王大怒，龍頭拐杖一揮，瞬間浪濤翻卷，阿豪的漁船被掀翻，手中的大琴、小琴飄落在不遠處的海上，化為今天的大、小橫琴山，而阿豪則被巨浪拋到了對面的氹仔島，成為最早的澳門人……

歲月更替，大、小橫琴山依然佇立於南海之濱，但澳門這片土地卻發生了歷史巨變。16 世紀中葉，隨着歐洲「航海大發現」的擴展，葡萄牙人於 1553 年開始，逐步滲透澳門……

據記載，當年葡萄牙人侵佔了澳門三島後，尋找水源時登上橫琴島，他們看中了島上的三疊泉，並出兵佔領。後來橫琴人組織力量反抗，趕走了葡萄牙人。

鴉片戰爭後，橫琴、澳門隸屬不同轄區，對橫琴島而言，澳門就是一個遠在天邊又近在眼前的鄰居。

來到澳門採訪時，雖是暮春，但陽光明媚，海風和煦。

澳門這座小城，除了給人揮金如土、千金散盡的錯覺外，更多的是撲面而來的時尚氣息和濃厚的歷史韻味。

官也街是澳門氹仔島一條長約 115 米、寬約 5 米的老街。綠色的屋子，異國的建築，紅色的玫瑰花，窄窄的石板路，滿滿的葡式小清新風格。街內中、西食肆林立，有許多葡國菜館，街道兩邊，密密麻麻開着數十家賣「手信」的商店，洋溢着濃郁的澳門市井風情。

到達官也街巴士站，廣播用普通話、粵語以及葡萄牙語各報站一遍。走下公交車的那一刻，看着極藍的天空，極好的太陽，我心境怡然，充滿了無限遐想。

我的採訪對象阿坤的檔口就在澳門馳名老字號「莫義記雪糕店」的不遠處，門面小而精，擺滿了澳門的特色食品：盒裝的杏仁餅，散裝的牛肉幹、蛋卷、薑糖，還有放在玻璃罐裏按兩稱的話梅、檸檬、八珍果等，應有盡有。他們的特產主要賣往橫琴。

阿坤是澳門氹仔島上的居民，黑黑瘦瘦，言談中透着幾分精明。他帶我來到隔壁一家馳名的水蟹粥餐廳，據說這水蟹粥是取膏蟹、肉蟹和水蟹三種蟹的精華部分熬出，蟹黃與粥融為一體，粥面上泛起一層金黃，誘人奪目，美味了得。

我們每人點了一碗水蟹粥。

「橫琴沒開發前，那邊主要以養蠔、打魚為主，少許自家種植的蔬菜拿到澳門這邊賣。」在與我閒聊時，阿坤告訴我，20 年前，他時常從澳門路環搭木船到橫琴，在簡易的關口留下自己的回鄉證，釣上一天的魚再返回澳門。

「以前過（那）邊空蕩蕩，睇（看）過去咩耶（什麼）都冇（沒有）。」阿坤告訴我，那時的橫琴只有幾個小村子，幾家很小的酒家，除了釣魚吃海鮮，橫琴實在找不出其他可以消費的東西。

早在 20 世紀 80 年代到 1993 年期間，澳門方面就想與珠海合作，由澳門方主導開發橫琴，主要做來料加工業。也是那個時候，阿坤和朋友在橫琴辦了個針織廠，做些襪子、毛衣的來料加工，後來廠子垮了，還虧了 50 多萬澳門元。阿坤仰天長歎，但已覆水難收。

「功虧一簣了？」

「係（是）啊！個陣（那時）連接橫琴島與珠海的橫琴大橋還沒有落成，貨物裝船從橫琴去珠海要 3 個小時，過澳門才幾分鐘，陰公（倒楣）啊！」

除了針織廠，當時還有一些玩具廠、製衣廠等小企業進駐，但因規模較小，效益差，加上周邊配套企業少，處於「孤島經濟」狀態的橫琴讓這些澳門中小企業難以紮根，最後這些企業陸陸續續撤出。

阿坤前功盡棄，還虧了錢，鬱悶了好一陣子。廠沒開成，阿坤卻看到了另一種「小額貿易」：向橫琴輸送澳門的香煙、化妝品、錄音機、錄像機、進口水果等。阿坤和朋友買了艘快艇。

「當時攝像機最走俏，全國各地有好多電視台都會派人在橫琴那邊等着我從澳門送過去這些『私貨』。」

「要夠膽。乘着大霧，幹上一單就是上萬。」他狡點一笑。

澳門回歸後，政府打擊偷渡走私，橫琴這邊修起了鐵絲網，海岸線 20 米內不准閒人靠近。

「冇（沒有）生意做了。」

「那後來你都做些什麼？」

「多咗（了），賭場荷官、牛雜鋪、葡撻店、咖喱魚蛋、手信（特產）店⋯⋯」

阿坤說，在澳門什麼都幹。

「現在呢？」

「依家（現在）畀（給）横琴打工。」他咧咧嘴笑，說，「以前對面過嚟（來）澳門，依家（現在）我哋（們）過咗（去）横琴。」房間裏開着空調，很冷。阿坤抽了不少煙，一包煙盒上印着「555」的牌子，白色那種，很快就抽完了。

横琴開發後，阿坤和朋友又跑到横琴開了個小公司，經營澳門特產，横琴政府免房租，還有優惠，生意很好。

「我這輩子注定從横琴搵食（找吃）。」阿坤說。「澳門人好中意横琴的。」在阿坤看來，澳門有錢缺地，横琴有很好的投資環境，兩地早就應該好好牽手。

拓展對外空間，也許沒有哪一個島比横琴更牽動澳門人的心；也許沒有哪一塊土地比横琴更受到澳門人的垂青！

澳門面積只有 32 平方公里，人口約 60 萬，是全球人口密度最大的地方之一，經濟規模小，土地資源有限，本身的經濟輻射力不強，近在咫尺的横琴面積又是澳門的三倍，這怎能不產生巨大的想象空間？

周英堯是横琴經濟開發區的第一任黨委書記。他說，20 世紀 90 年代初，澳門通過民間渠道，表示希望在横琴劃塊地給澳門開發。那時澳門尚未回歸，周英堯拒絕了。他對澳門來的「特使」說：「回歸前談，沒有用，不要談，回歸後就是一家人了。」答複很乾脆，理由很簡單。據早前《澳門商報》報道，澳門方面曾提出，澳門的路環等島嶼和珠海的大、小横琴、灣仔合作，由澳門主導開發⋯⋯但沒有得到珠海的響應。

1999 年澳門回歸後，粵澳合作開發横琴的磋商一直沒有停止。周英堯的繼任者張作勝擔任横琴經濟開發區黨委書記是在 1998 年到 2003 年間，他清楚地記得，其間，澳門特區政府人員在珠海市領導的陪同下曾到過横琴兩次，但各自都沒有表態。

待定未定，也許各方都有自己的想法。之後，澳門通過民間渠道，向横琴轉達過四種合作開發横琴的方案：第一，直接劃塊地給澳門。第二，租地。第三，劃塊地由澳門託管。第四，在横琴島給澳門一個地盤，但不劃給澳門。如果按照

第一種思路，劃出的地就要遵守澳門的法律，後面三種還是遵守內地的法律。

「這些想法，是否有向珠海、廣東，甚至中央提過？」張作勝說他不得而知。澳門曾希望在橫琴合建機場。據澳門的檔案資料顯示，早在 1979 年 12 月，澳門就經由港澳辦會同有關部門向國務院提出過合建國際機場的意向。

而珠海的檔案資料記載，澳葡政府政務司馬文佳和澳門經濟財政暨旅遊政務司孟智，分別於 1985 年 4 月 17 日、1985 年 6 月 29 日和 1986 年 2 月 13 日，與珠海市政府簽訂了籌建備忘錄。

「我當時把機場當作珠海的命運工程來對待。」梁廣大時任廣東省委常委、珠海市委書記，他回憶道，「珠海與澳門合建機場是在特區成立不久就洽談了。當時澳督高斯達委託香港梁幗馨女士（又名迪娜）代表澳門方面，來同珠海洽談，洽談前征求過新華社澳門分社社長柯正平、副社長鄭華的意見。地點在廣東省政府迎賓館，廣東省經貿委主任葉澄海參加，決定共同在橫琴合作建機場。澳葡起先研究了兩年，可能認為經濟效益不大而擱置了。」

不過，這並不影響珠海對機場的選址和論證進程。

聽說珠海在不斷地繼續選址：香洲、下柵、坦洲、三灶……澳門方面又提出合建機場，並委託「賭王」何鴻燊與梁廣大等珠海市領導洽談。

「何鴻燊來談了三次，他真誠友好，我們都談得很高興。」梁廣大說，後來雙方一致認為合建機場可以節約成本，又能充分發揮機場作用，通過調研選址，認為小橫琴島是最合適的位置。

雙方都到了「談婚論嫁」的地步了：各自出錢修建一條通道，各建一座橋，澳門那邊通往氹仔，珠海這邊跨越馬騮洲水道入灣仔。各自出錢，各自境內按各自法律條規管理，不收土地費……

北京方面也樂觀其成。

時任國務院副總理李鵬、國務院副祕書長王書明、中國民用航空局（簡稱「民航局」）副局長郭浩和民航廣州管理局於延恩等還專門乘坐直升機，在澳門氹仔東面海域填海建機場的位置低空繞飛了兩圈，考察珠澳橫琴合建機場項目。

1989 年 5 月，李鵬總理再到珠海視察，他請新華社澳門分社社長李耀其、顧

問柯正平先生一齊來研究合作建機場事宜，會議在石景山莊二樓會議廳召開。

李耀其說：「澳葡當局對我們三個條件有看法。」

「有什麼看法？」

「第一個是跟外國簽航空協議時，需報批；第二是飛機進入我領空時，要向我報告；第三是只能民用不能軍用。澳葡感到受到制約。」

「你多做些工作，兩地合作建一個機場十分合適，選址好，各方面條件都合適，投資又少。」李鵬總理明確指示。

遺憾的是，1990 年之後，澳葡方面不了了之。

於是，雙方各起爐灶。

其實，澳門人何嘗不期望在橫琴建機場？只是那時的話語權掌握在葡萄牙政府的手裏！

走在澳門街頭，隨處是林立的高樓。動輒三四十層的「海拔」，以及穿插其間鱗次櫛比的店舖招牌，讓本來狹窄的空間顯得更加逼仄，澳門的產業要適度多元化發展，空間在哪裏？

澳門的經濟結構比較單一，博彩業本身具有一定的脆弱性，它使澳門的經濟處於一定的風險之中。另外，博彩業一定程度上擠佔了澳門的人力資源，增加了其他產業的機會成本，使得澳門的其他產業難以發展。

從博彩到多彩，從單一到多元，澳門要建設世界休閒旅遊中心，休閒的地方在哪裏？澳門一直在尋求突圍 —— 向北看，是不堪重負的拱北。向東看，是空管的澳門機場。向南看，是遼闊浩瀚的南海。向西看，是橫琴……

再回首

　　歲月如梭，滄海桑田。我來到橫琴，像考古學家那樣，輕輕扒開橫琴凝結的土層，用毛刷掃去歷史碎片上的沙土和鏽跡……

　　找找到了林北添這一橫琴的「活化石」。1938 年，日本人侵佔珠海三灶島並製造了震驚中外的「三灶慘案」，林北添家一個 28 人的大家庭只有 13 人活着逃了出來。母親帶着年僅 7 歲的他一路乞討，終於坐上一艘破舊的小木船，從三灶島逃難到了橫琴島。林北添白天上山砍柴，晚上睡在樹叢裏，一邊數着天上的星星，一邊數着身上被蚊蟲叮咬出來的大包，日子非常清苦。

　　1949 年，一群國民黨兵從大陸逃到了橫琴島。林北添說：「都是一群兵痞。他們來了對島上的住戶又偷又搶。我和幾個朋友劃着小船悄悄地把解放軍接上了島，最後國民黨兵只有幾個活着逃到對面澳門的路環島。」

　　在橫琴老人林北添的笑談中，島上變換「大王旗」的日子蘊含着說不清、道不盡的愛恨情仇。

　　20 世紀 60 年代，這位「支前模範」走馬上任橫琴大隊黨支部書記，帶領島民抓革命、促生產。後來擔任灣仔人民公社（包括大、小橫琴島）副主任，仍兼任橫琴大隊書記。此後，林北添一幹就是 28 年，直到 1986 年才退休。

　　「我當書記那時候，橫琴島的日子那真叫苦啊！島上到處是毒蟲，沒水沒電，沒路沒田。」於是林北添帶着島民開山填海，挖地修水庫，橫琴人開始告別了茅草棚，搬進了石頭壘起來的房屋。

　　「到了 60 年代初，最困難的時候，很多人因為吃不飽就跑到澳門去了。島上一共 4000 多人，結果有一年就跑了 500 多人。」林北添在他四層房子的樓頂指着遠處依稀可見的澳門的高樓大廈說。

　　老人有四個子女，兩個在澳門，兩個在珠海，都有着不錯的收入，小孫子在澳門的中國銀行工作。

活到 80 多歲終於看到了一個比童話世界還要美的橫琴新區正在拔地而起！林北添興奮地說，如今舊棚戶拆除，新家園落成，橫琴美得讓整個世界都為之喝彩！

是啊！遠內地而近港澳的地理環境，使橫琴人的生活習俗從來都與隔河而居、守望相助的澳門市民息息相通。

梁福興是橫琴島三塘村的村主任。談起橫琴的過往，這個地道的橫琴漢子滿腹唏噓：「橫琴島的變化始於 20 世紀 80 年代，那時，我們橫琴有一條少有人知的民間通道。」

梁福興神祕兮兮地對我壓低嗓音：「政府都不知道。」

「是嗎？」我有些驚愕。

「嗯。島民們劃着船偷偷去澳門賣自家田地種植的香蕉、蔬菜，在海上抓新鮮的海魚直接運到澳門的海鮮店。」

當時，阻礙橫琴發展的關鍵因素就是沒有路，到珠海和澳門兩地的大橋還沒有修好。梁福興清楚地記得，曾有一個村民的妻子要生孩子，結果錯過了每天一班去珠海的輪渡，只能花 6000 塊，包了艘船去澳門就醫。而當時，村裏面的人均月收入是 600 塊。

數十年來，橫琴島 13 個自然村中，幾乎每家每戶都有一人每天以「探親」或「做工」為名，憑藉村委會和派出所出具的「村民證」，通過邊境碼頭往返於澳門與橫琴之間，成為遊走在澳門廉價勞務市場邊緣的「走鬼」。

梁福興介紹的情況，我在採訪村民魏德福時得到佐證。

每到傍晚，魏德福踩着雜草和礫石，行至河邊，習慣性地仰起脖子朝河對岸望去。

河對面是澳門。

1976 年，魏德福出生在橫琴島最古老的村莊 —— 舊村。

據說舊村建於明朝，歷史悠久，但除了海水，沒什麼別的資源。魏德福還依稀記得，小時從珠海坐輪渡快到橫琴碼頭時就見兩條醒目的標語：橫琴碼頭這

邊是「為六億人民站崗無限光榮」，澳門那邊碼頭是「風景這邊獨好」。兩條標語之間，站崗的哨兵都荷槍實彈，嚴肅而緊張地注視着對岸的動靜。

我來到魏德福家時，他身後的農家小院升起炊煙，山邊小道，櫛比鱗次的田地中，偶爾會傳來一聲雞啼。

魏德福在五六歲時就跟着父母去過澳門。他至今仍記得，每次準備去澳門時，自己都很興奮，四點就起床，走兩個小時到碼頭，然後坐「叭叭」叫的木頭船，船費為葡幣兩元，相當於人民幣幾毛錢。五六分鐘就到達了澳門，然後用「村民證」換一個黃色的「上街證」，入了澳門港口後，再用黃色「上街證」換一個澳門發放的白色「上街證」……

初到澳門的魏德福伸長了脖子，哪裏都想看。他現在還記得當時的感覺：街上每一個青年都穿着一條褲腳很大的牛仔喇叭褲，女士都有一頭飄逸、靚麗的直髮，不過每個人走在街上都急惶惶的，好像被狗追的兔子一樣。

魏德福很少提「澳門」兩個字，他總是說「那邊」。

他不太願意談起父母的澳門人身份……1990 年，在澳門賣菜的母親正好趕上澳門大赦：當天在澳門的人，都可以申請成為澳門人……那一晚，母親回到橫琴，一家人有些興奮和忐忑。7 年後，魏德福的母親成為澳門永久居民，父親也申請去了澳門。不過，魏德福說他不會去「那邊」，會留在橫琴……父母白天在澳門上班，晚上回到橫琴居住，一家人的根和心都還在橫琴。

2011 年春節期間，橫琴新區開發前奏響起，我來到一個叫「中心溝」的地方，走進一院落，院門兩側的對聯非常耀眼 ——

上聯：蕩蕩水泊心氣順；

下聯：涓涓溪澗懷恩德。

橫批：以溝為家。

跨過院門，一棟小樓門口掛着兩塊牌子，一塊寫着「珠海經濟特區佛山市順德區人民政府中心溝辦事處」，另一塊寫着「中國共產黨佛山市順德區中心溝辦事處黨總支部」。

在橫琴，緣何出現了「順德」的字樣？

在院內一個「自助式展覽室」裏，我駐足良久，從這個小島的歷史舊影，寥寥數眼便可窺見它曾經的雄心——

20世紀70年代以前，彈丸之地的大、小橫琴還只是兩個分離的島嶼，面積不過四十多平方公里。

1968年，珠海縣動員上千人對大、小橫琴島之間的中心溝進行圍墾，但工程艱巨，本地人太少，於是報請佛山地委提出與區域內的縣合作開發。1970年冬，為響應佛山地委「打響圍海造田，向海灘要糧食」的號召，順德縣常委會決定，成立圍墾指揮部，並發動縣屬杏壇、勒流、龍江、均安、沙滘（樂從）5個公社的3200餘社員組成圍墾民兵團，奔赴這個「距資本主義最近的地方」。

這被認為是橫琴史上的第一次「大開發」。

65歲的盧禮元是首批進駐橫琴圍墾的順德人。「熱度不亞於現在考公務員，申請的大隊社員擠破了頭。」盧禮元說，橫琴圍墾在當時很吃香，每天還有米飯吃，每個月還能領到幾塊錢。

澳門近在咫尺，為了防止偷渡，當時的選拔極為嚴格，堪比軍隊政審，不少人因為「成分不好」被刷下。時年26歲的勒流大隊社員盧禮元憑藉三代貧農的出身，不僅「根正苗紅」，而且勞動表現積極，被選拔去了中心溝。

一同遠征橫琴的還包括21歲的勒流人江倫孝。他們辦好邊防證、上島證等各種手續，懷揣着「建設社會主義」的偉大抱負，絲毫沒有背井離鄉的辛酸。江倫孝和盧禮元及更多素不相識的陌生人，走到了一起，開始「向海要田」。

3200多順德人按照軍隊建制，以公社為單位分成5個營，營下又分成連、排。盧禮元所在的排二十多號人，被分配至向陽村一間十幾平方米的茅草屋，房間內擺滿了雙人床。茅屋一到暴雨季節就漏水，被隊員戲稱是「水簾洞」。

開山、築路、填海、圍墾……他們披荊斬棘、開路搭棚，攔石斷流、堵口決戰。

時任圍墾指揮部負責人之一的高澄柏在一份匯報材料上這樣寫道：「……遇到漲潮，水流湍急，風大浪大，堆疊高度超過兩米的木船，靠人力撐扒，其滋味

難以形容；遇到退潮，海灘擱淺，唯有落水推船……短短五六公里水路，一身水，一身泥，往往要一天一夜方能返航……不但工作艱苦，生活同樣艱苦，住的是自己動手搭建的草房，常受颱風襲擊，颱風一來，簡陋的草房被刮得破破爛爛，甚至倒塌……」

當時的橫琴，除了海就是山，到處是一人多高的蘆葦，島上灘塗蚊蟲肆虐，老盧說他們常常被叮得滿身是包。

「勞動強度也非常大。」回憶有時令人興奮，有時也使人略感苦澀。江倫孝告訴我，他們先從深井村挖好沙，然後裝到袋子裏，再扛到小木船上，運到磨刀門水域的西堤，將沙包扔到海底截水，每天工作時間幾乎都超過了 10 個小時，一天下來人都要散架了。每天泥漿裏七八個小時，膝蓋以下的皮膚沒有一塊完好的地方。

那時橫琴是個孤島，炊事員買菜早上 4 點多鐘就得出發，划幾個小時的船，然後走路到珠海灣仔採購。江倫孝仍記得，每日三餐，早上腐乳加白飯，中餐一盆黃豆拌幾滴油，五十多個牛高馬大的男人排隊打飯，輪到他自己的時候，就只能看到黃豆，一點油沫星子也找不到了。

在那個「人定勝天」的激情歲月，工程沒有使用任何機械，「奇跡」震驚中外：築起了西堤、東堤 4 公里長的防潮頂潮大堤，開挖了 14 公里長的環山河，興建了兩座水庫和一座水力發電站，茫茫的海灘變成了水陸相間的 14 平方公里的陸地……

之後數年，順德五個公社輪番派遣「成分好」的社員到橫琴開墾種植。前赴後繼，遠征橫琴的順德人超過了 1 萬人。吳桂鳳是第二批上橫琴圍墾的社員，1976 年上島時才 17 歲。

吳桂鳳回憶說：「中心溝與澳門僅一水之隔，最近處才 60 米的距離，由於擔心有人偷渡到幾百米外的澳門，中心溝實行軍事化管理，晚上不准走出營地一百米，每天忙完工還要做廣播體操。」

1985 年以後，橫琴圍墾逐漸沉寂下來，圍墾隊員絕大部分都回老家創業或進廠打工，留在橫琴的順德人不超過百人。盧禮元、江倫孝、吳桂鳳都是為數不多

的順德移民之一，他們長的待了 39 年，短的也有 33 年。

起初在中心溝種水稻，但並不成功，後來又改種甘蔗、大蕉等，到了 20 世紀 80 年代，順德人發揮養魚專長，中心溝成為飛出順德的魚塘。彼時，從腦背山上俯瞰，一個個魚塘拚接在一起，彷彿就是一塊狹長的帶着花紋的鏡子。

中心溝圍填前前後後用了 10 年時間，圍下的中心溝面積到底有多大？珠海與順德的說法不一。

廣東省測量局：1.6 萬畝。

廣東省國土廳：1.7 萬畝。

順德：1.8 萬畝。

大、小橫琴兩個島「連體」後，中間這塊長約 7 公里、寬約 2 公里的回填區成為 130 公里之外的順德區管轄的「飛地」。

如今，沒有人能說清為什麼 1980 年珠海建立特區時沒有將中心溝與橫琴一齊劃入珠海，而留下一條產權模糊的尾巴。

在順德人眼中，中心溝是一條「傷心溝」。當時經濟那麼困難，沒有機械化，糧食不夠吃，一撥一撥的順德人乘船來到島上安營紮寨，很苦很累，才完成了這項至今令人歎為觀止的壯舉。

這也難怪，順德人對中心溝情深似海呀！

1992 年 10 月，橫琴島二次填圍，來自全國各地的 200 支施工隊，200 多條船和 100 多輛車在珠海市政府的主導下參與圍墾。

「就像渡江戰役一樣。」時任廣東省委常委、珠海市委書記梁廣大說，投入近 20 億元圍海造地 5000 畝，形成了與澳門隔河相望的 10 平方公里的成片地塊。

於是，橫琴的土地開始向東、南、西、北延伸：南面填海一直填到紅旗村，與澳門最近的距離只剩下 200 米，站在橫琴這一邊能看到對岸澳門街頭影影綽綽的行人走動，墳場上石碑的反光。每年四月初八澳門譚公廟的廟誕，從香港請來唱大戲的戲班，「咚鏘」聲連隔岸的紅旗村都聽得一清二楚。

1997 年，橫琴第二次開疆拓土落幕……

兩次圍海造地，橫琴島陸地面積擴大了一倍多，順德的中心溝被「包圍」在

了中間。

珠海與順德兩地上演的這出「折子戲」外界鮮有人知，其間，兩地也多有協商，但 40 年的紛爭均懸而未決。1994 年，珠海與順德達成協議，中心溝的三分之一歸珠海。

直到 2010 年 4 月 8 日，珠海市國土資源局橫琴分局和佛山市順德區橫琴島中心溝辦事處聯合發佈公告：珠海以 29.8 億元的補償價收回佛山市順德區位於橫琴島中心溝的 14 平方公里土地，這段「折子戲」才告落幕。

1999 年，我到珠海後第一次踏上橫琴島，映入眼簾的便是綿延悠遠的海灘，雜草藤蔓叢生的海灣。三五成群的漁民匆匆忙碌的身影隨處可見。碼頭旁，是高高懸掛着的上書「搭建區域合作平台，讓泛珠三角在橫琴牽上手」的藍色標牌。

徜徉於永興街，200 米開外都能望見「文記咖啡室」幾個猩紅大字刻在二樓的綠牆上。緊挨咖啡室，是當地人開的一間棋牌室，屋裏正在「嘩啦嘩啦」搓麻將，門外是一群未成年孩子圍着三個台球桌打台球。馬路上，一輛面包車呼嘯而過，車門大開還放着周杰倫的歌，裏面的年輕人染着頭髮，穿着波鞋。我想可能是去打遊戲的。

街上還有一家卡拉 OK 歌舞廳，大白天，歌廳的電視裏，譚詠麟唱着《火美人》賣力地跳舞，歌聲震得人心驚膽跳，不過舞池裏卻一個人都沒有。

老闆坐在轉角吧台上看報紙，腫眼泡，手拿着一疊澳門報紙，自言自語地說：「就兩個特首候選人？」

他在看澳門特首選舉的新聞。

在橫琴島上，澳門的新聞也是橫琴的新聞。

傍晚時分，站在橫琴岸邊，對岸的電子顯示屏和霓虹燈光甚至可以映在自己的臉上。碼頭停着數條漁船，魚販們在碼頭附近吆喝着收蠔，然後連夜送到澳門、珠海等地的酒樓或燒烤店。

橫琴蠔的確有名，曾被評為「珠海十大名菜」之一的「浪漫蠔情」便是鮑汁扣橫琴蠔。每年，大量遊客從全國各地慕名來到橫琴島，只為一嘗鮮嫩的橫琴蠔。

據史料記載，自宋代開始，橫琴便出現養蠔人了。蠔一般附着在礁石上，通過潮漲潮落來吸取藻類和浮游生物。養蠔人在蠔生長的地方投下石頭，再插上竹竿做標記，等蠔長肥以後開採。

「橫琴一半的村都是養蠔村。」梁北圍告訴我時，我看見他戴着防護手套，手拿一把專用螺絲刀，刀身厚而硬。只見他將刀從蠔的尾端縫隙插入，然後小幅度左右轉動，「啪」的一聲蠔殼就開了，露出軟軟的一坨蠔肉。

梁北圍是地地道道的橫琴人，也是家裏的第五代養蠔人。太祖爺叫梁旺財，清朝光緒年間開始在橫琴養蠔。

他在我面前以漁民自居，但其實已是半個商人，時不時要穿西裝紮領帶出差到別的地方交流經驗。

那天，梁北圍同意帶我去蠔筏上。只見他將竹竿在水裏一撥，平平的木板船劃出去很遠，「嗖」地從一隻晾着衣服的篷船邊掠過。

筏排是用麻繩將長竹竿綁在一起做的，竹竿上則系着一根根沒入水中的繩。梁北圍從船上跨到筏排上，動作嫻熟地提起一根讓我看。七八對被水泥封起來的蠔緊緊貼在繩上，每一隻都有兩個手掌那麼大。這一根上起碼有近 30 斤生蠔，而一個筏排上少說也有百根那麼多，因此筏排還在底部綁了好幾塊漂浮板來支撐。

海風略猛，近了午時，梁北圍還沒有返程的跡象，他正專注地在筏排旁將蠔提起又放下，他說得在蠔被魚侵擾前趕走肉食性魚類。

梁家的蠔大部分都銷往對面的澳門，只有一小部分放入內地市場。這種往澳門大量輸送的模式也是橫琴多年的常態。

夕陽餘暉灑向濠江，利禮標和往常一樣，結束澳門的工作後，搭渡輪迴橫琴荷塘村的家。

這是一個山清水秀、民風淳樸、天人和諧的小村子。世世代代的村民，在這裏無憂無慮地生活，一如腦背山上的小草小樹，天沐河裏的小魚小蝦一樣，被這片土地滋養着。

49 歲的利禮標在澳門當修車工。他年幼時和大多數橫琴島民一樣，出海打魚，養蠔養蝦，日子簡單而平靜。15 年前，他在島上的珠光石場當電工，工作閒

暇時還自學成才掌握了修車技能。

「那時島上沒什麼工廠，村民沒工可打，幾個石場專門為澳門供應石料。後來石場關閉就下崗了。」利禮標說，好在這一技能成就了他在澳門的「鐵飯碗」。

「沒辦法，除了養蠔養蝦，唯有到澳門打工才能養家糊口。」利禮標告訴我，他們會約好一起乘渡輪去澳門開工，也有很多時候是自己單獨過去。一般早上 8 點過去，下午 4 點下班回來。

「我們島上一起幹這行的有 20 來個吧！也算是『上班族』了。」他自嘲道。

「每個月有多少收入？」我問。

「澳門的工資是按天結算，最初時是 150 元，現在提高到 250 元至 300 元。」

在橫琴鎮上一家澳門茶餐廳，我們一邊喝咖啡、吃點心，一邊聊各種澳門與橫琴間的話題。

「我老婆也在澳門工作，在一家茶餐廳打雜。」利禮標停頓了一下，彷彿在思考什麼，然後說，「我們倆公婆的衣服都是在澳門買的，那裏日用品不貴，有時下班，老婆會買日用品、水果回家，家裏的沐浴露、洗髮水都是在澳門買的。」

多年來往於澳門與橫琴之間，他們一家人的生活已稍帶「澳味」。在利禮標看來，去澳門打工顯得很體面。

其實，像利禮標這樣吃上「技術飯」的人並不多。許多橫琴人到澳門一般都是出苦力，男的是挖墳場，或做建築工人，女的大多是幫傭。一邊是金碧輝煌，一邊是荒草魚塘。

涇渭分明，這就是兩相比較的真實寫照！

風吹來，雨打來，潮襲來，浪湧來。一輪又一輪的大圍墾，一次又一次的大「開發」，橫琴人度過了半個多世紀不為外界所知的歲月，海島開發幾度潮起潮落，橫琴也只是繁華澳門的一個旁觀者。

謀定而後動

大海揚波，清風鼓蕩。

横琴島是珠海 146 個海島中最大的一個，環島岸線長 50 公里。地貌類型有低山、丘陵、灘塗，島上最高峰是腦背山，海拔高度為 457.7 米，是珠海市第二高峰。聳立在珠江口上的腦背山顯得鶴立雞群，這裏有大片森林和誘人的山澗溪流。

2005 年 9 月，溫家寶總理踏足橫琴島。在島上，他細細地察看，細細地聆聽，之後，他由衷地讚歎道：「橫琴島是塊寶地！」

「你們要做好規劃，一定要『謀定而後動』……爭取最大的經濟效益、社會效益和生態效益。」總理把站在身邊的省、市、區等地方領導叫攏過來叮囑道。

時任橫琴經濟開發區黨委書記卓觀豪負責向總理匯報。他後來回憶說：「總理一再叮囑，表情凝重。」

横琴，確實與眾不同。它與澳門的路環島幾乎觸手可及，周邊有香港、澳門、廣州、深圳、珠海五大機場，地理位置極為優越，全島未開發的土地面積佔到總面積的 90% 以上。

但，這就是曾讓外界直呼看不懂的橫琴！這樣一塊「寶地」，數十年來卻在堅守一份別樣的寂寞與幽靜，如同未出閣的美女，一次次面對觸手可及的豐厚嫁妝，卻有意無意選擇了放棄……一座如此特別的寶島，其中有多少未解之謎？橫琴蟄伏多年究竟有哪些「隱情」？

横琴的歷史，就是一個「謀而後動」的發展史。

横琴本是一個邊陲海島，常被用「人煙稀少」來形容。1987 年 3 月成立橫琴鄉人民政府，1989 年 3 月撤鄉建鎮，隸屬香洲區管轄，在當年的招商材料上，我看到這樣一段文字介紹：「原始植被保存完好，一派田園風光，是一片未開墾的處女地。」其實，橫琴的起步並不晚。

　　原廣東省委常委、珠海市委書記梁廣大說：「實際上，橫琴島的開發很早就提上了日程。」據他介紹，開發橫琴始於其任內。1989 年，珠海市研究將橫琴島作為特區中最寶貴的一塊地進行建設。當時的橫琴島，40 平方公里土地，僅有可耕地面積 3700 畝，其中 2700 畝還是分散的。沒有土地就無法建設，珠海市委決定填海造地，1990 年進入論證階段，並進行試驗。

　　但橫琴開發沒有與珠海並駕齊驅，甚至有些「脫節」，有外媒橫加指責：好好的橫琴被珠海丟荒經年……

　　梁廣大不這樣認為，他說：「橫琴的土地是填出來的，下面都是海。如果要打樁，平均得打 50 米，最深處打 60 米。我們是把它作為儲備土地，等待自然下沉，這本身就需要 10 至 20 年。」

　　此言不虛。當年在山邊填沙鋪設的簡易道路 10 年後下沉了 60~70 厘米，有些地段竟下沉了一米多。1992 年，橫琴迎來了一次機會，那就是鄧小平視察南方談話。老人家強調：改革開放的膽子要大一些，敢於試驗，看準了的，就大膽地試，大膽地闖。是年，廣東給了橫琴一個「名分」：確定為全省擴大對外開放 4 個重點開發區域之一。

　　「上面真的有動靜了。」消息在橫琴很快傳開，大家都興奮至極。不久，橫琴經濟開發區管委會掛牌。但這塊牌子背後的 10 年，橫琴是在忐忑中度過的。當時，珠海市政協副主席周英堯，受命擔任開發區第一任黨委書記。

　　「我們是坐着船上去的。」周英堯回憶道，那時的橫琴島很荒涼，居民主要還是本土農民和漁民。那時，紅旗村是管委會所在地，也是島上的政治、經濟和文化中心，最高樓層只有 8 層，島上兩家招待所的入住率不到 60%。

　　李哲濠是橫琴的「土著」，在橫琴島上生活了 40 年，當時正值壯年。這一年，他家的土地被征用，說是要開發橫琴島。失地的李哲濠買了輛摩托，在島上拉客，或去澳門打點小工。

　　「沒辦法，為了生計。」李哲濠頗為感慨地說。不過，這一次他覺得，這塊地可能「真的要動了」。

　　「聽說橫琴升格為經濟開發區，一下子激發了大家的熱情和動力。包括我家在

內的許多村民四處舉債建起了酒店、蠔莊。」李哲濠說，都以為這次「財神」到了。

「結果呢？」我問。

「說是大開發，島上不見幾個人影，鬼影都冇（沒）。」李哲濠很失望。李哲濠不得不將蠔莊關門大吉，然後靠販運橫琴生蠔到深圳、廣州、東莞等地的酒店以償還債務。當時，島上人口 7585 人，常住人口 4203 人。GDP 為 4 億元左右，農村居民大多像李哲濠一樣謀生，人均年收入不到 8000 元。夢想過，拚搏過，困惑過，焦慮過……

李哲濠承認，橫琴第二次開發雖然沒有遂人願，但島上基本實現了橋通、路通、水通、電通、郵通和口岸通，建成了連接珠海南灣的橫琴大橋、直通澳門的蓮花大橋，設立了國家一級口岸，有了簡易的進島公路，建成了 11 萬伏變電站，接通了供水管道……

一個迷霧重重的十字路口，橫琴到底要向何處去？這，又成為一大懸念。「我們是想把橫琴當成一個寶島來開發。」梁廣大說，橫琴不僅自然條件好，它還處在「一國兩制」的交匯點上，於是提出在橫琴島上發展軟件產業、總部經濟、研發基地、會展產業和旅遊業，拒絕了一般的加工項目以及污染項目，其中包括台灣蔣氏後人的一個紡織印染廠。

廣東省政府發展研究中心原副主任王利文說：「橫琴的規劃都做過 N 次了，但夢想一直沒有照進現實。」他在接受媒體採訪時說，橫琴島發展之所以一直停留在討論的層面，主要原因是管轄權限、開發主體和定位都存在很多爭議。

「產業定位陷魔咒。」王利文直言，1997 年，廣東省政府發展研究中心曾拿出「橫琴國際特別旅遊區」方案，但圍繞橫琴發展旅遊業還是工業的爭論一直不停，「特別旅遊區」方案後來擱置。

這種爭論導致港澳台產業在轉移過程中直奔政策、環境成本的「窪地」深圳、中山、東莞等市，橫琴錯失了早期發展的機遇。1998 年年底，橫琴被珠海確定為五大經濟功能區之一。翌年，珠海市又提出把橫琴開闢為旅遊開發協作區。很快，橫琴又「火起來」了。嗅覺靈敏的國際資本像打了雞血般紛至遝來，爭相圈地。法國城市建築師、日本規劃設計師紛紛為橫琴設計未來「亞洲新都市」。華爾

街財團巨頭攜帶着投資上百億美元的國際會展中心項目光顧橫琴；香港某投資集團曾為「志在必得」的橫琴國際旅遊度假區項目做出美輪美奐的沙盤模型……台前幕後的商務公關和不同層面上的談判協商數不勝數。

橫琴島就像一塊紅燒肉，撩撥得人人心裏發癢，其間，更是傳聞迪士尼樂園在大中華區域內相中橫琴，將橫琴與香港、上海一起放入了「骰盅」備選，橫琴再次揚名。橫琴，似乎又被悄悄撥醒……

實事求是地說，如果作為一般性的經濟開發區，橫琴肯定不會和眾多國際資本巨鱷失之交臂，更不會拒絕一批批產業大亨的「投懷送抱」。但橫琴還在反覆思考權衡，還在「謀」。也許思考抑或權衡，都還需要一段時間。當年虎視眈眈激情滿懷的商業大咖們走了來，來了又走，島上終歸冷清。甚至一段時期有外媒懷疑橫琴開發是「雷聲大，雨點小」。橫琴島開發模式和產業定位，因為澳門的因素經歷過數次變化和調整，始終沒有一錘定音。產業定位、管轄權限、開發主體……

諸多變化、爭議和博弈，橫琴島也一直處於「謀而未動，開而未發」的狀態，蠔場、香蕉林、魚塘、採石場……依然是一種原生態的荒涼。留下諸如三疊泉、石博園、海洋樂園、紅樹林濕地公園、東方高爾夫等幾個「小打小鬧」的旅遊休閒項目。

歷屆橫琴設計者們始終氣定神閒，他們堅信，橫琴島開發遲早要來，決策者一定要「守住底線，抗住誘惑」，沒有深思熟慮，決不做決策，不留歷史敗筆。圍海、挖坑、填土、奠基……橫琴人一直默默地在為今天宏偉壯麗的事業打基礎，為最終的橫空出世養精蓄銳。

原橫琴經濟開發區黨委書記卓觀豪說：「多年來，有不少人質疑橫琴的政策和發展定位『常論常變，久拖未決』，導致橫琴多次與機遇擦肩而過，但我不這樣認為，正是橫琴的審慎開發，才為今天的橫琴新區創造了無與倫比的開發優勢。」

時代的列車駛入 21 世紀，橫琴發展又有了「想法」，「無工不富」的聲音甚囂塵上……然而，此時的澳門已經回歸，對於橫琴的前途命運，珠海的話語權變得愈發微妙了。

2004 年 7 月，橫琴開始進入高層視野。時任中共中央政治局委員、廣東省委

書記張德江提出，由「9+2」各方將橫琴島創建為「泛珠三角橫琴經濟合作區」。「9」是廣東省的廣州、深圳、珠海、佛山、中山、東莞、肇慶、江門、惠州9個城市。「2」是香港和澳門特別行政區。

與此同時，被邀請參與「泛珠三角橫琴經濟合作區」創建的還有廣西、湖南、四川、雲南、貴州等省區……彼時，區域經濟合縱連橫，到橫琴來是必然的趨勢，翻閱當年的粵澳合作聯席會議材料，橫琴開發的方針就是：泛珠合作，粵澳為主。至此，橫琴上升到廣東省層面，有關橫琴的討論和開發已經由不得珠海獨立決策了。

9月，廣東省發改委委託中投諮詢公司為橫琴編制項目建議書。在橫琴這張白紙上，廣東開始精心勾勒這樣一幅圖景：內地省、區到橫琴合作區的投資享受外資待遇，港澳企業在合作區投資享受國民待遇；港澳企業在合作區的經營活動，視同在港澳本土進行，按照港澳當地的所得稅稅率徵收；投資從內地哪裏來，地方所得稅就歸哪裏……

這樣的經濟合作區，中國似乎還沒有過！

2005年初，經「9+2」各方同意，《關於設立泛珠三角橫琴經濟合作區的項目建議書》正式上報國務院，提出了橫琴合作區的功能定位、管理模式和政策建議等。有專家評價說，這份建議書，充滿智慧和活力！

這一次，橫琴給投資商傳遞的信息驚動了亞洲首富李嘉誠，他派時任香港和記黃埔地產有限公司董事總經理的周偉淦捷足先登，不動聲色地考察了橫琴島的投資環境。隨後，港澳十大商會組織了近百名企業界高層接踵而來，僅香港就去了63家企業……

有美國「會展之父」之稱的愛德森也「愛」上橫琴了，作為金沙集團的掌門人，他帶20多位華爾街金融巨頭踏上橫琴的廢石場，高調聲稱要把法國南部的風情帶到橫琴島，在島上建一個會展度假區。首期投資從最初意向10億美元追加到20億美元，這個度假區將建起不少於1000個客房、2萬平方米的會議中心，還將原先初步規劃中的一棟近60層的海邊高樓拔高為90層，讓它的高度超越亞洲第一高樓台北101大廈……

金沙再加碼。執行總裁威廉‧懷德更信誓旦旦要在金沙的橫琴項目中增加藝術和文化元素，在給中國會展業帶來飛躍的同時，還將「滿盤複活」停辦的中國珠海電影節，打造「亞洲康城電影節」。澳門某報紙言之鑿鑿，金沙項目肯定會成為橫琴「泛珠合作」開發的第一個「旗艦」項目……

橫琴一時成為珠三角的當紅「炸子雞」，媒體、學術界和當地政府把它掛在嘴邊，並描繪出如夢似幻的理想藍圖。

橫琴熱正當頭，時任國務院總理溫家寶於 2005 年 9 月 10 日視察橫琴，他要求慎重開發、科學開發、合理開發。喧囂了一年的「橫琴熱」又驟然降溫。於是，澳門一家報紙又「猜猜猜」：溫總理應該是傳遞了一個信號，中央希望把這塊珠海期待延伸產業鏈、澳門設想用來解決自身土地瓶頸的寶地規劃好，讓兩地共同受惠……

但，何為「慎重、科學、合理」？顯然，珠海市、廣東省都不能定義，而只能是由中央政府來定義了。2005 年 12 月，美國拉斯維加斯金沙集團欲投資的國際度假村項目「投懷」澳門，傳說中的迪士尼項目則「送抱」香港。

「這兩個舉動不尋常。」閻小青曾參與橫琴定位的「出謀劃策」。據她回憶，其諮詢公司完成廣東省發改委委託編制的《關於設立泛珠三角橫琴經濟合作區的項目建議書》研究課題後，便再沒有人提出討論有關橫琴的問題了。

作為橫琴發展推動方的主體，珠海隱隱懷着橫琴被「整體租賃」給澳門開發的擔憂。畢竟，珠海和澳門之間曾經一些合作上的「異見」，讓彼此默契有所不足。

2007 年初，時任廣東省發改委主任李妙娟在一次港澳媒體通氣會上表示：對橫琴的規劃將提升至「一國兩制」的框架下考慮，橫琴的建設要考慮到港澳，特別是與澳門產業如何對接的問題。

翌日，香港《大公報》刊發的標題是：「橫琴島開發，廣東做不了主！」標題還套了個紅色的大框。報道稱：粵澳都意識到在全面實施 CEPA 基礎上必須選擇一個區域建立特別合作區，而該區域有可能率先在珠海橫琴島「試深淺」，橫琴極有可能成為港澳與廣東，乃至泛珠兩大經濟板塊全面對接融合的突破口……

這年年初，橫琴開發又轉入「休眠模式」。

前塵往事似雲煙。

十幾年的沉寂與喧囂，困頓的迷霧又一次籠罩在橫琴人心頭：要麼無從談起，要麼進展緩慢；要麼突然夭折，要麼中途擱淺……

儘管眾說紛紜，但誰也說不清，誰也道不明。一位曾在橫琴經濟開發區管委會工作的負責人對此並不諱言，深有感觸地說：「簽了項目投資意向書的投資者急，我們也很急，我們已儲備了 30 多個項目，總投資 450 多億元，有些項目已簽約 3 次了……只是橫琴的事情珠海不能夠拍板了。」

至此，關於橫琴的話題，珠海市領導沉默，閉口不談。

多年後，珠海市發改局一位不願透露姓名的領導告訴我：「大家都等國務院的意見，國家發改委已下來調研多次，省裏也下來多次，我們所起到的作用也就是配合、協調，再配合、再協調。」

又有好事者在不停地打聽內幕消息……

2008 年 12 月 15 日，珠海市發展和改革局局長黃銳在媒體發佈會上回答港澳記者提問時謹慎得滴水不漏，他告訴媒體朋友們「莫要急」，橫琴島開發的規劃已上報中央，具體細節還沒有定，不好說……

2009 年初，《珠江三角洲地區改革發展規劃綱要（2008 年—2020 年）》正式頒佈，「橫琴新區」四個字在《綱要》裏被悄然提及。這傳遞某種信號……

信號表明：橫琴要有大事發生！

琴鳴天下

一切鑴刻進時光年輪的就叫歷史，歷史長河總是在一個舊時代消逝與新時代誕生的空白地帶尋找突破口。

橫琴與澳門守望相助，一個深沉莊重，一個兼容並蓄。橫琴發展，亟須借力澳門，合作共榮；澳門經濟適度多元化，亟須橫琴助力，架設向西拓展的橋樑。

有專家説，如果澳門能早 20 年啟動經濟多元佈局。

有學者説，如果珠海能早 20 年攜手澳門合作開發。

有領導説，如果橫琴能早 20 年承載國家戰略使命。
如果⋯⋯

歷史沒有假設，假設如果成立，澳門也許不是今天的情形，橫琴也不會是今天的橫琴！

改革開放，彈指 40 年過去。

橫琴在謀求一個新的歷史定位，同樣，經濟適度多元化發展更是澳門城市的追求。

「一國兩制」的皇皇巨着，國家戰略的宏偉篇章，能否在橫琴島上翻開新的一頁？

非常之事，必借非常之勢！

國家定位

公元 2009 年 6 月 24 日，一個極其平常的日子。

這天，珠海被裹在夏季高溫裏，自然界一片祥和。然而，一則來自北京的消息卻在南國珠海一個名不見經傳的小島掀起了波瀾。

這個小島名叫「橫琴」。

消息最先由 CNR《中國之聲》（FM106.1）頻道播出 ——

　　本台報道：國務院總理溫家寶主持召開國務院常務會議，討論並原則通過《橫琴總體發展規劃》。會議指出，珠海市橫琴島地處珠江口西岸，毗鄰港澳，與澳門隔河相望。推進橫琴開發，有利於推動粵港澳緊密合作、促進澳門經濟適度多元化發展和維護港澳地區長期繁榮穩定。會議決定，將橫琴島納入珠海經濟特區範圍，對口岸設置和通關制度實行分線管理。要通過重點發展商務服務、休閒旅遊、科教研發和高新技術產業，加強生態環境保護，鼓勵金融創新，實行更加開放的產業和信息化政策等，逐步把橫琴建設成為「一國兩制」下探索粵港澳合作新模式的示範區、深化改革開放和科技創新的先行區、促進珠江口西岸地區產業升級的新平台。

　　會議要求國務院各有關部門和廣東省加強指導和協調，明確分工，完善機制，落實責任，共同做好規劃組織實施工作。

新華社、中央電視台也在當天的新聞聯播中同步播發這條新聞，沉寂經年的橫琴島石破天驚，世界的瞳孔為之一亮。一石激起千層浪，不同的反應很快便出現了。塔斯社、路透社等全球知名媒體轉播了這條消息。在港澳地區，消息引爆媒體大戰，報紙、電視極盡渲染之能事，「標題黨」更是煞費苦心 ——《中央出手，澳門有戲》《橫琴與澳門再續「舊愛」》《橫琴一步登天，大器晚成可期》……

一個昔日默默無聞的邊陲小島，被提到國務院常務會議上去研究討論，這是一座什麼樣的島？

8月14日，國務院正式批准通過《橫琴總體發展規劃》，一冊凝聚中國改革開放、科學發展思想成果和新區開發智慧的「白皮書」橫空出世！橫空出世，琴鳴天下。10年論證，一朝定案，橫琴這張白紙畫了擦，擦了畫，終於在國家戰略高度一錘定音。

這無疑是個偉大的命題，橫琴不僅僅是一個區域經濟聯盟的合作平台，更是「一國兩制」下粵港澳緊密合作的創新載體。橫琴如同一艘漂泊多年的小船，終於靠近了花紅柳綠的彼岸。與30年前特區「摸着石頭過河」不同，橫琴有着非常清晰的起跑姿態：承載着特區進一步擴大開放、先行先試的重任，促進澳門經濟適度多元化發展和維護港澳地區的長期繁榮穩定……

這表明，開發橫琴體現國家意志！這表明，橫琴開發承擔國家使命！

9月14日，珠海市政府召開新聞發佈會，向外界掀起了《橫琴總體發展規劃》的神祕「蓋頭」——

　　發展定位：「一國兩制」下探索粵港澳合作新模式的示範區，深化改革開放和科技創新的先行區，促進珠江口西岸地區產業升級的新平台。

　　示範區：以橫琴為載體推進粵港澳融合發展，聚合珠三角的資源、產業、科技優勢與港澳的人才、資金、管理優勢，加強三地在經濟、社會和環境等方面的合作。

　　先行區：在 CEPA 框架下進一步擴大開放，發揮香港、澳門的自由港優勢，大力推進通關制度創新、科學技術創新、管理體制創新和發展模式創新，為港澳人員在橫琴就業、居住和自由來往提供便利等。

　　新平台：加強珠澳合作，大力吸納國外和港澳的優質發展資源，打造區域產業高地等。全文共分十章，範圍覆蓋橫琴全島，總面積 106.46 平方公里。在功能佈局上，分為三片十區。《規劃》對橫琴的產業、制度、目標都做了具體界定——

　　產業發展：加快轉變產業發展方式，優化產業結構，發展以高端服務業為主導的現代產業。包括商務服務、休閒旅遊、科教研發和高新技術四大產業板塊。到 2020 年，第三產業增加值佔地區生產總值的比重超過 75%，達到世界發達國家以服務業為主導的中心城市水平；高新技術產業增加值佔工業增加值的比重不低於 80%。

　　制度創新：橫琴與澳門之間的口岸設定為「一線管理」，橫琴島與內地之間設定為「二線管理」，主要承擔進出境貨物的報關、報檢等查驗監管功能，將原在一線口岸對進出境貨物的監管查驗功能移到二線，在二線完成監管查驗。

　　發展目標：經過 10 到 15 年的努力，把橫琴建設成為連通港澳、區域共建的「開放島」，經濟繁榮、宜居宜業的「活力島」，知識密集、信息發達的「智能島」，資源節約、環境友好的「生態島」。

　　非凡智慧，高屋建瓴。精臻凝練，飽滿遒勁。橫琴新區「含着金鑰匙」出生了……橫琴開發給有識之士、民間賢達提供了無限的遐想，媒體把諸多讚美送諸於橫琴：中國未來 30 年改革開放新引擎，一個新 30 年樣本，珠三角金融高地，800 億資金撬動，1200 億首期投資……

　　最敏感的反應來自資本市場，「橫琴概念股」掀起了一輪接一輪的炒作熱潮，不少人搶先淘到了第一桶金。從此，橫琴被世界關注的長焦鏡頭所聚焦，被港澳譽為內地「開放度最高、體制最寬鬆、創新空間最大」的地區之一。也是從這個時候起，花環悄悄戴在了橫琴的頭頂上……

　　橫琴一落子，澳門開新門。這幅由黨中央、國務院深謀遠慮繪就的藍圖有望解開困擾澳門的難題。有了橫琴，澳門的經濟適度多元化發展、世界級休閒度假中心建設就有了更大的拓展空間……

　　黃銳溫文爾雅，豪爽熱誠，他談鋒極健，語調一如他東北人的性格，清脆而爽朗。時任珠海市發改局局長的他，曾參與《橫琴總體發展規劃》初期的醞釀、

方案擬定和規劃編制的組織協調。

「當時,《規劃》從起草到定稿用時多長?」在他那間被文件和報紙堆放得稍顯逼仄的辦公室裏,我剛落座,寒暄了幾句,便開門見山,切入正題。

「哎喲,4 年多吧!中間數易其稿。」現任珠海市人大常委會副主任的他,轉身到資料室搬出封皮有些發黃的《橫琴總體發展規劃》上報稿,說,「這是第五稿了,幾乎每一稿我都保存着,工作變動到哪,我就搬到哪。」

「這麼厚⋯⋯」我有些驚訝,各種附件、圖表、正本加起來共三大本,放在一個精緻精緻的書盒子裏,拿起來有些沉重。

「打壞了三台打印機。」他一邊說,一邊小心翼翼地將文本裝回書盒遞給我,「你看,這些都是上報國家批覆《橫琴總體發展規劃》的正本和附件,國務院基本都是按照我們上報的內容來批,有改動,但不大。」

《橫琴總體發展規劃》是由國家發改委牽頭,廣東省發改委和珠海市政府協助編制完成,從 2006 年開始動議,2007 年協調推動,2008 年寫入到《珠三角改革發展規劃綱要》,前後謀劃了三年。

到了 2009 年初,各種論證會、評審會無以計數,上報稿更是字斟句酌,反覆琢磨,非常嚴謹。

黃銳說,在北京,依照國家發改委地區經濟司司長范恆山的要求,幾個人貓在珠海駐京辦的招待所裏,撲在字裏行間咬文嚼字,加班加點對細節內容進行補充完善⋯⋯

不斷地打磨,反覆地修改,細緻地會審,《橫琴總體發展規劃》最終獲得批覆。這裏有幾個台前幕後的故事 ——

故事一:「兩區一平台」的總體定位

2009 年 3 月,北京城乍暖還寒。

在國家發展改革委員會南樓裏,時任珠海市委書記甘霖,市政協副主席、橫琴經濟開發區黨委書記劉佳和市發展改革局局長黃銳來到杜鷹副主任的辦公室。

時值兩會期間，甘霖和黃銳此行是來向杜鷹匯報關於橫琴開發開放定位的問題。

「90 年代以來，橫琴的定位問題一直就存在着爭議和不同意見，在總體規劃中，在橫琴的定位問題上我們想向您請教……」甘霖書記懇切地說。

杜鷹說：「橫琴的定位要准，不要無謂地爭論。」他扭過身來，面對着黃銳，「你很清楚了，上次在井岡山討論《珠江三角洲地區改革發展規劃綱要（2008 年—2020 年）》時你去了，那次會上確定了珠海為珠江口西岸的核心城市，橫琴可以考慮成為粵港澳合作平台或者示範區之類嘛！」

黃銳對井岡山之行記憶猶新。

那次會議是《珠江三角洲地區改革發展規劃綱要（2008 年—2020 年）》的討論定稿會，黃銳連夜驅車 7 個小時車程趕赴井岡山，就是要當面向杜鷹副主任陳情，他懇切地說：「杜主任，我這次是帶着珠海全市人民的期盼，希望國家在珠海的城市定位上，能定位為中心城市。」

「都叫中心城市怎麼行啊！太多了，都爭中心城市，中心城市夠多了。」當時杜鷹副主任分管地區經濟司，他略一沉吟，補充說，「這樣吧，可以叫『核心城市』嘛！」

想到這裏，黃銳仍然對杜鷹副主任心存感激，他連忙回答道：「杜主任，關於橫琴的定位，我們一定會循着您的指示去進一步斟酌，力求更準確更全面表達到位。」

回到珠海，按照杜鷹副主任的要求，黃銳又多次組織課題組和專家對橫琴的定位問題進行修正。

「我們的思維一直在『平台』和『某某區』的框架裏打轉，但就是展不開，視野和格局都比較小。」黃銳回憶道。

約莫一個月後，還是在北京，甘霖書記、劉佳副主席、黃銳局長又一次到國家發改委拜訪杜鷹，杜鷹副主任再次提及橫琴的定位問題，他說，如果沒有澳門，就沒有珠海經濟特區，就沒有珠海先行先試「摸着石頭過河」，珠海在《珠江三角洲地區改革發展規劃綱要》中被定位為珠江口西岸的核心城市，就是充分考慮到橫琴與澳門這兩個角色的特殊性，所以，橫琴的定位一定要高端，格局要大，要體現「一國兩制」，體現合作、創新、服務……

杜鷹副主任語重心長的一番話讓一行人如醍醐灌頂。

2009 年 6 月，在國務院常務會議上，「『一國兩制』下探索粵港澳合作新模式的示範區、深化改革開放和科技創新的先行區、促進珠江口西岸地區產業升級新平台」的定位在審議時一致獲得通過。

故事二：「特區中的特區」定義

2009 年 4 月，北京。這是《橫琴總體發展規劃》上報國家發改委前夕的最後一次定稿會。眾所周知，1980 年 8 月，經中央批准，珠海劃出一塊地方辦經濟特區，範圍沒有包括橫琴。

1988 年，珠海經濟特區面積第二次擴大，仍然沒有包括橫琴。橫琴開發，不是特區怎麼行呢？「我們建議將它納入到珠海經濟特區範圍。」

劉佳匯報到這裏時，一直在細心聆聽的杜鷹副主任突然插了一句：「橫琴納入珠海特區範圍，珠海都已經是特區了，那橫琴怎麼叫？」

劉佳說：「納入經濟特區，主要是有利於橫琴能享受特區的一些政策。」

「橫琴的政策應該比珠海特區的政策還要『特』。」杜鷹說。

「我們也是希望這樣⋯⋯」劉佳用略帶征詢的目光看了看黃銳。

黃銳心領神會，忙說：「杜主任，我們想把它叫作『廣東的浦東』⋯⋯」

杜鷹副主任若有所思，示意黃銳繼續往下講。

「或者叫作『特區中的特區』。」黃銳情急智生。

杜鷹副主任沉吟了一會，仍然沒有發表看法。從國家發改委南樓出來，黃銳心想：可能涼菜了。後來，在國務院的批覆中，「特區中的特區」被採用，而「廣東的浦東」並沒有被採納。

故事三：橫琴島產業定位論證

2009 年 3 月，珠海。

6 日下午，珠海賓館內綠樹掩映，花團錦簇，偌大的會議廳被擺成了「U」形，左、右兩側各吊着兩個花籃，中間垂着 PPT 白色銀幕，上方掛着一條橫幅，

「《橫琴總體發展規劃》專家研討會」13 個大字赫然醒目，十分鮮豔。

　　3 時，研討會開始，主持人道了開場白，介紹了每位嘉賓，來者不乏德高望重、白髮蒼蒼的老專家。主題發言時，專家們各抒己見，暢所欲言。分組討論時，大家的爭論高潮迭起，甚至稱得上激烈。爭議的焦點仍然是在發展工業這個問題上，要不要上工業？要上什麼樣的工業？會議出現分歧，兩種不同的意見碰撞得非常厲害。正方意見方認為橫琴是塊「寶地」，這麼小的一塊地方如果盲目引進工業項目，將失去橫琴開發的特色，與橫琴「謀而後動」數十年的初衷相悖。反方意見則認為無工不富，橫琴不發展工業，怎麼實現「彎道超車」、後來居上？而且澳門的產業多元發展也難以做到「吹糠見米」。正、反雙方言之鑿鑿，暗中都憋着一股勁，其實都是為了說服對方，讓自己的意見能寫入《規劃》草案。

　　一直以來，橫琴對發展旅遊情有獨鍾，因為與澳門關聯性強，澳門的旅遊溢出效應對橫琴發展旅遊十分有利，所以在旅遊業上很容易凝聚共識，但在製造業、食品加工等多個方面均存在分歧。

　　6 月，在批覆的《橫琴總體發展規劃》的七大產業中，製造業、食品加工了無蹤影。

故事四：「四個島」概念的提出

　　2009 年 2 月初，珠海市政協副主席、橫琴經濟開發區書記劉佳「空降」橫琴。剛到任，她第一次到北京出差就是參加《橫琴總體發展規劃》的專家討論會。

　　此前，《橫琴總體發展規劃》已分別在廣州、珠海多地討論，數易其稿。這次北京專家會，是由國家發改委組織召開的，層次很高，專家們也都是相關領域的權威。

　　《橫琴總體發展規劃》被一條一條地討論。在橫琴發展目標上，幾個專家認為定位不清，反覆在問同一個問題：到底要建一個什麼樣的島？到底想要把這個島幹成什麼樣子？劉佳一直在細心地聽，耐心地記，腦子裏不斷地閃現出專家們的疑問。是啊！橫琴要建成一個什麼樣的島？橫琴希望的又是一個什麼樣的島？此時，所有的知識、記憶和經驗陡然奔湧而來，瞬間充滿了她的腦袋。她迅速用筆

在討論稿上分別寫下「智能島」「活力島」「開放島」「美麗島」……

到劉佳發言的時候，她把自己心目中的「四個島」作了一番解讀：「我希望以後的橫琴是智能的，全島 Wifi 覆蓋、互聯網發達；同時又是開放的，因為橫琴稟賦很好，與澳門陸島相望，我們要按最高標準來開發，要把它做成一個人人嚮往的充滿活力的地方；剛才大家也討論了橫琴要建成粵港澳合作新模式的示範區，那麼橫琴就必須開放，要不然人家怎麼跟你合作，人家憑什麼跟你一個窮親戚合作……」

說到這裏時，會場氣氛有了微妙變化。劉佳繼續說：「還有一個比較可貴的是，橫琴原生態，是一個十分美麗的海島……」劉佳一出口語驚四座，會場內有人交頭接耳，有人頻頻點頭。一位專家肯定她說得好 ──「簡明扼要」。坐在她一旁的單位領導恍然大悟，連忙打趣道：「您怎麼不早說呀？」後來，在《橫琴總體發展規劃》批覆稿中，吸收了劉佳即興發揮的「四個島」：連通港澳、區域共建的「開放島」，經濟繁榮、宜居宜業的「活力島」，知識密集、信息發達的「智能島」，資源節約、環境友好的「生態島」。即「美麗島」改成了「生態島」。

只是在每一個「島」的前面，專家們用 8 個字作了精準的闡釋。

故事五：「多聯供能源」被寫進《規劃》

2008 年 5 月。

當時，中電投擬跟澳門澳電、中石化合作在黃茅島建一個 LNG 接收站，燃氣接入站的登陸點選中橫琴。

籌建負責人侯振林找到時任橫琴經濟開發區主任的鄧友和經濟發展局局長何廣漢，說：「鄧主任，這個熱電項目是服務澳門的，是個沒污染的項目，我們想把這個電廠落在橫琴。」

看似不成問題，實則是個非常難以運作的大問題。

「眼下橫琴的項目已經暫時凍結了。」鄧友告訴他，然後語氣頓了一下說，「不過，《橫琴總體發展規劃》正在編制，能源規劃是其中一部分，你們這個項目如果足夠高端又足夠生態環保，還是可以爭取納入《規劃》嘛！」

侯振林聽後眼睛一亮，他想起不久前到新加坡談馬錫調研，人家正在如火如荼地搞常規能源與可再生能源的新一代城市能源系統。心裏琢磨來琢磨去：中電投能把電廠搞起來，何不把「多聯供」也搞起來？

「多聯供能源」系統低碳、環保、清潔、高效。侯振林的想法在橫琴遇到了知音。

當時，「多聯供」還是個新東西，其主要原理是實現不同熱力系統的合理匹配與組合，達到低排放或近零排放，從而尋求解決能源與環境對經濟社會發展的矛盾。這種「冷、熱、電」區域聯合供給能源系統在全國還屬鳳毛麟角。

「多聯供」這個概念引進總體規劃後，爭議很大。因為對「多聯供」的認識，當時大家都不甚了解，意見也不是很統一。

有的人認為，這新東西燒錢，技術在國內又不是很成熟，不應該寫進總體發展規劃中去，選一個比較穩妥的、循序漸進的方案，引入一些技術成熟的能源系統。

但也有人持贊成意見，認為這種低碳、綠色的能源符合可持續發展的方向，特區就是要先行先試，既然是摸着石頭過河，寫進去又何妨？

為慎重起見，珠海又開展了兩次調研，發現這種大範圍的能源系統，在國內確實比較少，也沒有太多可以借鑒的東西。

《規劃》上報稿送到北京後，相關人士皺起眉頭問：「『多聯供』？這是什麼東西？」

第一次被打回來了。

從北京回來，珠海針對反饋的意見對「多聯供」材料進行補充完善和陳述，同時對國內外的一些案例做進一步的蒐集整理，以附本形式又重新報送上去。這一次通過了。看到「實現區域內熱電冷聯供」被寫入《橫琴總體發展規劃》，一位老專家心情非常激動，他百感交集地說：「國外已經搞了 40 年，我為此也呼籲了 10 多年，現在終於被國家重視，橫琴了卻了我最大的心願。」

橫琴助力澳門經濟適度多元發展，初衷是充分發揮橫琴地處澳門與內地接合部的優勢，推進兩地深度緊密合作和融合發展。

但諸多問題和困難接踵而至——

「一國兩制」下兩地合作的模式是什麼？如何落實國務院賦予橫琴在制度、管理體制、發展模式、金融創新等方面先行先試的責任？規劃給出的只是一個框架。譬如，有哪些點可以突破？譬如，禁區的邊界在哪裏？別說是廣東省和珠海，恐怕連國家的相關部門也沒有想清楚哪些方面需要由國家來定奪。時任橫琴新區管委會副主任的葉真為我講了這樣一件事——

他說，在《橫琴總體發展規劃》裏面，關於「分線管理」是這樣表述的：一線放寬、二線管住、人貨分離、分類管理。當時，葉真帶隊來到海關總署，相關處室負責人說，就那麼一句話，你這讓我們怎麼操作呀？想想也是啊！

「沒辦法操作，又倒逼我們回去研究。」葉真說。

「一線」是指蓮花大橋橫琴口岸，「二線」是指橫琴大橋二線通道。這樣問題就來了，兩地各種要素便利往來，得從三件事做起，一是風險管理，二是不免稅清單，三是硬件監管設施。為了這份清單，橫琴苦苦地思索，做了不少基本功。他們仔細琢磨國民經濟的幾百項門類，包括歷年的數據報表、海量的進出口目錄……

「聽說列有上百項？」我有些遲疑。

「大概有幾十項吧！」他略一沉吟說。

「這清單很短啊！」我說。

對於負面清單來說，清單越短，意味着優惠的措施就越多，而我把意思給搞反了。

「正式公佈時，清單有 100 多大項，大項下面還有很多小項。」葉真告訴我說，橫琴當時的目標是逐步實現境內關外，但理想很豐滿，現實很骨感，結果離當初的設想還有很大距離。

事實上，在爭取政策優惠上，地方都想多爭取一點利益，這也無可厚非，但中央都不會給得太多，畢竟需要「優惠」的地方太多，手背手心都是肉啊！

橫琴草擬的「不予免稅清單」出來以後，循正常渠道分別送到財政部、海關總署、國家質檢總局、稅務總局等相關部門，等回到橫琴的手上時，早已面目全

非了。

「招得太死。」葉真一直「抱怨」這清單長了。

到了 2013 年底，清單基本定版，眼看木已成舟，葉真知道很難一步到位了，他向有關部門提出能不能在文件最後加上「根據實際情況優化」一條。

相關部門同意了橫琴提出的這個要求，在文件正式頒佈時預留了一個「端口」。

「不過已經很好了！至少可以實操，某種意義上來說可以運作了。」現已調任萬山海洋開發實驗區黨委書記的葉真還對橫琴的那份免稅清單心心念念。

「不知清單現在優化了沒有？」葉真喃喃自語道。

2013 年 5 月底，財政部、海關總署、國稅總局聯合下發通知，明確了橫琴開發「免、保、退、選」四大稅收優惠政策。

在這份「財關稅 [2013]17 號文」裏，我看到《「一線」不予免稅貨物清單》和《「一線」不予保稅貨物清單》的商品目錄被列得清清楚楚，僅生活消費類貨物，就有多達 40 多種不予免稅。

「一線放寬」就是指對貨物在稅、證方面的適度放寬，對與生產有關的貨物給予保稅、免稅，進口備案貨物免領配額、許可證等；「二線管住」就是對一線放寬的貨物在「二線」管住、管好，比如從「一線」進來的保稅、免稅貨物，如果要經「二線」銷往內地，就要按照進口貨物辦理報關手續，照章徵收關稅，驗核進口配額、許可證。

除了「免稅」和「保稅」優惠政策之外，橫琴還有「退稅」優惠政策，也就是說，與生產有關的貨物由區外入島，可以享受出口退稅；還有選擇性征稅政策……

其實，解決橫琴類似「清單」的這些問題，正是國家開發橫琴的初衷，國務院給橫琴開發定的基調本來就是要「創新」。

「負面清單管理模式」僅僅是政策創新的冰山一角。

《珠江三角洲地區改革發展規劃綱要》頒佈不久，珠海市就成立金融、財稅、通關、土地管理、產業和信息化等六個對應的專責小組，根據《橫琴總體發展規

劃》批覆中賦予橫琴新區的各專項政策進行細化分解並提出需求「打包」向國家申報。

政策報批及落實工作是一項系統複雜的工程，涉及面廣，協調難度大，事權多在部委。橫琴新區牽頭成立政策報批領導小組，劉佳任組長，副組長是區管委會主任牛敬，其他黨委委員和各部門負責人都被納入到小組成員名單當中。管委會副主任顏洪任專項工作組組長。

2011 年至 2012 年間，鄒樺是橫琴對外交流合作局副局長，她被「欽點」為「駐京催批小組」組長，和鄒賢康、葉曉輝等一批同志輪流「駐紮」在北京，唯一的任務就是做好橫琴與部委的日常聯絡溝通工作。

鄒樺成了名不副實的「駐京辦主任」，她深諳期間不為人知的艱辛與不易。

2012 年 5 月的一天，她來到國家某部委，把通關模式的政策申請報告遞交到相關處。因為《規劃》裏確定了「出境功能和入境功能分開」，即在橫琴島和澳門之間的口岸確定為以人為主的「一線管理」，橫琴島與內地之間確定為以物為主的「二線管理」，這裏面就需要有更細緻的規則和方案報國家批准。

相關處長看完報告後半開玩笑地對她說：「你們廣東啊，可真會異想天開。」聽了這位處長的話，鄒樺心裏「哎喲」了一聲，心想這下可糟了。其實，這位處長用「異想天開」這個詞也不是什麼貶義，只是覺得太大膽、太超前了。

「這樣吧！報告留下來，我們也仔細學習學習！」

「學習？」鄒樺一聽心涼了半截，內心湧出一種非常複雜的滋味。

在回程的飛機上，鄒樺向時任珠海市委常委、橫琴新區黨委書記劉佳匯報後請示道：「下一步怎麼辦？」

劉佳當時陰沉着臉，話簡短得只有兩個字：「再去！」

三個月後，橫琴終於爭取到了有關部委同意實行「分線管理」的模式時，鄒樺又見到了那個當初說橫琴「異想天開」的處長，處長舉起大拇指，說：「你們廣東人真能挺！」

橫琴開發涉及港澳等境外投資，涉及兩種不同的制度和體制，諸多政策細則尚未落實，與通關政策一樣，金融政策的創新同樣來之不易。

　　橫琴財金事務局局長閻武不無感慨地說：「橫琴的很多創新政策包括金融政策其實就是不斷跑來的。」他告訴我，那段時間，市裏領導何寧卡、劉小龍以及橫琴新區的劉佳常委、牛敬主任三天兩頭往北京跑，跑國家「一行三會」，跑省裏相關單位，跑了多少趟多少家都沒法統計了。

　　橫琴想推新信托，當時還找來好幾家信托公司，何寧卡市長、劉佳常委帶着大家「跑部」前進，但高層不鬆口，覺得那些政策不「靠譜」，難以實施。橫琴則覺得上報的金融創新政策非常好，非常接地氣，就拚命地宣傳，引來了很多的關注，於是才有了今日橫琴金融企業紛至遝來，金融創新亮點紛呈……

　　「向國家要哪些政策事先沒有琢磨透？」在市政府 1 號樓的一間辦公室內，我採訪到已擔任珠海市副市長的閻武。

　　「當時，市裏成立了 6 個小組，專門研究橫琴政策，金融和財稅小組是由市發改局和金融辦牽頭，人民銀行、銀監、財政局都參與進來。大家熱情高漲，討論了很多，如，貨幣能否在橫琴自由兌換，土地可否金融化，哪些金融新產品、衍生品是否可以在橫琴試水。」

　　小組還請來「外援」——廣東省金融學院的專家親自「捉刀」。

　　「有的設想還是比較『拉風』的。」閻武笑言，包括面向未來的很多平台，什麼人民幣國際化啊等等，非常宏偉。後來又加了幾條更具體的，比如在橫琴島實行澳元、港元和人民幣自由流通，信托、貨幣匯率機制能有個「橫琴指數」之類的……當時的思路就是天馬行空。

　　幾經周折，我終於找到了多年前珠海市上報的那份文件。

　　在此不妨摘錄一段，看看珠海當年有哪些「追求」——

　　　　爭取港珠澳三方在橫琴共建區域性貨幣市場，着力建設「交易所」模式下人民幣與港幣、澳門幣的現貨交易市場，推動建設多幣種現貨交易市場；推動三地在橫琴新區開展實質性的金融合作項目，建立連接珠三角和港澳地區的多層次資本市場，包括股權直接投資市場，打造「跨境產權交易中心」，建立跨境非上市公眾公司股權交易市場，推動多幣種貨幣市場基金和多市場

股票投資基金中心試點；建設面向粵港澳機構投資者的金融資產交易平台，推動粵港澳金融機構資產交易逐步趨向集中交易，形成有效的定價機制……

創新的概念，在這份文件裏被全新演繹。這些拗口的專業術語在閻武那裏變得通俗又易懂：一是在橫琴區域內各種貨幣可自由兌換，內地和港澳的貨幣可同時使用；二是在橫琴建立非上市公司的股票櫃台交易；三是在橫琴建立三地產權交易市場，填補港澳無產權交易市場的空白。

閻武侃侃而論，橫琴既然是為澳門產業多元化服務，今後肯定是和港澳高度融合的區域，人流物流信息流過來，資金自然就要在這裏通暢，所以我們覺得一些金融政策可以在這個特區中的特區先行先試。

2011 年年中，6 類專項創新政策全部上報國務院。

在鄒樺的印象中，橫琴政策小組 60 餘次赴京，積累的資料超過 2 米高，17 次對報批文件進行「大手術」。幾乎每次上京都是由省、市、區領導親自帶隊組成「強大陣容」。她說：「省委、省政府下了大力氣，對橫琴政策創新寄予很高的期望。」

鄒樺說，政策報批涉及的國家部委就達 40 多個，為了取得國家對橫琴開發政策的支持，她們歷時 170 多天，跑了其中的 50 多個司。

有一次周末，鄒樺從北京飛回珠海，飛機落地的瞬間，她興致勃勃地打開手機，正要給家人報個平安，卻先傳出「嘀」的一聲短信提示，她點開一看，是單位同事發來的：「明天上午拜訪國家某部，請您立即飛回北京，單位已為您購買好晚上 7 點 20 分珠海往北京的機票。」

剛剛經歷了三個多小時的空中飛行，疲憊不堪的她看看時間，6 點過 10 分。她趕忙從一樓到達大廳轉到二樓出發大廳，在辦理登機手續的那一刻，她驚奇地發現，乘坐前往的飛機正是自己回來時乘坐的那一班……

對她來說最窩心的事莫過於飛機的誤點，好幾次她乘坐晚上的飛機要到第二天清晨才到，理由總是「天氣原因」和「空中管制」，不僅人被折磨得精疲力竭，有時還誤事。

一年下來，她已記不清跑了多少趟北京，由於常在珠海至北京的航線上飛，

她對每家航空公司相關的航班時刻、航班號，每家航空公司的機型、准點率都熟稔於心。

專項創新政策報批既充滿懸念又令人翹首以盼。當橫琴人多年後講起這些故事時，我依然肅然起敬，深歎他們的專注、執着和智慧。

歷史學家湯因比曾說，發展的歷史，便是在努力爭取與不斷回應中前進的歷史。彼時，對國家會給橫琴多大制度創新的空間，無論是珠海市還是廣東省，確實不能說完全心裏有譜。

曾經，有一個部委領導給予橫琴的政策報批工作以很高的評價：「橫琴的同志鍥而不捨，百折不撓。」

2011 年 7 月 14 日，所有懸念有了着落。橫琴翹首以盼的國務院《關於橫琴開發有關政策的批覆》（國函 [2011]85 號）獲得批准。

「古之成事者，必有堅忍不拔之志。」橫琴人聽到政策獲批的消息時，許多人熱淚盈眶，高興得開心落淚。

該《批覆》共五條，1300 餘字。這份批覆在政策的醞釀過程中，擬定政策的出發點始終是為港澳，特別是澳門拓展發展空間，促進澳門經濟適度多元發展。被媒體稱為國務院給予的開發程度最高、創新空間最廣的區域開發政策之一，同意給予橫琴「比經濟特區更加特殊的優惠政策」。

其中的「四大關鍵詞」備受關注。

一、港澳。

全篇有四個「港澳」、兩個「粵澳」和六個「澳門」，共計 12 個相關字眼。從中央同意開發橫琴的原旨到建立粵澳合作產業園，從便利通關到所得稅優惠，都是圍繞粵港澳緊密合作設計和實施的。

二、特殊。

通篇貫穿「特」的理念，同意橫琴實行比特區更「特」的優惠政策，這是由其位於「一國兩制」交匯點和「內外輻射」接合部的獨特區位，以及承擔為澳門拓展發展空間、促進澳門經濟適度多元發展、支持港澳繁榮穩定的責任和使命所決定的。

三、優惠。

明確賦予橫琴各項優惠政策，制定產業「優惠」目錄，給予企業所得稅 15%
的優惠，對在橫琴工作的港澳居民實行「優惠」的個人所得稅差額補貼，對粵澳
產業園實行更為「優惠」的支持政策等。

四、創新。

明確橫琴創新通關制度和措施，賦予橫琴更多的試驗權，這就要求橫琴加快
推進管理體制和發展模式創新，力爭在改革開放的重要領域和關鍵環節率先取得
突破，為珠三角「科學發展、先行先試」創造經驗和提供示範。

《批覆》亮點紛呈：金融政策、土地政策、產業政策、信息化政策……所有
的疑惑和討論就此畫上了句號。

「除了國家層面，省政府對橫琴的政策支持力道也非常大。」在市政府大院 5
號樓裏，現任珠海市推進粵港澳大灣區建設領導小組辦公室常務副主任的閆衞民
接受我的採訪，他特別向我提到省政府制定的一份《關於加快橫琴開發建設的若
干意見》。

「那裏面有很多橫琴要的『幹貨』。」閆衞民說。

閆衞民是橫琴公認的「大手筆」，許多政策台前幕後的方案和策劃都經過他
的手。或許是曾經有過的媒體經歷，他不需要我的採訪提示，侃侃而談且語速適
中，思路清晰而富有邏輯。

我們的話題是從他的記者生涯談起。

2000 年─2003 年，剛從南京大學研究生畢業的閆衞民是《珠海特區報》跑
經貿線的記者，這讓他對珠海的經濟社會發展有了一個初步認識。之後他被選調
到市府辦和市委辦，分別擔任過副科長、科長，得以以全方位的視角觀察珠海。
通過 2009 年那次機緣巧合的「公考」，閆衞民走出市政府機關大院，走馬上任橫
琴新區統籌發展委員會副主任，職責對口市發展改革、政策研究、統計及法制等 4
個部門。

談到爭取國家對橫琴的政策支持，閆衞民變得興奮起來：「我和鄒樺跑政策
的方向和領域不一樣，她主要是跑北京，要的是分線管理、對港澳居民實施個稅

補貼以及企業所得稅 15% 等政策，我主要是跑省、市這個層面，要的是審批權下放、資金政策的支持等等。」

「那您就給我講講那個《關於加快橫琴開發建設的若干意見》背後的故事。」我說。

「事情太多了。」閻衛民欲言又止，「市裏面問題不大，關鍵是省一級的資源怎麼爭取支持。」

一次，省領導來到珠海，專題調研橫琴需要省層面解決的問題。橫琴專門做了匯報，請求省裏面出台一個專門支持橫琴的政策或辦法。省領導要求起草一個橫琴需要省裏支持的文件，把問題想清想透，然後按程序報上來。

接到任務後，閻衛民立即牽頭，組織一批「智囊」起草了一個初稿。內容包括：下放橫琴部分省級經濟管理權限；加大對橫琴的財稅支持力度；支持橫琴創新通關制度；支持橫琴創新土地管理制度；支持橫琴開展金融創新；支持橫琴開展科技創新……

初稿在征求市裏相關部門意見後，通過市政府報到廣東省政府。

「當時起草的過程還算順利，但走到省裏面就複雜了。」閻衛民回憶說，涉及太多省裏部門的事權。

當時省裏具體承辦的部門是省港澳辦，最密集的時候閻衛民一個月要跑三四趟，與經辦處的每一個人都混得很熟。

「你們的這些專業需求我們也看不很懂。」在閻衛民的一再催促下，經辦處長皺了眉頭，說，「我們就這幾丁人，也沒有幾個人能搞得了這個事。你想，這麼多部門為橫琴列一個單子，確實工作量太大。能不能派兩個人來掛職，我們一起幹？」

從省港澳辦回來，閻衛民把這位處長的想法向領導做了匯報。

「行！沒問題。」領導十分爽快地應允。後來就定了兩個人去省港澳辦掛職，一個來自橫琴商務局，一個來自市港澳辦。

時間過去幾個月，大家一起做工作，好消息不斷從省裏出來：外商投資項目核准、地方政府投資項目審批等省級審批權下放橫琴；支持在橫琴率先探索實施貨物「單一窗口」通關；在省政府審批權限內，橫琴鎮土地利用總體規劃的修編

及調整下放珠海市政府；對橫琴的土地利用年度計劃指標實行單列，由國土廳直接下達給橫琴新區管委會；支持粵港澳三地在橫琴共建金融創新試驗區……

最後，在要不要把 10 年內在橫琴產生的所有稅收和規費的省留成部分，用於橫琴開發建設上，因為爭議而「卡殼」了。

「大部分單位都支持，部分單位不松口。」閆衞民說。

時任省政府副祕書長李春洪召開協調會。接到會議通知後，閆衞民連夜為牛敬準備了一份匯報材料。第二天一大早，牛敬帶着閆衞民風塵僕僕往廣州趕。

在協調會上，牛敬作了很多的說明。他說，橫琴目前經濟總量很小，一般預算內財政收入還不到 1 個億。省一級的留成也不多。希望省裏面支持這個事，幫助橫琴履行好使命……

故事講到這裏，閆衞民頓了頓，他端起茶杯，喝了一大口茶，說：「說實在話，跑政策跑到後面臉皮也厚了，就是要全力遊說。爭取政策，爭取爭取，不爭怎麼能取？我們盡最大努力做工作，能爭多少是多少，不爭永遠沒有！」

「後來呢？」

「省裏確實是支持橫琴。李春洪指出，橫琴承擔着國家使命，支持橫琴有利於支持澳門經濟適度多元發展。省一級的稅費留成，目前在橫琴產生的確實不多。橫琴財力有限，面臨成百上千億的基礎設施建設任務，確實不容易。」

終於，2012 年 3 月 15 日，廣東省人民政府以「粵府 [2012]30 號」文下發了《關於加快橫琴開發建設的若干意見》，給予橫琴這項政策。「十二五」期間，省財政每年還安排 1 億元專項資金，用於扶持橫琴重大基礎設施項目建設。

「只要給陽光，橫琴就可以燦爛。」閆衞民說。當時沒有人想到，得到省裏的這項政策支持後，在以此為基礎的特殊人才和總部經濟等政策「加成」下，橫琴的財稅增長會如此之快。

中央和省市賦予橫琴一系列創新、試驗和示範的「尚方寶劍」，新區建設「超車」進入快車道，這塊「久謀未動」的熱土終於進入了實質性大發展階段。

天降大任於斯

2009 年夏天，珠海陽光明媚。

7 月 9 日，《珠海特區報》上一則珠海市公開選拔橫琴新區 10 名處級領導幹部的公告吸引了市民的目光。

「招兵買馬了。」當散發着油墨清香的報紙剛剛貼上公共閱報欄時，立即圍過來眾多看客。公告稱：「為深入落實科學發展觀，加強珠海橫琴新區幹部隊伍建設，高水平創造性做好橫琴開發，市委決定，面向全市公開選拔 10 名處級領導幹部。」

「公開選拔，太期待了。」37 歲的陳浩難掩內心的喜悅。陳浩是地道的珠海人，他一直期待着橫琴迎來大開發，但十幾年來「只聽樓梯響，不見人下來」。

在珠海市直某機關單位擔任科長 5 年，陳浩認為這次公開選拔幹部給自己提供了施展才幹的機會和平台，通過公選不僅能提高自己，找到差距，如果公選成功還可以報效故里。於是他通過網上參加報名。

「上午 8 點 30 分，我們剛上班，就有人打進熱線電話諮詢報名細則。電話基本沒停過，每隔幾分鐘就會有一個電話打進來。」市公選辦負責人喜形於色，說，「此次公選報名總人數為 377 人，經資格審查合格的 280 人。」

擁有中山大學碩士學位的陳浩如願通過了資格審查。

7 月 16 日這天清晨，太陽剛從地平線上緩緩升起。陳浩同往常一樣，環野狸島晨跑兩圈，回家洗漱完畢送女兒上學。與以往不同的是他並沒有去辦公室，而是直接驅車去了珠海市委黨校考場參加筆試。

坐在車上，透過咖啡色車玻璃，他淡定的臉上透露出一種自信。除了鎮靜，還有幾分激動，內心充滿了一種完全不同於過去的期望。

「考試科目包括領導綜合素質和英語兩科，主要測試報考者履行職位職責應具備的素質能力。」

「有沒安排時間做考前準備？」我問他。

「關鍵靠平時積累，這種考試靠臨時抱佛腳不靈。」

晚上約 10 時，陳浩接到組織部通知：按照職位 1：6 的比例和資格複審，他已獲次日參加面試的資格，面試科目包括專題發言、結構化面試、駐點調研和無領導小組討論。

遺憾的是，在 7 月 28 日媒體公示的 20 人的考察名單中，沒有陳浩的名字。

正如他的初衷那樣，「找到差距」。陳浩說：「這次公選本身就是一種選人用人的機制創新，環節設置很新穎，很公平，很透明，我接受這個結果。」

要想成為一名橫琴人絕非易事，必須經過大浪淘沙式的闖關：篩選，面試，培訓，筆試，考核，試用，聘用。珠海市委書記甘霖在接受《南方日報》記者的專訪時表示：「我們要把政治最堅定、工作最紮實、能力最突出、思維最敏捷的創新型幹部選派到橫琴新區。」

珠海市委常委、橫琴新區管委會黨委書記劉佳坦言：「橫琴要建成『一國兩制』下探索粵港澳合作新模式的示範區，選拔的領導幹部首要是特別能改革，特別能創新。」她說，橫琴招賢納才，首先在自我選拔機制上創新，比如在評分方式上進行積極探索，增加了考生互評等環節，這在全國屬首創。

張榜納賢，最終 12 名處級領導幹部脫穎而出：閻武、陳依蘭、鄒樺、閆衞民、荊洪文、趙振武、梁韜聞、葉文卿、李玉東、王毅、徐易、童年生。

鄒樺時年 35 歲，孩子剛上小學不久，她從此每天驅車一小時從香洲鬧市區檸溪穿過板障山隧道，沿九洲大道繞南屏鎮再經灣仔鎮，才踏上橫琴這塊還屬荒涼的土地。

8 月 15 日，市委書記、市人大常委會主任甘霖在珠海度假村對「新鮮出爐」的全體新選拔的領導幹部進行集體談話。他殷切寄語道：要珍惜機遇，艱苦創業，政治堅定，團結協作，幹淨幹事，以高度的使命感、責任心和創造性，奏出橫琴開發時代最強音！

17 日，珠海市召開橫琴新區幹部任職宣佈大會。這批百里挑一的「琴師」，將在橫琴這把塵封多年的「寶琴」上共同演繹一部開疆拓土的樂章。

鄒樺清楚地記得報到那天是星期一。

之前，鄒樺在市口岸局工作，那也算個人人「擠破頭」想進的單位，不少人抱定要幹到退休的想法，鄒樺說：「但橫琴充滿未知，很吸引人。而且作為一個國家戰略，在此平台上一定大有作為。」

橫琴以五湖四海的胸襟，吸納大川溪流，延攬人才精英。

時隔半年，珠海再次公選「千里馬」，其中正處職位 3 個，副處職位 2 個。與上次不同的是，這一撥是面向全國海選，進入面試的 19 名人員來自內地十個經濟發達城市，北京、上海、廣州、深圳、武漢……其中，擁有博士、碩士學位者15 人，佔到近八成。

鄧練兵博士選擇橫琴，用他的話是「純屬偶然」。

那是 2009 年 10 月的一天，他不經意拿起一份《二十一世紀報》瀏覽，突然一則公告闖入他眼簾：橫琴公招。

招聘內容足有半個版面，越往下看，他越覺得有意思，報名的流程設計十分簡單，表格就是一個模板，報名也不用單位開證明，只下載一個准考證就可以了。

鄧練兵畢業於華中科技大學，是經濟學博士。來橫琴前，鄧練兵在央企屬下一家武漢公司做得「風生水起」，剛剛提任房地產板塊公司的法人兼執行董事兼總經理，在國企中，這已經算是「正處」級領導了。

看完招聘內容，鄧練兵有點小激動：「當時感覺公選條件就是專門為我量身定做的一樣。」

多年的城市基礎設施建設管理經驗、房地產開發和資本運作經驗讓他決定試一試。他按照指引下載了一份報名表，其實也就是一個模板，填上個人資料就隨手在網上提交了。沒想到第二天一早就接到珠海方面的電話，告知材料審核通過，完全符合要求，並通知他網上打印准考證，按時參加考試。

鄧練兵不聲不響，南下珠海趕考。

筆試也是在珠海市委黨校進行，黑壓壓的好多人。鄧博士說，這是他看到的最壯觀的一次考試場面，也是他經歷的最複雜的一次考試，什麼題型都有。

從 2009 年 10 月到 2010 年 4 月底，各種考試面試斷斷續續地進行，進入二選

一時，鄧練兵有種預感，恐怕是要「中舉」了。

在黨校進行的最後一場是結構化面試，面試結束後，鄧練兵獨自在路邊大排檔吃完晚飯，一個人束轉西轉，便轉到了香洲汽車總站附近，側身看到一塊公共汽車站牌，終點站正是橫琴。

「橫琴？」他的眼睛一亮。

鄧練兵就想，不如坐公共汽車去體驗一下，看看橫琴是個什麼樣子，他看了看時間，是傍晚 6 點 30 分。公交車來後，他「噌」地上了公交車。人不多，隨便找個位子坐下，腦子裏便一直想象着橫琴的模樣。

公交車報站到了「南屏」。「會不會是《南屏晚鐘》裏唱的南屏？」他心裏想。後來才知道兩者「八竿子打不到一塊」。鄧練兵笑言當時感覺到好遠，像有幾十站路。到了橫琴大橋，車上就他一個人了，再往前，公路兩旁全是芭蕉林，晚風一吹，蕉葉劈劈啪啪作響，讓人的心都提了起來。

公交車最後停在橫琴終點站，車上就司機、售票員和他三個人，鄧練兵想下車，卻又猶豫了一下。「你們車還回不回去？」鄧練兵問。售票員用怪異的眼神打量着他，然後用簡單得不能再簡單的一個字回應他：「回！」

「你們能不能等我 5 分鐘，就 5 分鐘，我還會坐你們的車回去。」鄧練兵說。

「那行，那我們等你。」下車轉了一圈，四周一片漆黑，他並沒有看到橫琴的樣子，鎮上就有一盞路燈，一間士多店。

「當時就蠻激動的了。」鄧練兵說，「這次私訪橫琴，讓自己下定了決心要來了，與其他人的感受不一樣，對我們搞工程的來說，有這樣一張「白紙」畫，必然興奮不已，而且開發橫琴是國家意志，國家賦予橫琴探索粵港澳合作新模式、助力澳門經濟適度多元化發展的使命，這是多麼重大的歷史機遇和多麼誘人的創業舞台啊！」

原單位領導找他談話了：「還是留在單位幹吧！」求賢若渴的橫琴來人讓他「慎重考慮」，橫琴畢竟還沒有高薪，沒有優越的辦公條件，有的只是一張白紙，有的只是滿身汗水與塵土的創業平台。支持他的家人也開始有些「動搖」了，希望他「再想想，孩子才上幼兒園。」

追逐橫琴開發的夢想，從華中重鎮武漢只身來到珠三角邊陲海島，鄧練兵孤身遠行，走馬上任大橫琴投資有限公司副總經理。

拋開成功的事業平台和安逸溫暖的家庭而置身於千里之外的集體宿舍，這一人生轉折在很多人看來不可思議，但卻是他心甘情願的選擇。

「因為來橫琴的人都是有夢想的，大家都在為自己的夢想、為橫琴夢而努力，我也不例外。」鄧練兵說。

2009 年 1 月，澳門冬寒漸退，春意日濃。

時任中共中央政治局常委、國家副主席習近平在澳門考察期間宣佈，中央決定開發橫琴島。隨後，作為「一國兩制」框架下粵港合作的標誌性項目 —— 澳門大學橫琴校區項目啟動。[1]

大使命箭在弦上，由誰來擔綱重責大任呢？顯然，一出沒有主角的戲，是乏味的。偉人曾經說過：「政治路線確定之後，幹部就是決定的因素。」視野、胸襟、氣度、知識、觀念、能力……時任市委書記、市人大主任甘霖冥思苦想，不同的人選像幻燈片在他腦海裏一一掠過。

「有了。」一天，甘霖書記的腦際驀然闖入一個人，這個人就是劉佳。橫琴開發將面向港澳地區，今後也是主要與港澳人士打交道，而在珠海市政協委員會裏，港澳地區的委員精英薈萃……

劉佳時任珠海市政協副主席、黨組成員，選擇劉佳不愧為「最佳」。

翻開劉佳的履歷，資歷完整：當兵、教書、從政、從企、再從政……2001 年至 2004 年，劉佳擔任珠海市旅遊局局長、黨組書記。這四年是珠海旅遊與城市品牌形象翻天覆地的幾年，名動全國的「浪漫之城」以及享譽全國的珠海「沙灘音樂派對」等城市品牌活動，皆出自她手，被公認為珠海旅遊界的「大內推手」。

甘霖書記心中有數了。2009 年 1 月 17 日，是農曆臘月廿二。劉佳陪同市委

1　《習近平考察澳門大學橫琴新校區》，新華社 2014 年 12 月 20 日報道。

書記甘霖送走來訪的最後一批客人時，她看了看石景山莊大堂背牆上懸掛着的壁鐘，時針已指向 22 點。

「書記，我送您上車。」劉佳說。

「不用，走走吧！」甘霖書記沒有走向酒店門外面停放的公務車，而是扭頭招呼她朝對面的草坪走去。劉佳一愣，按照以往慣例，只要公務接待結束，無論多晚，甘霖都會先趕回市委辦公室處理當天的文件。

「今天怎麼要走走？」劉佳預感一定有重要事情要交代。

「組織上決定讓你去橫琴經濟開發區任職。」還沒走到草坪，甘霖便征求她意見，「你有什麼意見？」

「這……」劉佳的腦海裏一下斷了「電」，要知道，自己屬於「大齡幹部」，不在組織重點培養的「年富力強」類型之內，這突如其來沒有征兆的安排讓她有些詫異。

甘霖看到劉佳有些恍惚，連忙說：「是不是有點突然？但今天算是正式找你談話，我和市委的幾位同志經過深思熟慮，認為你劉佳受黨培養多年，也在不同的崗位上磨煉多年，相信你能夠擔起這個重任！」

聽着甘霖書記充滿信任的話語，多年軍旅生涯鑄成的情懷倏然湧上心頭，她用鏗鏘的語氣說：「感謝組織的信任，我一定不辜負組織期望！」

「對了，這才是你劉佳的風格嘛！」甘霖會心一笑。

那晚，劉佳跟着甘霖沿着石景山莊的草坪彎道繞圈子，一邊繞一邊聆聽書記對橫琴島開發的闡釋。

甘霖同志說，橫琴島開發是國家戰略，走的是一盤「大棋」：對澳門來說這是一份厚禮，有了適度經濟多元化發展的新空間，對珠海是一個機會；有了對澳合作深層次發展的平台，對橫琴更是一次機遇，將迎來浴火重生的新時代……

聽着甘霖書記的話，一種叫激情的東西湧上腦際，她停下腳步，信心十足地表示：「請組織放心，我一定會竭盡全力，堅決完成國家賦予的神聖使命。」不知道怎麼回事，劉佳這聲音有點大。

甘霖說：「你不是一個人去戰鬥，要團結好橫琴的班子和全體幹部群眾，大家

一起攻堅克難，市委、市政府都是你們的堅強後盾！」

那天晚上，劉佳毫無睡意，一直靜靜地坐在書桌前，內心翻騰不息，思緒不止，直到黎明破曉。石景山莊夜談後不幾日，劉佳旋即奔赴橫琴，以市政協副主席之職兼任橫琴經濟開發區黨委書記，提前介入橫琴開發事務。

「腦子進水啦？」很多人知道她去橫琴，都替她擔憂。劉佳最了解自己，一旦認定了的事情，就會「一強到底」，八頭牛也別想拉得回。

6月，橫琴新區班底初現端倪：劉佳被任命為橫琴新區黨委和管委會主要負責人；鄧友被任命為橫琴新區黨委副書記；牛敬被任命為橫琴新區管委會常務副主任。

12月，橫琴新區正式成立，領導班子組成人員正式「出爐」：劉佳擔任橫琴新區黨委書記，牛敬擔任新區管委會主任，鄧友擔任新區黨委副書記，顏洪出任管委會副主任，王毅為黨委委員。

到橫琴履職之前，牛敬曾擔任珠海市經貿局局長和高欄港經濟區管委會主任，懂經濟，善管理和多個崗位歷練的背景被市委「相中」，牛敬成為名副其實的「拓荒牛」。這裏要多說的一句是，初到橫琴時，牛敬還只是個副主任，眾所周知，能不能「轉正」其實充滿變數，他沒有顧忌那麼多，交接完工作後，精神抖擻奔赴橫琴島⋯⋯

甘霖書記對配備的橫琴領導十分器重，在任職大會上，甘霖書記代表市委寄語班子成員「牢記使命、志存高遠、腳踏實地、不負眾望」，他要求橫琴的幹部「先行先試不動搖、國際標準不降低、落實規劃不走樣」。末了，還下了「軍令狀」：一年有變化，三年見成效，五年大變化。

歷史的重擔就這樣落在了橫琴開發者的肩頭上。

在橫琴島的德政街，一排綠樹掩映着一棟樸實無華的大樓，如果不是門口懸掛着「中國共產黨橫琴新區委員會」和「橫琴新區管理委員會」白底紅字和白底黑字的兩塊牌子，很多人還誤以為這不過就是一個普普通通的街道辦。

至今，兩塊招牌在這個普普通通的「街道辦」已經懸掛了整整10年。

2009年11月24日，中央編辦正式批准設立珠海橫琴新區管理委員會，規格

為副廳級，直屬廣東省政府，委託珠海市政府管理。這是繼上海浦東新區、天津濱海新區之後，第三個由國務院批出的國家級新區。

新區的機構是典型的「小政府」設置，體現扁平化和「精簡、統一、效能」的行政原則。

內設 11 個部門，總編制只有 86 人，除辦公室和黨群工作部外，新區組建的「八大局（委員會）讓外界眼睛一亮：統籌發展委員會負責宏觀規劃、重大項目、政策研究、法治建設；產業發展局對接科工貿信、海洋漁業、水務；社會事業局對接民政、文體旅遊、教育衛生、食品藥品監督；公共建設局對接人力資源和社會保障、住房和城鄉規劃、國土、交通、環保、市政園林；黨群工作部則對接紀檢監察、黨建、組織、宣傳、新聞出版以及工青婦、統戰、民族宗教事務……

機構設置還有一個亮點是趨同於港澳。

橫琴新區有一個政府機構叫「財金事務局」，這個名字很有意思，港味兒十足，可以在香港的政府機構裏找到影子。這種「叫法」着實讓我頗感新鮮。在採訪時，我曾好奇地打聽：「在內地都是叫財政局或金融局，在橫琴為什麼叫財金事務局？」

首任局長閻武為我解開其中謎底：「財金局是政府管理制度創新的嘗試。『財政』就是政府的『出納』，負責政府錢庫的收和支；而財金局還要兼負橫琴金融創新工作，在融資、資金運作和金融創新上發揮政府的引導作用。」

我揣摩，這可能是國內「獨一無二」的政府機構了。

橫琴是粵港澳融合發展的試驗地，探索粵港澳合作新模式的示範區，當主動與港澳接軌。「財金局」顯然是期望橫琴跟港澳對接，跟國際接軌，讓金融成為橫琴的一個重頭，一個引領，一個探索……

誠然，隨着橫琴自貿片區成立，財金事務局一分為二，分設財政局和金融服務局，當然，那是後話。2009 年 12 月底，橫琴新區人員配置塵埃落定，兩層機構、一站式服務管理模式形成 ── 橫琴新區管委會為行政管理機構，承擔行政管理職能；珠海大橫琴投資有限公司為投資建設管理機構，負責招商引資、投資建設。我曾經很納悶，開發運營公司作為法定機構被直接寫入國務院的批覆中，當

時在國內實屬罕見。

據說，當初起草《橫琴總體發展規劃》呈批稿時，市委書記甘霖就提出，既然促進澳門經濟適度多元發展是國家啟動橫琴開發戰略的初衷，那麼，在橫琴這個「一國兩制第三地」的特別區域，就應該與國內其他新區或開發區有不一樣的元素，走不一樣的路子。

多次考察港澳的經驗後，大家一致認為，從一開始就要讓政府做政府該做的事情，開發建設的具體事務應該市場去運作。這個建議得到了國家發改委的支持。於是，成立開發運營公司就被納入《橫琴總體發展規劃》中，這為後來開發運營公司超常規運作提供了法定依據。

為公司「起名」，這裏還有個小故事。最初，大家集思廣益為這個開發運營公司擬了五個名字，一番研究比對後，橫琴以「橫琴投資發展有限公司」名字呈報給市委、市政府審批定奪。

請示送到市委書記甘霖桌上時，甘霖覺得這個名字與橫琴開發匹配度不夠，格局太小，便提筆隨手在「橫琴」二字前面加上了一個「大」字。

好一個「大」字！

大橫琴，大舞台，大擔當，大發展，大未來……一個「大」字，讓人頓感豪情萬丈。

既大氣，又有霸氣！

2009 年年底，市委選派金波擔任總經理，胡嘉擔任副總經理，董事長由牛敬兼任。於是，大氣魄、大手筆、超常規運作的橫琴開發大幕徐徐拉開……

觀察今日橫琴，很難想象其當年發展經濟的根基之薄。在市人大常委會的辦公樓裏，已易職珠海市人大常委會黨組副書記的劉佳與我「面對面」訪談。

她剛出差回來，儘管略顯疲態，但仍然不失女性的溫婉細膩。她指着牆上掛着的習近平三次到橫琴的照片，深情地對我說：「我親耳聆聽了總書記的殷殷囑託，勇於探索，勇於去闖，為港澳的長期繁榮穩定做出貢獻，這成為我 8 年攻堅克難的精神力量。」

採訪那天是 2018 年 5 月 18 日上午。珠海的天空非常晴朗，天空湛藍得像刷了一層漆。睿智、深邃、冷靜……她坐在你面前，你無法探究她的內心，可一旦打開話匣，卻給人另一種印象：思維敏捷，邏輯嚴謹，氣定神閒。

履行新使命，新區怎麼幹？

劉佳說，自己主政橫琴 8 年，始終牢固樹立和自覺踐行「創新、協調、綠色、開放、共享」五大發展理念，不忘橫琴開發建設初心和使命。以敢吃螃蟹的決心、敢破藩籬的勇氣，全面革新機制體制中不適應橫琴助力澳門經濟多元化發展的弊端。

這也是橫琴所有為政者的格局，是擔當。不謀全局者，不足謀一域。劉佳認為，橫琴開發是國家戰略，不能只是簡單地找幾個項目，拉一些投資，更多的是要在與港澳合作、促進港澳長期繁榮穩定和為澳門產業多元發展提供空間的本質上、機制上有所創新，有所作為，讓橫琴發揮好「一國兩制」緊密合作示範區作用，這才是橫琴牢記習近平囑託，不負使命把藍圖變為現實的唯一路徑。

作為橫琴新區的「一把手」，劉佳說，不能只盯着橫琴這「一畝三分地」，必須實現橫琴與澳門的共建、共享、共贏，自覺把握大勢，服務大局，把中央交給的使命完成好橫琴開發不是獨角戲，而是大合唱。」劉佳這樣對我說。

回顧往事，劉佳說自己 8 年打拚，就是為橫琴夢而戰，儘管一路走過，灑下無數汗水，甚至淚水，但更多的是一種榮耀和自豪。聽得出，言語中透着某種非常微妙而又無法割捨的情緣。從她的講述中，我粗略聽出，當年橫琴初期籌備開發的大致過程及艱難狀況，她向我袒露了她心頭那份熱切的期盼。

萬事開頭難。當時橫琴一切尚在初創之中，紛繁複雜的事情全擠在一個時間段裏，如何嚴密地組織，如何高效地運作，如何科學地安排？從零起步，她深感困惑與茫然。沒有現成的經驗借鑒，沒有完整的模式參考，人是新的，管理是新的。基礎薄弱、資金緊缺、政策約束……

千頭萬緒，給橫琴留下了一道道待解的難題，現實如一座座山頭橫亙在橫琴領導班子的面前。

「當時最突出的問題是什麼？」

「問題很多，都很突出，也很複雜。」劉佳說，關鍵還是一個「錢」字，沒有錢，這個夢想無論被描述得多麼美好，多麼動人，也只能是紙上談兵、精神會餐。常言道：很多事情不是人不行，而是錢有限；很多事情是錢無限，但是人不行。橫琴顯然屬於前者。

錢從哪來？橫琴面對的正是 20 世紀上海啟動浦東開發、21 世紀天津啟動濱海新區時所面臨的共同難題。但與兩地不同的是，除了需數百億啟動基礎設施建設外，還有全島土地回收金額將近 100 個億，更迫在眉睫的是澳門大學用地徵收款需要 33 個億，中心溝 14 平方公里土地回收款需要 29.8 個億……

橫琴窮得「叮噹響」。劉佳把財金事務局局長閻武叫到辦公室，問：「區財政還有多少錢？」

「這個……」閻武囁囁嚅嚅地說，「我們正在籌錢，年關到，原來橫琴遺留的債務……索要工程欠款的討債者也紛紛上門……」

「哦，不說了。」劉佳搖了搖頭，她聽出了閻武的弦外之音，連忙擺了擺手，又問，「今年區裏的財政收入是多少？」

「3500 萬左右。我們盤算了一下所有的收入，恐怕剩下的連我們自己發工資都不夠。」閻武脫口而出。劉佳欲言又止。之後神色凝重。之後滿臉茫然。之後是長久的沉默不語……

有一次，她曾經看到過五六個討債者找上門，幹部都無法進辦公樓正常辦公，境況十分尷尬。尷尬而苦悶，心理上的壓力自然非常大，脾氣也就跟着大。銀行貸不到款，向市裏打報告總是石沉大海，急火攻心之下，不堪重負的劉佳曾打了三次辭職報告。

有一天，劉佳把辭職信和經費申請報告各裝在一個信封裏，心事重重地走進市政府一號樓找市領導。在三樓的一間小會議室裏，劉佳將兩個信封整整齊齊擺放在那兒，說：「您隨便挑一個，您要麼收這封，要麼收那封。」

「你……你劉佳開什麼玩笑？」市領導一聽，臉沉了下來。

「實在是揭不開鍋了，舊賬未還，又添新賬，島上那些幹部沒日沒夜地幹，我卻連工資都沒法開給他們。」劉佳的嗓子裏好像突然有什麼東西堵了一下。

「好好好，行。」見此境況，市領導用平靜而不無幽默的口吻說，「橫琴是一級財政，本應該你們自己去解決。但劉佳你是市裏嫁去橫琴的，雖說娘家家底薄，但再困難也還是要帶點『嫁妝』過去的！」

就這樣，市裏答應給橫琴 1.5 個億做啟動資金。拿着市領導的批示，劉佳歡天喜地找到相關部門。後來在出文件時，1.5 個億被特別註明是「借」。

「甭管是給還是借，先拿到錢過這道坎再說。」劉佳說，實在是不得已，其實也難為市裏面，因為在 2009 年，珠海市的地方財政收入僅為 101.4 億元，捉襟見肘，其自身根本不具備對橫琴的投入能力。

「這解了燃眉之急。」劉佳坐在我面前，10 年後再來回憶這段日子，她顯得雲淡風輕，氣定神閒。

「您這不是明擺着拿辭職信去要挾領導嗎？」我笑言。

「那時是真的想撂擔子了，是真的，整個人都快崩潰那種。」劉佳坦言，市裏面省裏面都還是非常支持的，省裏面也支持了 1.5 個億，要不，橫琴連架子都搭不起來。

有借有還，言而有信。兩年之後，橫琴「連本帶息」，一口氣還了市裏面 6 個億的債。

管財政的市領導對劉佳開玩笑說：「可惜了，可惜當初借給橫琴的少了⋯⋯」借完政府的錢，劉佳又「盯」上了私人老闆的錢包。當時，長隆項目用地涉及新村和舊村的拆遷，村民們沒有看到真金白銀，誰會把代代相傳的祖宅地交給你啊！怎麼辦？劉佳心急如焚。

蘇志剛當時正在橫琴大手筆投資建設長隆度假村項目，火燒眉毛之時，劉佳找到蘇志剛，說：「蘇總，您得幫我，村民的補償款拿不到，我一分地都收不回來。」

「說個數。」蘇志剛不假思索。

「4 個億。」

劉佳一張口就把蘇志剛嚇得不輕。

「我們不把錢裝在兜裏，根本就不敢跟村民簽補償協議，地也沒法收回交給

您。」劉佳無奈地表示。

蘇志剛沉默了好一會。劉佳一看有點戲，趕忙說：「蘇總，這錢你一定放心，我有借有還，您可以去打聽打聽，查我劉佳的誠信紀錄，我當國企老總的時候，別人是千方百計不還銀行貸款，我是按天還，連本帶息地還……」

蘇志剛想了想，最後吐了兩個字：「好吧！」

當時連協議都沒簽，錢就到位了。多年後，每每談起這件事，劉佳打心眼裏感激蘇志剛：「蘇總這人還真是不錯，如果他不借錢，我這一關恐怕又挺不過去。」

《孟子·告子下》曰：「天降大任於斯人也，必先苦其心志，勞其筋骨。」慎思之，明辨之，篤行之。好幾次，她佇立於橫琴的夜幕之下，望着深邃莫測、無邊無際的浩瀚星空，久久思索。誰都知道，她比誰都想得辛苦，想得漫長。面對橫琴開發初期上百億的補償款，畢竟東挪西借也僅僅是杯水車薪，而非權宜之計。劉佳想到了一個人——當時分管金融財政的常務副市長何寧卡，何副市長曾在銀行業從業多年，人脈廣泛，他一定有門路。

「市長，年底前要交地給澳門大學，就三個月，時間非常緊迫，沒有錢，我們根本不敢與業主簽訂收地合同。」劉佳報以無奈。

「最終核算補償是多少？」

「33億。」劉佳接着說，「上次會議時您也在場，很多人對這筆巨額賠償金額有質疑，我們又組織了專門機構進行核算，確實是這麼多，經得起審核。」

「那你們有什麼想法？」

「找銀行貸款。」劉佳懇切地說。何寧卡聽了劉佳的匯報和想法後，沉思良久，最後嘴裏蹦出一句：「一起想辦法吧！」

第二天一早，何寧卡親自去融資，帶上開發區管委會主任鄧友飛往北京，直接找到國家開發銀行總部。關於何寧卡是怎樣說服銀行高層並獲得貸款的，我不得而知，但國家開發銀行以「特事特辦」的方式，十天就批准了這個融資項目。劉佳說：「那真是雪中送炭啊！這筆錢讓我們迅速啟動了澳門大學的用地徵收，完成了非常緊迫的政治任務。」

「據說貸了20億？」

「不到，15 億。」

整整一年，劉佳帶着隊伍走馬燈似的在多家銀行間來回奔波，談到國家戰略都很客氣，談到貸款卻支支吾吾，基本不給，或是「研究研究」。在一家銀行，人家不客氣地懟了一句：「橫琴還欠着我們銀行一億沒還哩，把錢先還上了再說。」這也不能怪人家，畢竟這樣的事情在橫琴確實演繹了好幾回啊！

有時候，困難往往蘊藏着希望，執着往往孕育着驚喜。

2011 年 12 月的一天，一架波音客機從珠海機場騰空而起，直插茫茫蒼穹，4 個小時後，當又一片燈火閃爍在機翼下方時，北京到了。翌日，北京城天寒地凍，朔風蕭蕭。此時，已擔任市長的何寧卡和常務副市長劉小龍，市委常委、橫琴新區黨委書記劉佳一行叩開中國銀行的大門，工作匯報，請示事項，希望支持……流程如此這般走一遍。

中國銀行沒有說「行」，也沒有說「不行」。

其實，中國銀行正在做大量的調查研究，反覆解讀分析《橫琴總體發展規劃》的內容，聘請第三方機構進行評估，最終結論認為橫琴前景可期，於是同意批給橫琴 80 億元的授信。

「作用太大了。」劉佳的惴惴不安終於化解，每每回想此事她仍心懷感恩，「最初的幾件大事，比如澳大、長隆、中心溝的征地資金全是靠這部分來支撐。」

天行健，君子以自強不息。一般而論，任何開發區都是將市政基礎設施配套完成後才可能進一步去招商引資和開發地產，而橫琴的市政基礎設施配套資金分文都還沒有着落。而當時，要喚醒橫琴的千年沉夢，至少需 100 億！去哪找 100 億？沉重的壓力，壓抑人的精神，但也昂揚人的意志。劉佳把希望寄託在央企，她又帶着人往北京跑，一遍又一遍地重複着：橫琴是新區，毗鄰港澳，發展前景好，全是大項目……一圈下來，拜訪的那些央企沒有一家感興趣。大家心知肚明，而又不願說出原因。

天無絕人之路。正在她走投無路之時，卻又柳暗花明了。中國冶金科工集團當時籌備公司上市，正在全國尋求布點，中冶之前主要是搞礦業基地的，在廣東的投資還是一片空白。

　　機緣巧合，中冶旗下二十冶的董事長剛好取道珠海，橫琴有一個人認識他，便把這個董事長引見給劉佳。劉佳把橫琴的情況一介紹，董事長聽得很有興致。當談到橫琴市政基礎設施項目考慮引入「BT」方式時，儒雅的董事長眼睛一亮。「有戲。」劉佳剎那間洞察出對方的心理。

　　接下來談細節。一拍即合。回到上海後，二十冶立即給北京中冶科工總部呈報，對中冶科工來說，這無疑是「正打瞌睡送來了個枕頭」，完全贊同。於是進行商業談判，協議採用「BT」模式建設。這應了中國那句老話：人努力，天幫忙。

　　「BT」就是通過項目管理公司總承包後，由承包方墊資進行建設，建設驗收完畢再移交給項目業主。

　　當時，這種融資模式還比較新穎。橫琴一提出來，珠海各相關部門紛紛表示大力支持探索，但也有個別部門有不同意見，劉佳親自帶着人跑，說到口乾舌燥還是「推不動」。

　　劉佳找到市委書記甘霖，又「不幹」了，她滿肚子的委屈：「人家掏錢給你先幹活，後面才買單，您說這樣的好事打着燈籠都難找。這也不能做，那也不能做，橫琴基礎設施至少100億，100億啊！那您給錢……」

　　「你劉佳整天要這要那……」等劉佳發完一通脾氣，甘霖有點不耐煩地擺擺手，「行啦行啦！」

　　當劉佳心裏正在琢磨這個「行啦」時，甘霖說：「我授權給你，從根本上解決。」

　　突然間，劉佳眼睛濕潤了，是感動伴着感慨。

　　不久，珠海把市級審批權限下放橫琴。

　　很快，中國冶金科工集團帶着126億元人民幣挺進橫琴建設市政基礎設施，與十字門中央商務區、橫琴「多聯供能源」系統、地下管廊成為新區成立啟動的四大項目。

　　之後，中國電力投資集團登陸橫琴，帶來120億元人民幣；中國交通建設集團入駐橫琴，帶來135億元人民幣……

　　阿基米德有一句名言：「給我一個支點，我就能撬動地球。」劉佳深有同感，

她說:「給橫琴人一個支點,橫琴人就能撬動橫琴!」

橫琴島上金戈鐵馬,旌旗漫卷。

一個每時每刻都頂着巨大壓力的指揮中樞,一支從全國各地公選而來的創業隊伍,如何實現內部機構磨合和外部高效運轉?

在橫琴採訪,我聽到大家津津有味談得最多的是早餐會、下午茶和「夜總會」。

> 早餐會:每天早上 8 點 30 分前,機關食堂的牆上高懸着每個季度重點工作推進任務表,從項目分解、目標要求到分管領導和責任人,從牽頭單位、協助部門及完成時間和當日進度一目了然。會上批評、鼓勵面對面,督促、指導手把手,一頓早餐吃得人人心如明鏡,熱情高漲。

> 下午茶:遇到當天難以解決的棘手問題,辦公樓裏的「茶歇」成為同事之間相互援助、部門之間協商問計和個人調整心態、化解難題的最佳契機。

> 「夜總會」:白天黑夜連軸轉,涉及土地使用、項目融資、民生優先、和諧拆遷、基層組織建設和村民自治等敏感而重大的現實問題,無不讓「墾荒牛」們食不甘味,夜不釋懷,全力以赴,唯恐出現半點閃失。

當時橫琴新區規劃國土局局長王瑞森,大橫琴投資公司副總經理胡嘉、鄧練兵,財金事務局局長閻武,社會事業局副局長王睦溪,以及警務和綜合管理局副局長李玉東等,都是「夜總會」上出鏡率較高的橫琴幹部。

「早餐會、下午茶、『夜總會』」是一個統一意志、協同作戰的工作抓手,成為橫琴特有的機關文化,展現出橫琴幹部自強不息的精神狀態。

一名不願意透露姓名的公選幹部說他非常忙,參加各種會議,解決各種難題,處理各種矛盾,時間總是不夠用,每天從早到晚,依然忙得像個「陀螺」。

為了證明他的確「忙」,他還從抽屜裏拿出一個工作筆記本,翻開讓我一睹他剛到橫琴時的工作情形──

時間：2010 年 10 月 10 日。

8 點：回辦公室修改頭晚趕寫的橫琴政策創新匯報材料，早餐面包在趕往廣州的路上解決。

10 點：在省政府大院參加協調會。

12 點：買盒飯帶上車，趕回珠海。

15 點：向市、區兩級領導匯報協調會情況。

17 點：與市相關部門商談業務，溝通協調。

21 點：回新區辦公室處理文件。

23 點：回到宿舍給遠在北京的 5 歲女兒和長沙的妻子打電話……

白天幹，晚上幹，星期天幹，節假日幹。他開玩笑說，自從來到橫琴島，自己只有星期七，沒有星期天。

橫琴事關重大，他說先前那份踏實的感覺好像一下子抹去了不少，睡不好覺，滿腦子都在畫着一個個問號。常常虛火攻心，一段日子自己的嘴上經常起泡。

儘管舉步維艱，卻始終沒有放棄，沒有一個人萌生退意，大夥鍥而不捨地幹，多幹少說，甚至只幹不說。這種勇於承擔的精神，實際上就是橫琴人的性格詮釋。在中央、省、市的關懷支持下，橫琴領導班子這支富於凝聚力、戰鬥力的團隊，轉軸撥弦，披荊斬棘，帶領幹部隊伍演繹了一個氣勢非凡的開發傳奇！

——四通八達的路網。

——最大市政綜合管網。

——遍布全島的縱橫交錯的水網。

——3C 綠色環保電網。

——高速便捷的電子信息網……

其中 3C 標準綠色電網拿了 10 多項專利，橫琴的信息網達到萬兆入企，千兆入戶，成為國內最高水準。

不經一番寒徹骨，怎得梅花撲鼻香。

這是一份沉穩。

　　橫琴不急功近利，紮紮實實從地下工程做到地上工程，為百年橫琴夯實基礎，成為各地爭相前來仿效的「樣板」。

　　這是一份淡定。

　　橫琴不操之過急。真真正正用德政來經營這塊土地，打破邊賣地邊開發或先賣地後開發的一貫做法，讓國家土地實現最大的增值，成為各地前來學習取經的「典範」。

　　一張白紙終於描繪出了最美的圖畫。

　　到 2017 年，橫琴基礎設施基本完善，政策體系基本健全，投資環境日益完善。一個信息、資金、人才、技術、物資等生產要素高效自由流動的「特區中的特區」，一個對接國際、趨同港澳、聯通內地的國際化現代新城雛形呈現。

　　「助力澳門經濟多元化發展有了堅實的『樁基』，」劉佳緊繃的神經稍稍放鬆了，她淡然地說，「初心正在照進現實。」

不走「尋常路」

「先規劃，再開發。」

橫琴將這種理念奉為圭臬。橫琴只有 28 平方公里土地的開發強度，沒有高起點、高水平的規劃引導，豈能「一蹴而就」？「橫琴這樣一個寶島，不好好建設就糟蹋了，配不上『國家級新區』這頂桂冠，」劉佳說，「必須高端謀劃，必須注重前瞻性、科學性和長遠性。」

高端規劃，首先得把橫琴土地的「家底」摸清楚。王瑞森談吐優雅，善於表達，時任珠海市國土局副局長兼橫琴規劃國土局局長的他條理清晰，有理有據牽引着我進入話題。

「早年統征土地時，政府跟村集體和村民的土地是你中有我，我中有你，糾纏不清，剛開始進去時很亂，根本找不着頭緒。」

「你們是怎樣厘清頭緒的？」在位於香洲檸溪的珠海仲裁委員會，王瑞森主任在他的辦公室接受了我的採訪。王瑞森接着說：「我們把歷史上統征的圖紙全部找出來，現有的數據全部進電腦，然後跟老百姓一塊一塊地核對清楚。」

「統征之外的那部分呢？」

「統征地之外的部分，跟老百姓重新勘察。」王瑞森告訴我，橫琴每一寸土地他們都用腳丈量過，每一寸土地都摸得清清楚楚。剛開始個別村民認為政府會忽悠他們，有矛盾甚至上訪，到了後面心服口服，老百姓非常支持，沒有任何爭議。

「土地從來就非常敏感，讓老百姓沒有任何意見，你們是怎樣做到的？」在他侃侃而談的精彩訪談中，我完全被其感染了。

「這是一個根本無法迴避的問題。我們請來了省、市測繪機構，每一單征地和青苗補償都由第三方測量機構出具報告，很有權威性。」王瑞森說，為此，橫琴花了相當多的時間和代價。政府土地有多少，農村集體有多少，老百姓有多少房子，佔地多少，全部清清楚楚、明明白白。

最讓村民信服的是，新區按照當年統征地的數據測量下來，實際面積超出的部分都按標準給補足。在征地和青苗補償上，政府花了十幾個億，連大、小橫琴山地都進行了補償，理順了權屬。

凡事都得按順序，從 ABC 做起。土地集約化後，規劃就像一面旗幟，所有的「沖鋒號」都集結在這面旗幟下。在橫琴新區管委會採訪，我發現，幾乎每一間辦公室都懸掛着《橫琴總體發展規劃》示意圖，我心裏納悶：這是自覺行為還是統一要求？

2018 年 12 月 12 日，在橫琴新區規劃國土局會議室，局長王淳為我攤開規劃示意圖，滔滔不絕地為我談起十年來步步成真的紙上規劃，由衷感慨道：「我們每個人都把夢想揣在懷裏，我們最清楚夢是怎樣長成的！」

橫琴夢，十年一覺啊！在《橫琴總體發展規劃》指導下，市政設施、土地利用、環境生態、產業發展、城市設計……橫琴一口氣完成了 50 多項高起點、深層次的配套規劃。《橫琴新區城市總體規劃》經由市政府審議通過。《橫琴產業發展專項規劃》報請省政府批准實施。《橫琴基礎設施專項規劃》上報國家發改委備案。

《橫琴生態島建設總體規劃》《橫琴新區濱水地區與道路系統景觀規劃設計》……橫琴新區的各層各類規劃，分別從不同角度提出了相應的建設目標、路徑、措施、標準等等，並有序引導、有效服務日新月異的大開發建設。

一個以總體規劃為軸心，以控制性詳細規劃為平台，以城市設計和專項規劃為抓手，全覆蓋、全落地的「多規合一」的城市規劃體系迅速建立完善，並建成「一張圖」平台，有序引導。

2009 年 10 月，珠海市規劃局公佈了《橫琴新區控制性詳細規劃》，對橫琴新區的土地使用、交通建設、市政工程等作出了詳細規劃。從北到南，橫琴將設置 4 個口岸，廣珠輕軌進入橫琴後設 3 個站點，全島預留建設 3 條連接澳門的交通通道。

橫琴助力澳門經濟多元化發展，首先從「紙上」開始。

能源建設首站為中海油天然氣接收站，末站為澳門電廠……看到網上公示的《規劃》，澳門居民開心地笑了：橫琴開發，我們有望接駁天然氣氣源，澳門也很

快用上清潔的能源了。

翻開《橫琴新區控制性詳細規劃》的文本，橫琴的輪廓初顯——

以大、小橫琴山為界，橫琴新區分為海島北部、海島中部、海島南部三大景觀區，綠地包括大、小橫琴山，二井灣生態濕地和大、小芒州西北角的灘塗濕地。沿着環島綠道一路騎行，能遊歷整個橫琴島，山清水秀的天沐河周邊將建市民服務中心，高密度區域的公共建築之間將由有公共上蓋的步行空間相連接，慢行系統「晴天不打傘，雨天不濕鞋」……

在控制性詳細規劃裏，土地利用共涉及十個大類、32 個中類，甚至精確到小數點的「個位」。

居住用地 510.27 公頃，佔城市建設用地比例的 18.22%。

商業服務設施用地 495.76 公頃，佔城市建設用地比例的 17.71%。

…………

墨子說，小智治事，中智治人，大智立法。

2012 年 1 月，被譽為橫琴新區「基本法」的《珠海經濟特區橫琴新區條例》實施。有了這個「基本法」，橫琴新區的開發、建設、治理都有了更加清晰的、獨具橫琴特色的法律法規可以依循。更重要的是，橫琴新區作為粵港澳合作新模式示範區，其功能、性質、使命、特色等都通過《條例》法制化，具有長期性的約束力。

在國家戰略中，橫琴肩負的使命很重；在橫琴宏偉藍圖裏，橫琴許下的夢想很大。

橫琴山，是橫琴的母親山，也是橫琴城市風貌的主題背景，它掌控着未來橫琴的天際線。三疊泉是橫琴島上的名泉，自腦背山由上而下疊成大狹瀑、飛凌瀑、隱靈瀑飛流直下，故得名。富盈酒店項目就是依三疊泉而建。

陳東是項目承建方的規劃設計師。那天，他急匆匆推開橫琴規劃國土局的大門，汗涔涔地將設計方案送到相關科室。接待他的是一位帥氣的、戴着啤酒瓶底般厚的眼鏡的圖紙審核人員。

圖紙被一張張徐徐攤開。「按照詳細規劃，這塊地的總建築限高為 50 米，並且要留出大橫琴山大部分山體，你們這個方案不僅超出了限高，沒有預留視覺通廊，還改變了城市綠道位置，需要進一步修正。」審核人員客氣地告訴他。陳東欲言又止，悻悻而歸。

約半個月後，陳東再次來到國土規劃局。這次審核人員看了圖紙後，仍然沒有接納，他告訴陳東，方案比第一次有了很大的改動，但還是不符合規定，比如外形過於具象，缺乏整體感，仍未留出視覺通廊。」

「我們不知道怎麼留。」

「上次我把具體要求都給你了，視覺通廊寬度 100 米，範圍內限高 15 米。」審核人員進一步解釋道，這樣才可以露出三疊泉的完整水景。

第三次，方案終於獲得通過。國土規劃局給出的結論是：方案預留了規劃綠道走廊，公眾可以自由接近山體並享有視覺通廊，整體色彩明快，風格輕盈，人與自然、建築體與自然實現親近融合。

那山，那水。橫琴島四面環水，水脈縱橫，水漾碧波。陸緣原生態紅樹林連綿生長，水道阡陌溝通，一幅幅嶺南田園風景畫渾然天成，兼縣濱海與水網兩大特質。洲際航運大廈在最初圖紙設計時就踩了水的「紅線」。圖紙送來時，審核人員一打開，發現設計未顧及規劃水系，項目北側用地紅線外，也未有排洪渠道通過，總圖也未明確標明排洪渠的具體位置。

規劃圖紙審核人員把相關人員叫來，從整體風貌協調、水系與建築和諧對話以及《珠海市城市規劃條例》的要求，針對景觀影響、評價，不厭其煩地反覆研究和優化方案……

最終，方案決定北側用地紅線外加入水系。保障山體公共開放性，顯山露水，每地塊的規劃都強調建築以山體構成對景，又從屬於以山為主體所構建的整體自然景觀，留出山水視線通廊。

「依山觀山不欺山。」規劃國土局局長王淳說。

「如何做到這一點？」

「我們重點是把握兩個工作階段。」王淳不厭其煩地為我解惑：一是事先規定

階段，用事先告知規劃，以訂立契約的方式引導依法建設；二是過程把關階段，配合項目進度，在劃地、報建、驗收等過程中，按照事先約定的規則內容，予以審核，監督契約和政策履行情況。

「事先規定階段包含哪些內容？」

「例如，在土地出讓前或工程項目可研前，即提出建設目標和標準，並納入土地出讓合同和建設批准文件等法定文件，在出讓用地規劃設計條件中，規定項目建設需符合《橫琴新區綠色建築建設規劃》的相關規定，最低滿足《綠色建築評價》二星級標準。」

「達不到呢？」

「持續優化，達到為止。」王淳侃侃而談。

時間已經走進 2019 年。眼下，建設圖紙上的一筆一畫，正成為樓宇間的一磚一瓦；制度設計裏的一字一句，正成為現實中的一言一行。人們感受橫琴的琴音之美妙、曲調之高雅，這首震古爍今的變奏曲，令世人側耳恭聽。

橫琴要建一個什麼樣的新城？地中海沿岸的城市風光，北歐大陸的城市風韻，新加坡的城市魅力，香港的城市服務……這是橫琴目光所及。世界級城市，需要世界級智慧。2010 年 2 月 24 日上午，橫琴有史以來最大規模的規劃設計國際招標發佈會在珠海度假村酒店舉行。

招標涵蓋三部分內容：濱水地區概念性景觀、道路系統景觀、重要節點規劃設計。其中最引人注目的是濱水地區概念性景觀，包括十字門水道、磨刀門水道、馬騮洲水道、南海和中心溝的濱水地區，面積約 50.42 平方公里。

有觀察家發現，邀請來的國內外 51 家規劃設計機構非同凡響，其中不乏享譽全球的頂尖團隊：北京清華城市規劃設計研究院、荷蘭尼塔設計集團、偉信顧問集團、SWAGroup、The Cox Group Pty Ltd……

最終，法國阿瑪（AMA）建築設計事務所中標橫琴新區濱水地區及道路系統景觀規劃設計項目，事務所董事長特里·梅洛提出「山脈田園、水脈都市」的設計理念，並親自主持橫琴城市景觀設計。

橫琴山水：山城、圍海相映和山水都市、生態島城。

橫琴天際：三重輪廓，層次分明，疏密相宜。

橫琴交通：公交優先、網絡低碳、節能高效、以人為本。

橫琴綠道：環境優雅、方便可達的步行、自行車和旅遊觀光網絡。

橫琴藍帶：河海交融、水網交織、親水景觀的現代嶺南都市。

橫琴建築：創新多元、清新明快、推陳出新的橫琴特色建築。

橫琴色彩：高尚現代、溫馨明快、素雅簡潔的複合色調。

橫琴標識：規格統一、簡約美觀、環保安全的現代標識系統……

在阿瑪事務所的設計中，還將橫琴水系分為主河道、次河道和三級河道，其中主運河用於水上公交，如遊艇和帆船等，次河道和三級河道主要用於城市景觀構築和水上「的士」。

山之歌。

風之曲。

海之頌。

特里·梅洛對他的設計作品眉飛色舞，他瞪着藍瑩瑩的大眼睛自豪地說，將山與水的脈動一氣呵成地融入未來城市，用水網和路網融合而成的優美旋律去構築城市整體環境，強化山水之間的都市人居質量和詩情畫意般的人文情調，這樣舉世無雙的生態島只能屬於橫琴！

好城市的設計如果用「TEA」來表達的話，就是 Tell（講故事）+Experience（體驗）+Action（互動）。

它勾勒一幅「畫龍點睛」的圖景，傳達的是一座城市的「魂」。2012 年 3 月，橫琴新區整合法國 AMA 設計公司「山脈田園、水脈都市」的理念，在《橫琴新區控制性詳細規劃深化》裏進一步設計了橫琴公共活動的標誌性景觀軸 —— 天沐河·壯麗三公里。

設計成果非常優秀，將「TEA」表達得淋漓盡致。

天沐河位於橫琴中部中心溝，連接磨刀門水道和十字門水道，是貫穿橫琴東

西向的城市「生態軸廊」，在形態上恰似一片芭蕉葉（中心溝）及葉上數滴水珠（遊艇碼頭）。

打開規劃文本，生態性群落、公園式社區、天沐之心區、藝術漫遊區和中拉對話區在內的五大開放性綠地空間將商務辦公、主題商業、文化藝術、酒店公園和景觀藝術有效地融合在一起，營造出今古共生、動靜相宜的城市氛圍。

在翻閱過程中，我仿若置身於與天地相融的生態長廊，濕地體驗、社區連接、兒童遊樂場、臨河街區、皇家庭院、草坪劇場、地景藝術、遊艇碼頭等一一躍然紙上。

天沐河，恍如歷史的纖繩，正拉着橫琴人偉大的城市夢想奮力前行……

路名，這事兒雖小，卻體現琴澳情誼，彰顯橫琴初心。

在橫琴島上驅車或騎乘，橫琴氣息迎面撲來：橫琴大道、琴德路、琴政路、琴韻路、琴鳴道、琴飛道……這些路名散發一股濃濃的橫琴味道，但這並不獨特。獨特的是那無處不在的「港澳元素」，彰顯出橫琴的獨具匠心：港澳大道、香江路、濠江路、聯澳路、觀澳路、興澳路、祥澳路……

「這裏面一定有故事。」我想。

2016 年 5 月的一天，風和日麗，白雲舒卷，我再次走進橫琴。

進入橫琴，我隨處可以看到「橫空出世，琴鳴天下」字樣的旗子迎着海風吹拂獵獵作響。

我還看到一個圖案，像數學符號中表示無窮大的「∞」。我揣摩着，這是不是在告訴每一個踏入橫琴島的人：橫琴是由兩個島嶼圍墾形成，這個形狀暗示橫琴的前途無量？

橫琴的道路規劃是按九個空間主題分區，主要城市快速路和城市主幹路，以「大道」命名，除大道外的東西向道路以「路」命名，除大道外的南北向道路，以「道」命名。

橫琴共有 121 條主次幹道，取名的背後還有鮮為人知的故事。

2012 年 7 月，橫琴的市政基礎設施建設風起雲湧，多個工地全面開工，主幹

道和主幹路的路基已初現輪廓。國土規劃局門庭若市，每天來辦各類施工證的工程隊更是絡繹不絕。

經辦人員接收資料後越來越蒙了。許多企業申報的項目地址五花八門，有觀音路、八仙路、腦背山下二小巷、天沐河邊、環島路右轉 400 米處……讓人丈二和尚摸不着頭腦。

「孩子都快要生了，名字真的沒有想好。」國土規劃部門覺得事態有點嚴重，如果道路取名的問題沒有解決好，今後資料歸檔就成為一筆「糊塗賬」。

在一次務虛會上，時任副局長王淳向劉佳書記反映了這個問題。

「取名的事是小，但意義重大。」劉佳書記在會上提出了「三個要」：第一，要深挖橫琴歷史文化資源，追求地、物、人文和諧，防止土不土、洋不洋。第二，要充分尊重民意，提升市民對橫琴城市的認同度和歸屬感，不能政府閉門造車、拍板定奪。第三，要反映橫琴人文和自然地理特徵，淡化商業色彩，避免物欲侵入。

劉佳直接給王淳派了任務：「王淳，這事就交給你了。」

王淳以執行力著稱，她說，最初的理念和想法是體現中西合璧，既有橫琴的歷史元素，又有港澳的文化元素，同時還要兼顧辨識度。如果路名太複雜，或者說想法太多，真的要人去記得快，記得准，就比較難。王淳帶着局裏的幾個小青年花了一星期，跑遍了島上的每一個角落，對每條道路都做到了「心中有數」。但給上百條道路取名談何容易？王淳頗費一番心思仍不得要領。

「這些道啊路的，都取好名字沒有？」一天，管委會主任牛敬到工地現場檢查工作，又問起了取名的事。

「還沒有啊！」王淳苦着臉回答說，「道路太多，名字不好起呀！」

「可以博採眾長，發動大家廣開言路嘛！」牛敬說。一語點醒夢中人。於是，規劃國土局發起組織了一場為「道路取名」的活動。

他們把任務分派到區直各個局，各局又把任務分解到每一個人，鼓勵大家集思廣益，群策群力，有什麼好詞兒儘管開動腦筋想出來，提上來，你可以只想個詞兒或寫一句話，主要把意思表達清楚，最後由組織單位負責篩選提煉。大家開

動腦筋，積極性空前高漲。與此同時，為橫琴道路取名的《征名啟事》被掛上了大大小小的門戶網站……

「三個臭皮匠，賽過一個諸葛亮。」僅僅一個月時間，共征集社會各界和廣大市民各類意見建議 1441 條。按照既定的原則和框架，規劃國土局博採眾議，在歸納吸收的基礎上，迅速組織規劃、文史、民俗等各界專家邊「篩」邊「議」——橫琴開發情系港澳，首先港澳大道是少不了的。

天沐河兩邊一南一北兩條路，南邊叫香江路，北邊叫濠江路。「路明明在河邊，為什麼叫江？」有人有異議。「用『江』的路名比較有意思，香江是香港，濠江是澳門。濠江放北邊，是因為這條路走過去，就通達口岸，直接聯通澳門。

橫琴是海島，橫琴元素不能少，以「琴」打頭的，琴韻、琴明、琴飛、琴陽……橫琴四面臨海，按常規，一般靠海的那條路各地都會把它叫作環島路，但橫琴已經有了一條環島路，於是將繞着海邊新修的最外一圈取名「琴海路」。原來叫開的環島路只能屈居「二環」。也有人提議叫「愛琴海路」浪漫些，但一細細琢磨，覺得有點彆扭，於是乾脆給另外一條路取名為「愛琴路」。

橫琴的文脈要延續，橫琴以前發生過什麼？以前的地名，以前的路名，這些要保留下來，一脈相承。「風吹羅帶路」的背後那個山叫「風吹羅帶山」，「順德東路」傳承以前順德圍墾時期的那些路名，至於「環島東路」「環島北路」「環島西路」，既然大家已經叫開了，算了，就這麼叫也挺好。

澳門中醫藥產業園在橫琴的西北角，中醫跟中華文化源遠流長，道路的取名自然要跟中醫藥密切相關：遠志路、厚樸路、杏仁路、翠衣路、紫薇路……當然，那些有毒的藥名千萬小心了，比如像「烏頭」的中藥作為路名那還了得？

港澳地區對取名很有忌諱，還得仔細再推敲，必須沒有疑義或能直接看出來的歧義。比如口岸地區臨近澳門，當時大家取了一大堆名字，吉臨路、福臨路、君臨路、祥臨路……在琢磨時，突然有人提出「祥臨路」不能用！

「為何？」大家一頭霧水。眾所周知，魯迅筆下有一個主人公叫「祥林嫂」，「祥臨」與「祥林」同音，這個祥林嫂一生命運很苦啊！怎麼能取「祥臨」？有道理，「祥臨路」後來被剔了出去。

　　路名取好後，他們請來專業人士，分別用廣東話、普通話和客家話審讀，每種語言表達的意思都必須要正面。這中間其實還有一個設想。王淳說，他們當時還有一個方案，就是所有的道路採用中、英文互譯，讓中文有意思，英文也有含義，比如英文「red」，中文就是「瑞德」。厚樸是中藥，翻譯成英文叫「hope」，就是「希望」的諧音……

　　不過這套方案後來被否決掉了。

　　營造家園氛圍，延續文化追求，表達傳統文脈，建立琴澳認同……

　　橫琴的港澳情愫和良苦用心，從道路取名一斑便可窺見全豹。

我用真情換你心

新區初懸，建設用地首當其沖。

在國務院批覆的《橫琴總體發展規劃》裏，橫琴開發對於澳門的意義首指土地——

> 共同打造跨界合作創新區，有利於彌補港澳土地資源有限和勞動力相對短缺的劣勢，為逐步改變澳門經濟結構比較單一的問題提供新的空間。

2011 年 3 月，北京人民大會堂裏，粵澳雙方簽署《粵澳合作框架協議》。粵澳合作產業園作為落實「一國兩制」國家戰略的重要載體，被單列一章。

沒有土地，拿什麼來助力澳門經濟適度多元化發展？

收地，成為橫琴開發打的第一場「硬仗」。

經歷多次「開發」，橫琴島從 20 世紀 90 年代到 2005 年間，總共出讓、轉讓、劃撥了 343 宗各類用地，約 15 平方公里。中心溝 14 平方公里土地，那是由佛山市順德區圍墾指揮部實際管理使用，《橫琴總體發展規劃》明確的 28 平方公里建設，幾乎都不在橫琴鎮政府手裏，橫琴開發竟無地可用。

這就有些尷尬了。

2009 年 8 月份，多家媒體披露了國土資源部《有關房地產開發企業土地閒置情況統計》名單，珠海共有 96 地塊上榜，其中有 76 宗位於橫琴。在 2010 年國土資源部公佈的閒置土地「黑名單」中，橫琴有 27 宗赫然在列。

有些地塊已閒置近 20 年。一邊是新區開發無地可用，一邊是土地閒置於業主手中，土地收儲問題沒解決，橫琴開發只能是水中月鏡中花，向粵澳合作產業園供地也將遙遙無期……

新區成立後，亟待突破的瓶頸就是土地問題。中心溝、富祥灣、白沙欄、市

政 BT 等重點區域和項目收地全面展開……除此之外，澳門大學的收地特殊，我將放到後面相關章節慢慢道來。

問題複雜，相當棘手，幹部們沒有節假日，沒有大禮拜。劉佳說，那一段是整合建設用地最緊張、最艱難、最關鍵，也最有成效的一段時光，新區成立了征地拆遷領導小組，任務分解到各部門，領導也不例外，包括她自己。

中心溝是橫琴島的中心地帶，這塊屬於順德的 14 平方公里「飛地」，諸如治安、計劃生育等行政權力由橫琴鎮政府來行使，而其使用權則由順德區政府管轄，土地全部由順德區政府中心溝辦事處承包給農民養殖耕種。

中心溝土地確權和開發建設問題曾長期困擾珠海、順德兩地政府。

劉佳說，為這塊地雙方已經談了差不多 20 年，她查看了所有的資料，第一次談是在 20 世紀 90 年代，順德提出補償 6000 萬，也許是珠海覺得有點貴，此事擱了下來。數年後再談價格已翻了一番，1.2 億，但不了了之。再數年後第三次談時已攀到 12 億了。

到劉佳的手上時，已是第四回合了。之所以難以談妥，是因為這塊地涉及原順德縣基層的 5 個公社十幾個生產隊數萬人的利益，矛盾錯綜複雜，協調起來確實有很大的困難。對順德人來說，這塊地的價值不在於錢，順德人「不差錢」，只是這塊土地融入了順德人的情和義，那是 3200 餘順德人的集體記憶呀！

當年，順德人用肩膀和血汗將一塊塊石頭慢慢砌堤圍墾出來，曾有 5 名順德人長眠在了中心溝，為了紀念他們，在中心溝入口處，一塊聳立的紀念碑一直在講述着曾經發生在這塊土地上的悲壯故事……

2006 年時，廣東省因為要建立泛珠三角經濟區，將橫琴中心溝的規劃權收回到省發改委手中。正因為這塊「好地」未來不明朗，很多人不敢長期租用，只能半年、一年地簽合同，養魚養蝦，經濟產出並不大。那時，中心溝約有 400 人承包水塘進行養殖耕作，其中僅約 100 人屬順德籍，其中又以杏壇人居多。

中心溝這塊地是用來佈局「粵澳合作產業園」的，這是國家戰略。為了讓澳門的項目落地，也必須要把這些土地回收，才能搞基礎設施建設。橫琴的基礎設

施一定要達到配合澳門「一中心一平台一基地」這個要求，才配得上國家戰略。

順德，劉佳跑了 19 次。橫琴要收地，順德表示很「鬱悶」。順德人說，我們兩代人在這裏流血流汗，還犧牲了人，付出了生命代價，你為什麼要收呢？我們能不能一起來開發？「我們可以一起來助力澳門經濟多元化發展嘛！」也有人說。中心溝東堤與澳門的氹仔和路環島隔海相望，西堤外便是西江的出海口磨刀門。劉佳記得第一次踏進中心溝順德辦事處時，自己沒有馬上與對方坐下來「鑼對鑼、鼓對鼓」地商談，而是走進辦事處設立的展覽館，仔細聆聽講解員的詳細介紹。

觸摸中心溝的歷史，劉佳在展覽館駐足良久：一幅幅震撼人心的黑白圖片，如數家珍般的深情講解……那是一代順德人的「中心溝情結」啊！

然而，中心溝的土地回收對深化粵澳合作、促進澳門經濟適度多元化發展產生直接影響。為此，珠海請求廣東省政府將中心溝順德圍墾區用地以現金補償方式收回並劃給珠海統一規劃、開發和管理。連夜醞釀，加班擬文。

那是 2010 年 3 月的一天，珠海市政協副主席、橫琴新區黨委書記劉佳攜《關於協調解決珠海市橫琴中心溝圍墾用地問題的請示》來到廣州，她找到時任中共中央政治局委員、廣東省委書記汪洋匯報說：「高標準建設橫琴粵澳合作產業園，給澳門留足空間是我們班子的一個重要共識。但由於歷史原因，中心溝這塊地我們擬以現金補償方式收回，由橫琴來統一規劃，但這件事跨行政區域，我們協調有困難，請書記幫助協調解決這個問題。」

汪洋書記一邊聽取劉佳的匯報，一邊拿起橫琴方面呈送來的報告，他看了看，對劉佳說：「橫琴開發事關粵澳合作，事關澳門經濟適度多元化發展，各方一定要從大局出發……」

末了，他告訴劉佳：「這事我請廣源同志來協調。」3 月 20 日，在廣東省人大常委會主任歐廣源的辦公室，歐廣源把橫琴和順德的領導以及順德屬下相關區的書記召集到他的辦公室。

在分別聽取各方的意見和建議後，歐廣源主任拍板道：「這樣吧，橫琴以現金收回中心溝，回收價為 30 億元。」劉佳心裏「咯噔」一下，來時，橫琴是有「底牌」的，20 個億！充其量 25 個億！

歐廣源似乎看出了劉佳的心思，他說：「30 個億，是充分核算了這塊土地的潛在價值和順德多年財政的投入，照顧到順德人的情感和多年的付出。」

「能不能不要超過 30 億……」劉佳想，30 這個數字有點沉甸甸。

「那你說多少？」歐廣源問。

「能不能少一點，回去也好交代，29.8 億吧！」劉佳咬咬牙說，「我們都很理解，為了顧大局，誰都要做貢獻。」

「好吧！就按你的數，你們雙方都不要再說了。」歐廣源語調鏗鏘，一錘定音。

2010 年 3 月 25 日，「珠海橫琴中心溝順德圍墾區土地補償協議協調會暨土地補償協議書簽約儀式」在廣東省政府迎賓廳召開。時任順德區委書記劉海在簽約儀式上動情地說：「橫琴作為國家發展戰略之一，順德再次義無反顧地把中心溝交出來，配合橫琴的開發。」

「半年後，順德將『好好睇睇』交出中心溝。」簽約儀式後，劉海在接受媒體的採訪時提議，在橫琴總體規劃建設中保留「中心溝」的名字，作為一個永久性的紀念，因為這個名字不單單屬於順德人或者珠海人，也是對歷史的紀念。

橫琴承諾，將為順德人「守護鄉愁」，建設一個公園，公園裏將豎立一塊紀念碑，記載順德人在中心溝的奮鬥史……隨後，順德成立中心溝臨時移交領導小組，從各部門、鎮街挑選了精幹人員 30 人，組成工作組專門負責收地和善後工作。4 月 8 日，珠海市政府公告收回橫琴中心溝順德圍墾區內的全部國有土地使用權，困擾珠海和順德近 40 年的權屬紛爭畫上了句號。

對於順德勒流人江倫孝來說，收地拆遷來得有些突然。

1980 年圍墾中心溝時分田，江倫孝分得 70 畝農田，一家子都在中心溝，儼然把這裏當成自己的家。由於家裏勞動力充足，他還買來了開墾工具，慢慢把自己的農田擴大到了如今的近 80 畝。

那天晚上，在江倫孝的石屋裏，江氏兄弟倆和德叔、簡忠隆、盧禮元等幾個老鄉聚在一起喝悶酒，酒是順德老家產的「九江雙蒸」，三杯小酒下肚後，江倫孝有點憤懣不平：「為什麼新區政府只登記 30 年前分到的那部分田？」

「補償合理不合情……」簡忠隆對獲得多少補償費也是愁眉鎖眼。他拿起酒盅，一仰脖自己灌下一大半，說，「孩子在順德老家讀書，到時租金沒有了，租給別人的養殖場不是補償給別人了？」

「那開漁場的投入費用總應該補償給你吧！」德叔說。

「當然希望了。」德叔的話直截到簡忠隆的心窩裏了。1997 年，簡忠隆想要回順德老家，被老鄉勸留。同大多數留下的順德人一樣，他們看守着這片屬於順德的土地。幾年前，由於年紀偏大，簡忠隆夫妻倆把大部分的塘租給了外地人，自己只留下不到 10 畝來養蝦蟹。幾十年後發現人累了錢卻沒賺着，「這裏颱風多，一颳颱風颱風，這一年就只能望風興歎了。」

這時德叔也歎了口氣：「一輩子耕塘，沒學歷、沒技術，這邊的地被收了，回去又沒田耕，如果補少了，以後怎麼辦……」那天晚上，簡忠隆在床上翻來覆去「烙燒餅」，幾乎通宵未眠。

同樣憂心忡忡的還有鐘有妹夫婦倆。「土地被徵收能補償多少？」70 歲的村民鐘有妹鬱鬱寡歡，一直念叨着。她和老伴黃林杏坐在家門外，與鄰居聊起了拆遷這事就擔心。

鐘有妹割了一輩子草藥，拿到澳門街頭賣。50 多歲時被藥材的枝幹戳傷眼睛，險些致盲。丈夫做過船運，採過石，大部分時間也在割草藥。兩老靠借債蓋了三層房屋，合共 230 平方米。屋子外牆貼着潔白的瓷磚，顯得光亮潔淨。然而，由於生活貧困，黃家至今燒柴煮飯，院子裏用木板胡亂搭了間廚房。廚房壁上掛着幾把款式各異的鐮刀，那是黃林杏、鐘有妹一輩子割藥材、砍柴的工具。

不久前，他們剛把房子的借款還清。補償金，成為大多數拆遷戶心中的障礙，也是橫琴收地過程中所有征拆對象的共同訴求。島民們靜謐如畫的日子，突然因補償金而改變，原本靜如湖水的心緒，也因此被迅速攪動。

新區管委會將心比心，劉佳不無動情地說：「我們一定要對得起每一位征拆對象，不管是當地人還是外來人，在國家政策範圍內，橫琴征地一定要參照廣東沿海城市的標準頂格賠償。」

這與班子成員們的思路不謀而合。我想起李白《將進酒》中有一句「千金散

盡還複來」。是啊！橫琴開發需要錢，但錢散出去了還可以賺回來，但沒有土地，如何完成中央交給的重任，何談為澳門產業多元化發展提供空間？

珠海市仲裁委主任王瑞森回憶，他們請了一個專業機構來橫琴對收地和今后土地出讓做了一個綜合測算，歷經一年多時間調查摸底，在 2010 年 6 月制定了土地整合處置方案。

我後來看到了這個方案，其中充分考慮了原業主的合理回報，主導政府回購，參照市場價格制定收地補償標準，同時明確政府收地補償款免征土地增值稅在內的相關土地稅費。住宅用地收購補償價 3699 元 / 平方米，商業用地 4821 元 / 平方米。

「全島一口價？」我問。

「對，這都是樓面價。」王瑞森說。

「假如有人不接受收地呢？」

「新區統一出台整合方案。」島民們懸在心頭上的一塊大石總算落了地。這些曾經把幸福當成傳說，把富貴當成謠言，蹚過無數生活激流的農、漁民，如今一夜之間便感受到了一種彷彿接觸到天外世界的緊張與戰栗、興奮與快感。

時任區黨委副書記鄧友是個「老橫琴」，拆遷戶說看到最多的就是他的身影：工棚、蠔莊、酒家、農戶……

談判既要耐心細緻，又要快刀斬亂麻。「許多被拆遷戶都能顧大體，識大局。」鄧友說。因為鄧友群眾工作經驗豐富，大家都纏着他「傳經送寶」。

「門難進、臉難看、話難聽，這是拆遷工作的『家常便飯』，一定得做好思想準備。」鄧友給大家支招兒，「進了門，不要急於勸服村民搬遷，要先與他們拉家常，交朋友，讓他們放下戒心，這樣他們才會聽你講，你講的他們才能聽進去。」

「鄧書記還真有一手。」大家贊歎。

征地那段日子，橫琴新區管委會一樓的業務辦理區，專門處理拆遷村民的賠償問題。談得不滿意，拆遷戶還可以直接找樓上相關部門負責人，當面核實拆遷補償政策。

「來找的人多嗎？」我問。

「多了。」時任橫琴新區黨委副書記、紀委書記、橫琴鎮委書記魏頂光說，「有些村民不太理解這個東西，他有時候聽別人講，哪裏補了多少，哪裏又增加了多少，或者說我這裏投入這麼多成本，為什麼才補我這麼一點……我們這個時候就去做工作，跟他講規定，講政策，對吧？我跟他講，你放心，補給你的標準不可能比別人的多，也不可能比別人的少，如果同類型的補償你少了，你可以過來找我，我拿我的工資給你填……」

之前，我在媒體上看到，一些地方的拆遷補償工作比較粗放，工作程序沒有規範，拿個卷尺靠經驗拉，拉完尺之後就開始填各種表格單據讓戶主簽字畫押確認，這個就容易出現問題了，跟你關係好，會拉長一點；跟你關係不好，我就掐你一點……

「橫琴不會出現這樣的情況。」魏頂光趕緊回答我說，「整個拆遷補償，我們是全過程透明，網站公示、現場公示等，還引入第三方專業機構。」

我插話道：「第三方？橫琴這個做法很新穎，你具體說說。」

「就是珠海測繪院來進行測量，測量完後，出具測繪報告，專業報告作為我們補償的依據。」

「補償的流程是怎樣的？」

「當然有一整套程序了，測量、清點、簽名、公示、簽補償協議、付款。不管補給誰，我們都有公示的環節，今天補給你什麼東西，什麼數，多少畝，什麼魚塘，多大面積，規格多少，依據標準，補償金額……全部張貼出來。」

「讓征地補償戶心悅誠服？」

「對，心悅誠服。」魏頂光用數據說話：2011 年簽訂補償協議共 572 宗，發放補償資金 1.56 億元，涉及群眾 1800 多人，沒有一位群眾因為征地補償權益受侵害而上訪。真情換真心 —— 橫琴把最好的土地用於安置房建設。橫琴優先解決橫琴本地居民就業。橫琴企業若雇用本地居民為員工，政府為「五險一金」買單。……

政策上的民生溫度，換來的是群眾的信任和支持。幹群關係由緊張走向和

諧，征地拆遷從「零和」變為「雙贏」。

到 2016 年前後，橫琴全面清理和有效化解歷年遺留的建設用地難題，完成 28 平方公里建設用地的整合、回收、拆遷和一級開發，整個橫琴 97% 以上的用地基本徵收，項目用地 100% 徵收完畢。

在國土規劃局會議室有一張放大很多倍的地圖，貼在牆壁上，就像一張作戰地圖，大家天天研究這個圖，哪一戶談成了，就拿個藍色筆打個鈎；哪一戶補償了，就拿個紅色筆打個鈎；哪一戶變卦了就叉掉用黃色筆重新打個圈⋯⋯

「征地拆遷工作是天下第一難。」毛毅於 2013 年 5 月進入橫琴新區國土局，那時他剛從市裏調來，對「白＋黑」和「5+2」還真不適應，中午加班，晚上也加班，他說最緊張的那三個月基本上一大半時間都在加班，晚上回到市區時基本都是凌晨一兩點鐘。

「征地拆遷涉及的利益巨大，工作有一定的危險性。」毛毅說，在土地執法過程中危機四伏，被圍攻很正常，對峙推搡、暴力抗法、肢體衝突難以避免，甚至還會面對鐵鍬、煤氣 、石塊⋯⋯

他給我講了這樣一件事，這件事後來被列為全國法院系統的典型執行案件之一──

「大概是 2014 年底或是 2015 年初吧，在環島路 WTA 場館對面有一個兩萬多平方米的磚廠，每天高大的煙囱冒着黑煙，機器轟隆作響，不僅影響項目進展，而且影響環境，新區將其列入重點清除對象，區領導也給出了拆遷時間點。

「那時的橫琴用地不太規範，磚廠跟之前的鎮政府簽了租約，但沒有到規劃部門辦手續，廠子建起來也沒有去辦。按照相關法律法規，涉及土地租賃、出讓，只有國土部門才有這個權力。收地的時候去跟老闆談，他死扛着不同意，反反復復了好幾個回合。

「第一次去談的時候是到他辦公室，非常客氣，倒茶敬煙，然後是這個困難那個困難。第二次去馬上擺臉色，態度也一百八十度大轉彎了。老闆當時提出要政府補償三百萬，不補償就不拆。按照法律規定來講，他的用地本身就是違法的，

到我們清理收地的時候，合同租約也都到期了。所以說從法律層面或合同層面來講他都不合法，他還敢對抗，還敢提出要補償，太過分了。

「我們做了行政處罰決定之後，他就跟我們打官司，以拖待變。我們也積極去應訴，一來二去，法院全部判他輸了。

「當時是我帶隊，就以他非法佔用國有土地，直接啟動執法程序。第一天去的時候，就出現抗法行為，對方組織一幫工人拿着木棍、磚頭跟我們對峙，然後把我們團團圍住，我被一個人勒脖子，一個人抓胳膊，一個人抱大腿，衣服都被他們扯爛了，整個現場烏煙瘴氣，後來公安介入把幾個當事人帶回派出所進行教育。

「你說被圍怕不怕？呵呵！怕倒不怕，沒什麼好怕的，這個是職責所在。你是違法的，你叫囂我怕什麼，是吧？我判斷對方還主要是口頭恐嚇。公務執法都是有程序的，第一步怎麼做，第二步怎麼做，第三步怎麼做，這個有規定的流程，但到了現場後的情況就千差萬別了，有時甚至混亂不堪。

「第二天我們再去，現場氣氛驚心動魄，對方開着鏟車擺出衝撞的架勢。還抱出一個煤氣瓶，拿出打火機，煤氣瓶已經打開了，噝噝冒着氣。我讓同事把攝像機打開，把對方開鏟車衝撞的現場畫面拍下來，然後打電話到派出所去報案，不一會派出所來人了，把那幾個鬧得最凶的人給拘了起來。拘完之後還得解決問題啊！

「我想了想，國土部門有行政處罰權，但沒有行政強制權，我們就改變了方式，向法院申請強制執行。橫琴法院很重視，為此制定了充分的行動方案。報到上面去被列為全國法院系統的一個典型執行案件。法院做一個准予強制執行的裁定發給磚廠，限期他在某月某日之前自行清場。結果還是沒有自行清場。強制執行那天，執行法官、法警，包括境內外的媒體，浩浩蕩蕩幾百號人。老闆見勢便跑路了。

「國土這邊有行政處罰，法院那邊也有處罰，老闆罰款不交，竟還跑路了，聽說後來法院通過邊控還把他給拘了幾天。」聽完毛毅滔滔不絕地講述完這個故事，我沉思良久。橫琴通過走法律程序來解決「征地難」「拆遷難」問題，無疑提供了一個很好的法治化樣本，這也成為後來各地到橫琴考察學習取回的一條「真經」。

橫琴開發，帶來資源利益的重整，產業結構的轉型。

啟動前，島上雲譎波詭，撲朔迷離。尋夢人、淘金者以及本土居民在這方水土裏活躍，他們或亢奮，或焦慮，感受着不一樣的開發滋味，呈現出利益重組下的眾生相。

2009 年 1 月連續數天，幾輛掛着粵 A 牌和粵 C 牌的黑色小轎車魚貫駛入寧靜的橫琴島粗沙環。粗沙環居民阿權說：「粗沙環從沒見過這麼名貴的轎車。」車上陸續下來幾個衣着光鮮的男人，其中一個徑直找到阿權，簡單寒暄後，單刀直入地問：「你家有多少土地？能建多少棟樓房？」阿權接過名片，對方拍着胸脯信誓旦旦：「我出錢，你出地，房子今後的收益一人一半，政府肯定補。」而新村、舊村的拆遷補償價格至少是每平方米 6500 元。在橫琴興建村屋，從打地基到裝修，一平方米頂多 1000 來塊錢。

「賭一把啦！」來人爽朗地說，「新村、舊村都徵收，這個信號錯不了的。」

阿權儘管有些怦然心動，但形勢看不清，看不懂，看不准，便只是搖頭。來人見談不攏，又鑽進另一戶農家繼續談。那些日子，阿權應接不暇，他告訴我，好多村民把能夠拆建的宅地和舊房都重建或加建，那些「握手樓」有的還裸露着鋼筋水泥，有的則是一半裝修一半毛坯的「怪胎」。

2009 年 7 月中旬市政府就出台文件了，房屋建築面積每套不得超過 400 平方米，層高不超過 5 層，並允許誤差上浮 10%，即 440 平方米以內均可算是合理報建面積。

在阿權看來，心裏有些許遺憾，都怪自己當時半信半疑更不知道會實行整村搬遷，如果知道，自己的兩塊宅基地從 2 層半改建成 5 層樓就發達了。

「從什麼時候開始不能建了？」

「政府公佈後，管得非常死，一天 24 小時都有人巡查，房屋搶建有很大難度，有的半夜爬起來搶建第二天就被推倒了。」阿權呵呵一笑，「不過搶建不行就有人搶種。」

阿權的一席話，讓我再次找到毛毅。「你們怎麼判斷是搶建還是搶種？」

毛毅說：「比如說這片地區我們要進行徵收補償的話，我們是會發公告的，我們會去對這片區域進行一個證據保全，證據保全拍照攝像。」

「證據保全是在公告前還是公告後？」

「之前。公告會講清楚政府要征用這個地方，在規定時間之內，請這個區域裏面的權屬人過來申報。因為現場那些什麼樹啊魚塘啊棚子啊，我也不知道是誰的。要自己過來申報，說明這個魚塘或這棵樹是你的，就是告知大家有這麼個事情。」

「公告後就屬於搶建搶種了？」

「發佈之日起，那麼你不能再改變這個現狀了，公告之後新增的東西，你要投錢進去，那隨你便，反正那就不予補償。」搶種的不乏其人。據毛毅說，有一些人是專幹這種營生的，比如說看哪個地方要開發了，他就去找村裏面或者村民，租出一塊地過來，養雞、養鴨、養魚、種樹，以這個為職業，這給收地增加不少困難。

2009 年 8 月 26 日《南方都市報》就曾刊出標題為《橫琴木棉之殤》的新聞報道，因為富祥灣區域一棵老木棉樹獲得 1500 元補償，橫琴島一夜之間種滿木棉樹。網上立即吵翻天，網友戲稱橫琴島為「木棉島」「英雄島」。其實，橫琴的村民大都比較淳樸，他們顧及橫琴開發大局，一般不會去搶種，搶種的都是些投機取巧、以此謀生的外地老闆。執法部門深諳其中「奧祕」，因此把這個尺度捏得非常緊，是什麼東西就是什麼東西，不可能放寬，就是不能補，類似「木棉樹」這樣的搶種行為一分都沒有補。

毛毅給我舉了一個具體例子。前兩天，有一個李老闆打電話給他，說你給不給我補償，不給我，我就告死你……這人的名字毛毅始終不告訴我。他笑了笑，說：「這個人屬典型搶種的貨，種的全是沉香，沉香很名貴呀！」在橫琴搶種的一般都是些名貴植物，因為這樣賠償的價格就高。不過，這一次在橫琴，李老闆是「栽」了。眼見雞飛蛋打，老闆肯定不服，於是就開始寫檢舉信到處告，還打電話過來說：「我在北京……」

誰知道他在哪兒？毛毅在電話裏懟回他一句：「你愛去哪去哪！」

硬的不行就軟硬兼施。這不,李老闆又託一個中間人過來,先給毛毅看了一份材料,說,你看,我的這個東西都寫好了,你是不是能網開一面?如果不網開一面,我就把這個信寄出去了⋯⋯

「怎麼網開一面?」毛毅問。

「我給你兩成。」來人壓低嗓門。「太少,呵呵⋯⋯」

毛毅突然正色道,「你不要抱任何希望,搶種就是搶種,沒有一分錢補償,你愛反映愛投訴是你的權利。」

橫琴開局,困難和壓力如排山倒海,非外人所能體察。毛主席曾經說過:「下定決心,不怕犧牲,排除萬難,去爭取勝利。」收地,橫琴人贏得了「去爭取勝利」的第一步!

第 三 章

特區中的特區

澳門往左，橫琴向右。

十字門上的澳門和橫琴，都寫滿着沉甸甸的故事。

「漁舟不經氉舟到」。740 年前的那場海戰，宋、元十字門裏金戈鐵馬的嘶吼聲早已飄散在歷史的深處，而血染碧海的古戰場，正在成為「琴鳴天下」的大磁場。

兩座城市、兩種制度，它們將會發生怎樣的碰撞與交融？誰又能撥響這把沉睡了七百多個春秋的古琴？著名詩人雷抒雁來到橫琴，也發出同樣的《琴問》。

是誰？

是誰把一架古琴

橫在珠海膝下

是誰？

是誰來輕撫一把

山的琴身，水的琴弦

…………

2010 年 5 月，還有一位詩人田禾來到橫琴島採風，他穿越在大、小橫琴山，徜徉於悠悠天沐河，發出直抒胸臆的感歎：粵澳兩地「樂隊」已經組建 —— 弦樂、管樂。他相信，兩地共彈一把「琴」，一定能奏出振聾發聵的絕世佳音 ——

是跳躍明快的抒情歌？

是輕柔曼妙的協奏曲？

將開啟怎樣一個新模式？

將開創怎樣一片新天地？

一個個問號，叩問着特區中的橫琴人。

《管子·形勢》曰：「射者，弓弦發矢也。」萬眾矚目中，橫琴拉弦張弓，射出第一支響箭 ——

你的大學

　　窗外的天色有些陰。空中望去，澳門路環島與珠海橫琴島雲霧繚繞，山巒層疊，海浪成線，恍如一幅丹青水墨畫。飛機緩緩降落澳門機場。那天是 2012 年 12 月的最後一個星期二。澳門特區政府運輸工務司司長辦公室顧問張國基先生及同事陳耀宗先生到機場接我，一同前往澳門大學（以下簡稱澳大）橫琴新校區。在車上，張國基先生一再向我強調，這「不是一般的工程，是在『一國兩制』體制下粵澳合作的示範項目」。

　　澳大橫琴新校區工地離蓮花大橋約 5 分鐘車程，出橫琴口岸，早前的水泥路因拓寬路面，被挖得七零八落，汽車在坑窪不平的土路上行駛得很慢。路兩旁全是剛剛清理出來不久的施工場地，載重卡車穿梭其間，目不暇接。

　　工地被白色的圍牆圍了起來，門口，一位身穿迷彩服的保安人員侍立門旁。沒等我們乘坐的車停下來，保安立刻行舉手禮，並示意汽車進入。

　　進入工區，就如同進入迷魂陣中。偌大的工地被隔成一塊塊獨立的工區，有的工區樓型初現，有的工區正磚砌鋼鑄，而有的工區則地下工程剛剛完工，水泥柱頭橫平豎直排列一地。我驚訝在工地的中間地帶還圍有一塊生活區，建有籃球場等體育設施。林林總總，給人的印象是既熱氣騰騰又井井有條。

　　在一棟建築體前，張國基先生告訴我，3 年前，時任國家主席胡錦濤就是在這個地方為澳門大學奠基。

　　時光回溯到 2009 年 12 月 20 日。那天，珠海暖陽和煦。下午 3 時 40 分，時任中共中央總書記、國家主席胡錦濤在澳門第三任行政長官崔世安陪同下，風塵僕僕來到橫琴島，親手為澳大橫琴校區鏟土奠基。之前，胡錦濤剛剛參加完慶祝澳門回歸祖國 10 周年大會暨澳門特別行政區第三屆政府就職慶典。

　　南海邊，風很大。

　　代表中央政府致辭的是中共中央政治局委員、國務委員劉延東，她說：「在珠

海橫琴島建設澳門大學新校區，是中央政府重視和支持澳門特區發展教育、培養人才的一項重要舉措。相信澳門大學一定會把握機遇，乘勢而上，為澳門特區經濟的適度多元發展和社會事業的全面進步做出更大的貢獻。」

末了，胡錦濤還贈予澳大「愛國愛澳、博學篤行」題詞。

當天的中央電視台《新聞聯播》裏，面對記者的採訪鏡頭，澳門行政長官崔世安感激之情溢於言表：「澳門大學在橫琴興建校區的意義非常深遠，反映中央對澳門培養人才、提升高等教育的支持，體現『一國兩制』的生命力及靈活性……」

消息引發全球關注。

澳門大學是澳門最著名的高等學府，其前身是東亞大學，1991 年更名為澳門大學，成為政府公立性質的高等院校。

澳大坐落於澳門氹仔島的觀音巖上，面積僅有 0.05 平方公里，21 棟建築物「摩肩接踵」，一棟連着一棟，澳大被稱為中國最小的大學。

「校園，校園，有校無園。」澳大有 7000 多名學生，每個學生佔有的校園面積僅 8 平方米，學生只能「走讀」。據調查，學生平均一天到校 1.6 次，也就是說他一天中不是早來晚走，中午還要回去一趟。

據統計，澳門每年高中畢業生有 6000 到 7000 人，其中有 4000 多名學生報考香港、台灣等外地大學。有一所名牌中學畢業 170 名學生，校長給澳大推薦去 17 個人，竟有 14 個學生說：「NO！」

澳門學生不願在澳門念大學，尷尬了。

澳大校長趙偉坦承：「我們的高等教育對不起澳門老百姓啊！」他感慨：「其實澳門大學的辦學水平並不差，有些專業甚至是哈佛的水平，但環境卻是『炕大』的環境，這個炕是炕頭的『炕』！」

他自我解嘲此言卻不虛。

譬如，澳大有一個中醫中藥研究所，是培養碩士、博士的。好幾個碩士畢業的學生在芝加哥、哈佛、劍橋讀博士，其學術水平躋身國際一流。但令人驚訝的是，這個中醫中藥研究所的實驗室竟然是在學生宿舍裏，實驗室旁邊就是洗手間。

　　來澳大前，趙偉在美國倫斯勒理工學院（RPI）擔任理學院院長。2008年應聘澳門大學後，他首先面對的也是「有校無園」的問題。

　　土地啊！土地！

　　2007年2月，澳大制訂10年發展規劃時，計劃澳大在校生要發展到1萬人，校園面積需要擴大到60公頃，是現有的10倍。怎麼擴？往哪擴？澳大向澳門政府提出了3個擴地方案，其中兩個是在學校附近回收私人土地，一個是填海造地。遺憾的是，鄰近澳大的一塊空地已批了出去，而填海的方案需要中央的批准，填海的成本也十分高昂。當時，校董事會也曾討論過離開澳門本地，到橫琴島上尋找新校址的想法，只是校方當時認為這個方案只是一廂情願，並沒有正式向特區政府提出。

　　5月，行政長官何厚鏵以校監身份主持學校董事聯席會議，他透露，澳門政府正與珠海磋商合作開發橫琴島，如果條件成熟，可以考慮在橫琴建一個校區。

　　機遇總是垂青有準備的人。2009年1月，時任國家副主席習近平考察澳門時，代表中央宣佈開發橫琴島。澳門大學更是從「祕道」得知，廣東在橫琴發展規劃中預留了土地給澳門大學，謝志偉說「當時既喜又驚，根本不敢相信」。澳大一馬當先，隨即火線籌備遷居橫琴的法定申請程序——趕制辦學建議、規劃方案，組織考察橫琴，舉辦諮詢會。

　　校董會主席謝志偉博士和當時剛上任僅數月的趙偉校長等多名校方領導，卷起褲腿，踏上橫琴十字門古戰場，走入被蕉林、沙石和野草覆蓋的「處女地」，考察、探究這個將改寫澳大歷史的夢想之園，同時在校內校外開展21場諮詢會。

　　由於進展太快，細節披露不足，澳門學界對擴校計劃有重重疑慮。

　　「搬到橫琴島，那還叫澳門大學嗎？」澳大法律系一位資深教授作為法律專家參與了全部諮詢會，他擔憂地說：「如果出現有人違反了內地法律，但澳門法律中並不違法，這個人從內地跑到了橫琴校區怎麼辦？」一石激起千重浪。為探究竟，我重新翻閱澳大諮詢會的筆錄，澳門學者提出了一系列制度對接上的擔憂：網絡、學術、言論、開放⋯⋯

　　諮詢會在澳門內部引起巨大紛爭。爭論的焦點集中在是否能完全保持澳大原

貌，如果發生勞資糾紛，抑或刑事案件，是用澳門的法，還是內地的；搬遷到橫琴後，教學大綱是否要按照教育部統一規定進行更改，教科書是否也要與內地統一標準。我拿到了當時的一份澳大內部的調查結果：34.1% 的受訪者認為澳大不應遷校橫琴，應繼續與澳門政府談判爭取土地；有 60% 的受訪者認為澳大應部分遷至橫琴並保留現址；有趣的是，僅有 10.1% 的受訪者認為，澳大未來發展過程中最需要關注的是增加土地⋯⋯

澳大遷校，不僅在澳門，也在內地和香港引起熱烈討論。

有文章說，澳門大學作為澳門唯一一所像樣的大學，一旦遷校橫琴，澳大本身的文化氣氛、校園特色將會消失，將不再吸引學生和學者，令原本有意就讀或就任澳大的人士卻步，澳門最終將變成只剩賭場的「銷金窩」。

4 月 6 日，澳門大學正式向澳門立法會介紹《澳門大學橫琴校園初步設想及規劃（草案）》。當天，介紹草案的校方人員有澳門大學校董會主席謝志偉、校長趙偉及副校長黎日隆。謝志偉說：「建設橫琴校區沒有先例，難度很大，涉及交通、土地所有權等許多問題。在橫琴新校園的構思中，我們必定堅持澳門大學為『澳門人的大學』這一原則，橫琴校區會保持澳大的特色和優勢⋯⋯」

澳門立法會上的消息傳到廣東，法律管轄問題立即掀起粵澳兩地法律專家的「筆墨戰」。

內地一位學者在廣東媒體上發表觀點表示強烈的質疑和擔憂，他認為校園在橫琴理應按內地法律管理，澳大設計的草案違背了法律，給珠江西岸一體化「開了不好的頭」。

4 月 8 日，《澳門日報》刊登澳門大學法學院教授的一篇「反擊」文章，指出採用「租界式」管理已有先例，2006 年全國人大常委會通過了《關於授權香港特別行政區對深圳灣口岸港方口岸區實施管轄的決定》，實際上就是將屬於深圳的某塊土地租給香港使用和管轄。

4 月 12 日，北京師範大學珠海分校召開了「珠海橫琴開發中的法律適用問題」研討會，廣東省內十幾所大學的法學教授和多位著名律師出席會議。大多數與會學者都認為，澳大橫琴校區理應適用內地法律、屬地管理。

　　一位召集人甚至聲稱：「我們理解國家為支持澳門發展高等教育所採取的這項措施，但是，澳門提出的這種方式不是互利雙贏，內地不少人可能並不高興。」

　　研討會後，學者們撰寫了一份研究報告，報告主張澳門大學橫琴模式，只能是一個特例，不能成為珠澳合作的模式，經濟歸經濟，教育歸教育。

　　到了 6 月 27 日，所有爭議戛然而止。當天下午，第 11 屆全國人大常委會第 9 次會議聽取了時任國務院港澳事務辦公室副主任周波受國務院委託對《國務院關於提請審議授權澳門特別行政區對橫琴島澳門大學新校區實施管轄的議案》所做的說明。會議表決通過：授權澳門對澳門大學橫琴校區依照澳門特別行政區法律實施管轄，橫琴校區與橫琴島其他區域，實行隔離式管理。新聞一播出，很多人都「蒙」了，之前爭論的教科書、教學大綱、逃犯等案例一下子全沒有了意義。

　　速至的厚禮，遲到的諮詢，無謂的爭論。

　　事後，澳門大學副校長何順文說：「很多人之前想都不敢想，中央會做出這種大膽創新的決定，會把土地租借給澳門並適用澳門的法律。現在的結果就好像是中央跟我們說，都別爭了，你們大膽一些吧，不要那麼保守⋯⋯」

　　中央關懷，廣東支持，珠海力挺。

　　2009 年 3 月中旬，剛到任一月餘的劉佳接到上級的一個緊急命令：橫琴必須在 6 月 30 日前回收 1.0926 平方公里土地交給澳門大學。她掐指一算，離 6 月底滿打滿算也不過三個月時間，要完成土地的徵收及補償工作，難度可想而知。

　　調查摸底後，需要回收的 1 平方公里土地上竟有 47 個業主，分佈在全國各地乃至港澳地區，其中有兩個業主還是外籍人士。同時，在這塊地盤上，有 200 多家承租戶在從事飲食、養殖、種植等活動，還有生意火爆的「燒烤一條街」。

　　「很棘手。」劉佳內心十分糾結。由於歷史原因，這些地塊背後都有着極其複雜的債務關係、轉讓關係和說不清的債權糾紛。劉佳感到前所未有的壓力。

　　「支持澳門產業多元化，橫琴義不容辭。」在班子會上，劉佳堅定地表示，這是重大政治任務，我們必須不折不扣地完成中央交給的任務，不辱使命。

　　其實早在 2008 年，為迎接澳門回歸 10 周年，在中央的支持下，澳門通過

國務院港澳辦和省港澳辦與珠海就澳門大學用地的選址、面積進行過多輪會談。當時在北京、珠海等地還開過多次會，由橫琴給澳門供地，可能大家都還沒有想好，遲遲沒有定下來。

按照中央給的時間節點，在全國人大法律授權前，橫琴要完成三件事：一是選址，二是征地，三是移交。在選址上，珠海其實內心「藏」有三個方案。一是橫琴島的西北部芒州，那塊地方能一攬子解決澳門產業用地和澳門大學用地問題，而且環境幽靜，是莘莘學子讀書的絕佳之地。澳門一旦在那裏辦大學，周邊的教育經濟將會被迅速帶動起來。

還有兩個方案都在中心溝，一塊緊靠小橫琴山，山清水秀。彼時，中心溝有一部分還是順德的「飛地」，兩地政府一直在「拍拖」，如果談得順利，就可以一次性解決澳大用地和粵澳合作產業園用地問題。

不過，澳門的想法與珠海南轅北轍。

「太遠了。」澳門選擇的地方必須是一個能通過隧道跟澳門連成一體的地方。當時，澳門 80% 的居民都住在半島上，兩個離島都還沒有發展起來。市民到兩個氹仔島和路環島都屬於「郊區」了，遑論橫琴？

橫琴的方案毫無吸引力。也許，這就是兩種不同體制的差異和差別，也是「一國兩制」的獨特魅力。澳門通過官方渠道來看過，也通過民間渠道私下派人來「勘查」。明察暗訪後，澳門「中意」兩個地方：一個是富祥灣，那塊地約 5 平方公里，緊靠澳門路環島，與澳門最近，直線距離僅 187 米；另一個地方是十字門，與澳門觀光塔隔江相望，地方也足夠，如果有一座橋抑或是一條隧道相連，再理想不過。

「富祥灣和十字門兩塊地都在 2008 年出讓掛牌，而且都簽了約。」王瑞森談起來表露出些許遺憾。

情況反饋回國務院港澳辦，當時的全國政協副主席、港澳辦主任廖暉非常重視，親自居中協調。他對珠海說，澳門選址靠近澳門這一邊，這有利於澳門的集中統一管理，體現整體性。

他對澳門說，橫琴開發歷史遺留問題較多，可以考慮把大學用地與產業多元

化用地分開，先解決澳門大學用地問題。澳門最後決定先把澳門大學搞定，選址在了橫琴口岸附近，面積 1 平方公里。橫琴說：「行！」10 年後，已擔任珠海仲裁委員會主任的王瑞森笑言：「那可是我們的一塊心頭肉啊！」

搞土地開發多年的他，深知這塊地的商業價值，他坦承說，這片地在 1992 年就已經賣出，業主買的時候還是一片海水，是業主先交了錢把海給填出來的。橫琴開發後還指望把這塊地賣了，手中就有本錢來撬動其他地塊的開發。

當時，確實有很多不同的聲音，說那個地方是商務用地，橫琴最好的地塊，價值不菲，為什麼都給了澳門？

一次會上，劉佳深情地說：「澳門大學搬到橫琴，是習總書記親自批准的。我作為橫琴的書記，完成中央交給我們的任務是使命所在，責任所在，也是擔當。」

劉佳略一沉吟，她忽然提高語調：「澳門特區政府和澳門的老百姓，上上下下都非常關注。第一是教育的問題。因為，澳門的很多孩子都不在澳門讀書。第二是後備人才培養的問題。因為，澳門的產業多元化，必須要有相應的人才支撐……我們要不惜一切代價，克服一切困難來完成這件事，橫琴是在做一件恩德無量的事。」

選址塵埃落定，最緊迫的任務就是把地收回來交給澳門大學。

橫琴至此時共出去 343 塊地，澳門大學選址處就佔了 47 塊。從選址、征地到最終達成協議，時間點是 2009 年 6 月底，上面要求年底澳門回歸 10 周年之際，項目要奠基，剩下的其實也只有三個多月時間。交給澳門大學的土地必須「潔白無瑕」，不能夠有任何瑕疵，不能夠有任何一個業主有意見，同時國土使用全部的手續都要齊全。

3 月初，珠海市成立了規劃、國土和橫琴等有關部門參加的收地小組，由王瑞森牽頭。

在吉大水灣頭一個叫新華苑的地方，征地小組租了一座小樓，借了一間會議室，然後把 47 個業主，一個個通知過來談，當時這塊地非常複雜，有屬於國有企業的，有屬於私人的；業主有屬於港澳籍的，還有加拿大等外國籍的……

每平方米補償 1500 元到 1800 元，樓面價。

一次性付現金，不調地。

苦口婆心講政策 —— 中央有要求，澳門有需求。

講政治，顧大局。

第一批 47 家業主中有一半很爽快地表示支持。

楊春明是珠海華融置業有限責任公司副總裁，他們在橫琴擁有多達 16 塊總計 35 萬平方米的建築面積用地，分散在全島各處，其中有 5 塊就在澳門大學建設用地內。

聽說土地要回收，楊春明坦言心裏「很忐忑」。之後，他們跟工作組一來二去談了好幾輪。

「結果怎樣？」我問。

「結果很滿意。」楊春明說。

「土地總面積和建築面積不是比原來的減少了嗎？」

「但土地升值了，非常可觀。」楊春明難掩笑意，「當然，更重要的是我們沒有拖澳門大學建設的後腿。」

華融是第一個與橫琴簽訂收地協議的業主。還有一半的業主就不好談了。很多業主要求調地：「收地給澳門大學，我們舉雙手贊同，但我們只要求調換地塊，只要放在橫琴島上，你調到哪裏都同意。」

很多業主堅決不同意收地：「我們買的地放了 10 多年了，都發霉了，哦，現在開發了，你們就想收地了。」

有的拂袖而去。有的捽門而去。有的拍桌子。有的掀凳子。

有兩個澳門的業主，成了收地「釘子戶」，工作組實在沒轍，便向劉佳書記匯報，劉佳也沒轍，她跑去澳門行政長官辦公室找到特首何厚鏵……後來，何特首親自做工作，解決了。

「哎呀，王局長，你要考慮我們的苦處……」有一個女業主，港籍粵東人，長得很漂亮，每次總是彬彬有禮，從來不發火。她的要求是調地。因橫琴規劃未批，當時沒有辦法調地，收地只能採用現金補償方式。

　　王瑞森耐心地向她解釋：「收購價已充分考慮了業主的合理回報。」女業主不同意，堅決不要錢，然後就是彬彬有禮地給區、市領導不斷地寫信，陳述自己的訴求。據說，直到今天她也還沒有來拿走那4700萬的補償款。

　　一家家談判，一塊塊回購，一宗宗整合，一片片拆除……委屈過，無奈過，甚至難過時抱頭痛哭過。征地工作進行得異常艱難，流程也特別複雜。涉及法院查封的地，還要跟法院去協調，然後解封，抵押。

　　這期間，劉佳還多了一個心眼。為了防止有業主「節外生枝」「借雞生蛋」，她特意安排辦公室的兩名同志每天蒐集各地報紙，盯着廣告版面，提防他們異地拍賣土地，無端再現二業主、三業主。劉佳特別交代，一旦有涉及橫琴用地拍賣的，馬上派人去拍回來，避免二次障礙。

　　擔心的事情還真是發生了。一次，有消息說海南第二中級人民法院將要拍賣的兩塊地正是澳門大學選址上的用地，這塊地屬珠海第一證券，珠海第一證券破產後，地被查封，其債權人在海南起訴，法院正在啟動拍賣程序。

　　得到消息後，時任開發區管委會主任鄧友、副主任劉建明、市國土局副局長王瑞森立即飛往海南。他們找到法官說：「澳門大學搬遷到橫琴這是中央的決定，在啟動拍賣程序前，我們希望能跟業主先談，爭取能協商解決土地回購問題。」這位法官看了看他們幾個，不理不睬地問道：「中央文件？拿出來看看？」

　　幾個人面面相覷：「沒有帶。」

　　「沒帶文件怎麼能解封？」

　　「那是密件，不能外帶。希望能夠和業主聯繫，我們跟他談一談。我們可以把錢先給法院，然後你們再跟業主談。」

　　法官將信將疑，把他們幾個帶到院領導辦公室。見到領導，他們把相關介紹信呈上，說：「我們是一級政府，怎麼可能會騙呢？文件確實是密件。」

　　後來法院領導相信了他們。把業主叫來後，一談，那業主也很爽快，當場就同意了。很快，海南法院發解封函給橫琴，橫琴也立即把錢轉到法院，在拍賣前一刻順利解決了回購問題。

　　還有一次，橫琴得知北京市中級人民法院正在拍賣橫琴澳門大學選址上的一

塊地，而且已經進入拍賣的法定程序了。劉建明連夜帶着市土地中心的兩個工作人員一起趕往北京。

赴京之前，劉佳告訴他們，不管多高的價錢也要拍回來。舉牌那天，橫琴做好了打一場「惡戰」的準備，不惜一切也要把土地收入囊中。

每平方米 700 元起拍。

「750 元。」拍賣師開始叫拍。

「850 元。」橫琴仍無動於衷。

「900 元。」橫琴開始舉牌。

「900 元第一次。」

「900 元第二次。」

「900 元第三次。」拍賣師環顧四周，頓了一下。

「成交！」拍賣槌「啪——」地應聲落下。

幾個人都不敢相信自己的耳朵。

要知道，橫琴回收土地的補償價是每平方米 1500 到 1800 元，北京拍賣會上的拍賣價 900 元，只有一半。

回來後，大家都很開心，後來他們常常拿出這個文書跟其他業主說：看，在全國最大的市場北京，拍賣也就八九百塊錢，現在橫琴給的超過了一倍了……

彼時，澳門大學選址的用地荒廢時間超過 10 年，很多業主並不知道自己的地被外來人家佔了，上面的建築物有合法的，有非法建築的，有種養殖的，有做生意的，錯綜複雜。但橫琴的補償一個都不少。

2000 年 7 月，林東慕名來到橫琴島，在口岸南側搭建了一間約 200 平方米的大排檔——「林記烤蠔店」。

當時橫琴蠔聞名遐邇，珠三角各城市的食客紛紛駕車前來，只為一嘗橫琴蠔的美味。林東的烤蠔店與澳門路環島面對面，僅隔一條狹窄的水道，最近處只「一杆球」的距離。

與林東在此營生的還有數百名小商販和種植戶，這裏就是橫琴島上最為興盛

熱鬧的「燒烤一條街」。

「聽說澳門大學要搬到這裏，你這個烤蠔店要被拆了。」林東的小舅子程仕光最早把這個消息告訴他，「40 多家大排檔、燒烤店都在清除之列，一個也跑不掉。」

林東一聽就急了，烤蠔店一年下來，淨利潤起碼有四十五萬元，供女兒和兒子上學、養家糊口綽綽有餘，那是他在橫琴掘到的第一桶金，也是最大一桶金啊！

他說着，下意識看看堆了滿地的花白蠔殼，生蠔殼大多都是生蠔上下殼中的下殼，表面層次繁多，凹凸不平，像是一層層疊上去的白紙團。

蠔殼的腥味很重，但在林東的嗅覺裏，那可是世界上最美的味道。

林東祖籍陽春，1988 年從部隊退役後來到橫琴，一直以養蠔為生，有蠔田 50 多畝，除了養蠔之外，還開了這家烤蠔店，蠔都是自己養的，每天凌晨兩點多鐘就駕小船出海，收起頭一天放下的幾串「蛇籠」和幾排蠔樁，收穫上百斤魚蝦海鮮和蠔，除自己的大排檔外，海鮮和蠔還轉手賣給其他小販或商家，家有老婆，一兒一女，一家 4 口過得簡單而富足。

林東想不通，烤蠔店是他十年的心血所在，怎麼說拆就拆了？

對政府的拆除指令開始並不「買賬」，林東說：「跟拆遷隊搏命的心都有。」他曾一度跑到管理區想「拍桌子」理論，只是轉悠了半天沒找到新區辦公地在哪裏。他因此還一度被夥伴們取笑為「打槍不知道瞄准星」。

「後來想通了？」我問。

林東說：「想不通又能怎樣？澳門大學中意這塊地，國家又決定了，既然政府把道理講清楚，我們當然要配合了，對吧？」他還兩次反問我。

我問：補了？

他答：補了！

我問：補了多少？

他嘿嘿一笑，不置可否：「我們也是租業主的地，算臨時建築，補得不多，如果是按他們業主的收地賠償，那我就發達咯！」

　　搬離的前夜，林東別有一番滋味在心頭，他一邊默默地流着眼淚，一邊默默地收揀着物品，一邊在心裏默默歎息：舍不得呀！

　　一個星期後的一天，開來幾台挖掘機，長長的擺臂來回晃動幾下，經營 10 年的林記烤蠔店一夜之間轟然倒塌，夷為平地。曾經在這地塊上經營的其他燒烤店，都在滾滾開發潮中稀裏嘩啦「收攤」。

　　談起往事，林東雙眼泛紅。他說，推倒那天，他沒有到現場，是不忍心去看，整天在家食之無味，坐立不安，他知道，苦心經營的林記烤蠔店是回不來了。

　　每隔一段時間，家離澳門大學不遠的林東常來「走走看看」，他說是對自己過去 10 年橫琴生活的追憶與緬懷。這片當年烤蠔的蠻荒之地，正以令人咂舌的速度嬗變，一座宏偉靚麗的現代化建築正在拔地而起……

　　由埋怨到理解，從心理煎熬到釋然開懷，林東「忍痛割愛」的心情成為澳門大學征地群體心路變遷的一個縮影。

　　土地回購回來後，如何交給澳門大學呢？

　　在國內，土地出讓無非有三種方式：一種是出讓，一種是劃撥，一種是租賃。出讓不可能，排除。劃撥，雖然是教育用地，但當時法律上也沒有為港澳劃撥教育用地的先例。向港澳租賃卻有了先例。當時在深圳灣口岸和拱北口岸都有這樣的做法，拱北口岸當時是象徵性地一平方米一元錢。

　　「教育用地租賃不是 50 年嗎？澳門大學怎麼才 40 年？」我問王瑞森。

　　他告訴我，當時澳門已經回歸了 10 年，所以，租賃期就簽了 40 年。

　　那麼，12 億澳門幣的租金怎麼來的？

　　據了解，當時橫琴沒有提出租金多少的問題，但最後澳門特區政府給了這個數。這也體現了澳琴合作。澳門經濟適度多元化發展，澳門大學扮演着非常重要的一個角色。當時澳門產業單一，沒有其他產業人才，培養人才是第一要素。最緊迫最重要的是培養產業人才。澳門大學，就起到了這個作用。

　　澳門大學校長趙偉在談到廣東、珠海和橫琴新區對該項目的支持時感歎道：

　　　　澳門大學建設期間，時任中共中央政治局委員、廣東省委書記汪洋高度

重視，到橫琴來看澳門大學工地不下 10 次。最令人感動的是，回購 1 平方公里土地不容易，那可是數百畝地啊，張家有兩畝，李家有三畝，珠海和橫琴在那麼短時間裏完成土地回收和現場清理，可以想象工作量有多大，珠海和橫琴新區為澳門大學培養人才做出了重大貢獻，我們非常滿意！

澳門大學橫琴新校區佔地 1.0899 平方公里，這項由澳門特區政府耗資百億興建的工程一動工就面對法律、制度、政策的諸多羈絆，在外界的紛紛質疑聲中艱難上路。

剛交付土地時，現場無水、無電、無圍牆，基礎及配套設施也嚴重匱乏。這還不算，由於項目涉及珠澳兩地，更有諸多的跨境事務需要協調：海事、航道、水利、海關、邊防、環保……工程涉及 20 個部門。

兩地建築標準體系和法律體系的差異在澳門大學的建設中展露無遺 ——

比如，建築物資進入工地，涉及跨境問題，澳門與內地的建材標準不同、來源不同，怎樣監管？適用哪邊標準？

比如，項目是在橫琴，建築體則在澳門，是按澳門建築標準還是按內地建築標準？

比如，建設期間適用澳門還是內地法律？

比如，工程建設施工的一般流程、程序參照內地標準還是澳門標準……

橫琴建設局副局長吳普生對項目建設的複雜程度感觸頗深，他曾對採訪的媒體說：「按照澳門的做法，澳門希望在項目建設前對每一個程序的進度、成本等有一個完整的方案，然後要求我們按部就班地照方案去建設。但是，實際上有很多未知的因素無法預料，只有在建設中才會碰到。」

吳普生所說的「無法預料」，其實就是兩地制度的差異。如何解決這些不同的期望引發的問題？橫琴建設局提出了各種設想方案，摸索出了兩地標準「就高不就低」的質量驗收原則，即工程達到澳門工程質量驗收標準的按澳門標準驗收；澳門無相關驗收標準或相關驗收標準低於內地標準的則按照內地標準。

「雙方認知就此達成一致？」我問。

「是的，我們做了大量的解釋溝通工作。在開始建設的一段時間內，我們每周都要開三到六次溝通會，最多的時候一天要開三場，通過這種高頻率的溝通，從而使項目的建設得以順利推進。」

「可以不按流程走嗎？」

「流程走不通，所以這叫差異。」吳普生說，「許多事情都是在特事特辦、打破常規的『綠燈』下才解決的。」

「舉個例子。」我說。

「比如按照內地基本建設報批程序，要完成澳門大學開工前的報建手續，沒有一年半載根本下不來。」

「你們怎麼解決了？」我問。

「在實際操作上我們打破條條框框，甚至是搞了些『超常規』動作。」

「什麼超常規動作？」

「我們與澳門方商定由澳門特區政府報建，因為他們那邊報建很快，我們認可澳門方面的審批，不再進行二次審批。」

「就這樣把問題解決掉了？」

「對！看似簡單的『認可』，其實解決了項目審批的大問題。」吳普生告訴我說，接下來就是施工協調，看似單純的施工，由於項目的特殊性也變得非常複雜。施工中每個細節都需要與澳門方面協商。原來有一條排洪渠把大學項目的地址一分為二，澳門方提出要把排洪渠遷移到邊界上。

2010 年 7 月，雙方簽訂排洪渠遷移協議，協議要求在 2011 年 4 月汛期到來之前建成新排洪渠，工期非常緊張。

按照正規程序，再小的細節都需要協調，一般流程是：建設局到管委會再到珠海市港澳事務辦，最後送達澳門有關方面。澳門有關方面的答複也必須按「原路」返回。

這樣一個來回，通常需要 20 天。在軍隊時就搞水利工程的李文明，轉業後任職橫琴建設局工程師，他的工作就是具體負責與澳門對接。

「我們打破了常規，直接與澳門方面建立了快捷、高效的對接機制。」李文明

告訴我說，在他這個層面，就是與澳門特區運輸工務司的一名張姓高級技術員對接，碰到需要協調的事情我們倆直接商量，然後就直接辦了。

「這在以往不可想象。」

「是的。」

澳門大學工程項目的聯絡溝通機制從一個側面反映出兩地緊密合作的深度和廣度。

承擔澳門大學橫琴新校區建設任務的是廣東南粵集團建設有限公司。總經理張焯引我登上工區辦公樓樓頂，鳥瞰整個工地。那真是一個浩大的場面：塔吊林立，車輛穿行，人影綽綽。靠澳門一側，連接澳門的十字門水道海底專用隧道工地上，最先進的三軸攪拌機等施工機械多達 20 多台，遍布整個工地。兩道高 9.23 米、寬 530 米的擋水圍堰，將隧道施工區和十字門水道之水域分隔開來。

張焯向我介紹說，整個工地最高峰時投入的各類施工機械數百台，施工人員超過 10000 人。

從樓頂下來，我來到耀南建築工程公司工地。項目副經理陳剛強一邊帶我參觀，一邊為我介紹情況，他黝黑的面孔上撐着一頂安全帽，豆大的汗珠子落在潔白的襯衫上，背上濕漉漉一大片。

陳剛強一直從事建築施工，他說公司施工隊 2011 年 6 月進駐澳門大學橫琴項目場地，是主要的施工單位之一。

「和以往的工程比較，這個項目有什麼不一樣？」

「建設標準。」陳剛強不加思索地回答。他告訴我，在他接過的項目中，澳門大學項目是標準最高的。因為施工過程中依照內地法律，建成後是實行澳門法律，所以施工標準參考兩套標準——內地標準和澳門標準。

「哪個高，就按哪個來。」陳剛強笑言。

「跟澳門合作的最大感受是什麼？」

「做事非常嚴謹。」陳剛強感慨，澳門方對圖紙和材料的要求很高，以往一些原習以為常的操作得改變。他舉了個例子，「就拿管樁檢測來說，內地常規做法就

是廠家拿出廠報告，質監站抽芯監測。而澳門方檢測，需要拿一段來打碎，進行完全破碎實驗。」

陳剛強說，從施工工藝來說，我們很多方面的水平和標準都高於對方，施工時就比照我們的要求。隧道工程是「最難啃的一塊硬骨頭」，也是整個校區建設的控制性工程之一。駐足在中交四航局項目部的宣傳牆前，我仔細閱讀欄目裏的項目簡介。

這是國內首次採用一次圍堰明挖方式修建的隧道。西起橫琴島澳門大學校區，東至澳門路氹蓮花海濱大馬路，平面呈「Z」字形。長 1570 米，寬 32.2 米，雙向四車道加人行道。抗震、防洪標準分別為 7 級和百年一遇……

在工程平面圖上，三條粗紅色的豎線將海底隧道劃分為橫琴段、海中段和澳門段三個施工區段。

「怎麼有個海中段？」我有點蒙。

「呵呵。」中交四航局澳門大學海底隧道施工負責人葉雄偉笑了，他說，「這可不是一條普通的海底隧道工程，它跨越『一國兩制』地區，成為施工個例，我們走南闖北幹了無數的水工活，也還是第一次碰到。」

原來，澳門對澳門大學橫琴新校區的管轄權要在學校建成之日起才生效，建校階段工地的管轄權仍歸屬珠海市，法律、法規仍依照內地法系執行。葉雄偉說：「橫琴段與澳門段還好辦，各自按照各自的法律法規管就可以了，但海中段那530 米長的海底隧道工程建設就涉及兩種法律法規的複雜管理。」

「有什麼好的解決措施？」

「我們在海中間建立了邊境隔離區。」

「海中間怎麼隔？」

「建擋水圍堰。」葉雄偉告訴我，他帶着工人在水中建起了兩道擋水圍堰，把水域分隔開來，然後將這兩道圍堰之間的海水抽幹。之後，在海中 40 米深的淤泥質土層中挖出 25 米的超深基坑，並用 316 根、每根 40 米以上的長鋼棧橋超長鋼管樁，撐起了這條隧道的骨架。然後將海中段從中間向兩端開挖，每一段從上到下分層，逐層架設支撐體系，利用長臂挖掘機和普通挖掘機相配合，共分六層進

行開挖。「每天開挖的土方量達 3000 餘立方米。」葉雄偉說。

我不禁感歎，「一國兩制」在一條隧道的具體施工中竟如此完美地體現出來。作為具體施工者，他們非常明白這項工程的政治意義何在。「隧道工程推進的每一階段，都必須符合『一國兩制』大原則。」葉雄偉說。

烈日下，湛江人林沛生身上汗如雨注，從裏到外，兩層衣褲濕漉漉，像從水裏撈出來一般。

算起來，林沛生在澳大新校區工地幹了一年多了。他一邊吃着從澳門氹仔島運來的 30 塊一份的盒飯，一邊回憶着自己的工地光景。林沛生清楚地記得，剛到橫琴校區時一切和內地的工地並無兩樣，工人們可以隨意自由穿越現在的校牆去吃每餐 10 元錢的盒飯。

變化發生在 2013 年 7 月 20 日。這天零時，五星紅旗和澳門區旗同時在橫琴島上升起，廣東省公安邊防總隊第五支隊三大隊八中隊的官兵們從澳大新校區撤出，邊防線整體後移至澳門大學校區由綠樹和白牆、鐵絲網、人工河築成的界線之外。原本屬於珠海橫琴的這片土地，此刻起正式由澳門特別行政區保安部隊接管並受澳門法律管轄。

腳下的工地一夜間成了澳門特區。林沛生和工友一覺醒來，包工頭便跑來再三叮囑道：「從現在起，你們要注意影響和自己的形象了。」

由於校區很多後續工作還沒做完，林沛生和工友們被帶回珠海統一辦了勞工證，進入工地時的防護措施也隨之加強，樓體建築工作必須佩戴安全帽。「安全標準比之前高多了」。

讓林沛生開心的是，工資水平也一夜之間比照澳門標準發放了。每天 180 元的工資漲到了 280 元。休息的時候林沛生會通過海底隧道步行到對面的氹仔島上拍照發微信朋友圈，還給家人打電話——「我在澳門打工。」

「可惜是再也吃不到 10 元的盒飯了，每餐至少要 30 塊。」再就是擔心抽煙會被抓，好幾次煙癮來了林沛生就嘴靠着鐵絲網往外抽。

橫琴島小賣店的陳老闆也像往常一樣帶着煙酒副食大搖大擺地前往工地，卻

被邊防告知要有通行證才能進入。

「我隔着鐵絲網把東西遞進去可以不？」陳老闆問。

「不可以！」執勤士兵肯定地回答。

據說有幾個喝了酒翻牆的人被邊防部隊捉了個正着。之後，澳門大學圍牆外便掛上了「翻越澳門大學圍牆屬偷渡行為」的條幅，這被網民拍照上網並評論為「全球最難翻的校牆」。

兩個月後，澳門大學橫琴新校區迎來了首批學生。他們離開氹仔島逼仄的老澳大校園，乘坐公交車駛過賭場林立的公路，穿越約 500 米長的海底隧道，約 2 分鐘後，就進入了新校區 —— 這裏比老校區大 20 倍。

一所大學，兩地生活。

在澳門大學東亞書院，我採訪到澳門大學工商管理專業的大二學生 Amy，我問她：「和之前相比，現在的新澳大有什麼不一樣？」

「沒有什麼不同。」她表示，自己並無感覺是身處在橫琴土地上，這裏的道路是按澳門靠左行駛的規則修建的。也用繁體字，用澳門幣，出入都是掛澳門牌的車輛。

來自廣州的邱健鋒是中華醫藥研究院碩士三年級學生，在澳門舊校區度過了兩年學習生活，對新校區，他笑盈盈地贊不絕口：「太牛了，實驗室的面積比舊校區不知大了多少倍，圖書館更不用說，新校區環境很好，綠化也好。」

「自拍，擺 Pose，發朋友圈。」和邱健鋒一樣，初來乍到的同學們歡欣鼓舞地度過了新學期的第一天。

「春日遲遲，卉木萋萋。倉庚喈喈，采蘩祁祁。」徜徉在澳門大學新校區的中央湖畔，我想起了《詩經·小雅》中的詩。

如果說橫琴是「特區中的特區」，那麼，澳門大學橫琴新校區便是鑲在這塊特區塔尖上最耀眼的一顆「寶石」。

這是一座國際化、現代化、智能化的綠色校園，佔地近 100 萬平方米，素樸淡雅的嶺南風格與洋溢着南歐風格的 15 個組團、62 棟單體建築主體映入眼簾。縱

貫南北的校園大道，兩側的學院建築，米黃外牆配斜坡屋頂、塔樓式的瞭望台，藍頂白牆的中央圖書館；坐落於校園西側的住宿式書院群色彩斑斕……

澳大新校區設工商管理、教育、法學、科技、社會科學、人文、健康科學、設計8所學院，有兩個國家重點實驗室、一個科研基地及280多間實驗室；新校區創立一種住宿式書院的模式，二、三、四年級的本科生，打破專業及年級分散到10個住宿式書院內生活。每個書院約有500多名學生，書院的院長、輔導員及部分老師會與學生一起住在書院內。書院內設有食堂、活動及體育設施、閱覽室、交誼室、辦公室和宿舍等。

校方在全球招聘高素質教員，其中講座教授皆屬國際傑出學者和學術科研的領軍人物。連續多年湯森路透集團公佈期刊論文被引用次數最高的科研人員初選名單中，澳門大學都有教授上榜……

有了新校園，澳大奮起直追。

他們打破傳統，將過去「束之高閣」的專利「回報」橫琴，在橫琴澳門青年創業谷設立了珠海澳大科技研究院，依託澳門大學兩個國家重點實驗室，將澳大的科技成果轉化。

據2015年《泰晤士高等教育》公佈的全球創校50年內100所最佳大學排行榜，澳門大學橫琴校區位於世界第39位，亞洲第一位，澳門大學的芯片設計已躋身全球先進行列。

向一流的大學邁進，為澳門培養人才，培養精英，這是澳門人的夢，也是澳大的中國夢。

今天，這個夢想終於有了一個起飛的地方。

舍　得

舍得，是一種智慧。

橫琴與澳門守望相助、優勢互補、攜手共進⋯⋯橫琴在「舍」與「得」的禪意間保持大徹大悟，那就是：配合澳門、服務澳門、擴展澳門、提升澳門。

香港開埠之前，澳門曾經是東方最大的貿易轉運地之一，也是歐洲人前往中國及日本經商的必經之地。香港開埠之後，澳門貿易轉運地位逐漸下降。澳門地域狹小，地域面積僅為橫琴的三分之一，稀缺的土地空間讓市民承擔高額的成本，產業多元化發展在澳門舉步維艱。

澳門回歸以來，澳門市民儘管被特區政府照顧得很好，但澳門企業對產業多元化的渴望強烈，澳門市民創業、創新的意願也十分強烈。

澳門人知道，橫琴的開發，最終還是要以產業作為支撐。

《橫琴總體發展規劃》一經公佈，澳門企業看到了橫琴的發展前景，紛紛捷足先登，前來一探究竟。

然而現實情況讓他們心有千千結。

土地出讓、產業建設、資本參與、城市基礎設施、資源性開發等一系列敏感問題成為澳門最關心的要素。

橫琴心領神會，鄭重表示：澳門優先！

根據之前簽署的《粵澳合作框架協議》，橫琴實打實拿出 5 平方公里的土地，在「互利互惠、合作共贏」的基礎上，採用「共同規劃、共同投資、共同經營、共享收益」的聯合開發模式，由澳門特區政府統籌澳門工商界參與建設，推動澳門居民到園區就業。

海島寸土寸金，橫琴堅持向澳門傾斜，在土地掛牌出讓對象條件中明確提出，「凡符合《粵澳合作框架協議》，需進入橫琴粵澳合作產業園的澳門企業，均可參加競買⋯⋯」

一份官方的內部資料披露，在可出讓產業用地只有 17.6 平方公里的情況下，橫琴為澳門留足土地空間，粵澳合作產業園、澳門新街坊，勵駿龐都廣場……加上澳門大學新校區用地，澳門在橫琴項目用地達 6.27 平方公里，超過了三分之一，粵澳合作產業園提供給澳門投資者的用地更超過了五成。

立足澳門強基礎，拓展澳企大空間。

《詩經·大雅》裏有「鳳凰鳴矣，於彼高岡；梧桐生矣，於彼朝陽」的詩句，橫琴栽得梧桐樹，能引來澳門的金鳳凰嗎？

在橫琴，有一家澳門的「國有企業」。我的好奇心油然而生，便徑直而去。

從珠海市區前往橫琴，途經橫琴大橋，一座藍色的形象拱門巍然聳立，「中國（廣東）自由貿易試驗區珠海橫琴新區片區」十幾個大字鄭重提醒我：我是第 18 次到橫琴了。

一路上有風，天空還飄着蒙蒙細雨。大橋橫跨在十字門之上，似琴弦的根根拉線彈奏着一曲《雨中即景》。

沿着橫琴新區環島北路一路往西，在大道的盡頭處，三棟安裝着深藍色玻璃的大樓映入我的眼簾，這是粵澳合作中醫藥科技產業園的總部科研辦公大樓、GMP 中試大樓和檢測大樓。

一座白綠相間的獨特建築尤為顯眼。走進其中，可以通過聲、光、電等多種形式，了解到中醫藥文化的博大精深。在產業園，中醫藥轉化醫學中心、院士（國醫大師）工作站、道地藥材認證、交易平台一一從我的視線中掠過。

粵澳合作中醫藥科技產業園是一隻從澳門飛過來的「金鳳凰」，也是《粵澳合作框架協議》下首個落地項目。

我不禁納悶，兩地怎麼會選擇一個中醫藥項目呢？

其實，澳門在中醫藥科研領域並非「白丁」，澳門的中醫藥產業在國際上頗具影響，世界衛生組織與澳門政府簽署了傳統醫藥合作計劃。2010 年 12 月，澳門大學和澳門科技大學獲得國家科技部批准，建立了「中藥質量研究」國家重點實驗室，澳門政府冀在將歷史悠久的澳門中醫藥產業鏈延伸至橫琴。

從橫琴看，珠海本身擁有百餘家制藥企業，麗珠、濟生、億邦、華旭等醫藥企業在業內早已聞名遐邇，橫琴也看到了自身的優勢，致力通過產業園建設一個集中醫藥研發、生產、檢測、檢驗等為一體的中醫保健產業聚集區。

一談，雙方志同道合：橫琴出地入股，澳門出資建設。資本主義制度與社會主義制度，橫琴「一島兩制」相得益彰，相互促進。於是，澳門借鑒內地的國企運作模式成立了澳門首家公營公司 ── 澳門投資發展有限公司，負責粵澳中醫藥科技產業園的招商建設和運營工作模式。這是澳門的第一家「國企」。粵澳合作中醫藥科技產業是在 2011 年 4 月 19 日正式啟動的，這也是粵澳合作產業園的首個落地項目。劉已東是 9 月份來到橫琴產業發展局的，他參與了年底合作公司成立的最後幾個重要環節。

10 月中旬，管委會主任牛敬率一眾相關人員赴澳門，與澳門方面就注冊產業園合作公司、產業園合作模式等操作層面的關鍵問題達成共識；幾天後，雙方就合作公司籌建開展緊張的磋商、談判，並修改合作協議和準備好注冊公司的有關資料。

11 月底，產業園合作公司 ── 粵澳合作中醫藥科技產業園開發有限公司注冊成立，澳門首期注冊資金 6 億元人民幣全部到位。澳門佔股 51%，處於控股地位；橫琴佔股 49%。

「結果是兩全其美，合作順利。」劉已東表示。僅僅一個月後，編號為「珠橫國土儲［2011］08 號」的 50 萬平方米地塊掛牌出讓，功能為高新技術產業用地，起始價為地面地價人民幣 1200 元人民幣／平方米。

出讓條件十分「苛刻」：注冊資本不少於人民幣 6 億元；競買人的經營主業應為中醫藥產業的研發、測試；競得該土地後 180 天內，完成園區建設總體規劃，一年內開工建設；8 年內項目建設必須全部完成……

不出所料，這塊地被粵澳中醫藥科技產業園開發有限公司拍得，目標是建立「國際級中醫藥質量控制基地」和「國際健康產業交流平台」，並將其打造成「中醫藥產業與文化『一帶一路』的國際窗口」。開始這個項目最初並不怎麼吸引眼球，然而幾年間，這株「雜交」的山谷幽蘭卻在橫琴茁壯成長。中醫藥產業是推

動澳門多元經濟發展的新興產業之一。澳門對這個園區鍾愛有加，增資額逐步提高到 100 億，股權也增加到了 70%。

由澳門控股主導運營，一時間在兩地乃至國內各地引起轟動，有人感到不可思議。「這不是被資本主義佔領了主陣地了？」

橫琴則不以為然，認為這是充分貫徹落實《橫琴總體發展規劃》的一項具有開創性的實踐工作，遵循的是橫琴開發「港澳優先」原則。澳門主導中醫藥科技產業園後，「生意」做得風生水起。

呂紅是澳門人，現任粵澳中醫藥科技產業園開發有限公司董事長，她告訴我，產業園近兩年把中醫藥的技術和產品帶到了以葡語為第一語言的國家莫桑比克，在當地的公立醫院，產業園把中醫的特色療法普及給莫桑比克的老百姓。葡萄牙、安哥拉、佛得角、幾內亞比紹……產業園以醫帶藥，將中醫藥文化、技術和產品引入葡語系國家，同時幫助企業拓展海外資源和市場。

澳門澳邦藥廠正是這個時期進入產業園的。「呵呵！橫琴俾（給）食還俾（給）打包。」蔡健華是澳邦藥廠有限公司行政總監，幾乎每個星期，他都會從澳門來到中醫藥科技產業園。僅一年，蔡健華就嘗到了甜頭：公司旗下的兩款「馬交牌」中藥產品遠銷非洲莫桑比克，公司還獲得內地知名藥企產品的澳門代理權。

「中醫藥科技產業園真是個好平台。」蔡健華逢人就誇。

與此同時，澳門張權破痛油藥廠的「張權破痛油」、石家莊以嶺藥業的「連花清瘟膠囊」都在莫桑比克完成了產品注冊。其他 7 款產品也已陸續啟動在莫桑比克的注冊申請。

捷報頻傳，琴澳合作態度更加積極，理念更加開放。2017 年 12 月，橫琴出台《橫琴新區支持粵澳合作中醫藥科技產業園發展的若干措施》共 14 項。好雨知時節，當春乃發生。次年 2 月 4 日立春，澳門氣溫回暖，橫琴政策宣講團一行冒着蒙蒙細雨又來到澳門。

在澳門貿促局的多功能廳裏，會場氣氛十分熱烈。宣講會吸引了來自 100 多家澳門特區政府相關部門、中醫藥企業、行業協會、科研機構的代表。

宣講會上，相關人員詳細解讀《橫琴新區支持粵澳合作中醫藥科技產業園發

展的若干措施》及橫琴新區在公共平台、科技計劃項目配套、企業研發、人才補助等多方面的扶持政策。

澳門企業做事一貫嚴謹，了解得十分詳細。

橫琴為澳門重大項目引進發展資金、場地租金補貼、經濟貢獻補貼、新藥研製補貼、國際認證補貼「五大套餐」——引進研發、檢測、認證機構，經核實符合條件的，最高可獲得 1000 萬元的設備購置補貼。

澳門企業從進駐之日起，即可獲得 50 元 / 平方米 / 月，最高可累計 36 個月的場地租金補貼，對符合條件的港澳企業及研發機構，補貼標準可提高至 100 元 / 平方米 / 月。

首次獲得國家一類新藥證書的企業及研發機構可獲得一次性獎勵 1000 萬元。

入園企業產品獲得美國及歐盟注冊認證，單個企業最高可獲 600 萬元補助……「哇！有着數（好處）。」澳門投資者紛紛抱有期待。

至 2018 年底，中醫藥產業園有 50 家企業進駐商業孵化中心。呂紅說：「下一步要進一步完善粵澳中醫藥產業合作機制，研究支持中醫藥產業發展的政策措施，發展涵蓋中醫藥工業、商業、會展等方面的中醫藥產業合作體系。幫助澳門企業提高標準、工藝和質量等，達到國際標準並在澳門上市。」

粵澳合作中醫藥產業園有兩大核心目標，一個是建立國際級的質量控制基地，另外一個是大健康產業的國際交流平台。如今，園區累計注冊企業 117 家，其中澳門企業 29 家，佔比為 24.32%，成為澳門中醫藥產業發展的最佳平台。

時任橫琴產業發展局局長唐順鐵說：「兩地政府當『老闆』合作建設中醫藥產業園是一種新的嘗試，現在看來效果很好。」

2013 年 5 月 16 日。星期四。

一大早，澳門商人黃偉強就被手機的振鈴聲吵醒。

「哪位？」睡眼惺忪的他拿起電話。

電話是在橫琴管委會工作的一位朋友打過來的。電話那頭告訴他，粵澳合作產業園正在澳門招商宣講，項目遴選很快就要開展，讓他趕快去參會。

「在什麼地方？」

「世界貿易中心 5 樓蓮花廳，趕快去聽聽吧！」朋友語速很快，「可遇不可求，記得明天下午啊！」朋友強調一番，匆忙中掛斷了電話。

黃偉強是澳門麗強有限公司的董事長，他一直在跟蹤橫琴粵澳合作產業園對澳門招商情況，他自己手頭上有一個「麗強酒店」項目要做，只是澳門有限的土地空間以及過高的租金成本使他的願望遲遲沒有實現，一拖經年了。

一年前，橫琴在澳門貿易投資促進局內設立諮詢聯絡點，這位朋友在接待投資者查詢、收集投資意向時認識了黃偉強。

「時機到了。」黃偉強自言自語着放下電話。黃偉強雷厲風行，風風火火，前一天還在杭州出差，凌晨兩點才回到澳門。

翌日下午，黃偉強提前半小時來到招商宣講會現場。會議廳裏人頭攢動，來了數百位澳門各界人士，男的西裝革履，女的風姿綽約，大都對這次招商抱有極大興趣。流程跟內地來的招商團隊大體相似：基本情況、准入條件、項目申請流程云云。在現場還答疑解惑，與會者大多關注產業、稅收、通關、金融、服務貿易政策、營商環境等等問題。招商提交申請的時間是 8 月 1 日至 10 月 31 日。

同樣盯上橫琴多時的還有陳志強。陳志強是一名出生在柬埔寨的華僑。1972 年 9 月，因為柬埔寨戰亂，年僅 12 歲的陳志強隨父母從柬埔寨逃難到香港。1981 年，21 歲的陳志強前往法國，在里昂學習紡織技術。1987 年再度回到香港，在香港重慶大廈租了個門面，與租住在這裏的非洲商販做生意，從事服裝、日用品等產品的批發、外貿出口。2004 年，他來到澳門開公司，當時澳門房價尚在低谷中，他一口氣買了十幾套住房。

從事進出口貿易 30 餘年，陳志強的生意越做越大，當一切都做得風生水起之時，陳志強的事業卻遭遇瓶頸。澳門「太細」，租金昂貴，經濟規模不大，想辦個大型的商品展示中心都有不少困難。陳志強的生意迫切需要更大的發展空間。機會不期而遇。

那是 2013 年 9 月的一天。他一如往常泊好車後大步流星走入電梯，電梯牆上的廣告板上，一則由澳門投資促進局黏貼的公告吸引了他的視線：正在推動澳門

企業到橫琴投資。陳志強的公司就在澳門投資促進局的樓上，公司在 8 樓，促進局在 4 樓，每天上上下下早已混得臉熟。他沒有進入辦公室，而是徑直到 4 樓。

「真嘅（的）。」促進局的朋友告訴他，橫琴與特區政府在澳門協同招商，項目正在接受申請！從澳門投資促進局出來，陳志強一臉笑容。他立即按照項目申請指引準備資料，他期望在橫琴謀求到事業的「第二春」。

2013 年底，橫琴首次招商共收到 89 個投資項目申請，涉及旅遊休閒、物流商貿、科教研發、文化創意、高新技術、醫藥衞生及綜合等行業。

徐明華申報「未來夢幻世界」項目。

陳源光申報「雲生態‧商貿圈」項目。

羅掌權申報「澳門拱廊廣場」項目。

吳國壽申報「鉅星匯商業廣場」項目。

此外，還有佳景美食廣場、橫琴國際生科城、橫琴天匯星影視綜合城等極具競爭力的項目⋯⋯

經由特區政府成立的評估小組評估，共甄選出 53 份申請，所提出的發展用地達到 5.3 平方公里。陳志強的項目入圍了，而黃偉強的項目卻遺憾出局。澳門特區政府專門成立了「橫琴發展澳門項目評審委員會」，成員由來自澳門中華總商會、澳門廠商聯合會、澳門銀行公會的業界人士，以及來自特區經濟財政司、社會文化司、運輸工務司、經濟局及澳門大學的代表組成。

2014 年 1 月 6 日，澳門「開選」進駐橫琴項目，會議持續 3 天。評審的三大要素包括：整體團隊實力、資金實力、項目可行性分析。當然，有利於加強澳門產業適度多元發展，推動橫琴與澳門共同發展，為區域旅遊休閒發展提供空間的優先考慮，特別是能帶動澳門中小企業入圍共同參與大型項目的優先錄取。

2014 年 4 月 14 日，澳門貿易投資促進局正式公佈粵澳合作橫琴發展澳方項目 33 個。2019 年初，我幾經周折總算約到了陳志強。

「之前去過橫琴嗎？」我問他。

「沒有，對橫琴的認識十分模糊和膚淺，只知道離澳門很近，觸手可及。」

「當時你申請了多少面積？」

「七萬平方米。」

「批了多少？」我追問道。

「七千平方米左右。」

「呵呵，十分之一。」

「以前也沒搞過建築，把佔地面積和建築面積混了。」他略感尷尬地表示，能得到粵澳合作產業園的首批入駐項目真的很高興。

「分數排名怎樣？」

「還不錯吧！」陳志強說，初審終評基本沒什麼問題。

陳志強是一個很勤懇的人，凡事喜歡親力親為，橫琴新區澳門事務局產業科科長楊愷明開玩笑說：「我們都稱他為『勞動模範』。」陳志強顯然不太明白「勞動模範」的含義，見大家付之一笑，他自己也樂呵呵地跟着笑了。

「多謝橫琴！」陳志強感激地說，「來橫琴之前還有些忐忑，因為聽說在大陸投資手續非常麻煩，需要一年半載才能辦完公司註冊流程，沒想到，在橫琴從準備投資到辦完所有手續只花了 3 個月。」

「目前項目進展如何？」

「年內篤定要開業。」陳志強坦言不會丟掉自己的「老本行」，他正在籌謀運用廣交會的平台，引進並銷售包括葡語國家、法語國家在內的商品。因為有很多國外客戶都會參加廣交會，他準備建一個大型的商品展示中心，屆時，可以派車直接把客戶接到橫琴來參觀洽談。

7 月 17 日，又有 7 個粵澳合作產業園項目簽約，項目佔地逾 29.33 萬平方米，總投資 71.9 億元人民幣。這次簽約儀式上，粵澳兩地政府的領導都參加了。據橫琴新區官方微博當天的報道，廣東方來了省長朱小丹、副省長招玉芳，珠海市市長何寧卡，市委常委、橫琴新區黨委書記劉佳等；澳門方來了經濟財政司司長譚伯源、行政長官辦公室主任譚俊榮等一眾。

時任珠海市市長何寧卡在會上宣稱：橫琴與澳門開始了「相得益彰、相互促進」的全面融合時代……

「好激動。」

　　參加當天簽約的鉅星匯商業廣場項目代表吳國壽對自己的「鉅星匯商業廣場」能在橫琴粵澳合作產業園獲得首批項目用地直呼驚喜。

　　做生意多年，機會也很多，最終選擇了橫琴，吳國壽坦承是因為看好這裏的發展前景，橫琴是塊風水寶地，這裏是一個大平台，離澳門很近。吳國壽說：「接下來準備項目進駐的相關工作，期待着橫琴與澳門同城化發展。」

　　和陳志強、吳國壽一樣，越來越多的澳門企業家在粵澳產業園投資，追逐一個共榮的橫琴夢想。2016 年 11 月，第二批 50 個項目入駐橫琴，涵蓋旅遊休閒、物流商貿、科教研發、文化創意、衛生醫藥以及高新技術等行業的多個領域。粵澳合作產業園建設步入 4.0 時代。

　　「這些項目都是為澳門經濟適度多元化發展而設計的。」澳門貿易投資促進局負責人告訴我，「從園區積極推進的招商引資情況來看，粵澳合作產業園引起澳門投資者的廣泛關注，澳門企業進駐橫琴的積極性很高。」

　　項目供地又是一個怎樣的情況呢？在橫琴規劃國土局，我得到這樣一組數據：面向澳門項目所出售的土地均價為 3000 多元 / 平方米，而橫琴所支付的回收價和配套成本都在 5600 元 / 平方米，差價達 2000 多元 / 平方米。澳門企業入園，橫琴歡迎您！理順項目涉及的跨境人民幣貸款。協助推進項目建設進度。簡化履約保證金和行政程序……

　　一系列技術性問題迎刃而解。截至 2018 年底，粵澳合作產業園已有 27 個項目簽署合作協議，24 個項目已取得項目用地，21 個項目已開工建設，已供地項目投資總額達 753.3 億元。其中，2018 年，新簽約項目 3 個，新供地項目 3 個，新開工項目 4 個，封頂項目 4 個。

　　「項目延伸了澳門產業鏈，增強澳門的競爭力和輻射力。」澳門經濟局局長蘇添平在接受電話採訪時高興地說，將有更多的澳門企業進入橫琴，橫琴粵澳合作產業園對促進澳門經濟適度多元化發揮了非常重要的平台作用，澳門十分感謝。

　　「澳門」，橫琴發展中的常用詞。

　　在橫琴採訪，談及發展與合作時，沒有誰的嘴裏離開過「澳門」二字。在與

澳門的融合發展中，橫琴人對「澳門」二字一直念茲在茲。「合作是金！」橫琴人對澳門溫情「喊話」。

　　一邊是橫琴開發的高起點規劃、高標準建設和對項目的嚴格篩選，一邊是澳門中小企業較多、實力較弱的經濟發展實情，如何才能讓澳門實業界都能參與橫琴的開發建設，拓寬澳門經濟的產業發展空間？滴水映日，片葉知秋。橫琴為澳門中小企業進駐提供了「五大載體」：除了前面提到的粵澳合作產業園、中醫藥科技產業園外，還有勵駿龐都廣場、長隆商業街、新家園商業街。

　　這五大載體被橫琴人概括為助力澳門企業的「五大模式」——

　　一、澳門特區政府推薦，橫琴定向供地給澳門企業的粵澳合作產業園模式。

　　二、雙方政府主導、共建合營公司的粵澳合作的中醫藥科技產業園模式。

　　三、政府引導，澳門中小企業聯合投資的勵駿龐都廣場模式。

　　四、橫琴企業建設，委託澳門企業招商運營的新家園商業步行街。

　　五、橫琴企業自主建設、自主運營，面向澳門招商的長隆商業街……

　　龍頭企業「建園區」。中小企業「購物業」。微小企業「租商鋪」。正如《漢書·東方朔傳》曰：「元元之民，各得其所。」三種渠道，為澳門企業進入橫琴拓寬發展的舞台。

　　2012 年 12 月 20 日，這一天，在珠澳的各家新聞媒體不約而同地播發了一條看似與澳門回歸日關聯不大的消息。澳門《澳亞衞視》有這樣一則報道——

　　　　主播：本台消息，在澳門回歸 13 周年之際，橫琴新區首塊土地出讓成交，這是橫琴政府對澳門企業定向出讓的第一個地塊。

　　　　旁白：該地塊面積 3 萬平方米，位於蓮花大橋、橫琴口岸和綜合服務區的中軸線上，毗鄰交通樞紐，與廣珠城軌延長線橫琴站、澳門輕軌橫琴站無縫連接，可 24 小時通關澳門，是寸土寸金的「黃金寶地」。

　　　　字幕：橫琴新區管委會主任牛敬。

　　　　牛敬：此宗地塊專向澳門企業掛牌出讓，是進一步落實《粵澳合作框架協議》要求，推動澳門商界，特別是中小企業全面參與橫琴開發的集中體現。

　　這塊地之所以引人注目，不僅因為它地理位置相當優越，還在於它是定向出讓，明確要求競買人為澳門企業或澳門人在國內注冊的全資子公司。為什麼是定向出讓？原來，澳門中小企業較多，為了讓他們更好地參與橫琴開發，橫琴探索了兩地政府共建、中小企業聯合投資、以大帶小、以一帶多等多元化的企業進駐模式，讓澳門中小企業分享橫琴發展的紅利。

　　澳門勵盈投資有限公司成功以低價競得。公司行政總裁、澳門中小型企業聯合總商會會長周錦輝此時才講出不為人知的背後故事：勵盈投資有限公司是由 42 個澳門商會共同組建而成。

　　「42 個股東？」我驚訝地問。

　　「橫琴開發起點高，門檻高，澳門的中小企業如果不聯合起來，就很難達到進入橫琴的要求。」周錦輝說。

　　在競標前兩個月，周錦輝聯合 42 個澳門商會創立了「澳門中小型企業聯合總商會」並擔任會長，通過澳門中小企業會員廣泛參股的方式，抱團組建了勵盈投資有限公司。

　　「這種方式成功破解了單一澳門中小企力量薄弱的問題？」

　　「對，澳門企業實力普遍偏小，這種聚沙成塔、抱團取暖的運作方式，解決了中小企業進駐橫琴的瓶頸問題。」他非常有把握地對我說。助力澳門，橫琴誠意十足。對中標這塊「黃金寶地」，周錦輝非常欣喜，他高興地表示，這塊土地的開發由聯合總商會的成員們共同集資，共同參與。

　　在周錦輝的計劃裏，這裏將打造成澳門中小企登陸橫琴的重要站點——體量達 14.2 萬平方米的純商業項目勵駿龐都廣場，總投資達 16 億元人民幣，涵蓋大型商場、零售、餐飲、戲院等眾多業態，為澳門中小企業租物業、購物業、開商鋪、創業發展提供了一個實實在在的創業興業平台。

　　2014 年的早春三月，橫琴島上生機盎然，南海之濱氣象一新。這是個播種希望的時節。3 月 28 日，龐都廣場動工了。那天，時任澳門特別行政區行政長官崔世安特地趕到橫琴，專程為類似這種「母雞帶小雞」推動澳門中小企業參與橫琴開發的方式點贊。

龐都廣場坐落在橫琴順景路和環島東路交界區域，宮廷式的雕飾，歐式的古典騎樓，勵駿龐都廣場的兩棟亮白色建築讓每個來訪的客人眼前一亮。這是橫琴罕見的異域風情建築，葡萄牙曼努埃爾式的風格外形為橫琴島平添了幾分葡國風情，與對面的澳門形成一種典雅的對稱。

PONTO（龐都），一個葡文詞彙，翻譯成中文是「點」的意思。「為什麼要取名叫『PONTO』？」帶着這個疑惑我問周錦輝。他說，你還是找我的太太陳美儀吧！這是她的創意。

見到陳太，我把同樣的問題拋給了她。陳美儀告訴我，「這裏是澳門與橫琴的口岸交匯點，項目本身很有葡國特色，因此選擇葡文的『PONTO』命名。」陳美儀毫不隱諱地說出自己的想法。

這種創意，我想與陳美儀的成長環境有關吧！她生長於澳門，一個中葡文化交融的地方，在她看來，建築本身就應當是文化的載體。

「現在流行網購，這樣龐大的實體店會不會遇到一些壓力？」我問她。

「我始終認為，只要商場做得有特色，消費者自然願意過來感受這裏的氛圍。」在陳美儀眼中完全看不到這種擔憂。

陳美儀的信心，一方面是看好橫琴特殊身份下的政策優待，另一方面，則來源於對自家項目的商業形態和地段的篤定。

當然，選擇團隊時，陳美儀並非隨機組合。「與我們一起投資的 40 多家企業，他們中有的做零售，有的做餐飲，而我們勵盈本身就有多年商業運營經驗，在澳門擁有多個娛樂場物業，比如澳門置地廣場、澳門漁人碼頭等，這些項目同樣有餐飲、零售、服飾。」

「我們的初衷是將龐都廣場打造成中國與歐式文化的交匯點，營造一個融合歐式文化與生活方式的購物環境。」

她還為我描畫了她心目中的 PONTO ——

有潮流集市，有畫廊展覽，還有許多港澳及內地同胞喜愛的品牌；顯眼處會是一間類似「閒魚」的線下二手閒置平台，櫥窗裏擺滿「驢友」從全國各地淘回來的紀念品，或者是澳門當地人的「二手寶貝」；當然也少不了電影院，除了常見

的放映廳外，還將專設「全天候通票」放映廳；美食也是勵駿龐都廣場的一大特色。來自世界各地的美食，從「一帶一路」沿線，甚至到南半球的拉美等國家美食，分佈在商場室內及戶外……

這些都是陳美儀的「葡式」思維。

採訪結束時，她期望勵駿龐都廣場呈現的是一個融合歐式文化及生活方式的地方，讓澳門、橫琴兩地的消費者不單純只為購物而來，更多是體驗本該享受到的美好生活。

「40 多個股東的共同的夢。」

「是的。」陳美儀笑了，「我們乘着夢想一起飛。」

橫琴「硅谷」

在澳門，我隨手翻開當地一份報刊，一則「機會留給有準備的人」的公益廣告赫然在目。廣告語的上方，是兩個放眼全球的青年，一道殷紅的科技創意箭頭正從他們的腦子裏噴薄而出……

澳門青年代表未來，那是澳門的希望。

也是在這份報紙的頭版上，澳門經濟特區經濟財政司司長梁維特有一個記者訪談，他說：「中央政府和澳門特區政府非常重視青年人創業發展，也一直在出台各種政策，鼓勵年輕人嘗試各種可能，在為青年創業者提供資金支持以外，最大的桎梏是澳門青年受創業空間所限。」

古有李白懷才不遇，今有澳門青年懷「創」不遇。

早在 2013 年 8 月，澳門特區政府就推出了「青年創業援助計劃」，並一直在為澳門青年拓展創業的空間和平台。

橫琴，無疑是那「桃花盛開的地方」。

一直以來，在橫琴圈一塊地，讓澳門青年在這裏「逐夢飛揚」，這不僅是澳門特區政府的需要，也是澳門年輕一代的夢想。

這個夢想就是一個念頭，一個希望。

2014 年 12 月 20 日。澳門。

這天，時任珠海市委常委、橫琴新區管委會書記劉佳應邀參加了澳門回歸 15 周年紀念大會，她親耳聆聽了習近平的重要講話。習近平說：「澳門青少年是澳門的希望，也是國家的希望，關係到澳門和祖國的未來。要實現愛國愛澳光榮傳統代代相傳，保證『一國兩制』事業後繼有人，就要加強對青少年的教育培養。要

高度重視和關心愛護青年一代，為他們成長、成才、成功創造良好條件。」[1]

劉佳當時就想，橫琴有責任落實習近平的講話精神，而且要儘快做這件事情。

翌日晚上 7 點，夜幕悄然降臨，橫琴大街小巷華燈初上。居於橫琴島上一隅的新區管委會大樓內依然燈火通明，在三樓的一間辦公室裏，橫琴新區管委會澳門事務局局長鄒樺正在忙碌着加班加點。

「丁零零、丁零零……」鄒樺拿起電話。電話是劉佳打來的。她告訴鄒樺：「橫琴要打造一個港澳和內地青年交流合作、幹事創業、實現夢想的平台，在下一次項目啟動儀式上要增加一個青年創業項目，你馬上做一個方案，跟澳門方對接一下，儘快送給我。」

「這……」鄒樺乍一聽愣了一下，她知道，之前從來沒有談及這個項目，很顯然是臨時決定的。

「鄒樺，這個任務就交給你啦！」不用解釋，劉佳對下屬從來就很有信心。

「青年創業項目？」鄒樺扳起手指，時間這麼緊，這項目去哪裏找？她把局裏負責材料的同事叫到辦公室，對他說：「你在網上搜一搜，把一些青年創意創業的資料整理給我。」看完資料後，慢慢地，鄒樺心裏開始有點底了。

「方案怎麼弄好？」她連忙找到統籌委副主任閆衞民，商討對策，連夜趕制方案。到凌晨兩點，方案總算成型了。

第二天清晨一大早，鄒樺將打印的 10 份方案揣進包裏，帶着邵文勇直奔澳門，一邊過關一邊給對方打電話說有「急事」。

上午，她們先後拜訪了澳門大學創業創新中心和澳門「中聯辦」。下午，經「中聯辦」凌莉處長牽線搭橋，她們又拜訪了澳門中華新青年協會、澳門中華總商會青年委員會、澳門青年企業家協會、澳門青年聯合會等 4 家澳門青年組織。

「青年創意？」一開始，對方是滿臉懵懂，即便是在澳門大學創新中心，無非也是些小餐館、咖啡廳、禮品店，不知橫琴要的創意是啥東西。

1　《習近平在慶祝澳門回歸祖國 15 周年大會暨澳門特別行政區第四屆政府就職典禮上的講話》，新華社 2014 年 12 月 20 日報道。

　　鄒樺拿着方案，一番講解後，末了，鄒樺說：「我們想邀請你們做發起單位。」
「沒問題。」澳門方非常爽快。

　　與此同時，劉佳則把橫琴新區國土規劃局局長王瑞森、華發董事長李光寧、大橫琴公司總裁胡嘉叫到自己的辦公室。她說：「關於澳門青年創業，昨天習總書記在澳門做了講話，當務之急是馬上啟動。叫你們來，是商量如何選址？如何建？誰來建？」大家你一言、我一語地討論開來。

　　「我說這樣吧，程序也不要太複雜，簡單點，名字我都想好了，就叫創業谷，『硅谷』的『谷』。」她轉過身來對王瑞森說，「總書記在澳門作了指示，我們橫琴要落實，你趕快給我弄塊地。」

　　王瑞森於是推薦了澳門大學對面一塊地，大約有 13 萬平方米。他的理由是，這地方一是與澳門大學一路之隔，今後可以成為澳門大學學生創業的一個實踐基地；二是靠近口岸和主幹道，出入澳門非常方便。

　　「好，就拿這塊地建創業谷，當臨時建築用地。」劉佳說。

　　「臨時是多久？」王瑞森問。

　　「20 年，20 年後再開發，我們要把位置最好的地留給澳門青年，把這塊地作為澳門青年創業的福地。」劉佳說着又轉回身來，對李光寧和胡嘉說：「我要的是快，你們兩個都說一下，怎麼建？什麼時候能完成？」

　　李光寧和胡嘉眼色互相交換了一下，然後把各自的想法和計劃說了一遍。劉佳最後拍板：「行，李光寧，你們華發來搞吧！」

　　項目啟動那天上午，突然刮起大風，寒風越來越大，氣溫突降，風肆無忌憚地呼呼刮着，許多參加儀式的人冷得瑟瑟發抖。

　　在橫琴新家園旁邊的一塊空地上，橫琴澳門青年創業谷項目如期啟動。澳門大學校長趙偉、橫琴新區管委會主任牛敬和五名澳門青年代表一同在一個樹林畫框上撒下綠粉，原本光禿禿的一棵棵小樹赫然變得鬱鬱蔥蔥……

　　從破土動工到正式啟用，華發僅僅用了 9 個月時間。這，就是我們今天看到的澳門青年創業谷。

　　講起創業谷的背景故事，劉佳頗有一番感慨。她說中央有要求，橫琴的任務

就是落實，不折不扣；澳門有呼，橫琴必應，真心實意。那神情，那言談，那舉止，充滿了欣慰。橫琴創業谷採用兩地「政府支持、市場化運營」的開發模式，成為琴澳深度合作、共建命運共同體的印證。

「澳門青年創業，創業谷是走向內地的第一塊跳板！」每當話題一轉到澳門創業谷，劉佳便條件反射般地直起腰來，瞬間進入那種自豪的狀態。

「純粹是為澳門青年量身打造的一個創業空間？」我問。

「這要從兩個不同層面來看。大的層面是橫琴承擔促進澳門經濟適度多元化發展的國家戰略，這是最重要的政治使命；從小的層面看，打造初創企業的孵化平台是探索『一國兩制』下兩地青年深度合作的全新嘗試，有利於促進粵澳青年群體的深度融合……」劉佳滔滔不絕。

「回過頭來看，您對當初的這個決定如何評價？」我打斷了她的話問。

「非常成功。現在的創業谷已經有 130 多家澳門青年企業在這裏創業，幹得也不錯，有幾家公司正在籌備上市。」劉佳言裏話外倍感自豪。

橫琴對澳門青年創業谷的支持初心不改，鍾愛有加，新區管委會 6 個副主任王瑞森、葉真、黃敏、閻武、閏衞民、鄒樺都曾分管過，每一棒的交接都把創業谷推向一個更高的境界。

澳門青年創業谷的管理和服務是由橫琴金融投資集團有限公司來完成的。我於是找到這家公司。公司總裁趙國沛博士一見到我就直抱歉：「不好意思，公司剛搬家過來，有點凌亂。」

趙國沛溫文爾雅，說話輕聲細語且富有磁性。他長期供職於人民銀行和外匯管理局，在橫琴新區財金事務局副局長位置上任職兩年多時間，橫琴金融投資集團有限公司成立後，趙國沛被區裏委以重任。

握手寒暄後，他帶着我推了好幾個房間，要麼有人，要麼堆放着尚未來得及整理的辦公文件和資料。

「就湊合着這裏吧！」在緊靠前台的對面，他找到一張長沙發，我們就此聊了起來。

「創業谷初創，新區怎麼偏偏選中你們公司？」一落座，我就向他拋題。

「可能是我們公司有投資的功能吧。」趙國沛坦言對其中的內情並不知曉，他說，當時區屬企業就大橫琴公司和金融投資公司兩家，而孵化跟金融投資在傳統上有高度的關聯性，因為投資要找企業，孵化同樣也要找企業，風險投資選擇金投公司可能更為合理，於是就把這個任務交了過來。

「籌備非常艱難，壓力非常之大。」趙國沛說，以前從來沒有接觸過「孵化」這個東西，連個概念都沒有，拿什麼去孵化澳門青年的初創企業？2015 年，趙國沛帶着團隊跑了大半個中國，珠海清華科技園、北京的中關村、上海張江高科、香港科學城、深圳前海，還有武漢、廣州……看了，學了，知道了什麼叫「孵化」，心裏面也有點底了。他們到全國去找「孵化器」，為澳門青年創業提供空間載體和專業服務。但誰願意來這裏「孵化」？

橫琴目光所及，是多家頂尖創業孵化機構和公共服務平台。

——中國頂級互聯網創業孵化器「36 氪」，其投融資平台上，囊括了紅杉資本、IDG 資本、真格基金、北極光創投等眾多頂級投資機構。

——中國最優秀的移動 O2O 互聯網創業苗圃「創吧」，致力打造孵化器、集訓營、Inno Hub、種子投資等「四位一體」的互聯網孵化器平台。

——中國最大的創業服務平台「創業邦」，通過公開課和路演分享成功創業者案例，可以提供與頂級投資人交流互動的機會……

這些聲名顯赫的「孵化器」，以豐富的項目孵化經驗、高端的線上線下資源、多元化的投融資渠道成為橫琴的理想合作對象。當時橫琴的基礎太差，創業谷正在如火如荼建設，一片大工地上剛剛落成四棟樓，兩大兩小，引進來的孵化「大咖」優先進駐。

那邊廂在建設，這邊廂在籌備。趙國沛又向新區建議將配套的第 18 棟樓專門用作創業谷澳門青年的啟動基地，而自己的公司則到外面去租房。但誰願意來這裏給「孵化」？

「同樣心中沒底啊！」趙國沛說，你想啊，澳門那麼好的條件，澳門那些青年過得都很好，誰願意過橫琴來受這份創業之苦？趙國沛便託朋友到澳門那邊去「放話」。信息反饋回來，還真有那麼幾個願到創業谷接受「孵化」的澳門青年。

「我們就開始公開招募了。」趙國沛帶着團隊直接去澳門拜訪，拜訪中華總商會、澳門青年協會、澳門大學、澳門科技大學、澳門青年與教育局等。澳門青年被推薦過來了，連同創業項目，第一批就有一百多個。遴選過程就是一個「闖關」過程。

林琮是第一批申請入谷的澳門青年，他攜葡式蛋糕的項目過來，第一輪初審就被淘汰了。原因是不符合《橫琴新區產業發展指導目錄》和商務部頒發的《外商投資產業指導目錄》。他鬱悶了一陣子，不過他朋友黃方的項目進入了複審。項目複審包括五個方面的內容：創業者及管理團隊、創業項目的潛在投資價值、計劃目標的合理性、項目特色和創新、市場前景。

複審的形式別出心裁：路演。林琮觀摩了朋友的項目路演，這種形式十分新穎，但路演的效果不太理想。在專家評審一關，朋友的項目也落選了。

「評審專家都是創業投資界的資深大佬和具有長期孵化器管理運營經驗的專業人士。想在創業谷做零售批發和餐飲這些傳統的行業，肯定是行不通了。」林琮感慨地說。

「第一批遴選只過了 30 多家。」趙國沛說。

澳門科技大學系統工程研究所教授、安信通公司 CEO 韓子天說他到創業谷純粹是「無心插柳」。

那是 2015 年年初，韓子天的項目剛剛拿到「天使輪」融資，但澳門 IT 人才太少，科技類人才就更少了，外僱又拿不到指標。朋友告訴他橫琴有個青年創業谷正在招商，創業谷也積極主動聯繫他「來橫琴試一下」。想到離自己工作的澳門科技大學比較近，創業谷離市中心遠一些，偏僻一些，員工幹事業精力肯定會集中一點，便抱着「試一下子」的心態去考察環境。

跟他對接的是商務局的工作人員。評審項目截止了快一個星期，商務局又打來電話，說趕緊送個商業計劃書過來。韓子天手頭上正好有，於是順手就發過去了，結果提交不久就成功了。

「分數還蠻高。」韓子天難掩笑意，他說創業谷管理方給了一間 70 平方米的免租辦公室，還給團隊找了很多風投和基金來對接。澳門青年的項目入駐創業谷

的門檻並不低──

　　1. 必須技術含量高，具有創新性，產品具有較好的市場前景和產業化條件。

　　2. 具有潛在投資價值，符合通過投資實現資源優化配置原則。

　　3. 對在澳門資訊及通訊科技創業計劃大賽、「挑戰杯」中國大學生創業計劃競賽、中國創新創業大賽獲獎的團隊或個人更是特別關注……周運賢是第二批到創業谷的澳門創客。

　　那是 2015 年 7 月，周運賢團隊向創業谷遞交了「跨境說」項目企劃書，其創意是在網絡圖片裏嵌入電商平台，構建無縫銜接的智能購物車。這在當時很新穎。周運賢說：「澳門產業結構單一，難以施展拳腳。聽到橫琴這邊為我們澳門青年提供了創業平台，我就第一時間過來申請了。」兩個月後，「跨境說」以專家組評審第一名的成績被選中。

　　9 月，他帶着名叫「Bringbuys」的項目，正式進駐創業谷。「創業谷是一片肥沃的土地，我帶來了最好的種子接受孵化。」周運賢言談中充滿自豪。

　　澳門創業谷一成立，橫琴就全力為澳門青年創業提供空間載體和專業服務，把一些有潛質的澳門青年團隊送到多家頂尖的創業孵化機構去培訓，為他們提供諮詢服務。

　　「送了多少？」

　　「送了兩批，包括『跨境說』的周運賢也去了，到『創業邦』去培訓了一段時間。」趙國沛說。當時，公司助理總經理胡傳偉跑了不少地方，到哪學，學什麼，都是他在張羅創業輔導資源。

　　豐富的項目孵化經驗、高端的線上線下資源、多元化的投融資渠道讓澳門青年受益匪淺。

　　送了兩期後，橫琴覺得老送到別人的地方去「孵化」總不是辦法，服務外包也不是初衷，橫琴得自己學會「孵」！

2015 年 5 月，任職珠海市高新區創新服務中心的徐牧被橫琴「挖」了過來，籌備孵化器管理有限公司。半年後，橫琴金投創業谷孵化器管理有限公司成立，隸屬橫琴金融投資集團。

「現在開始慢慢好了。」趙國沛說，徐牧去擔任總經理後，創業谷的運作模式很快就建立起來了，包括招商部、拓展部、投融資對接平台、企業服務部一應俱全，還搞了一個「一站式」服務平台，把澳門青年入谷的工商註冊、法律諮詢、報關報檢等全包幹……

按照「苗圃 —— 孵化器 —— 加速器」的創業孵化鏈條運作，澳門青年創業谷創建的是項目初選、產業化發展、資本運作的全鏈條一體化創業孵化服務體系。

苗圃：剛設立的時候，讓好的創意項目變成可經營的項目。

孵化器：創業團隊開始運作，探討怎樣才能做得更好，往什麼方向發展。

加速器：幫助企業引入風投，對市場進行開拓，確立經營模式，打造規模企業，往新三板等資本市場走。

最優服務、最強平台、多元產業、拉美市場……橫琴沃土助力澳門青年夢想起航，重點支持年齡在 18 至 45 周歲之間，在澳門學習、工作、生活的青年，也涵蓋澳門戶籍、持有澳門單程證的青年。

「目前，珠、澳兩地都有良好的創業激勵政策。」趙國沛說，我們正在幫助澳門青年爭取澳門政府扶持青年創業的部分政策延伸到了創業谷來，同時以橫琴和珠海為起點，幫助創業者了解內地市場，打開內地市場。

橫琴·澳門青年創業谷的背後還有科技大佬的力挺。

——澳門創新科技中心採取「一站式」的資金支持、中介諮詢和跟蹤扶助的孵化策略，為入孵企業提供知識、經驗和股權投資資金在內的定制化孵化服務，以及質量管理、法律和市場營銷等諸多重要領域的戰略和戰術諮詢。

——澳門科技大學與橫琴簽署《共同在橫琴新區打造澳門科技大學青年創新創業基地合作備忘錄》，通過「政、產、學、研、孵」一體化發展將該基地做強做大，共同推進兩地青年創業交流活動，藉此吸引更多澳門青年到橫琴創業發展。

——清華科技園（珠海）建成完整的苗圃 —— 孵化器 —— 加速器培育鏈條

和孵化服務體系，在創業谷設立 1000 平方米眾創空間，發揮強大的技術引進和資源整合能力，重點引進和培育清華及國際創業項目。

　　——北京大學、中山大學等高校將聯合舉辦學生創業活動，推薦符合條件的澳門學生入谷孵化。

　　每個來到創業谷的澳門團隊，橫琴都提供一對一的聯絡員，安排專人對澳門青年創業團隊進行「保姆式」服務。

　　對橫琴的服務，看看澳門青年怎麼說？

　　「我要給橫琴一個大大的贊。」周運賢在我的面前兩次伸起大拇指，他給我舉了兩個親身經歷的例子——

　　其一，是公司運營初期，跨境說公司在海外融了一筆資金，做了 A 輪融資。周運賢跑到相關部門去諮詢，業務員告訴他，因為國家有外匯管制，若按照常規的流程走至少要一兩個月才能解決，還需要去備案，需要去這樣那樣。周運賢當然不知道，還覺得這個資金是不是有什麼問題。

　　「怎麼辦？」幾千萬元的港幣從境外匯入時卻進不了賬，周運賢在辦事大廳裏直打轉。

　　公司是做了資本溢價的，也就是股權溢價，錢入不了賬，麻煩會很大。周運賢如坐針氈，急得像熱鍋上的螞蟻。

　　他試探性地給創業谷管理方發去一條求助微信，沒想到第二天一大早，自己還沒起床，就有一個自稱「徐總」的人給他打來電話，說跟管委會那邊匯報後，覺得應該替這個項目去協調解決這個事情。

　　這個自稱「徐總」的就是橫琴金投創業谷孵化器管理有限公司總經理徐牧。

　　於是，徐牧帶着他到珠海市區跑銀行、商務局，跑外匯管理局、人民銀行，當天就把這事給辦好了。

　　「這種服務我們沒得挑剔。」事後，他還專門寫了一封感謝信，並製作一面錦旗送到創業谷管理方。

　　周運賢說：「送錦旗我們是發自內心的，發自肺腑的。因為我們剛來的時候跟

管理方溝通也不多，也不熟，只是想先試一下，行還是不行，沒想到真行了。」

其二，「跨境說」入駐不久，十幾個人擠在一間比較小的房間裏辦公。一天，橫琴新區管委會劉佳書記、牛敬主任到創業谷檢查工作，走進跨境說公司的辦公室就皺了眉：「辦公室這麼擠？」

「我們搞研發的搞技術的，擠點也能對付過去。」周運賢說。

「不行，太擠了，調個一樓吧！」劉佳書記囑咐身邊的同事。

之後，辦公樓再擴大的時候，管理處又把二樓也騰給了跨境說公司。「這些要求都不是我們提出，而是他們主動提供。」周運賢至今還感念在心。

安訊通研發的養老機器人在澳門做總裝，橫琴創業谷只是一個運營中轉站，公司要先把設備送到橫琴這邊儲存，然後做一點修整，再送到中山或者全國去選配，之後再到中山進行裝配。裝配完要調試軟件就要把一些設備拿到澳門，總裝或調試環節進澳門沒有問題，但出澳門就比較頭疼了。

「反覆進口出口，過口岸就比較麻煩。」韓子天博士說。

「是有點複雜。」我說。

「後來是橫琴給我們想辦法。」

「什麼辦法？」

「比如給我們發邀請函、出說明信等等，不厭其煩。」

韓子天說，還有一次印象也很深，他們在橫琴招了一個新加坡的技術人員，想到這邊辦簽證，當時挺麻煩，於是找到創業谷管理方橫琴金融投資公司的助理總經理胡傳偉。

「本來跟他沒有關係，但只能病急亂投醫了。」韓子天笑道，「找到胡總，他就幫我們打電話去公安那邊，帶着我們跑市裏面，最後把問題解決了。」

「在創業谷創業感覺特別好，很溫暖溫馨的感覺。」巢主時尚的總裁歐仲迎說，只要有好項目，來這裏就可以拎包入住！

歐仲迎說的「拎包入住」，其實就是橫琴為來到這裏的澳門年輕人提供的豐厚大禮包：減免一年的辦公場地租金、配套公寓和完備的通信設備。歐仲迎 2015 年剛入駐創業谷就有了驚喜：免第一年租金，發放 20 多萬元的留學生專項創業補

貼，這一年的成本節省了四成。

「諗（想）都諗（想）唔（不）到。」歐仲迎說。

她算了一筆賬，澳門也有支持青年創業的政策，但辦公場所始終是個很大的問題，比如一年免租期過後，橫琴寫字樓租金每年每平方米約 3000 元人民幣，而澳門寫字樓租金約 2.7 萬元人民幣，兩者相差高達 9 倍。

澳門愛姆斯坦生物科技有限公司總經理王小方開始也沒太在意，他當初決定入駐創業谷時，是看中「橫琴毗鄰港澳，配套政策和服務趨同於港澳，也能共享港澳的人才、金融等要素資源」。沒想這一「駐」，公司竟獲得了 2600 平方米的免租場地，同時還獲得了 1400 多萬元的科技研發專項扶持資金。

王小方稱，他們團隊並不是沖着能省多少房租和多少扶持資金來的，創業谷的孵化功能和政策創新環境才是最具誘惑力的。

專項補貼、稅收減免、場地免租是傳統的「三板斧」。而制度創新、營商環境、金融支撐則是橫琴澳門創業谷新型的「三利器」。

同美國硅谷一樣，創業谷成為澳門和內地互聯網人才的自由港，無論你來自哪裏，只要你有一技傍身，創業谷就會拿出「真金白銀」歡迎你 ——

20 億元人民幣的澳門青年橫琴創業扶持資金，用於孵化載體的建設和創業谷孵化環境的營造。

100 億元人民幣的產業基金，與多家著名投資機構合作以母基金形式設立。

5000 萬元人民幣的天使投資基金，構建從天使投資到 PE（私募股權投資）全鏈條投融資服務網。

三大基金吸引着眾多澳門青年企業家前來一試身手。

2015 年 7 月 23 日那天，我在青年創業谷採訪時，林政正帶着自己的新技術在創業谷的小型路演場進行「路演」排練。因為路演展示將是獲得創業扶持資金的重要一環。

「正式路演時我來感受一下。」我對林政說。

「得有票。」他猶豫着回答我。

「路演還要票?」

「要的。」

後來我才知道,橫琴‧澳門青年創業谷的路演場地經常一票難求。林政說自己十分渴望入圍,因為創業谷正是他實現夢想的理想之地。當聽說專注智能體溫計的愛微項目剛獲得數百萬的天使投資時,他嘖嘖有聲,羨慕不已。

類似通過路演展示和專家評審獲得扶持資金的,在青年創業谷有很多家:跨境說公司、大澳跨境電商獲得 3000 萬港幣融資;全眾社區智能管家、天茂跨境互聯網金融、惠博網絡科技項目獲得 1000 萬元融資;愛微智能體溫計、超忍寵物社區平台、珠澳 shop、速聚網絡等獲得數百萬元天使投資……

我不知道林政最終是否通過路演拿到了融資,那天道別時,我總感覺到他的底氣和信心不是很足,所以我的心裏一直存着這份顧慮。

那天在與趙國沛聊天時,我問他:「在青年創業谷,能獲得融資團隊的比例大致是多少?」

「10% 左右。」趙國沛回答。

「這個比例夠高了。」我心裏想。

趙國沛告訴我,在創業谷,除了每周有路演,每月還有公開課。

創業谷的公開課是橫琴為想創業、愛創業、準備創業的澳門「創客」量身打造的品牌活動,邀請的人士都是知名創業者、投資人、創業導師,他們為創業者提供產品運營、營銷推廣、融資、管理等方面的創業知識和經驗分享。

橫琴‧澳門青年創業谷正成為澳門青年的築夢「硅谷」。

在政務中心,我巧遇到兩位來自澳門的青年「創客」,他們都是傳說中的「技術宅」,他們的共同點是愛好手機遊戲,鑽研開發日系遊戲軟件,希望能打開中國的日系遊戲 APP 市場。在看到橫琴‧澳門青年創業谷的宣傳後,他們二話不說,帶着好點子投奔而來。

入駐創業谷需要滿足哪些條件?

需要提交哪些資料?

入駐之後能享受哪些優惠政策？

在採訪結束前，我把澳門青年諮詢過的這些問題轉給了趙國沛。

「這個我建議您找找徐牧。」趙國沛說。

我後來沒有去找徐牧。因為我從橫琴助力澳門青年創業的「五大平台」「八大套餐」和「兩大制度性文件」中找到了答案……

創業谷真的不平凡。

2017年，橫琴·澳門青年創業谷榮獲「國家級科技企業孵化器」資質，這是繼2016年榮獲「國家級眾創空間」「中國青年留學人員創業基地」「廣東省國家級科技企業孵化器培育單位」後，橫琴·澳門青年創業谷獲得的第四個國家級榮譽。創業谷確實不寂寞。

作為國家創新體系的重要組成部分和科技創業服務載體，創業谷和國內多家創意園合作，像與北京3W咖啡、廣州創意谷、羊城創意園等合作以及開展創業谷成果展、創業之星表彰、重點項目簽約、產學研落戶揭牌、高層人才交流、產業高端研討等活動，創業谷每天都有新消息。創業谷始終不停步。構建「共享＋互助＋社群」運營機制和「眾創空間 —— 孵化器 —— 加速器」全鏈條的空間載體，營造「創投資本＋創業項目＋孵化服務＋創新協作資源」的創業新生態，實現立體孵化。有「孵化」就會有收穫。

截止至2018年底，創業谷累計孵化項目321個，其中港澳項目181個，23家企業獲得風險投資資金，融資額突破4.33億元。舉辦活動190多場次，參與人數1.2萬多人次。行走在橫琴·澳門青年創業谷，從企業投資到業務往來，從環境氛圍到生活細節，這裏的港澳味兒越來越濃。

澳門青年為什麼選擇創業谷？為什麼選擇橫琴？之前，我的腦際一直縈繞着這個揮之不去的問號。如今答案有了，這是因為澳門年輕一代把自己的夢想和祖國的發展連接在一起啊！

讓夢想飛

「開谷啦！」

2015 年 6 月 29 日上午，橫琴島上的太陽明媚而火辣。與澳門大學一路之隔，橫琴精心打造的「橫琴澳門青年創業谷」項目啟用了。這一天，對於橫琴人來講，是一個應當被記住並紀念的日子。創業谷集商務辦公、商業服務、人才公寓於一體，佔地面積 12.8 萬平方米，建築面積 13.7 萬平方米。孵化模式很也新穎：創業載體＋創業輔導＋創投資金。這是一個整合政府、高校、企業、社會團體資源和服務，為澳門青年打造的創新創業環境。這是一個可以做「白日夢」的地方。這是一個將「夢想孵化成現實」的基地。

當天，首批 30 個澳門項目入駐創業谷。全眾超級管家、安信通科技（澳門）、澳門購、澳門聯動數碼科技、雲上創客咖啡廳、跨境互聯網金融平台、POOCU Calendar……其中，互聯網類 13 家，文化創意類 7 家，高新技術類 6 家，跨境電商類 3 家，培訓教育類 1 家。

眾創空間 —— 孵化器 —— 加速器……創業谷點燃了澳門青年創業的激情。這讓我想起創業谷網站首頁卷首語寫着的那句話：「歲月很容易過濾掉平庸的色彩，夢想和精彩卻永遠炫耀。」

周運賢，創業谷裏的明星人物。

他的跨境說網絡科技有限公司頻繁見諸媒體。據說在入駐創業谷不久就拿下了一筆高達 3000 萬港幣的「天使」投資基金。

後生可畏呀！我決定登門造訪。

創業谷有別於傳統的、兵營般的工業區，貌似隨意架空的連廊、隨處可見的草木和咖啡館讓我心曠神怡。我徜徉在花園式的辦公環境中，此時此地，一棵棵創業的幼苗正在茁壯成長，我彷彿聽到了那「嚕嚕」拔節的聲音。

在一層一間 160 多平方米的大辦公室裏，整牆的粉紅色，隨處可見的粉色頑

皮豹，blingbling 的燈光下，一步一景都讓初來乍到的到訪者好奇心爆棚……聚焦外界目光的「跨境說」，青春與活力一如這堵與眾不同的創意牆，跳躍而明亮。

每個工作日的早晨，周運賢都會從澳門家中出發，來到位於橫琴創業谷的公司上班。

採訪之前，我特地在百度上做了一番工夫，了解「跨境說」的神奇：只要看新聞或瀏覽網頁時點一下插圖就可以一鍵購買相關物品，不需跳轉到其他購物網站，就可實現關注力與購買力的轉換。

「創業谷真是一塊福地啊！」他熱情地跟我打招呼，握手。

在他寬敞的產品展示廳，周運賢掩飾不住內心的喜悅：「幾年間，公司的成長超過預期，目前，公司已有 1000 多家自媒體，20 多萬會員。」

周運賢祖籍梅州，35 歲，在美國加州理工大學畢業後隨父母技術移民到了澳門。一直有着創業夢想的他，幾年前就開始謀劃跨境電商項目。周運賢說，互聯網創業的關鍵是創新，要做就做不一樣的事。

「跨境說」儼然已成為一張創業谷名片，它是全球第二家、國內唯一一家從事 Saas 雲計算的反向電商企業，亦即「電商推手」，業已打通了包括亞馬遜等多個美國第三方電商平台。

在與總裁周運賢訪談時，一家廠商正好帶着自己的產品來到周運賢的公司，他希望周運賢的團隊為產品定制營銷方案。我於是停下採訪，示意他客戶優先。周運賢轉過身去，熱情招呼客戶坐下，一邊斟茶一邊接過相關資料細細閱覽。

周運賢：「你們主要也是美妝這塊嘛，我們有跟很多自媒體合作，包括擁有十萬二十萬粉絲的公眾號，我們的商城已滲入到裏面。」

客戶甲：「是 APP 版的『歐拉商城』嗎？」

周運賢：「對。」

客戶乙：「所以說你們這個就是整個在公眾號裏面直接就購買了。」

周運賢：「對。」

廠商帶來的產品是一種新的化妝品，經過討論，周運賢團隊決定把產品加入「跨境說」產品庫，利用自身的大數據優勢，將產品植入微信公眾號和手機軟件，

用戶在閱讀文章時就可以看到產品信息並直接購買。

「您剛才說是『歐拉商城』。」客戶離開後，我們的訪談繼續。

「『歐拉』就是整個葡語系裏面『你好』的意思。」周運賢的智能在線購物車——Bringbuys（賓佰）平台，開發了一款手機軟件「閱時即購」，它的不同之處是在新聞客戶端或主流媒體網站中的圖片裏嵌入電商平台，讀者閱讀新聞，看到圖片時點擊，圖片上的物品就會出現價格，實現無縫智能購物車的功能。

「智能在線購物車？」我試探着問，「我能不能看一看你們的這個 APP 到底是什麼樣的，能在線體驗一下嗎？」

「可以。」周運賢為我演示。周運賢坦誠告訴我：「簡單講就是圖片視頻加購物車。」他指着我手裏的筆記本電腦，「比如說你這個筆記本電腦，拍了照片之後，輸入它的名字，就會找到相應的類似的，價格就出來了。」

「是嗎？」我把電腦的「SAMSUNG」標識轉到他面前。只見他將電腦拍照截圖後，添加到「閱時即購」的各種風格的購物車內，我便看到了這台電腦的價格。「同傳統的消費體驗完全不同。」我敬佩之情油然而生。

在他公司辦公間的牆壁上，他將國內外知名網站的發展軌跡做成了巨幅海報。顯然，周運賢已不滿足於做系統軟件、做網站 APP 這種「小不點」了，他的理想，是將大服務提供到海外，覆蓋到全球。巨幅海報便是在宣示自己的雄心。

「我們的目標是要『讓全球正品鏈接中國』。」周運賢興奮地告訴我，「拉美、葡語系國家是跨境說網絡科技服務拓展的重點，巴西、智利這些國家，就是通過我們的技術平台服務他們當地的。」

這家誕生於澳門、成長於橫琴的技術型互聯網外資企業，從最初的 7 個人發展到 160 人。目前，「跨境說」的觸角已延伸至非洲國家佛得角共和國，在那裏建立的國家數據中心將作為西非的信息技術服務中心服務周邊的國家……

「我們準備在橫琴紮根！」周運賢堅定地告訴我。

同樣是做跨境電商，家族在澳門從事賭場貴賓廳生意的 90 後林健龍，走的卻是與周運賢不同的渠道。

在外人看來，澳門賭廳生意一本萬利，可林健龍對這種躺着就把錢掙了的家族生意沒有興趣，他癡迷電腦和互聯網，決意和幾個志同道合的朋友到橫琴澳門青年創業谷創辦「信驛跨境電商」，主打跨境貿易，幫助中國消費者購買全球特色商品。

當初，林健龍提出這樣的想法時，家族裏一片反對的聲音：「腦子燒得不輕。」是啊！在夢想尚未變成現實之前，存在着無窮變數，誰又能看得到可期的前景呢？

為了說服家人，他甚至在家族會議上「路演」，通過 PPT 等圖文並茂的方式，努力說清楚、講明白他大把砸錢想幹些什麼。

2015 年 6 月，由林健龍領銜擔任 CEO 的珠海橫琴信驛跨境電子商務有限公司，在近 200 個申請項目中脫穎而出，成為入駐創業谷的第一批 30 顆「琴澳種子」之一。

這個 90 後澳門青年組建的創業團隊，也是第一家與創業谷簽約落戶的企業，合同編號：00001。

在創業谷 18 號樓的信驛工作室，林健龍沒有單獨開闢一間屬於自己的辦公室，而是選擇了與另外 10 個同事相鄰，他的辦公台就在靠右最裏面的位置上。除了他和 4 個澳門青年，信驛還有 6 個來自內地不同省份的員工。

我如約而至。他踏着穩健的步子，一邊伸出右手，一邊用獨具澳門特色的普通話與我打招呼：「歡迎歡迎。」

19 歲就出來「闖世界」，澳門社會的烙印在林健龍身上依稀可見：為人精明沉穩，待人大方得體，思維更加國際化。像林健龍這樣的澳門青年創業者，成長在國際化的環境裏，在潛移默化中擁有了國際化的眼光和視野。

林健龍娓娓而談。他告訴我，早在 4 年前，他就注意到當時仍被叫作「全球購」的跨境電商概念，當時他與數位朋友成立了「信義屋進口商城」，利用晚上下班的時間幫助內地消費者進行海外代購。

「信義」，就是「信用」和「道義」的意思。林健龍說，如今的信驛跨境電子商務有限公司，便是由此演變而來。

我對他刮目相看，眼睛瞪得老大。

交談時，林健龍不時擺出大拇指，表達他對創業谷的肯定，也顯露出他對創業的自信。他告訴我，位於創業谷的信驛工作室是他創業以來挪的第三個「窩」了，信驛創業的歷史比創業谷的歷史更長，在此之前，他就在珠海香洲搬了兩次工作室。

在創業谷，信驛的成長不斷地打破林健龍的計劃。在不到一年的時間裏，一舉拿下創業谷的數個第一：第一家入創業谷的企業，第一家以跨境電商進行商事登記的企業，第一家獲得海關認證的跨境電商企業……

他的專注與執着，起到了「瘋狂」的效果：2017 年「雙十二」一天，信驛在零食類商品中就收穫了近 3 萬宗訂單。

他興奮地在朋友圈裏向夥伴們分享：這不是高速，是飛速。

是啊！這屬於澳門青年創客的「橫琴速度」！

林健龍說，跨境電商是新生代，產業鏈很長，自己創業很痛苦，但是不痛苦就不爽。希望自己能做跨境電商的領跑者，做這個業界的「淘寶」。

「我特別喜歡創業谷的氛圍，身邊到處都是新想法，到處都有創業夥伴。」林健龍熱情地敍述着宏大的夢想，他說從未動搖過對成功的渴望，這份信心，來自澳門身後的內地這個龐大的市場，以及橫琴日益升級與增強的制度環境和政策原力。

流年似水，成果將證明一切。

「誰說我們只會發發撲克牌？」1989 年出生的麥浩賢，正值如日中天的年紀，屬於「不想發撲克牌」的新一代澳門青年。

採訪麥浩賢時，他略顯得有些疲憊，卻給我留下了一個頗深的印象，我看到了這個年輕人身上特有的銳氣與樂觀，那種因理想而萌生的沖天幹勁，和手中那份製作精良的項目計劃書一樣，直觀地浮現在我的眼前。

麥浩賢出生的澳門或許是世界上最理想的就業地點，擁有世界名列前茅的人均 GDP，令人豔羨的社會保障和福利體系，哪怕不讀大學，高中畢業後去賭場找

份荷官的工作，一個月都有近 2 萬元的穩定收入。在內地年輕人看來，澳門人那真是「含着金鑰匙出生的呀」！

麥浩賢不甘於此，他希望展現出當代澳門年輕人的全新一面。

和許多當地同齡人一樣，麥浩賢曾經擁有過一份不錯的工作，高薪、體面、穩定，不出意外，還有機會走到更高層的位置。

如今，坐在創業谷的辦公桌前，麥浩賢已經適應了「老闆」這個角色。二樓的工作室裏，來自港澳台的年輕人討論聲不斷，不斷回應着這位來自澳門創業者的新想法。

「只要有夢想，並有實踐夢想的方案，在創業谷就能找到機會。」麥浩賢說，帶着自己的夢想，他將精心設計的智能家居解決方案推廣到全國乃至全世界。他接着說，「其實很多澳門年輕人都有創業的想法，但大多被眼前安逸的生活遮蔽了。」

「到了橫琴創業谷，才發現夢想仍在，竟然被點亮了。」他頗為動情地說。

這位不到 30 歲的纖魅科技有限公司首席執行官，依然在與合作夥伴熱烈討論。在他的公司裏，有澳門人，有台灣人，也有內地人。港澳台的青年有了更多交流的機會，大家在相識中互相啟發，在交談中產生火花，用年輕人的話說，這是在建立一種「化學反應」。

「相比澳門的土地面積，內地市場簡直太巨大了！13 億人，哪怕只有 100 萬人用我們的產品，就已經非常成功了。」麥浩賢笑笑，呷了口茶。

夢想，是有感染力的。

起初親戚朋友聽到麥浩賢要去橫琴創業，表情多少都會有點奇怪。麥浩賢說：「現在回到澳門，不少人都來打聽，創業谷是怎樣的一個概念，擁有怎樣的發展空間……我認識的好多澳門年輕人基本都到這裏來了。」

「其實澳門的年輕人不都是想着去賭場做事，很多人都想把握不同的機遇，這是我們來到橫琴島的原因。」麥浩賢打趣道，「夢想很多時候就是一種證明，澳門的年輕人不光會發發撲克牌，他們還可以做很多事。」

澳門青年選擇創業谷，實際上就是選擇把自己的夢想和祖國內地的發展連接

在一起。麥浩賢說：「在這裏，我們安心做自己想做的夢，做自己想做的事，夢醒時，發現自己不再平庸，說不定已抵達彼岸。」

說這番話時，他略顯稚嫩的臉上露出了些許得意的笑容。

與麥浩賢訪談間，我瞥了一眼窗外面。那一刻，窗外的橫琴島，一樣是一幅忙碌的景象。獲得新區和自貿區雙重身份後，這座小島似乎又重現了改革開放初期特區特有的風貌。

機器人是門高端的科技，代表着技術、自由、創新和理念。在橫琴創業谷，韓子天博士已是「二進谷」了。目前，他的團隊正在研發一款叫「小馬哥一號」的養老機器人，已經產品化。

公司初創時，創業谷生活設施尚不配套，公司起步時招人十分困難。他清楚記得自己從廣州招了三個程序員過來，不到一個星期就全部辭職走人。「其實公司對他們蠻好的，在新家園給他們租了蠻好的住地，但對於年輕人來說，他們沒有辦法適應離市區那麼遠。」韓子天說，類似這種軟件開發的活，地點遠一點，其實不是一個大問題，因為國內有很多大型的 IT 企業，都不一定是在市中心，一開始都比較遠。

後來，通過提高工資，總算招到幾個願意接受這種距離的資深員工。

他帶着團隊做的項目是主打用戶密碼管理，自主研發的會展電子簽到雲平台，廣泛應用於會展、票務等多個領域。安信通項目會展注冊雲平台已成功應用於第二屆世界廣府人大會和不少具有國際影響力的學術會議。產品已經銷售到俄羅斯、澳大利亞、新加坡等國。

「入孵」一年半後，項目逐漸成熟，客戶也多了起來，安信通從創業谷「出孵」畢業，公司搬到了珠海市區，專注商務、銷售。有趣的是，2017 年，韓子天團隊又重新進駐創業谷，申報的項目是服務類型的安防、養老機器人。

「未來澳門的養老將延伸至橫琴，養老機器人大有可為，市場也十分廣闊。」韓子天說，「我們就想將運營這個事情放在創業谷這邊試點，因為初創是很dynamic（充滿活力的），是變動的。創業谷離我近，有個想法馬上可以跟他們當面溝通，與運營那些已經成熟的項目不同。」

我們談興甚濃。如今，安信通的規模已發展到 27 人，公司提早在粵港澳大灣區做了佈局，4 個點分工明晰 ——

橫琴驗證：把一些很 dynamic 的創意放在創業谷運營並試點。

澳門研發：澳門高校資源比較多，依託教授和研究生團隊開展核心研發。

深圳開發：解決一些控制界面和接口問題，深圳有全國各地來的 php、Java、Android 開發團隊，放在深圳是最適合的。

中山製造：中山離澳門也不遠，整個製造生產鏈也比較齊全，量產的機器人可在中山出品。

創業谷吸引着眾多的澳門青年。我相信，創業谷一定有故事。我心裏想，走入澳門青年中間，也許就是走進了一個故事的海洋中，隨手掬一朵浪花，就是一個動人的傳說。

在創業谷東南角的「創咖」，數名年輕人正在進行「頭腦風暴」，據說，這個青年創業者的集結地人氣一直很旺盛，他們聚集在創業谷，與內地及其他地區的青年創客在這裏進行碰撞融合，成為橫琴助力澳門經濟適度多元發展的一道亮麗風景 ——

創客一

歐嘉昌入駐創業谷時年僅 31 歲，如今已是梵高斯投資（集團）有限公司的董事局主席。2009 年，他從清華大學生物醫學工程系碩士畢業，理工專業的他一直有創業的想法。2015 年 3 月，在創業谷拋出橄欖枝後，歐嘉昌立即和 5 位清華大學校友及一家澳門承建商一起投資 1000 萬元註冊成立了一家服務於餐飲行業的 O2O 互聯網平台「開店貓」，最終憑藉項目獨到的創意拿到了創業谷的首批「入場券」。

創客二

30 歲出頭的張鋒銳在澳門曾一度面臨着事業的瓶頸，要人沒人，要地沒地，聽說橫琴自貿區專門建立了澳門青年創業谷，服務對象就是像他這樣有

創業意向和項目的澳門青年。他來到創業谷創辦了宇宙盒子遊戲有限公司，團隊入駐後，張鋒鋭和他的團隊研發了一款名叫《撞擊女神》的遊戲。藉助創業谷聯通內地和港澳的獨特優勢，他在澳門找到了資金渠道，在內地招納了網絡人才，他的項目很快就正式上線了。

創客三

曹家威是一名 80 後，一個土生土長的澳門人，2010 年畢業於紐約時裝學院。在一次創業講座上，曹家威第一次聽到「珠海橫琴澳門青年創業谷」。2015 年 9 月，他的沙度服飾有限公司正式入駐創業谷。目前，該團隊成員分別來自香港、澳門和廣州。沙度的業務分為做制服、量身定做、網上定做三個部分，而創業谷主要發展的是網上定做。

創客四

許佳峰 2012 年畢業於華中科技大學，2015 年 6 月創辦傲樺科技有限公司並申請入駐橫琴創業谷。他進行的是移動互聯網產品以及智能家居、物聯網等綜合設備的創新研究，他為澳門本地市民及政府部門設計的手機應用程序，下載量總計已超過澳門人口總數的 2 倍。

創客五

80 後陳力光是維思港機器人科技有限公司總經理。在 2012 年東莞舉辦的一次科技節上，陳力光見識到外國小朋友在機器人比賽中的超強能力，本來沒從事機器人行業的陳力光「腦洞大開」，他找來新加坡、珠海和澳門志同道合的幾個核心成員，運籌帷幄，最終憑藉新穎的創意和前沿科技理念，維思港機器人成為第三批入駐創業谷的項目，半年間就把「VEX 機器人國際課程」開進珠海市內三所學校的「校本辦」第二課堂。

…………

懷揣創業夢想，澳門青年都有一個相同的口頭禪 ——「不一樣」：做與同齡人不一樣的事業，設計與其他人不一樣的產品，他們在橫琴這片充滿活力的土地上，為澳門「不一樣」的未來奮鬥。

創客常常是孤獨的，而創業谷則不孤獨。

在創業谷東南角的「創咖」，是夢想分享的大本營。那天我走進寬敞明亮的咖啡廳，三三兩兩的青年正在組隊進行「頭腦風暴」，他們互相聊着彼此的創業項目，分享創業過程中的苦辣酸甜，咖啡廳裏沒有觥籌交錯，只有湧動的創業激情。

這裏常常會傳來令人驚喜的消息：某某的項目進展有眉目，某某的訂單同期增長八成，某某通過 B 輪投資初審，某某的軟件開發已經完成。

互不相識的彼此，在這裏很快便能坐在一起喝上一杯熱茶或咖啡，相談間什麼奇跡都可能發生，比如，澳思智能入谷不到兩個月便獲得了首個訂單，而首個訂單就是在「創咖」裏不經意間獲得的，其客戶正是與其只有一牆之隔的伯睿網絡。

更多的交流，思想的碰撞，不經意間就會發生許多意想不到的「化學反應」……

創業谷，這是一個屬於澳門青年創業者的「朋友圈」，分享需求與心得的人遠不止於這些 ——

室內藍牙定位大數據應用是岑鴻炳的事業。這個 26 歲的澳門青年創辦的澳思智能科技有限公司在這裏風生水起。

80 後澳門青年林綺霞認識「深耕」遊艇產業多年的王宏進後，對遊艇產業前景的共同期待讓雙方一拍即合，遊艇行業的 O2O 平台 —— 藍海智艇科技有限公司，在創業谷誕生……

北有中關村創業大街，南有橫琴 · 澳門青年創業谷。

創業谷，或許就是下一個「中關村」？

濠江注目禮

意大利著名導演費里尼説：夢是唯一的現實。

40 年前，沒人會相信，深圳在一陣春風過後，由小漁村崛起成為現代化的國際大都市。

20 年前，沒人敢相信，落後的浦東會取代上海灘百年地位，變成大上海的新地標。

10 年前，沒人能相信，緘默的橫琴會成為澳門經濟適度多元化發展平台，特區中的特區。
這，是不是一種宿命？

橫琴與澳門，那是數百年的歷史淵源呀！

數百年歲月如歌，歌如歲月。

這是一支深情的歌。

這是一支難忘的歌。

如今，橫琴不再吟唱那無奈、孤寂、纏綿的海島疍水歌，他更像一個充滿青春激情的現代派歌手，以雄渾的歌喉，激越的旋律和急速的變奏，應和着國家使命的滔天大潮。

綜合立體的交通體系、氣勢如虹的地下管廊、高端智能的電子圍網……這個「一國兩制」的交匯點和「內外輻射」的接合部，因為拓荒者們的激情演繹，正在被一筆一畫地刻上豐碑。

大道通衢

　　千里之行，始於足下。宋代葉適在《修路疏》中曰：「出門無礙，方是通衢；着腳不牢，未為坦道。」橫琴助力澳門，要有自己的底氣。底氣何在？10 年前的橫琴，106 平方公里的島嶼只有　條主幹道，只有兩座橋，一座橫琴大橋連巿區，一座蓮花大橋連澳門。

　　「出租車師傅都不願拉客過來。」時任中國二十冶集團有限公司廣東分公司常務副總經理鄒樹榮 2009 年來到橫琴「打前站」，他回憶說，當時的橫琴沒有寬敞的馬路，沒有林立的高樓，全島山環水繞，蕉林遍地，分佈着大量魚塘、沼澤。

　　道路是一個城市的「血脈」，血路不暢，就會缺乏生機與活力。我國最早的中醫典籍《黃帝內經》中就有「痹論」之說。痹，泛指氣痹阻滯肢體、經脈、髒腑所引起的疾病。那麼，阻滯橫琴大開發肌體的「痹氣」在哪裏呢？診斷的結果是：內外部路徑「經脈」不暢，市政設施滯後，其「病灶」已影響到橫琴助力澳門經濟適度多元化發展的「底氣」。大道通衢，就是路，就是橋，就是隧道……它構成了一個城市的「冠狀動脈」，打通橫琴的「奇經八脈」，被橫琴決策者列為重要事項。

　　在國務院通過的《橫琴總體發展規劃》裏，橫琴有三條對外連接的高速公路：一是京港澳高速公路廣澳並行線（京珠高速公路）經橫琴大橋接入；二是延長西部沿海高速珠海支線由橫琴二橋接入；三是在二井灣南部連接珠海機場的金海高速公路。

　　行穩致遠，需補齊市政基礎這一短板。2009 年 12 月，就在新區成立的掛牌儀式上，投資 135 億元的橫琴新區市政基礎設施建設項目全面啟動。其規模之大、覆蓋之廣，令人歎為觀止，也令人忐忑不安。

　　「以前是幾十年修一條路，現在是一年修幾十條路，能行嗎？」

　　「同時鋪開這麼多工程，錢從哪裏來？」

「工程管理的能力能勝任嗎？」

一時間，質疑紛紛。

在橫琴新區的一次幹部大會上，劉佳說了一番動情的話：「這都是個打基礎的活兒。如同建房子一樣，必須先打地基、搭架子，只有四樑八柱穩當了，才能在裏面補充其他，服務澳門適度多元發展亦是如此。」

說到這裏，她用目光掃視一遍鴉雀無聲的會場，將自己的聲音調高八度：「不把道路修通了，不把水電接通了，不把網絡連上了，澳門企業怎能進得來？又何談為澳門產業多元化發展提供廣闊的空間與優越的條件？」

基礎不牢，地動山搖。橫琴以高瞻遠矚的規劃和決勝千里的氣魄，大手筆構建基礎設施，正式奏響了夯實市政基礎設施的最強音，為加速崛起積蓄磅礡力量。

作為橫琴市政基礎設施建設的先行軍和奠基者，中國中冶集團轉軸撥弦，捷足登島，率先奏響橫琴新區大開發第一樂章。

見到李翔的時候，他粗獷的臉上星星點點地布着一層蟬皮樣蜂窩狀白斑殼，那正是炎陽暴曬後的痕跡。此刻的時間正是中午十二點過一刻，李翔粗粗的影子濃縮成一個圓潤的芒果形正如影隨形地踩在自己的腳下，他和搭檔正從皮卡車搬卸自己打樁用的工具。

那天是 2012 年 9 月初，南方的酷熱絲毫沒有消退。李翔是中國二十冶橫琴環島路工程項目的一名外來工。作為城市建設大軍中的普通一員，他和同事每天從事的是重複單一的工作：打樁！打樁！驕陽下，在李翔的周邊，最多時數百台打樁機同時發出「哐、哐、哐」的轟鳴，那震耳欲聾的打樁聲，連澳門市民都強烈地感覺到地表在顫動。

從澳門的角度看，近在咫尺的橫琴已褪去靜謐 —— 這個最貼近澳門的地方剎那間變成了熱鬧非凡的「大工地」：築路、建樓、開山，挖掘機撕開地表，運送渣土和建築材料的大卡車來往穿梭，裝滿沙石等建築材料的船隻 24 小時不停歇……澳門的這個籍籍無名的鄰居正在改變它原有的運行軌道。

中國二十冶是中國中冶的子公司，市政基礎設施 BT 項目、十字門中央商務

區、橫琴新家園項目和橫琴總部大廈都是他們的傑作。其中，總投資 126 億元人民幣的橫琴市政基礎設施項目，是橫琴開發的啟動工程、重點工程和基礎工程，包括市政道路及管網項目和海堤及環境工程項目，也是國內最大的 BT 項目。

行走在橫琴島上，是另一番熙熙攘攘：高聳的塔吊在頭頂的天空做圓周運動，灌滿混凝土的泵車怒吼着伸展手臂，挖掘機、運輸車等往來穿梭……一派緊張而有序的忙碌景象。

壞島路，這條 72.27 公里長的大動脈，是橫琴最重要的主幹道，項目從 2011 年 6 月 1 日開工。我的採訪是從環島東路開始。

「橫琴的基礎設施建設正在挑戰大面積淤泥軟基礎處理的世界級難題。」一見面，珠海中冶基礎設施建設投資公司總經理王佔東就向我「開門見山」，他戴着眼鏡，擦了擦額頭上的汗珠，然後告訴我說，一般的灘塗淤泥只有 10 多米深，而橫琴島灘塗淤泥平均深度超過 30 多米，最深處達 40 多米，要在 420 萬平方米範圍內處理好這樣深的軟基，是個世界級難題。

滄海橫流，方顯英雄本色。

攻克施工難題，從施工圖紙、施工方案入手。中冶邀請全國知名專家進行技術論證，成立了超厚軟土路基處理綜合技術研發攻關小組，通過現場檢測數據，運用反推斷和真空聯合堆載預壓法、CFG 樁、PHC 管樁等多種軟基綜合處理技術，用高大的插板機將塑料真空管插進幾十米深的淤泥，再通過真空排水讓淤泥固結，有效解決了深厚欠固結軟土路基施工難題。

「在橫琴修一條環島路真不容易，完全顛覆了傳統意義上的修路架橋。」王佔東為我舉了一個例子，軟基處理需要大量的土石資源，中冶投資公司和二十冶橫琴項目部將大芒洲山和小橫琴山山體原已爆破的石料，用於施工便道的填築，他們建起臨時碼頭，採取水、陸並進戰術……

萬馬戰猶酣。在橫琴的道路施工現場，高峰時有近萬人在披荊斬棘，集聚的挖機等設備 600 餘台，雇用的吹沙船就有 130 多條。這種全面推進的立體化道路施工創造了一周 184 米的「橫琴速度」。

在李翔所在的工地，他正熟練地操縱着打樁機，震耳欲聾的「哐！哐！哐！」

聲並不影響我們聊天。

他不善言辭，甚至很是靦腆，我一問他一答，他一句多餘的話都沒有。

「一根樁打下去，有多深？」

「30 多米這樣。」

「這麼深？」

「下面全是軟基。」

放眼望去，只見軟基樁一根挨着一根往地下「釘」。我疑惑不解：「怎麼修路也像蓋樓一樣，樁間距離是多少？」

「1.2 米 × 1.6 米。」言談中不知不覺已是傍晚，澳門的燈光逐漸亮起來，與之相映的是橫琴島上挑燈夜戰的燈火，場景依然熱火朝天。我向李翔揮手道別。回程路上，起風了，海風吹着海浪，大紅的橫幅和五顏六色的標語旗子在風中獵獵作響。「大幹 100 天！」「決戰 100 天！」「倒計還有 60 天！」這些提心聚氣的橫幅和標語在工地上隨處可見。

管線工程是市政工程的神經中樞，而橫琴項目的管線施工穿插作業多、系統龐大，施工作業環境特別複雜。這剪不斷、理還亂的管線呀！市政供水管、架空高壓線、埋地高壓電纜，中國移動、中國聯通……十幾家單位的通訊光纜交錯。

吳普生在調任大橫琴公司總經理之前任橫琴公共建設局副局長，作為橫琴城市建設的見證人和參與者，他給我講了這樣一個故事——

島上當時有一條東西走向的天然氣管道，這條天然氣管道讓基礎設施工程的軟基處理「卡」了好久。這並非一條普通的天然氣管道。這是一條向澳門輸送天然氣的管道，從橫琴環島西路直達澳門，如果稍不小心出狀況，不僅會使澳門數十萬居民的生活受影響，而且會帶來不堪設想的災難性的後果。道路施工單位和管道管理單位都被「鎮」住了。

吳普生到現場了解後，發現棘手的問題遠不止天然氣管道，還有一條南北走向的國防光纜，正好與天然氣管道形成一個「十字」狀，將整個橫琴島給「罩住」，導致主幹道和管廊工程都難以去實施。眼看工程將處於停頓狀態。公共建設局的職責既要做好工程審批和現場服務，還要負責質量監管和安全。吳普生說當時單

位也就八九個人，工作的壓力非常人可以想象，特別是工程的協調推進速度很慢。

「有了。」正當他為此困擾時，一個想法卻突然闖入腦際。

市政府不是有一個督辦室嗎？能不能參照市政府也成立一個督辦組呢？

當他把這個想法向書記劉佳匯報後，劉佳馬上拍板同意公共建設局代表新區管委會成立一個建設工程類的督辦組。

吳普生順理成章當起了督辦組組長，區裏共抽掉了十來個人，一班人馬整整8個月時間住在長隆工地和中冶施工現場，協調資源配置，解決包括供水、供電、拆遷等一系列「老大難」問題。

經過溝通，政府、業主、產權單位、施工單位等多方協調，得到軍方和澳門政府的理解和支持，最終達成停氣、遷改共識，安全排除了軍方光纜和供澳門的高壓燃氣管線這顆潛伏在地下的「定時炸彈」，消除了道路建設上的「心頭大患」。

在環島東路，我發現路坑挖得不可思議地深，幾個架子工正在忙碌地作業，他們在鋼管架上麻利地扣攏扣件，擰緊螺帽，兩條鋼管被緊緊地扣死在一起。

尤長福從鋼管架上下來，滿臉胡茬。我看見汗水順着他的額頭流到鼻尖，又滴到腳背上，粗糙的雙手長滿了繭子。在他周圍的工地上，停滿了吊車、大貨車、水泥攪拌車等建設工程車輛。

我於是乘隙跟他聊。

「今天的進度如何？」

「還行。」他用手抹一把額頭，順手從脖子上扯下一條滴水的毛巾，憨厚地朝我笑笑，「我們今天承擔的任務是 10 米 ×6 米的鋼管架，快完工了，過幾天，鋼管架的上方就會澆混凝土平台。」

架子工，是對工地上專門搭各種架子工人的稱呼。尤長福說：「工地上是分工種進行流水線作業，每道工序都由不同的工人作業。」

尤長福做架子工已經做了五六年了，像他這樣的架子工，大多是從農村出來的打工者，無論是炎炎夏日還是凜冽寒冬，他們都始終堅守自己的崗位，不言苦，不言累。

正在搭建的鋼管架是承重架。我看到，路的基坑六七米深，這些架子有一兩層樓高，根根鋼管橫平豎直，與相鄰的其他鋼管通過扣件緊緊地扣在一起。在鋼管架的最外側，還呈「X」形交叉固定着鋼管，以強化整個鋼管架群體的穩定性，將這些冷色的鋼筋化為暖色的溫馨。

汗，還在往下掉，他的衣服就像被雨淋濕一樣，濕了又幹，幹了又濕，一天下來就這樣循環着。

「多長時間沒回家了？」

「一般就農忙才請假回家幫幾天。」

「就幾天？」

「最多也就一個周，看看老婆孩子。」

「孩子多大了？」

「三歲。」他笑盈盈地回答我。

後來，尤長福的一位工友私下告訴我，三年前，尤長福家在農村的妻子臨盆難產，父母要他回家拿主意，當時正值施工大忙，這位漢子流着淚，在微信給父母留言：送醫院保妻吧！

許是老天爺為之動情，不僅保住了妻子，還給他生了個帶把兒的胖小子，喜得他把別人的班頂上了還渾然不知。

不管寒冬酷暑，還是颱風下雨，尤長福總在工地上，他的孩子怎麼長他不知道，但工程一寸寸地長，他清楚得很。

他知道，自己不屬於這座城市，自己只是這座城市的建設者，他來這裏為的是家人的幸福生活，這是他樸素的想法。也許，這個項目完工後，他和他的工友將輾轉到另一個尚不為人知的工地……

2012 年 12 月 28 日，環島東路及其延伸線通車，比原計劃整整提前一年建成。這條長 7.6 公里的環島東路，成為橫琴基礎設施建設的代表，它既是出入橫琴的「咽喉要道」，也是檢閱橫琴開發成果的景觀大道。

此時，我在想：李翔們呢？尤長福們呢？

那些普普通通的工人兄弟們呢？

橫琴不會忘記！

橫琴不要忘記！

環島路上橫亙着一座大橫琴山，山峰俊秀，恍如一軸濃墨重彩的丹青畫卷，靜靜地鋪放在橫琴島南部。

2016 年 10 月，山下一聲隆隆炮響，驚醒了千古沉夢，橫琴長灣隧道的建設序幕被拉開。工程北起富祥灣路，南抵環島南路，為城市次幹路，東線全長 1072 米，西線全長 1025 米，投入 5 個億。

行內人都知道，掘隧最被關注的就是地質狀況。長灣隧道工程南北側洞口開挖面是粉質和沙質黏性土，為軟；洞口下部分則是花崗巖，為硬，屬典型的「上軟下硬」。

工程建設者會不會欺「軟」怕「硬」？

當然不會。

打隧道是上海隧道工程公司的強項，無論巖層多麼堅硬，長灣隧道對他們來說只能算個「濕濕碎（小意思）」了。

鉚上勁的上海隧道工程公司承建這條隧道，確實是他們在華南地區遭遇的首條硬巖隧道，其中，硬巖層 —— Ⅳ 級和 Ⅴ 級圍巖，佔線路總長的 80%，強度可達 60MPa~120MPa。

施工方採用礦山鑽爆法進行隧道施工，即依靠人工爆破挖掘，從北洞口單側掘進。隧道內施工環境甚為複雜，除了噪音、高溫，現場作業人員還要面臨空氣污濁、積水偏多、光線偏弱等問題。

我結識一位來自貴州的工人楊文章，他身材單薄，衣着樸實，35 歲已是久經「沙場」的打隧道老將。不過，來到橫琴長灣隧道工地後，他還是倒吸了口涼氣。作為親歷者，進場初期的苦與累讓他記憶深刻，尤其是「沒完沒了的蟬鳴和煩不勝煩的蚊子」。

楊文章幹的是最苦的鑽孔，打孔時煙塵四溢，汗水落到眼裏又癢又疼，不過他始終充滿着樂觀主義精神。

「累也樂，苦也甜。」一次摔倒了，膝蓋碰出了血，他擦上藥膏堅持上工地，並在微信裏詼諧地說「今天又拜了一下橫琴的土地神」。

楊文章參加工作 15 年，他用一座座隧道「連通」了自己的履歷，用實幹書寫了自己精彩的「隧道人生」。

長灣隧道雙線貫通的那天，我來到正在施工中的隧道工地。臨近洞口，就能聞到隧道中那種混合着硝煙和塵灰的味道。摸一把，一片透心的冰冷；呼吸，一口氣一股嗆鼻的炸藥味。

進入洞口，腳下是泥濘。頭頂的穹隆和兩側的洞壁上，懸掛着明亮的照明燈盞，讓每個初踏者心頭一片振奮。

「5、4、3、2、1──起爆！」一陣「電閃雷鳴」過後，在「隧道貫通了！」的歡呼聲中，掘隧軍團們身着藍色工服，揮着藍色旗子，在隧道出口激情相擁，無數雙大手，不約而同地緊握在一起⋯⋯

不斷對自己挑戰，不斷對極限說「不」，上海隧道工程公司用他們的實幹和篤行，用他們的匠心和開拓精神，礪劍橫琴，鏖戰一年，終於將穿越大橫琴山的首條隧道一舉貫通。

與長灣隧道不同，馬騮洲隧道要比長灣隧道「複雜」，這條隧道曾讓不少幹部牽腸掛肚，也讓建設者輾轉難眠⋯⋯

公元 2017 年 11 月 12 日，盾構機「任翱號」穿越海底，回頭抵岸，建設工人們歡呼雀躍，紛紛為這個顏值杠杠的大功臣披紅掛綠。馬騮隧道是珠海首條海底隧道。作為大橫琴股份有限公司項目管理方，工程二部經理楊小榮在他簡陋的板房裏為我介紹情況：工程 2014 年 7 月開工，隧道全長 2335 米，分為南引道、北引道和海底隧道三部分。其中敞開段 397 米，暗埋段 721 米，盾構段 1217 米。單管設置單向 3 車道，兩管組合形成雙向 6 車道，隧道外徑 14.5 米⋯⋯

烈日炎炎，機器轟鳴。走近海底隧道，只見二十多米深的巨大作業井裏，混凝土樁柱林立，密密麻麻。暗埋段的地牆一幅連成一幅，大體有一百多幅，施工場面相當壯觀，楊小榮說如此壯觀的場面已經持續了一年多時間。

「施工難度有多大？」我問楊小榮。

「典型的華南地區複合地層。」

「複合地層是個什麼概念？」

「作業點附近陸地是填海而成，土層中有大量拋填物。譬如拋石、塑料排水板、孤石、花崗巖等地下障礙物。」

「技術難題？」

「拋石多、覆土淺、巖面高。」楊小榮脫口而出。海底隧道採用國內領先的大直徑盾構法施工。承建方是隧道股份上海隧道工程有限公司，施工現場負責人胡天寶告訴我，海底隧道部分穿越整個馬騮洲水道，總長約 1.2 公里，是隧道施工的難點。從長灣隧道到馬騮洲隧道，公司剛剛在長灣「穿山」成功，便又馬不停蹄移師馬騮洲「過海」。

這一次，他們請來了一個「超級幫手」。這是一台長 125 米、高約五層樓、重達三千多噸的「巨無霸」，全名叫泥水氣壓平衡盾構機。這個名叫胡天寶的工人告訴我，盾構法施工的難度和成本大於傳統的爆破法，僅一台盾構機的價格就是 4 億。我聽得直咂舌，竟忘了問他的職務。在複雜的地質情況下進行超大直徑盾構法施工在國內尚屬先例，由於工作井底板澆築體量相當大，底板開挖最深，基坑底部距離下部含水層很近，澆築過程中極易引起基坑突湧，危險係數相當之高。這遠遠不夠。

盾構機推進過程中，馬騮洲海域巖面變化劇烈，兩側陸域是沉積多年的回填區，大量回填障礙物既無記錄又無規則，常規地質勘探手段根本無法精確反應。經多種探測工藝補勘，發現隧道軸線範圍內存在的障礙物遠超預期，其中，拋石最大直徑達 2.2 米，盾構切削花崗巖層高達 6 米，巖體強度高達 120MPa。

「怎麼辦？」工程陡然陷入困境。上海隧道請來特聘顧問專家組，錢七虎院士親自擔綱，提出「超前預處理、盾構機針對性改制」的解決方案。地震波反射法、海域 SSP 探測法、密集排孔探測法……全國最先進的探障手段悉數上場。全回轉清障、海域微差爆破、海底覆蓋加固……全國最高效的清障工藝照單全收。

工地 24 小時施工，300 多工人三班倒作業。施工方還採用重型滾刀、加裝貝殼刀、倉內增設攪拌棒、提前設置換刀加固區等方式，6 個月便完成隧道全線障礙

物超前預處理，同時對盾構機進行針對性改制，動態調整控制參數。

於是，盾構機全天候狂飆突進……

我是從南岸保稅區進入馬騮洲隧道的。那是一個秋高氣爽的豔陽天，遠遠望去，三層隧道盡收眼底：上層艙鋪設燈光、通風、照明等弱電制控線路及相關管線；中層艙為三車道通行的交通層，同時預留了有軌電車的線路使用空間；下層艙則主要滿足強電管線、供水、排水、應急通道等功能。

出隧道北是南琴路，向南直達橫琴中心區域。線路從北至南依次經過珠海保稅區、馬騮洲水道、濱海次幹路海堤、琴海北路、橫琴中路北端接環島北路；往北直達橫琴二橋、金海大橋……

「橫琴二橋動工了。」那是 2012 年 2 月 18 日，橫琴荷塘社區書記、主任梁玉榮把這個視頻消息分享在 QQ 群裏，大家你一言、我一語討論開了。

梁玉榮 1963 年出生在橫琴島紅旗村一間草棚屋裏。說到橋，梁玉榮回憶起小時候進出橫琴的艱難：「六七歲時跟着父親搖船去珠海灣仔，村裏只有小木船，那年月，從橫琴到珠海非常難，划船去得花上 3 小時，有時遇上前山河放水閘，划船就更難了。」

回憶起橫琴無「橋」的日子，家住橫琴石山村的梁豔影說，當時到橫琴的船一天只有四趟，從珠海灣仔坐船到橫琴要 45 分鐘，周五下了班趕到灣仔坐船，回到橫琴天都黑了。

梁豔影是 1997 年從珠海灣仔嫁來橫琴的。「我當時結婚都沒擺酒，直到兩年後橫琴大橋通橋才回村裏擺酒。」她笑着說。

有趣的是梁豔影的婆婆楊買喜也是從灣仔嫁到橫琴的，「1966 年坐船嫁過來，當時看見到處都是茅草屋，心都涼了半截。」楊買喜直言後悔了很多年。如今天遂人願，突如其來的橫琴大開發，讓楊阿婆反倒覺得嫁到這裏其實是一種福分。

橫琴有不少橋，橫琴大橋、蓮花大橋、海貝橋、海鳴橋、海琴橋、海澳橋、海韻橋……每到夜晚，橋上的一排排路燈被點亮，宛如一條蜿蜒的長龍，加上晚

霞的襯托顯得格外迷人。我為什麼寫橫琴二橋？

　　橫琴二橋全長 6.6 公里，耗資 16 億元人民幣，主線向北延伸連接廣珠西線、港珠澳大橋側接線；向南設雙拱肋鋼桁拱橋上跨洪灣水道後，高架於環島西路上，終點設橫琴互通與橫琴中心南路相連。

　　2013 年夏天，炎熱天氣加上直射的陽光，大部分人都「貓」進了陰涼處。但在橫琴二橋工地上，鋼筋工們卻不能停下手中的活計，咄咄逼人的太陽，逼出他們一身透汗。他們要利用這晴朗天氣抓緊施工，為下一步澆築混凝土做好準備。

　　李尚坤是二橋建設工地上的鋼筋工，除鏽、調直、連接、切斷、成型和安裝鋼筋骨架，是他從事的工作。他戴着一頂安全帽，眉頭緊鎖。

　　我看見他的臉上好像寫着一個大大的字：累！

　　「紮鋼筋是夯實橋體最重要的步驟，雖然鋼筋藏在水泥裏看不見，但是個良心活兒，一點兒不能馬虎。」在橋樑澆築現場，李師傅一邊紮鋼筋一邊說，周邊彌漫着金屬的味道。

　　40 多歲的李尚坤來自重慶秀山，他和工友們每天用鋼筋「織大橋」，鋼筋工的生活，簡單而又忙碌。

　　從他那雙老繭密布的手上，就知道鋼筋工是個粗活兒。但看了他幹的活兒，我又不得不歎服，他把粗活兒做得很細。

　　穿過去，鈎過來，用紮絲鈎將鋼絲快速打個結，看見李師傅靈巧而又飛快地「編織」。鋼筋在太陽的暴曬下傳熱很快，不一會兒就會熱得發燙，必須要戴上很厚的手套才能正常工作；而由於工作的特殊性，李師傅和工友們只能蹲着前行在鋼筋叢林中綁紮鋼筋，時間一長，兩條腿都變得酸麻，這時候也只能稍稍站起活動一下膝關節，旋又投入到未完的工作中。一副行囊，一把紮槍，有着 10 多年紮鋼筋經驗的李師傅闖蕩四方。他告訴我，每個方格綁紮不能跳扣，每次擰三圈，不得少一圈，不能漏綁一個格。因為每根鋼筋各司其職，共同肩負着大橋的整體安全。

　　李師傅氣喘籲籲，說：「幹咱們這行的，沒啥技術含量，關鍵是耐得住寂寞和辛苦；如果不踏踏實實、精益求精，這簡單的工作也是幹不好的。」

我想，這些普通鋼筋工身上體現出來的，不正是我們提倡的「工匠精神」嗎？正是他們的勤苦勞作和無私奉獻，才為橫琴大開發奠定最堅實的基礎。下午 6 時，質檢工程師過來巡檢。經過比對圖紙，給出了「驗收合格，可以澆築混凝土」的質檢報告。

「李師傅幹的工程，完全按照圖紙設計規程操作，每一步驟都精益求精，想挑他的毛病還真難。」檢查質量的工程師對我說。

這時，天快黑了，但李師傅和工友們還要加班加點：「我們多加點班，工程就能快點，我們的事是橫琴的事，橫琴的事就是澳門的事，我們是真的無怨無悔。」

我滿臉的愕然，爭分奪秒、夜以繼日、加班加點怎麼成了幾十年來農民工的「傳家寶」？

看着一個個忙碌的身影，新時代的「匠心之道」，在他們身上演繹出多麼豐富的內涵啊！

2015 年 12 月 30 日，時值歲杪，橫琴二橋通車了，現場頓時一片歡呼，一片沸騰。

李尚坤參加了通車儀式，他說自己總算鬆了一口氣。

也許他並不知道，這座造型精緻精緻、寬闊綿長、吊杆如琴弦斜張、拱肋如琴弓橫臥的大橋竟然是國內跨徑最大的鋼桁拱橋。

橫琴二橋跨越馬騮分享水道後，在橫琴互通處預留了另一座大橋 —— 金海大橋的接口。這個接口，在三年後的 2018 年 7 月 1 日終於等來了「牽手」。

17 時 18 分，在一陣鞭炮聲中，全長 10.7 公里的金海大橋橫琴岸引橋 22 號墩 1 號孔鑽機緩緩啟動，金海大橋主體結構施工正式拉開序幕。

金海大橋是珠三角入海口上建設的第一座公、鐵兩用的特大橋，也是國內首座公、鐵同層合建的跨海大橋，其中，橫琴岸的引橋長 200 米，9 個橋墩，鑽孔樁共 50 根。

大橋所在的磨刀門水道淤泥深，水下花崗巖巖層硬度大，每個樁基的作業面直徑達到 3 米，施工方中鐵大橋局使用針對硬質巖層的大沖反鑽機進行打樁施工，僅樁錘就重達 9 噸，每根樁深達 40 米，打下後牢牢深入巖層內部。

　　三年之後，這座金海大橋將如一把神奇的「縮地金尺」，把珠海金灣機場到橫琴島的距離，從 50 公里的路程縮短到 20 公里。在橫琴，橋是神奇的節點，它縮短距離；橋是希望的跑道，它穿越時空；橋是理想的彩虹，它連接路網，構成四通八達的康莊大道。

　　大道如虹踏歌行。至 2018 年，橫琴「兩橫、一縱、一環」的城市主幹路網基本建成，初步形成了綜合立體、高效便捷的交通格局。

　　環島北路、環島東路、中心北路、中心南路、環島西路等一條條嶄新的馬路打通了全島經濟社會發展的「奇經八脈」。

　　向東，是連接澳門的蓮花大橋。

　　向北，是相繼建成的橫琴大橋、橫琴二橋以及馬騮洲隧道。

　　向西，是正在建設中的金海大橋和廣珠城際軌道。

　　10 年，曾經荒蕪的橫琴島出現了 27 條高標準的市政道路、14 公里美觀實用的海堤、15 公里溝通多個節點的隧道……除了路網，橫琴還高標準地建設了綠色電網、供水和排水系統。貫穿全島的廣珠城軌可直達廣州乃至全國，廣珠城軌延長線還將與澳門輕軌在橫琴口岸無縫對接……

　　10 年，3650 天，橫琴脫胎換骨，築牢「百年基業」。

　　這是怎樣的大手筆、大氣魄啊！

地下「大動脈」

梅雨季節，橫琴的天氣有點怪異，前幾天還一直晴空萬里，採訪這天卻突然狂風驟起。

從橫琴大橋驅車由北向南進入橫琴東路，我注意到一個細節：眼前的柏油馬路，平平整整、幹幹淨淨，而架空的鐵塔和蜘蛛網般的電線電纜卻了無蹤跡。

「這些電線電纜都去哪兒了？」我正在納悶。

「就在您現在位置的地下 6.5 米處。」陪同我前往的橫琴發改局袁超似乎看出了我的狐疑，他對我說，「我先帶您到新建的規劃展示廳去理性認識一下，讓高科技為您揭開謎底。」

當年的舊展廳我曾去過，但現在已經被高樓大廈所覆蓋。

走進新規劃展廳，「橫空出世、琴鳴天下」八個大字給每一個初來乍到者以強烈的視覺衝擊。新展示廳融入了更多的高科技元素，這些元素講述着橫琴的過去，同時也展現了這片創新熱土的未來。

跟隨 VR 漫遊鏡頭，我看到，一棟棟高樓拔地而起，一條條交通網四通八達，整個城市環繞在綠水青山中，形成「山脈田園、水脈都市」。

當 VR 漫遊鏡頭切換到地下納入的一根根城市管線時，袁超壓低着聲音告訴我：這就是綜合管廊，所有的管線都收納在裏面了。

我一邊點頭回應，一邊仔細聆聽視頻同步解說：「管廊呈『日』字形，分為一艙式、兩艙式和三艙式斷面，內部共收納給水、電力、通信、中水、冷凝水以及真空垃圾管等多達六七種的管線，是目前國內收納管線種類最多的綜合管廊。」

簡直太魔幻了，這就像是城市的經絡和血脈。

此刻，在我的腦海裏，一條長 33.4 公里的地下綜合管廊，宛若盤踞於橫琴新區地下的一條「巨龍」，其「腹中」的條條管線，儼然是這座城市的「冠狀動脈」，正源源不斷向全島各個角落輸送「血液」……

地下綜合管廊究竟長啥模樣？

百聞不如一見，我決定去探訪這條神祕的「地下長城」。

那天，頭頂上的太陽像火盆一樣，炙烤着橫琴。在環島北路的一座控制室，我沿扶梯進入地下，一處綿延的「地下隧道」讓我驚歎不已，儘管地面烈日炎炎，裏面卻是涼風習習。我發現「隧道」不僅整潔清爽，而且堪稱壯觀：寬 8.3 米、高 3 米。

「果真別有洞天，這像是『地道戰』！」我為地下通達的寬闊空間嘖嘖稱奇，自言自語道，「可以跑一輛工程車輛。」

那天是嚴振茂當班。他每次入廊時，總會重複地進行下面的動作：先打開控制箱，檢查是否有跳閘；再摸一下給水管，檢查是否有滲水漏水；最後，再檢查一下通訊管接口，看看零件是否脫落⋯⋯

這裏就是用於集中鋪設各種市政管線的地下綜合管廊了。

管廊是一個典型的艙室，一艙式綜合管廊 7.6 公里，兩艙式綜合管廊 19.2 公里，三艙式綜合管廊 6.6 公里；另有一艙式電力隧道，長 10 公里。中水管、給水管、通訊管、冷凝水管、真空垃圾管、220 千伏電力電纜各行其道，有序排開，一切安好。

我觀察到，管廊一邊是一根粗大的黑色管子，另一邊則排列着很多根白色的 PVC 管，從接頭處可以看見裏面裝的是各類線纜。大橫琴管廊運管公司總經理全其剛介紹說，黑色的是給水管，白色的裏面裝的是電纜等各類線纜。

「每根管線為什麼都註明着所屬單位？」我問全其剛。

「這樣萬一哪根管線出了故障，只要打開接點處的井蓋，便能立即查找到所屬管線的所在位置。」他解釋道。

「真方便。」我說。

「如果要新增光纜，從過去要 6 個月縮短至 2 天就搞定了。」

「這些管線都派上用場了嗎？」我有些疑問。

「垃圾真空管和中水管線目前是預留管位，將根據島上入住人數達到一定規模

才投入使用。比如，垃圾真空管只要在樓宇裏每層加一個垃圾收集口，人們把垃圾倒入這個口後直接到達垃圾真空管。」

我看到，垃圾真空管直徑足徑有 1 米。全其剛告訴我，以後在橫琴將看不到垃圾車來回跑。生活垃圾都通過垃圾真空管集中運送到一個處理站去處理。到終端時有專人負責分類回收。運輸的動力是靠大氣壓力，時速可達到 100 公里，幾乎跟小汽車跑得一樣快。

「中水管的作用呢？」

「中水管是收集雨水和生活污水，經過簡單的處理後用於清洗馬路和澆樹的。」

「把通電的管道和通水的管道放在一起會不會不安全？」

「那不會，管道破漏無非是三種情況：土壤腐蝕、受到外力破壞、達到使用壽命。這幾種情況發生的幾率都非常低，就算是出現了輕微漏水，也會通過集水溝流到集水坑，而集水坑達到一定水位會排出去。」全其剛說。

「是不是很智能很安全？」

「管溝內有 724 個攝像頭實時監控，加上溫度和濕度控制、有毒有害氣體控制、氧氣控制、煙感探測等感應器，溫度一超過 50 攝瓦度，管溝內將自動開啟智能通風。可以說是裝上了安全鎖。」

「運行和維護是全智能化控制嗎？」

「是的，通過物聯網技術與中控平台相連。這個平台以 BIM 技術以及地理信息系統為基礎，將綜合管廊監控與各子系統集中接入，通過各種真實的傳感設備同虛擬地圖環境相結合，實現場景、設備位置、報警等信息的全景呈現與控制管理。」他不厭其煩地回答我的提問，我知其然而不知其所以然。

「我聽起來怎麼像天書？」我慚愧地笑。

「簡單來說有四大特色：一是一體化集成設計，包括界面、數據、信令、業務的集成；二是將 GIS 地圖、三維地圖相結合，讓操作更為便捷；三是以安防設備和環境探測設備為基礎，預案管理、報警管理、運維管理等規範化，數據保存完整化；四是以智能分析、紅外線報警、電網監控等為監管手段，實現報警聯動控

制智能化、業務處理自動化等。」

「哦……」我有些茫然。畢竟，在專業知識面前，我唯有閉嘴。

「往回走吧！」談話間，我拿起手機看了看時間，不知不覺已走了15分鐘，我開玩笑道，「再往前，可能就直通澳門了。」

回程路上，迎面碰上了正在巡檢的大橫琴管廊運管公司總工程師閆立勝和珠海供電局輸電電纜一班班長朱五洲。我見面就問：「運維單位和管線單位是怎麼分工的？」

「我們負責的是管廊主體、配套設施（的管理），管線的問題是由他們管線單位負責。」閆立勝指了指朱五洲，然後用「物業」和「業主」之間的關係來類比地下綜合管廊運維方和各管線單位的責任分工。

「日常的運管都是這樣的嗎？」

「我們日常巡檢大概一周一次全覆蓋，也就是全段管線，重點區域每天會巡檢。如果是管廊結構的問題，我們來處理；如果涉及管線問題，我們會通知管線單位來處理。」閆立勝回答道。

朱五洲插話道：「以前高空架線，巡線很擔心外力破壞，比如樹高超標、漂浮物影響……電纜入廊就可以直接避免這些影響。而且管線入廊比直接埋地下還要好，相比直接埋在地裏，隧道內主電纜可以看得見，而且視頻監測可以更直觀地發現問題。」

足足兩年半時間，橫琴一直在搞「地下工作」。

當時，很多人怨聲載道不理解，搞這個「隱蔽工程」費時費錢，幾年看不見政績，還不如儘快把幾棟樓先建起來……特別是一些意欲進駐橫琴的澳門企業家等不及了：不是說橫琴是為澳門經濟多元發展提供空間嗎？怎麼「雷聲大雨點小」，遲遲不讓「進門」？

為消除誤解，橫琴還專門開記者會向各界澄清事實。

路、電、氣、水、網絡……橫琴必須先把基礎打牢，市政配套做好，為澳門企業的入駐提供優質保障，否則經營的成本會高不可測。

橫琴說等等。

再等等⋯⋯

橫琴緣何要投資數以億計的巨資，費時近 3 年來修建這樣的一個看不見的工程？

當時的新區管委會副主任蔡凌燕在接受媒體採訪時曾為記者算了這樣一筆賬——

記者：橫琴的綜合管廊投資有多少？

蔡凌燕：20 億！

把 20 億元人民幣「埋」在地下，這意味着管溝每掘進一米，就得花費人民幣 6 萬元，一公里就是 6000 萬元啊！

記者：這麼大的投資，劃算嗎？

蔡凌燕：非常劃算。

蔡凌燕為記者扳起手指算：一是消除了馬路檢修時的麻煩，維護城市景觀；二是節約了土地；三是方便包括供水、供電、通信以及冷凝水等所有管線設備的檢修、保養。

他把這三筆賬講得「頭頭是道」——

其一，屏蔽城市頑疾。城市道路重複開挖令人詬病，施工的時候，鈎機不知道哪裏有管線，有時候一鈎，水像噴泉一樣噴出來，水的損耗特別大。據《南方周末》的報道，2016 年至 2017 年，全國僅媒體披露的地下管線事故，平均每天就有 5.6 起，每年由於路面開挖造成的直接經濟損失約 2000 億元。

其二，橫琴寸土寸金，土地資源非常稀缺。地下管廊可以節省約 40 公頃的城市建設用地，相當於 56 個足球場，按橫琴現在地價及容積率估算，產生直接經濟效益超 80 億元，我們建管廊花了 20 個億，相當於淨賺了 60 個億。

其三，安全快捷，維養方便。譬如，以前架在空中，風吹日曬和雨淋都會使電纜發熱，產生能耗。一旦有極端天氣發生故障，維修人員時常需要冒很大風險爬到高處檢測，有了綜合管廊管線，維護能在地下「靜悄悄」地完成。以往供給自來水的管道是直埋地下的，一節節管子相接的插口處便容易受到地基變化的影

響。而在管廊裏，避免了與土壤和地下水的接觸，平均使用壽命從 25 年提升到 50 年，而且安全得很……

　　這個讓橫琴不惜砸下重金的綜合管廊又是個什麼東西呢？綜合管廊，是指將各類公共設施管線集中收納在公用管溝內，實施統一規劃、設計、建設和管理。這一理念最早起源於法國巴黎。19 世紀末，巴黎曾一度以「臭味之都」著稱，政府修建了下水道排水系統，初衷是用於對城市廢水和雨水的處理。隨後，德國、日本緊隨其後，先後修建了收納給水管、電力、電纜、煤氣等管線的地下綜合管廊，總長度達到 2350 公里。

　　在我國，地下綜合管溝到 21 世紀才進入公眾視線。2010 年橫琴管廊開建前，國內僅上海世博園、廣州大學城建設有綜合管溝，世博園區的共同管溝寬、高皆 2 米，全長 6.6 公里，總投資約 17 億元；廣州大學城管溝寬 7 米，高 2.8 米，總長 18 公里。

　　橫琴的地下管廊，無論在里程、規模、體系，還是智能化水平上，目前都穩居國內的「NO.1」。

　　彼時，國內城鎮化步伐不斷加快，新城、新區如雨後春筍般出現。然而，城市的「面子」好看了，但是有些城市的「裏子」卻依然如故，「馬路拉鏈」「空中蜘蛛網」「城市看海」等問題考驗着城市管理者和建設者的能力。

　　開發之前，橫琴就決心不再重複城市建設的老路，杜絕反覆開挖道路，暴雨來臨時不再出現內澇，消滅城市上空密布的電線。城市綜合管廊於是進入了橫琴決策者們的視野。然而，修建綜合管溝對橫琴來說是個艱難的選擇。經多方考察，發現修建綜合管溝投資很大，回報周期比較長，建設難度也很高，特別是巨額的投資和綿長的回報周期，對當時財政收入不到 4000 萬的橫琴來說無疑是一筆「巨款」。

　　建設之初，百端待舉，自身財政並不寬裕，要花 3 年時間拿出 20 個億修建一個看不見的「地下管廊」，這是哪門子主意？在一場諸多專家參與的論證會上，討論十分激烈。

　　「管廊建設難度大，會影響橫琴地面工作的進度。」

「造價這麼高，成本怎樣收回？」

「入廊管線的業主單位眾多，協調難度會很大。」

「建成之後如何管理……」

會場氣氛緊張而又沉悶，一時間，各種質疑之聲不絕於耳。

搞還是不搞？

如何搞？

最後，橫琴新區黨委書記劉佳力排眾議，頂住壓力。她語重心長地表示，橫琴開發是國家戰略，要高起點規劃、高標準建設，要以人為本，地面上要「風光」，地底下要「良心」，基礎設施就一定要做到一步到位，百年不落伍。

儘管建設地下綜合管廊一次性成本投入巨大，但橫琴最終還是選擇了綜合管廊，因為那是在堅守城市的「良心」。

既然是一勞永逸，搞！

2010 年 5 月，綜合管廊伴着爭議和質疑艱難上路……

城市尚未成形，地下的故事已經在開始悄悄書寫，而握如椽大筆書寫故事的，正是世界 500 強企業中國冶金科工集團有限公司。

中冶，非等閒之輩──

78 次榮獲中國建築工程最高獎項──魯班獎。

9 次榮獲土木工程權威──詹天佑獎。

榮獲 459 項優質工程獎。

承擔中國大型鋼鐵企業超過 90% 的設計施工任務……

從鳥巢、鳳巢（北京鳳凰國際傳媒中心）、上海世博會主題館、上海迪士尼主題公園，再到中國西部國際博覽城、新加坡環球影城、新加坡聖淘沙名勝世界、哈爾濱大劇院、武漢琴台大劇院等令人驚歎的城市坐標，中冶集團不斷刷新了國人對於築造的想象力。

從地上轉入地下建管廊，中冶跨界了？

當時，國內綜合管廊建設尚處於起步摸索階段，也沒有出台相關的設計和施

工規範。中冶敢於嘗試的原因在於，地下管廊雖然在中國的城市建設中是個新鮮事物，但在冶金行業卻不是。

早在 20 世紀 70 年代末，中冶集團在上海寶鋼建設過程中，便借鑒與引用國外的先進經驗與日本新日鐵合作，在全國率先引進並興建了大型地下綜合管廊系統以供工業生產專用。時隔近 40 年，這條長約 15 公里包含煤油氣、電力等危險介質管線的綜合管廊依然在廠區地下城內，見證着歷史與時代的變遷。

在湖南常德人道上，湖南省首個地下綜合管廊項目就是在中冶人的手中誕生的。這也是中冶集團首個將工業化成果轉化為民用產品的項目。「城市還可以這樣建？」理念上的突破、技術上的創新，大大震撼了各地的城市管理者。

和常德不同，橫琴地下綜合管廊工程是國內首個成系統的區域性綜合管廊系統。中冶集團不是簡單的拍腦袋，他們經過系統的決策分析，多方調研、考察、論證，經過了一番謹慎的考慮。

破天一聲揮大斧。2009 年 6 月，中冶集團的先鋒部隊中國二十冶、二十二冶兩支王牌軍開進橫琴。

二十冶集團李勇董事長兼任珠海中冶投資公司董事長，王佔東副總經濟師出任總經理，坐鎮橫琴，親自督戰。

在誓師大會上，李勇為出征的「戰士」鼓勁：「橫琴助力澳門經濟適度多元化發展，不僅是橫琴的事，廣東的事，更是全國人民的事。能夠參加橫琴的開發建設，你們責任重大，任務艱巨，使命光榮……」

中國二十冶從各地調兵遣將，組織精幹力量成立中國二十冶橫琴項目部和天津二十冶橫琴項目部，市政、電裝專業項目部陸續進場，浩浩蕩蕩地以王牌之師的威武之勢開進橫琴。

為澳門大學提供完善的市政基礎設施保障，為橫琴即將迎來的澳門投資置業、跨境生活夯實基礎，二十冶在橫琴打響了第一槍。

挖基坑、打樁、抽淤泥、架鐵管、灌水泥……橫琴島是一片灘塗，淤泥深厚，含水率高，土壤強度低，在這樣的軟土上搞工程，好比「豆腐上繡花」。

「這裏的淤泥特性比較差，在上面有荷載的情況下，更容易產生沉降。」許海

巖是中冶二十冶集團廣東分公司的總工程師，他參與了橫琴地下綜合管廊的核心設計和建設工作。

我們在橫琴邂逅，許海巖說：「33.4 公里長的綜合管廊，相當於在地下建了一圈環島路。」談起這座巨大的混凝土建築，他的印象十分深刻，說到興頭上時，克制而嚴謹的臉龐上也會眉飛色舞。

淤泥的高靈敏度讓開挖基坑、打樁、做支護的施工過程很艱難。許海巖稱：「就像在淤泥裏插一根棍子，剛開始有一定的阻力，但要是在裏面晃一晃，阻力就會下降很多。」

這讓建設者們傷透了腦筋。

對此，許海巖他們絞盡腦汁，採用了排水固結法：在淤泥中插入排水板，上面加堆土增加荷載，在抽真空設備的幫助下，將淤泥中的水通過排水板排出，使淤泥逐漸固結，提高強度。

最終，土壤的平均含水率成功地從 65% 以上降到 35%。

「在綜合管溝施工過程中，您有印象比較深的經歷嗎？」我問許海巖。

「有啊！比如基底反湧、板樁滑移就常遇到。」

「你們採取了哪些措施？」

「我們採取的是交替跳倉的施工方法。」許海巖告訴我，二十冶大力開展科技攻關，以技術創新來引領橫琴管廊建設，採用自主研發的複雜地貌條件下市政道路及綜合管廊建造成套技術，為項目建設提供強大的技術支撐。匠心獨運。「海漫灘複雜地層深基坑綜合處理關鍵技術」等 3 項技術處於國際先進水平，19 項專利、5 項部級工法等展示了二十冶在管廊領域的技術優勢。

橫琴橋頭。由於綜合管溝施工區域位於橫琴島出入門戶，是環島北路、環島東路中段綜合管溝的交叉部位，作為橫琴島「咽喉要道」，施工期間必須確保交通順暢。二十冶改進施工工藝，創新施工方法，採用翻交的半幅施工方式，最終確保了工程進度。

「地下管廊建好後，完全可以拍攝電視劇《越獄》的續篇了。」許海巖幽默地說道。橫琴特殊的地質條件決定了管廊基坑容易變形，深基坑支護不敢鬆懈，半

點不能馬虎，否則將嚴重影響後續施工。二十二冶集團機電公司橫琴項目涉及深基坑的部分包括綜合管溝深基坑、地下綜合管溝和地下電力隧道。

「幹就幹好，做就做精。」從項目部成立之初，機電公司就把珠海橫琴綜合地下管廊項目作為一個精品工程來打造，從各地抽調業務素質精湛的人員組成團隊，着手辦公生活區建設、項目總體策劃、作業隊伍落實、現場踏勘、設計文件跟蹤等一系列準備工作。項目經理高明軍清楚地記得：2011 年 6 月 1 日，他們的項目正式開工，2013 年 10 月 18 日正式竣工。

700 多天啊！飽含了多少二十二冶建設者的心血與汗水？

綜合管溝和電力隧道都是埋於道路管廊帶和中央綠化帶下，基坑深度達四五米，並且地質情況複雜，既有軟弱的淤泥地段，又有山體巖石地段，給基坑開挖和基坑支護帶來了重重困難。

烈日當空，太陽炙烤着大地，午時的氣溫高達 38 攝氏度。空氣悶得讓人發慌，稍微動一動，便滿身是汗。我到訪二十二冶橫琴項目部工地。工人們正在緊鑼密鼓地施工。接訪我的是項目總工程師李佔闖。一接觸，我發現他性格灑脫，直率，大氣。

「深基坑工程可以說是橫琴項目最大的施工難點。我們在保證工程質量的情況下倒排工期，現在是進入讀秒階段，全天候 24 小時施工，晚上來也是燈火通明。」李佔闖對我說「工人們真是辛苦了！」我敬佩之情油然而生。「我們沒有一個打退堂鼓，從方案編制到專家論證，從圖紙會審到施工交底，從工序安排到基坑監測，一直有條不紊地向前推進。」

土釘牆、鋼板樁、灌注樁、放坡開挖……那些日子，項目部每天都安排專人蹲守在基坑觀測位移和沉降，巡視觀察地表變化，周邊還設置安全可靠的防護措施，懸掛警示標識。

李佔闖說：「基坑就像繈褓中的幼兒一樣脆弱，我們都是戰戰兢兢、如履薄冰。」從綜合管廊現場採訪出來，我們儼然已成了「泥猴」，不約而同地相互「噗」的一聲笑了。那天晚上，我在我的微信朋友圈裏發了幾張工人們施工的實況圖片，在圖片的上方，我寫下了一行字：記住二十二冶的兄弟們！我的這一小小舉

動竟獲得了 150 多個「讚」。在橫琴鎮上，我採訪到一位管廊施工的小「領班」，他叫黃志國，48 歲卻一頭白髮，廣西桂平人，是一位土建工程師，從事這一行已有 25 年。

黃志國和老婆租住在橫琴鎮上一間一房一廳的房子裏，老婆為工友們做飯。每天中午，黃志國都要開車去鎮上給工人取飯，下午繼續圍着管廊工地轉，晚上有時八九點才收工。

「管廊施工挺快的。」一年前，黃志國來到橫琴，在這個環境裏過着他工作 25 年來基本不變的生活。談起這一年多來的變化，黃志國的第一印象就是「快」。

「剛開始來的時候，周邊工地都沒有，你看沒多長時間，那些樓都冒出地面上來了，整個橫琴都在變化。」

黃志國每天早上吃完早餐後就給工人安排工作，泡在基坑工地，協調工程上遇到的各種問題。來橫琴雖然已經一年多，但黃志國幾乎只往返於工地與橫琴鎮之間，偶爾陪妻子去珠海華發商都逛一下街。

「搞工程基本都這樣，在工地上過活。」黃志國淡淡地說。採訪黃志國是在一間小店裏，一摞蒸籠熱氣騰騰，肉香愈發誘人，一個女人正在揉面團。

「是我老婆。」他「嘿嘿」地向我介紹說。

女人窘在那裏，有些靦腆。

時間已到了下午 5 點，採訪結束。黃志國的妻子不知什麼時候出門去，回來時手裏提着幾斤肥碩碩的橫琴蠔。望着妻子剛買回來的肥蠔，黃志國暫時將管廊的話題擱置一邊，說：「這個薑蔥炒當下酒菜吃不錯，不介意今晚我留您吃飯？」

我看見他粗糙的面部肌肉抽動了一下，用征詢的眼神盯着我。我的確感覺餓了，餓得胃都在抽筋，沉吟了一下，說「好」！

酒的名字叫「老白乾」，53 度。客廳狹小，又悶又熱，嗆人的煙草味也很重。吃着，說着，那晚，他按捺不住內心的喜悅，說管廊的活很快就完工了，一年下來夫婦倆粗略算了算收入至少 6 位數⋯⋯

他一個勁勸我酒，我端起酒碗，和他「哐」地一碰，兩個人一仰脖子都幹了，再「哐當」放下碗。

「作家你……酒量……我服。」他擺了一下手說着，用力嘬了一口煙，把剩下的半截重重摁滅在桌子上，然後只是搖頭，再然後就是什麼話也不說了。

工地的生活，黃志國過了 25 年。25 年在工地上馳騁風雲，黃志國去過上海、廣西、河北、北京、山東、湖北、安徽、浙江、江西、江蘇等不少地方。不管到哪一個地方，他都帶着老婆孩子，他說有家多好啊，踏踏實實、安安穩穩，每天溫馨如春的柔情與關愛。沒有家，自己的心靈都無處安放。

問起這 25 年來有沒有什麼難忘的事情，他笑着說：「有，就是橫琴綜合管廊施工了，走南闖北，還從來沒有碰到這樣艱難的施工條件，土質如同果凍一般。」

在多年的工作中，黃志國一直要求工友做好安全保護措施，一起面對挑戰，克服困難，他說，這樣的地質條件很擔心基坑滑坡。說起橫琴和其他地方的區別，黃志國第一反應就是「挨近澳門」。「沒想到離澳門這麼近，我們做的工程是為包括澳門人在內的未來橫琴市民服務，我們感到很幸運。」黃志國說。

「項目大概什麼時候完成？」

「再過兩個月。」

「會不會離開橫琴？」

「我們都是跟着項目跑的。」黃志國似乎有些遺憾，「不過待一個地方對一個地方總會有感情，橫琴我是一定要回來的，這裏畢竟有我們灑下的汗水，儘管每天都看到澳門，但說真的我還沒去過澳門，希望有一天從這裏去一趟澳門。」

這是一個行走中的群體。

他們在行走中感悟着家國情懷。

可愛！

可敬！

自 2010 年 5 月橫琴環島北路打下綜合管廊的第一根樁，至 2013 年 11 月最後一段管廊主體結構澆築完成，中冶集團站在國際水平的高端，用獨佔鼇頭的核心技術、持續不斷的創新能力，先後攻克了深厚淤泥區域軟基處理、過河段超深基坑支護、大口徑管道安裝、遠距離監控調試等技術難題。

這是中冶集勘察、設計、施工、監理全產業鏈優勢鍛造的中國之「最」——

規模最大。

投入最高。

里程最長。

面積最廣。

體系最全……

持續領跑創新，中冶持續打造「管廊品牌」。

2015 年，橫琴綜合管廊項目獲得國家住建部「中國人居環境獎」。

4 月，住建部組織全國 70 多個城市的市長及專家學者 300 餘人到現場考察學習，將該項目作為綜合管廊的樣板工程向全國推廣。

2017 年 12 月，橫琴綜合管廊項目獲得被譽為「中國建築界的奧斯卡獎」——「魯班獎」。

如今，綜合管廊似一條蛟龍靜靜地臥伏於橫琴地下。

它聚焦着眾人的目光，無數城市的管理者不辭舟車勞頓，前來取經……

有一種速度叫「橫琴」

正午，刺眼的陽光打在一排排的建築塔吊上，像是為橫琴裝上了一根根琴弦，乘車從中穿過，我彷彿聽到了悠揚的琴聲。

環顧四周，依然是熱火朝天的「造城」運動。耳邊響起的都是機器轟鳴的吼叫。

轉入多個項目工地，兩邊都是被擋板圈住的工地，數十米高的吊塔一個接一個，大大小小的幹道上，堆滿着各種板材。

與對岸建築密布、寸土寸金的澳門氹仔島相比，橫琴島被外媒冠以「全世界規模最大的工地」，全島幾乎被掏了個「底朝天」，取而代之的是一棟棟拔地而起的玻璃幕牆高樓：橫琴國際金融中心、紫檀文化中心、中國華融大廈、南方國際傳媒金融中心、富盈商務度假中心、蓮城印大廈、中大金融大廈、金茂坐標、橫琴發展大廈、美麗之冠橫琴梧桐樹大廈、橫琴口岸及綜合交通樞紐、神華南方總部大廈、高金集團橫琴總部、萬象世界、橫琴澳門商貿中心⋯⋯

橫琴的天際線不斷向上「生長」着。

灝怡財富中心 190 米、橫琴國貿大廈 199 米、洲際航運中心 200 米、鐵建大廈 300 米、中交匯通橫琴廣場 310 米、橫琴國際金融中心 337 米，橫琴總部大廈 470 米⋯⋯

這就是橫琴崛起的高度。

大項目紛至遝來。據相關資料顯示，最多時有超過 3000 億元投資額的 60 多個項目紮堆推進，被譽為建築中的「建築博物館」，其項目亦是「顏值槓槓」的，名副其實的「高富帥」——

高：橫琴總部大廈這座「地標式」建築集 5A 超甲級寫字樓、五星級酒店、國際時尚購物中心、會議中心、雲端休閒娛樂觀光於一體，400 多米高的塔樓與對岸的澳門觀光塔遙相呼應。

富：華發首府。華發集團以 1.84 萬元／平方米的「地王」價格拍下，該建築坐落於橫琴新區生活板塊中央，刷新橫琴乃至珠海地價最高紀錄。

帥：梧桐樹大廈。整個建築外立面就是一株梧桐樹造型，188 米高。工程設計名為「美麗之冠珠海橫琴梧桐樹大廈」，整整 13 個字。內部設置超五星級酒店、寫字樓及購物中心等。獨特的造型在整個珠三角，乃至全球堪稱獨一無二。

截至 2018 年，橫琴建築封頂共 150 多棟，建築面積約 500 萬平方米，可使用面積約 100 萬平方米。

鱗次櫛比的大樓相繼破土而出，在堅實的地基上撐起城市的脊樑，展示出橫琴的雄心與壯志。

「東方迪拜，銜玉而生。」《環球時報》這樣評論。

橫琴的城市建築均由建築大師們精雕細琢。譬如，後來被珠海華發收購的客商匯蓮邦廣場就是由世界鼎鼎大名的建築設計事務所凱達環球 Aedas 創始人兼主席紀達夫親自操刀，設計上與各個流線型板塊有機連接。紀達夫透露，思路來自於一朵初綻的蓮花，並宣稱這個項目可以讓橫琴與世界對話……

名家之手，自然卓爾不凡。

那麼，橫琴新城是怎樣建造起來的？

橫琴城市建設的步伐從十字門出發。

十字門中央商務區，這無疑是一個世界級的商務區 —— 珠海南灣、橫琴與澳門本島、氹仔島構成獨特的「兩江四岸」格局，構成令人怦然心動的環珠澳海灣景觀帶。

十字門是橫琴的光榮與夢想 ——

55 家國內外規劃設計機構參與。

500 餘名專家和顧問把脈。

引入國際先進 CBD 經驗。

歷經數月近百輪的修改……

這是一整套涵蓋區域城市空間、城市設計、城市控制性規劃、城市設計導則

等自上而下的城市建設體系。單城市設計導則，就對每一棟樓的高度、色彩，甚至指示牌的顏色都做了詳細的規定。一名業內人士感慨，聘請如此多的國際專家來「把控」，這種魄力在全國鳳毛麟角。十字門承載着橫琴新區實現國家戰略的核心使命，也承載着珠海崛起成為世界級城市群一角的宏偉志向。負責開發十字門的是珠海本土企業華發集團，其中橫琴金融產業服務基地則是橫琴開發國家戰略實施以來的首個項目。速度！加速度！三天半完成 85% 以上青苗補償，三個月建成 11 棟花園式辦公樓……你信嗎？

我驚愕的瞬間又佩服不已——第一期從 2012 年 4 月 18 日打地基，8 月 8 日移交使用。其中環節包括拆遷、征地、青苗補償、填土、設計、打樁、挖基坑、建樓、設備採購、安裝、裝修……11 棟辦公樓僅花了 110 天時間。第二期從 2012 年 9 月 18 日開工，12 月 28 日完成，9 棟辦公樓只花了 100 天……

華發集團常務副總經理郭凌勇這樣說：「當時金融街舉行開工典禮的時候，工地現場完全無法落腳，一腳下去鞋馬上陷進泥地裏，可三個月之後，我們金融街一期花園式的漂亮辦公樓就落成了。這絕對是一個奇跡。」多專業、多工種、多班組的集團式千人會戰，「5＋2」「白＋黑」模式全面開啟，華發集團締造了大氣磅礴的神奇速度。這個還不算過癮。2016 年，橫琴封頂建成的樓宇 80 餘棟，2017 年再封頂 32 棟，平均下來，每周封頂一棟樓。哪裏是跑？那簡直是飛！如果說，30 年前的深圳曾創造「三天一層樓」的「深圳速度」，那麼，今天的橫琴正在創造「每周封頂一棟樓」的「橫琴速度」。

十年磨一劍。中央商務區開放、金融產業基地啟用、金融島落成……在這片土地上，崛起了一個集國際級會展中心、高端寫字樓、商務服務中心、遊艇碼頭、超五星級酒店等於一體的高端商務區，與對岸金碧輝煌的澳門城交相輝映。

區域共榮、產城融合……澳門的會展、酒店、商務、金融等產業缺乏發展空間，十字門無疑為致力於建設世界級休閒旅遊中心的澳門提供了產業適度多元化發展的載體。

我徜徉在十字門，深情感受這條古老濠江歷史雲煙的同時，也被佇立在江邊的現代建築的全新形象所感動。

2016 年 5 月某一天，磨刀門水道騰起一片朦朧的晨霧，宛如一條乳白的紗巾繞過了腦背山。45 歲的湖南籍菜農楊文帝來到橫琴口岸西側時，嚇得哆嗦了一下。楊文帝滿頭白髮，臉黝黑黝黑。個子瘦小的他其貌不揚。10 年前，他曾在這塊地上承包了幾十畝地種菜，因為家庭變故回家種田幾年，他如今想重回故地再操舊業，才發現原來耕作的土地已經變成了一個個樓盤和一條條道路。

「面目全非。」沒有了昔日的寧靜，點綴在島上的釣蝦場也不見了蹤影。楊文帝說，原來這裏種了香蕉，旁邊還有一口水塘，現在都不見了，舉目之處，皆為工地。

當聽到旁邊的灝怡財富中心的房價一平方米要最少 4 萬元時，楊文帝愣了好久才吐出幾個字：「想嚇死我啊！」離開這片地塊時，他突然停下腳步，回頭望了一眼，眼裏盡是依依不捨的疑惑與遺憾。

沒錯，楊文帝提到的這片荒涼的空地如今成了橫琴灝怡財富中心的樓盤工地。此時，鹹濕的海風，疾馳而過的車輛滿身泥污，公路上塵土飛揚，施工的樁基聲正在上空飄蕩，那充滿節奏感的韻律正震撼着每個人的耳鼓。

項目東臨琴海東路，北接港澳大道，西側為環島東路，南側為濠江路。工程總建築面積 23.8860 萬平方米，佔地面積為 2.3792 萬平方米，兩棟樓高度分別為 150 米和 190 米。

2015 年 3 月 9 日項目開工，由中建四局承建。

到過灝怡財富中心項目現場的人，都能感受到這項工程巨大的施工難度。中建四局珠海分公司總工程師周貞勇一臉憔悴地對我說：「灝怡項目樁基工程受複雜的地質條件影響，有『四個最』必須先克服。」

「哪四個最？」

周貞勇細聲細氣，向我一一道來：

最爛的泥。項目所在地是人工填海區，淤泥厚度為 10.80 米～22.30 米，平均厚約 17 米，且性質較差，流塑狀，有「妖泥」之稱。最大的坑。與相鄰兩個項目的基坑聯合進行整體支護設計施工，三個基坑佔地面積約 6.06 萬平方米，成為橫

琴名副其實的第一大深基坑。最難的樁。沙層接近 50 米，中風化巖層平均厚度 10.5 米，工程共有 306 根樁，最短 88 米，最長 126 米，單條樁的混凝土量達驚人的 900 餘立方米。

最大的面。在「妖泥」地質條件下，項目使用直徑達到 2.8 米、樁截面 6.2 平方米、深度達到 121 米的超深超大直徑灌注樁，在國內此類建築工程上首開先河，未有案例參照。

俗話說，「爛泥扶不上牆」。中建四局要讓「爛泥」扛住 4000 噸重的灌注樁，不能偏，不能移，不能倒。這讓人聽起來都「暈了」。總工程師令狐延集中局、公司、分公司、項目部技術精英，上下齊心克難關。他們改變樁基施工工藝，採用衝擊氣舉反循環鑽機進行施工。有人提醒，地質可能會造成塌孔。令狐延採納旋挖樁機施工，並先進行試樁，如果成孔質量不能滿足要求，便改用車載型反循環鑽機進行施工至巖層面，在沖孔樁機進行沖孔入巖前，先用樁錘在迴旋鑽機施工成的樁孔內上下來回拖動不少於一個工作日，直至增厚增強樁孔內壁的泥漿護壁後，才進行沖孔入巖施工。

4 次終孔，3 次鋼筋籠下放，8 次設計變更，經歷 361 天，承重 4240 噸的 89 號樁終於澆築成功，成功攻破超深超大直徑灌注樁的施工技術難點。6 月 20 日，61 號樁順利通過單樁豎向抗壓靜載試驗。測試合格的那一瞬間，現場所有人員激動得潸然淚下，這根牽絆着他們近 400 個日夜的橫琴島「最難樁」，終於不負眾望，扛住了 4240 噸的重量，也卸下了工程建設者們的心頭大石。

為了讓灌注樁「站穩腳跟」，每天晨曦初露，36 名項目員工在項目領導王斌、楊波帶領下，穿上塑膠靴，戴好安全帽，忙碌於工地現場；夜晚，與項目毗鄰的澳門華燈初上，流光溢彩，他們的身影依然疊印在黃土泥地上。

從 1 號樁到 306 號樁，一根樁一步腳印，從 80 米到 126 米，整整 475 天的堅持，每一根樁深深紮進土裏，那是城市建設者的汗水澆灌的豐碑啊！

公元 2017 年，是注定不平凡的一年。橫琴憋足勁頭搞大開發的時候，一場突如其來的風災降臨了。8 月 23 日，「天鴿」颱風像打了一針大劑量的興奮劑，驟然

卷起的超強風力達到罕見的 14 級。颱風呼嘯着，越過廣闊的海面和紅樹林，像一座座小山樣的波浪，嘩啦啦在橫琴島上肆虐作響。

這場百年不遇的颱風差點扯了橫琴城市建設步伐的「後腿」。在橫琴國際金融中心項目上，中建三局一公司華南公司經理朱詞恩急得上火，嘴角上鼓起了兩個黃豆大小的泡。「一個也不能漏。」朱詞恩心急火燎地在對講機中下達死命令，要求所有管理人員和建築工人必須撤到項目負一層。

「嗓子都啞了。」朱詞恩後來說，「項目已多次經歷颱風襲擾，誰也沒有料到這次『天鴿』來得那麼猛烈。」

12 時 50 分左右，狂風呼嘯，暴雨傾盆，海浪滔天，風力越來越強，通訊中斷，劈裏啪啦的墜落聲、板房被掀翻的尖銳刺耳聲不斷傳來。工人們有些躁動，原來還談笑風生的氣氛瞬間變得凝重起來，許多從來沒有經歷過這種場面的工人神情嚴肅，內心充滿了懼怕。

「這裏安不安全？」

「颱風要刮多久？」

現場氣氛籠罩在一片壓抑和沉悶之中，不斷有人面色緊張地相互詢問。

11 時許，風力已達到近 12 級，朱詞恩判斷風力會繼續增大，他想，萬一塔吊等設備墜落，砸穿樓板，後果不堪設想。想到這裏，朱詞恩腦袋「嗡」地一響，心裏默默祈禱，他果斷下令：「全部轉移至負二層！」

13 時 50 分，颱風風力急速加強。「啪」的一聲，應急電源斷掉了，大量渾濁的水湧入地下室。「不好，海水倒灌！」朱詞恩向人群裏大聲喊道。

情況十分危急，短短十分鐘，海水已經有半米深，其中還有 600 名工人是從其他項目轉移過來的，對地下室情況並不熟悉。氣氛驟然緊張，大家內心怦怦跳個不停，手裏都捏着一把汗。

「大家不要慌亂，聽從指揮撤到筒樓。」朱詞恩想，再不撤，後果不言而喻。其焦急、複雜的心情可想而知。

朱詞恩、潘孟安、劉濤、胡愛平等項目班子成員立刻行動，組織工人向核心筒樓的樓梯間轉移。由於海水沒過地面，項目副書記胡愛平一不小心踩進水泥

槽，腳上頓時劃出十厘米長的口子，鮮血直流。

半小時不到，近千人順利轉移至主樓核心筒一、二層的樓梯間。16時左右，颱風警報終於解除。朱詞恩如釋重負地鬆了一口氣，項目部開始安排工人有序回撤。天啊！他們走出工地一看，外面一片澤國。「那是驚心動魄的4小時，想想就後怕。」朱詞恩說至今依然心有餘悸。

颱風過境，留下滿目瘡痍，施工現場和項目辦公區恍如廢墟一般。「我們絕不拖橫琴開發的後腿。」朱詞恩做災後複工動員，他說，「越是到了艱難的時候，我們越要團結一心，把災後的項目建得更好。」

趙經陽、肖建、涂家田、鄧建偉、任建平等人一層層地爬，整整爬了45層，用了一個上午時間，確保無一遺漏。機電部羅武喜和任建平連夜進行電線排查工作。技術部總工程師程源為項目重建提供技術支持。王恩群負責圖紙及資料統計保管。李雪松負責協助商務部統計損失情況。王軍負責資產搬運及清理。文學淵迅速統計損失並進行理賠……

在天災面前，橫琴國際金融中心大廈項目部全體員工，眾志成城，搶險救災，短短兩天時間，受損的外架、倒塌的圍牆和板房以及現場垃圾全部清理完畢，不到半個月就恢復了施工，金融中心大廈又開始「茁壯成長」了。

「我們為橫琴開發盡了責，也間接為助力澳門經濟多元發展出了力。」朱詞恩難忘那段刻骨銘心的經歷。是啊！倘若沒有遭受挫折的心酸與痛楚，成功的滋味還會那麼痛快嗎？

修建超高層建築，是中鐵一局人的夢想。

聳立在橫琴海邊一隅的橫琴港澳金融中心大樓上，中國中鐵的特大企業標識在陽光的照耀下格外地醒目，站在正在施工的36層上，對面澳門城市建築物一覽無餘。

2017年金秋十月，鮮紅的太陽正從澳門大三巴炮台山上緩緩升起。橫琴金融島上，港澳金融中心高163.3米，地下4層，地上36層，總建築面積10.556萬平方米。這是中鐵一局在國內承建的第一座超高層建築。200多名工人，日夜三班

倒，流水線作業。在紅頂彩鋼房和鮮花、綠樹、小橋流水的園林項目部，一股富有激情的青春氣息迎面撲來。敢向超高層發起衝擊的，是廣州分公司一支年輕的團隊，項目班子五個人，四個 80 後，項目管理人員 30 餘人，平均年齡 30.6 歲。

「核心筒 5 天施工一層，鋼結構 6 天一層。」人高馬大的解振東站在我面前。帥氣的解振東不過 30 出頭，眉宇間寫着睿智和經驗，思路清晰、善於表達的他根本不像安徽人，倒有幾分北方漢子的豪爽熱情。

解振東已是第三次當項目經理了。那是 2014 年底，深圳聯合金融公司要在橫琴島修建一座超高層寫字樓，由於寫字樓地處珠海橫琴填海地段，地質情況異常複雜，島上先期開工的好幾棟超高層的地下基坑出現了坍塌，急於尋找一家在國內深基坑施工水平高的施工企業，確保基礎部分安全。

酒香不怕巷子深。在超大深基坑施工領域，中鐵一局廣州分公司早已從理論到實踐淬煉出一套成熟的施工工藝，特別是「蓋挖逆作」施工方法，更是安全施工深大基坑的「法寶」。武漢地鐵 3 號線王家墩中心站、深圳前海弘毅深大基坑，都是採用「蓋挖逆作」取得成功的。

業主來到中國中鐵一局廣州分公司考察，對結果非常滿意。

這是中國中鐵一局廣州分公司第一次進入珠海和橫琴市場，也是第一次建超高層的地下 4 層基礎，項目經理的人選也格外慎重。充滿活力、善於動腦、擅長組織協調的解振東成為幸運兒，被領導選中，成為項目經理。2015 年 4 月 1 日，橫琴港澳金融中心項目基坑工程開工。在橫琴島上，樁基施工一直困擾着所有施工單位和業主，隔壁曾有一家單位在工地打了 20 根樁，其中 19 根都作廢了。

中鐵一局項目基坑是橫琴島上最難建的之一。主要原因是海邊填海地質非常差，最深有 26 米。而且正在修建的輕軌從基坑地下 8 米處經過，風險可想而知。解振東從小就有一股不服輸的強勁，困難只能激起他的鬥志，在他的帶領下，僅僅 7 個月時間，樁基工程就完工了。

500 多根樁，經廣東省質檢站檢測，一類樁數量竟達到 95% 以上。

奇跡！

我忍不住問：「你們中鐵一局的基坑作業為什麼那麼順利？」

解振東說：「這得益於我們成熟的『蓋挖逆作』施工工藝。我們將基坑明挖改為半蓋挖，採用『蓋挖逆作』的施工方法，安全受控，進度加快，幹淨整潔。」中鐵一局的項目成為橫琴島上的樣板工程。項目進入上部施工，超高層建築不是他們的強項，解振東知道選隊伍是關鍵。還在基礎施工時，他就考慮如何能選一支有實力、有經驗的作業隊伍。最終，實力雄厚的深圳鋼結構隊伍和施工經驗豐富的中鐵建土建隊伍被選定施工。

「聽說你們運用了 BIM 技術、立體技術交底、鋁模灌注核心筒等一些前沿的新工藝？」我試探着問他。

解振東於是把項目副經理黃明珍找來，對我笑笑，說：「他腦子裝的東西多。」

黃明珍業務嫻熟，是個專業型人才。他如數家珍，竹筒倒豆子般就為我介紹：「我們採用的是內筒為鋼骨凝土核心筒結構＋外筒鋼柱，鋼柱與核心筒之間鋼梁連接，外筒樓板為組合樓板的形式……」

他的腦子像電腦硬盤儲存了無數枯燥但卻誘人的專業知識，向我娓娓道來。

「施工難度主要是核心筒頭一次使用鋁膜，核心筒與鋼結構施工之間的協調上升。」黃明珍說，他們控制好了核心筒土建施工和鋼結構施工進度節奏，各工序便能流水作業順利進行。

2017 年 7 月 8 日，36 層、163 米高的港澳金融中心大樓核心筒主體封頂了。這個時刻，解振東心情最為激動，這個身高一米八六的漢子眼睛濕了……如今的橫琴島上，每一棟樓都是建設者辛勤的汗水澆鑄而成，都是建設者們矗立的化身，那是一座座創業者的豐碑！

安得廣廈千萬間。

一棟棟摩天大樓落成，一個個豪華住宅社區竣工，但仍遠遠滿足不了橫琴未來人口的需求和他們追逐的目光。走馬橫琴島，新區城市建築上醒目的廣告語比比皆是 ——「澳門後花園，橫琴聚寶盆！」「咫尺澳門，一房雙城！」「小投資撬動大橫琴！」面對可期的城市人口，進駐橫琴的房地產企業不僅有華融、中海、保利等國內赫赫有名的「大鱷」，還有富力、客商匯等廣東本土企業，更有香港、澳門富豪麾下的公司……

商務大盤逐鹿橫琴，爭相拔得頭籌。

某琴海灣，是橫琴新區的首個開盤住宅項目，一期公寓 2013 年 8 月 26 日開盤，均價 2.6 萬元 / 平方米，兩個月內銷售一空；二期 11 月 26 日開放認籌，12 月 2 日開盤，短短兩天售賣 183 套單位。至 2015 年報價 4.5 萬元 / 平方米，在售毛坯別墅報價到了 7 萬元 / 平方米起。

某荔枝灣、某首府地產項目如影隨形，緊跟其後，住宅銷售速度令人咋舌，火爆得不行。橫琴樓市從來不缺乏牛氣產品。位於橫琴口岸附近的橫琴某大廈 2015 年 9 月 12 日對外宣稱，將推出 90 套行政公館，其中樓王單元以 18 萬元 / 平方米的價格刷新珠海樓市紀錄。同時，每位業主將獲贈一輛百萬元以上的頂級豪車──瑪莎拉蒂。

該大廈與澳門銀河酒店直線距離不到 200 米，是一個大型高檔綜合體：裏面有商業廣場、國際 5A 行政公館、七星級酒店、寫字樓，在樓頂上還有一個商務停機坪，供直升機降落；站在頂層，澳門風景盡收眼底。

12 月 5 日開盤當天，大廈引來百餘位世界頂級模特前來助陣，將一場聲勢浩大的視覺盛宴放在售樓部上演。後來得知，18 萬元只是其中極少數樓王的價格，天價只是個噱頭，用來「吸粉」而已。劉格就職於橫琴某傳媒中心售樓部，她見證了持續兩天的銷售火爆場面及洶湧人潮。

「入職 6 年，從來沒有碰到過。」劉格說。那是 2017 年 7 月 29 日，這家傳媒中心在珠海國際會展中心首度開盤，樓盤規定早上 11 點截止誠意登記，但仍然有買家通過各種渠道湧來，至晚上 6 時已有上千名誠意登記買家，按開發商原定推出 200 套公寓推算，平均 1 套房就有超過 5 位買家爭搶，不到兩小時基本售罄，銷售速度驚人……

「不少買家都是澳門來的。」劉格告訴我，凌晨四點仍有買家刷卡購房，五點才送走最後一名買家。

「怎麼這麼晚？」我好奇地問她。

「這個買家是澳門客人，他去內蒙古出差，聽說樓盤登記了，打『飛的』過來訂房，不想飛機誤點 6 個小時。」

「第二天再賣不行嗎？」

「飛到廣州再轉輕軌後，客戶一路打着電話，不等都不行。」劉格說那幾天頭昏腦漲、筋疲力盡，手裏拿着計算器算到深夜，算着算着竟趴在桌上睡着了……

商品住宅項目主要購買力也來自澳門，澳門投資客，看中橫琴這塊「沃土」。一位投資客提前兩天就到了橫琴，他說他專門來項目處看過三次，很認可橫琴自貿區的升值潛力。

負責預銷控區的工作人員查看他身份證時，發現他是從澳門來的買家。為保萬無一失，他當天一口氣「誠意」了 15 套。

項目把整盤 437 套公寓全部推出，買家仍然只有三分之一的機會買得到。8 月 27 日，項目再加推 300 套智能商務公寓產品，此番正值珠海新「地王」誕生的第二天，銷售速度比一個月前更甚。

橫琴樓價，怎一個「漲」字了得。國家級新區、珠澳 24 小時通關、自貿區試點、單牌車自由出入境……幾乎每一個賣點的刺激，橫琴的房價就要刷新一次，購房者就要瘋狂一回。

一方面是一系列利好政策的推動，一方面更是來自大批澳門置業者的投資。長期關注橫琴樓市的市場分析人士對我說，很多澳門人都會將這作為澳門「飛地」到此置業，因為給予澳門更大經濟空間，僅從這些來說，橫琴的未來是光明的。

據 2015 年世聯行珠海房地產報告顯示，橫琴樓盤均價為人民幣 40721 元 / 平方米，而毗鄰澳門的拱北樓盤均價「只」為 33217 元 / 平方米。房價，永遠是衡量商品貴賤輕重、漲幅起落的一把利器。橫琴房價像打了雞血，狂飆突進，從 2009 年僅 8000 元 / 平方米起算，10 年間翻了 5 倍有餘。

房價達到一個驚人的「速度」，地價自然也「亦步亦趨」。

橫琴商住樓開發用地只佔橫琴新區所能開發面積的 2%，可供應的項目少之又少。橫琴土地市場的格局，以及純住宅供地的稀缺，催生了橫琴搶地風潮，以致投資者不得不放手一搏，血拚到底。

2013 年 7 月 2 日，橫琴拍賣十字門中央商務區一宗 8 萬多平方米的商住用地，當天吸引了萬科、保利、上海齊茂、雅居樂、廣東客商匯 5 家企業參與競

拍，從起拍價 5190 元 / 平方米，經過 212 輪舉牌，廣東客商匯實業有限公司以樓面地價 1.58 萬元 / 平方米、總價 38.48 億元拍得，晉升珠海單價「地王」。

這樣一枚重磅炸彈居然僅僅是個前奏。

11 月 21 日，K2 地產、華發前後數分鐘先後拍出了 1.8 萬元 / 平方米、1.84 萬元 / 平方米的高價地，這兩宗約 25 萬平方米的商住用地，總成交價達到 104 億元，相繼刷新珠海單價「地王」紀錄。

12 月最後一天，珠海大橫琴投資有限公司以 77.75 億元的底價一舉將珠海總價「地王」收入囊中……2013 年也是橫琴土地成交最風光的一年，登錄珠海市國土資源局網站，當年土地收入 301.7 億元，佔整個珠海市土地出讓收入的七成，數字讓人驚掉下巴。這應了「物以稀為貴」的市場法則。

橫琴的「地主」也一個更比一個「牛」，據官方公開資料顯示的土地儲備排行榜便可窺見一斑——

長隆投資發展有限公司：176.7 萬平方米。

大橫琴投資有限公司：81 萬平方米。

華發集團：80.4 萬平方米。

華發股份：36 萬平方米。

華融集團：14 萬平方米……

從 2014 年開始，房地產供地戛然而止。原來，橫琴在 28 平方公里的建設用地中，規劃了 5 平方公里作為房地產開發用地，至此已開發 0.375 平方公里，還不到 5%。眾多房企只能「望地興歎」。

是啊！土地是橫琴開發建設最寶貴的資源。按照《粵澳合作框架協議》，橫琴還規劃有 5 平方公里建設粵澳合作產業園，供地優先面向粵澳合作產業園內的澳門企業。除此之外，橫琴還要為澳門預留發展空間。

有橫琴官員對我透露，橫琴開發節奏是先做基礎設施配套，引入高端產業項目，根據橫琴的產業發展狀況再考慮適時啟動新的地產項目土地出讓。

毋庸置疑，橫琴是在拿捏着一個地產開發的「度」，橫琴要走出一條健康可持續發展道路，政府不希望在橫琴產業進駐前大搞房地產住宅業，否則很有可能

和國內部分新區一樣，變成沒有產業支撐、無人居住的「空城」。

　　在橫琴奏出的宏大發展曲中，城市建設是一個碩大的音符。10 年前還是一片荒蕪的不毛之地，忽然間冒起一座座高樓大廈來，一切都像是夢幻。不得不承認，這是一個注定誕生神話的地方。如今驅車橫琴島上，道路寬闊，縱橫交錯，沿途綠樹成蔭，嬌花綴枝，遼袤的土地上還有座座高樓正在發出「拔節」的吱吱響聲。可以預見，當一系列富麗堂皇的建築群逐漸落成之後，橫琴將展示一個世界級城市的魅力 ——

　　在 470 米的珠海第一高樓舉辦溫馨浪漫的雲端婚禮。

　　在打破多項吉尼斯紀錄的海洋王國乘坐世界上最高的摩天輪。

　　在最「土豪」的遊艇總部乘坐遊艇欣賞珠澳的夜景。

　　在澳門大學橫琴新校區的夕陽裏感受《匆匆那年》的青蔥歲月。

　　在投資 180 億的文創天地欣賞影視、音樂。

　　在口岸說走就走，隨時背起行囊前往澳門……

中國版「奧蘭多」

2017 年 9 月 17 日。美國路透社發表一篇《中國正如何在毗鄰澳門的島上打造本國版的奧蘭多》，文章說 ——

　　就在與世界上最大博彩業中心澳門隔一條狹窄水路相望的地方，一個曾用來養殖牡蠣的島嶼正被轉變為中國最新的旅遊中心。在面積相當於 3 個澳門的橫琴發生的這種轉變，是北京促進港澳地區與珠三角地區 9 個城市加強聯繫的努力的一部分。與東京和舊金山等其他充滿活力的全球著名灣區一樣，如今這個城市群也被稱作「粵港澳大灣區」。橫琴將成為中國的奧蘭多，而澳門和香港分別相當於中國的拉斯維加斯和紐約……

發這篇稿的路透社記者並沒有來到橫琴，而是站在對面的澳門路環島上用他的長焦鏡頭對准了正在如火如荼建設的長隆海洋科學館。科學館建築設計新穎，整體造型猶如一艘蓄勢待發的宇宙飛船，又似一隻大鯊魚匍匐在地，表面形體流暢，充滿未來感。

2018 年 2 月 8 日晚上 10 點。劉奇找一塊幹淨的層板，躺下，他太困了。工地上時刻不斷的各種噪聲，震耳欲聾，滿身汗漬和鐵鏽的他照樣能入睡，只是入睡卻並不酣然，眯一下眼睛而已。

「加油幹，站好節前最後一班崗！」項目部的慰問組來到現場。

「送溫暖來了。」工人們蜂擁而上。寒風中能喝上一碗紅糖薑湯水，從心底裏感到溫暖。再加上天天都能收到 100 元至 200 元的「完成任務獎」，工人們幹勁更足了。

喝過紅糖薑湯水，劉奇還有點時間。此時，他拿着手機看會電影，聽會歌，手機成為他最親密的夥伴，聯繫親友、瀏覽新聞、觀看影視都在這方寸之間……

數月未回家，心中都是對妻子和孩子的思念。他連忙利用這個時間空隙給家裏老婆孩子視頻或打個電話，但卻絕不會提半個「累」字……

那一刻，似乎什麼苦和累，全都拋之腦後。

劉奇的工作是在長隆海洋科學館狹窄的空間裏燒電焊，每次他手握切割機，切割鐵條，拉着長長的火焰，格外累人，但他人特別和藹，總是笑嘻嘻的，工友說從來沒有見過他生氣。

長隆海洋科學館項目是省級重點項目，其中最大的看台可容納 5000 名觀眾，建成後將成為世界上最大的海洋科學館。劉奇是 200 多名堅持戰鬥在科學館建築一線的普通工人中的一個。他說：「大魚展覽池底部計劃在當天完成一次性澆築，我要在澆築前再把捆紮的鋼筋檢查一遍，對伸出來的鋼筋切割掉，不留瑕疵。」

雖說是早春二月，但「年」的腳步越來越近，建築工地上的工友們返程歸家心切，一些工人早已提前訂好了車票，期盼早日放假返鄉。「農曆年前一定要完成澆築任務！」項目部下達了死命令。施工技術、質量控制、安全措施、勞動力組織、材料機械供應、交通疏導……項目部提前做出精心部署，管理人員、工人 24 小時晝夜輪流加班，動用了 30 台混凝土罐車、4 台地泵。

大型混凝土澆築的是長隆海洋科學館項目中的大魚展覽池的底部，為項目關鍵性工程節點。整個大魚展覽池的水池形狀類似一條大魚的身形，其東西長度為 100 米，南北寬 30 米。池底面積達 2606 平方米，池底最大厚度為 1 米。

澆築混凝土強度要求很高，等級達到 C40P10，節前，人手少，工期緊，建築材料調配難，施工場地狹小。項目部使出了不少人性化「招數」：不斷改善伙食，節前送溫暖，頒發「日完成任務獎」……

工人們勁頭十足，他們抬着冰涼的鋼筋，邁着沉重的腳步，然後趴下跪着進行鋼筋綁紮。混凝土運輸車則來往不斷，工地上吊機伸着長臂，向各點運送材料。

凌晨 2 時 30 分。橫琴島上天氣酷寒，冷風瑟瑟，科學館內的混凝土澆築現場依然是燈火通明。「澆築成功啦！」「一次搞定！」突然，大魚展覽池底板的現場傳來了一片歡呼聲。劉奇也沖進人群，與工友們相擁而抱，喜極而泣，他知道，弟兄們已經持續奮戰了整整 72 個小時啊！

這是橫琴啟動的長隆國際海洋度假區二期新項目工程，投資 200 億元，長隆海洋科學館只是其中的一個項目。

橫琴島四面環水，海灣眾多，沙灘綿延，怪石嶙峋，旅遊資源十分豐富。

然而，橫琴開發前，其旅遊產品寥寥無幾，除了海濱路一帶稍顯城市氣息外，環島路兩旁道路泥濘，野草萋萋。島上只有三疊泉、石博園、海洋世界等幾個粗放的旅遊景點，旅遊年接待量僅僅在 10 多萬人次。

然而，這種荒涼的寧謐因為長隆海洋王國的入駐而被徹底打破。2008 年底，有風聲傳廣東長隆集團對橫琴「鍾情有獨鍾」。這讓珠海喜出望外，眾裏尋她千百度，驀然回首，沒想到大金主就在眼前。不過據說省內還有幾個地級市也在向長隆集團拋出「橄欖枝」，給出的條件十分誘人。機不可失，時不再來。

市長何寧卡、副市長金展揚趕緊風塵僕僕前往廣州，他們找到了時任廣東省省長黃華華，請省長出面「幫忙」。黃華華省長於是向長隆集團「推薦」了橫琴。長隆方面實地考察後，覺得橫琴還達不到容納長隆這個休閒旅遊業界「巨無霸」的入駐條件，簡而言之是：地方太小。

選址待定未定，周邊幾個行政區坐不住了，紛紛加入「搶奪大戰」。快下鍋的鴨子豈能飛？橫琴兵分兩路，一路是經濟開發區的黨委書記鄧友天天往市委、市政府主要領導那裏蹭，不答應就「賴着不走」；另一路則由橫琴的招商團隊硬着頭皮，挖空了心思，前往廣州長隆總部「死纏爛打」。那邊廂，董事長蘇志剛心軟了。這邊廂，市裏同意把長隆項目放在橫琴島。寫到這裏，我不得不展開一些，多花點筆墨去寫寫長隆的掌門人 —— 蘇志剛。

40 年前，僅有小學文化的廣州番禺大石村人蘇志剛還是個打着赤腳、連飯都吃不上的地道農民，家中兄弟姐妹有 6 人。上小學時，他只能看同桌的書本，老師問誰沒交學費，只有他一個人怯怯地舉手。

如今他身家數十億。在胡潤研究院發佈的《兩會中的上榜企業家報告 2016》中，擔任全國政協委員的蘇志剛排名 69 位，身家 55 億元。一個農民如何締造出中國版「迪士尼」？是改革開放成就了他。他做了 10 年的「豬肉佬」，用賣豬肉

的錢開酒店，再用開酒店的錢一步步打造出長隆娛樂王國。現在，長隆已躋身世界主題公園前 10 名，年營收達 30 億元，年接待遊客超過 2358.7 萬人次，比長城、故宮的遊客還要多。

20 世紀 70 年代末，20 歲出頭的蘇志剛帶着弟弟來到廣州城裏打工。他們從泥瓦匠幹起，在一次給人建房子時，聽說屋主是賣豬肉起家的，他隨即也轉行賣豬肉。幾年間，他天不亮就出門給酒樓送豬肉，全年 365 天風雨無阻。

酒家出入多了，他又決定關掉豬肉鋪把積蓄投入開酒樓。1989 年 8 月 28 日，蘇志剛的香江酒家開張營業。他從省城的大酒樓挖來大廚，出品地道的廣州菜，好味的菜品和精緻精緻的裝潢，讓生意十分興隆。

一個偶然的機會，一位在政府部門工作的食客談了對廣東旅遊業的看法，他對蘇志剛說，廣東有錢人多，旅遊資源卻匱乏，何不學習深圳，在廣州也搞個野生動物園之類的東西？說者無心，聽者有意。

「旅遊是未來大勢。」蘇志剛想着，就以野生動物園為切入口，效益一定不錯。1997 年 12 月，經過一年多籌建，國內第一家民營國家級野生動物園 —— 廣州長隆野生動物世界正式對外營業。

他一口氣從國外引進 30 只長頸鹿，大量引進鱷魚建設鱷魚養殖場，率先把白虎與澳洲考拉等珍稀物種引入中國……如今，長隆野生動物世界已是世界上動物種類最多、種群最大的野生動物園。

長隆大馬戲、長隆歡樂世界與長隆水上世界等一系列娛樂「組合拳」相繼打出。長隆的「DNA」一直裝在蘇志剛的腦袋中。廣州長隆江山坐穩後，蘇志剛「盯」上了珠海一隅的橫琴島。彼時，這個東鄰澳門的珠海最大島嶼還是一片灘塗，島上基礎設施薄弱，幾乎沒有大型投資項目。2008 年，蘇志剛反覆權衡後決定選址橫琴建設長隆國際海洋度假區。蘇志剛為人低調務實，只是埋頭苦幹，甚少接受媒體採訪。用他自己調侃自己的話是「怕外界聽不懂廣東普通話」。

我見到他時，是在他的辦公室裏。我們的話題便是從他早期的創業開始。「如果沒有改革開放，我可能還在種田，連飯都吃不飽。」

沒讀過什麼書的他只會寫自己的名字和「同意」兩個字。蘇志剛說：「毛主席

說要發揚愚公移山、小米加步槍精神，我們就是在橫琴『愚公移山』啊！」他竟能大段大段背誦《毛主席語錄》和《論持久戰》。

我被他驚人的記憶力所折服。我問他：「今天的長隆算是橫琴旅遊產業的龍頭和成功案例了，最初的設想是怎樣的？」

「我們有幸趕上了橫琴開發的好時機。」蘇志剛告訴我，為了建好橫琴長隆，他曾和設計師跑遍了世界十幾個國家的 40 多家知名主題公園，目標就是全球最頂尖的水平。這就叫「師夷長技」。

多做少說一貫是蘇志剛的宗旨。海洋王國建設期間，他每天 4 點多起床，驅車兩個多小時到橫琴，每天泡在工地，脫了鞋和施工隊踩在泥地裏討論建設細節。當然這是後話。

站在橫琴島富祥灣後面的腦背山上，可以看到澳門路環島南邊的黑沙灘。海灣呈半月形，坡度平緩，灘面廣闊，黑沙灘的沙子很細很細，沙灘附近有一片松林，蒼翠茂密。

冬日的黑沙灘，海浪正由白變黑吐着白沫，不斷沖向金色的沙灘，潮漲潮落散發着獨特的韻味。2008 年 12 月 18 日下午 3 點，黃語生陪廣州來的朋友剛從黑沙灘旅遊回來，走進富祥灣新村的家中就趕緊給遠在順德的妻子打電話。

原來，他回到村口時，就看到一張由珠海市國土資源局、珠海市土地儲備發展中心和珠海市土地房產交易中心共同發出的有關「珠國土儲 2008-04 地塊」的公告。黃語生把公告拍照後發給妻子，他在微信裏說：「半個月前，橫琴鎮政府和測繪部門就到村裏測量了土地，並根據每戶人的作物情況現場開具了征地補償清單。」

「那我們能補多少？」妻子看他火急火燎，急忙問他。

「作物地統一按每畝 2500 元進行補償。」於是他又把貼在牆上的幾張補償方案拍攝照片發給妻子。

「我們家的補償數額和作物類別、種植年份都對。」妻子告訴他。

黃語生這才放下心來。出讓地塊位於橫琴島南部，與澳門路環島西南面隔海

對望，原為新村、舊村以及橫琴蠔生態養殖場，面積約為 132.54 萬平方米，書面競買時間為 12 月 12 日 10 時至 25 日 10 時。規劃土地用途為旅遊。黃語生家被徵收的這塊地，正是長隆第一期項目用地之一。新村和舊村被圈地後，一個龐大的主題旅遊公園計劃隨之浮出水面。2010 年 11 月 28 日，在沉寂千年的海島上，長隆一期項目悄然開展。一期總投資達 100 億元，總佔地達 5 平方公里。

那時，前往工地的人越來越多，各工種加起來有上千人，有鋼筋工、木工、架子工、混泥土工、水電工等，有來自四川的、廣東的、重慶的、貴州的、湖南的……

王忠翔年近花甲，是雲南興義人，兩個孩子都成家立業。老王看起來很精神，一副樂呵呵的樣子。他在老家閒不住，告別老伴，跟老鄉來長隆做工，在工地做保管員兼零工。2011 年春節本想回家和老伴團聚，但工地需要他看場，他被勸留了。老伴心疼，畢竟是頤養天年的年紀了，趕忙從老家來工地陪他過年，儘管公司安排住在簡陋的倉庫裏，但年過得特別有滋味，老伴的到來，多少讓王忠翔產生了一絲撫慰。過完正月十五，老伴要回老家的時候，項目部專門送她一個大紅包，兩個老人眼眶一熱，很是開心。

王予杰和趙玉鳳夫妻都是湖南常德人，30 歲，4 歲的兒子隨公公和婆婆在老家上幼兒園。2012 年 5 月 28 日晚，長隆橫琴灣酒店準備封頂，原本答應回去陪孩子過「六一節」的趙玉鳳告訴兒子回不去了。

兒子一聽，突然「哇」地大哭起來。那一刻，趙玉鳳的心都碎了。趙玉鳳心裏有點堵，她整了整被風吹亂的頭髮，又理了理衣服，心頭不安地上工地去了。趙玉鳳說一整天恍惚得魂不守舍，不時拿出手機，看看兒子的視頻。在她旁邊，長長的石子砂漿輸送管道，猶如蒼龍般在夜空中舞動。老公王予杰則腳蹬高腰雨靴，用膠帶纏着靴子，用高大的身軀扛着拽着「蒼龍」，在綁紮好的鋼筋方陣之間澆築。振動棒在突突地轟鳴，將石子砂漿搗實攪勻。

泥漿濺到他們的身上臉上，沒有人在意。

中天集團的闞老闆在廣州一撥又一撥地招收工人往橫琴島上送。半個月前還在為失業犯愁的小工頭江西人黃慶常年跟隨闞老闆，做過番禺香江野生動物世

界、長隆歡樂世界等知名項目，一聽說橫琴工地有招工，趕緊跑來往身上套一件工服就成了「人力資源招聘主管」。

中天建設集團承接的是珠海長隆居住配套和酒店精裝修項目工程。黃慶負責的是長隆辦公樓，據說樓內還設有電影院。裝修的框架初現，砌磚和水泥、測量的工人忙忙碌碌地穿梭往來，還動用了多台挖土機、泥頭車和吊重機。

工地邊上的沙灘屬於橫琴島上的新村、舊村。在一棵象徵守護村莊吉祥的綁滿紅布條的大樹下，一群女人在七嘴八舌地議論：「工地到處是人，數不清，聽說中天工程隊的人就有幾百人。」聚在一起的這些女人都是工地工人們的妻子，約有二十多人，每天閒着就蹲守這裏等待工地上看有什麼小工做。

「有活幹嗎？我們閒得慌呢。」女人眼尖，看到小工頭黃慶走過來就直嚷嚷。

「快來快來！全部都來！」黃慶不斷地朝女人這邊招手。

女人們蜂擁而起。

在橫琴長隆工地，儘管每砌一塊磚就有高於廣州項目 5 分錢的收益，但黃慶還是有點不踏實：「買菜都要騎車走幾公里，去哪裏招得到工人啊？」

黃慶不知道，眼前漂浮着零碎竹竿和木頭的富祥灣兩年前還是千畝蠔塘，數百萬的蠔被吊養在插入塘底的蠔椿上。沿途盡是養蠔村民用竹木搭建的棚屋，遊客到此可以現場燒烤生蠔，每年吸引萬千旅客慕名而來。

長隆馬戲酒店是以典型歐洲小鎮為藍本、顏色各異的建築單體和造型獨特的鐘塔，充滿異國風情。

「這是橫琴最大的旅遊項目，老闆說是配合澳門旅遊的，要建得像皇宮一樣。」黃慶壓低着嗓子告訴我，這個工地位置與澳門路環島打對面，規模比澳門任何一家酒店都大。

因為工期緊，任務重，長隆項目各工種都組織了很多人。

每天早晨 6 時正，租住在橫琴鎮上的老楊準時起床，然後從床頭櫃上取下煙和打火機，煙在他發黃的指間燃燒，他時而深深地吸上一口，津津有味。

媳婦則忙進忙出，一根煙工夫，麵條煮好端上桌，他才胡亂地洗了把臉，匆匆地吃完早餐，簡單地收拾一下，穿上工地上沾滿砂漿汗漬的髒衣服，拿上安全

帽、磚刀、泥鏟等「行頭」出門。

「走咯！」出門時他朝對面屋的工友吆喝一下，然後將安全帽往腦袋上一扣，拎上橡皮桶，騎着電動車載着老婆在茫茫晨曦中往 6 公里外的長隆工地上趕去。

老楊今年 48 歲，一家都是重慶黔江人，帶着妻子到廣東打工已經 20 多年了。他告訴我他的兩個兒子在重慶建工學院讀大學，大兒子在橫琴口岸對面一個名叫勵峻廣場的澳門項目上實習。

我體會到他說話間那份得意，那份欣喜，那份成就感。

天色熹微，老楊便到了工地，坐上施工電梯到了他昨天鋪磚的樓層，清理好地面，磚和砂漿在昨晚有人負責送到樓層上的樓梯口處，現在要將磚和砂漿從樓梯口搬到使用的部位準備好，再在地上定好鉛線。

此時天已經開始大亮，鋪磚工作隨即展開，妻子負責用橡皮桶為老王「打下手」，比如打灰、打磚之類的活兒。

中午吃飯時間，老楊收拾好工具，安全帽也不摘，首先給大兒子打電話，叮囑他在澳門老闆的項目上好好幹，把澳門的建築技術也學一點拿回重慶去。其實，他很是希望兒子畢業後留在橫琴發展，做個橫琴人，聽說以後橫琴和澳門都是你中有我，我中有你。

工地外邊有專門面向工地民工的快餐飯館，環境不咋地，但兩葷兩素加一碗免費的湯，飯管夠。

掛了電話，老楊瞅了個空位找了張凳子在桌邊坐下，順手拿起桌上的茶壺倒了一杯茶水，仰頭咕嘟咕嘟地連茶葉一起喝了個精光，又再倒了一杯，才去大桶裏打了兩碗湯。

雖然人不少，但他妻子還是很快端來了兩大碗飯，飯上有三個菜：回鍋肉、肉炒白菜、炒洋芋絲。

「很實惠的。」老楊說。

在老楊工地的對面是橫琴灣酒店，僅一路之隔。

這個即將完工的酒店很是氣派，建築面積近 30 萬平方米，總投資超過 200 億，單客房就有 1888 間，號稱國內最大。

走進這座即將完工的酒店，頂部的圓拱上，一排排貝殼密密麻麻，寬闊的大堂高達 20 米，中間有八條巨型海豚塑像圍成一圈，海豚們彎身翹尾伏在藍色的海浪基座上，魚尾向上伸展，幾乎觸到屋頂，像一把大扇子。

在酒店的花園中，幾尊雕塑更是栩栩如生。

上三樓的陽台，迎面看到欄杆上的一對企鵝圖案，再往外觀望，酒店的主體樓盡收眼簾，頂部聳立多座塔樓，塔尖均有紅黃交集的火炬，塔座四周環繞着海螺、貝殼，比較顯眼的還是背貼着塔身的飛魚，張開翅膀，大有騰空飛翔的氣勢。

珍稀的海洋動物、頂級的遊樂設備、新奇的大型演藝……長隆刷新 7 項行業的全球之最。

2014 年 1 月，一股強冷空氣在橫琴盤旋，天空低雲密布，長隆國際海洋度假區對外試業。開業第一年，長隆就接待遊客超過 1000 萬人次，一舉成為規模最大、遊樂設施最豐富、最富有想象力的世界頂級休閒公園。

長隆項目帶動橫琴旅遊業迅速壯大，2014 年珠海 GDP 增速一躍跳升到珠三角第一。

我曾三次到過長隆海洋王國，一次是長隆試業，一次是陪友人遊玩，最近一次是去採訪。

那是一個冷風蕭蕭的秋日，我獨自驅車從橫琴環島路往南走，路過澳門大學橫琴校區，便可看到中國單體規模最大的酒店 ── 長隆橫琴灣酒店，它米黃色的外牆，遠遠看上去像一座歐洲中世紀城堡。與它相隔不遠的地方有個以「馬戲」為主題的酒店，酒店旁邊就是著名的長隆橫琴國際馬戲城。

馬戲，原指人騎在馬上所做的表演，現為各種野獸、馴禽表演的統稱，是以馴馬、馬上技藝、大中型動物戲、高空節目為主，包括部分雜技、魔術和滑稽等的綜合演出，屬於雜技的門類之一。

長隆的馬戲堪稱一絕。馬戲表演是每晚 7 點 30 分進行，白天則是安排每個節目的演員分時段進行訓練。

一位身高將近 1 米 9 的「巨人」十分搶眼。通過翻譯介紹，我知道他的名字

叫 Sasha，「籍貫」摩爾多瓦，讀小丑表演學校之前，他做過體育老師，渾身散發着硬朗和喜感。訓練開始，小丑們依次出場：一個很高，一個很老，一個很胖，一個頭髮很長，場面極具「儀式感」。「很高」那個就是 Sasha。

Sasha 的祖國是一個位於東南歐的內陸國家，與羅馬尼亞和烏克蘭接壤。比起家鄉溫帶大陸的四季分明，Sasha 說他更喜歡這裏漫長的夏季。來到珠海時間不長，他卻迷戀中國功夫與喝茶。

「為什麼選擇來中國？」我問他。

「因為中國的女孩好看。」他呵呵一笑，骨子裏都是幽默。

在過去的四年多時間裏，有兩百多位像 Sasha 一樣的異國演員陸續加入了在橫琴長隆上演的國際馬戲大秀中。來自巴西的 Welton 的表演讓觀眾「哇哇」尖叫，他穿着蜘蛛人的戲服，在高空靈活地做着危險動作。他的雙臂和後背是大片在布達佩斯留下的文身，像一隻展翅的鷹。

我驚訝的是，他的表演沒有採取保護措施。翻譯給我的解釋是，他已經練了30 年，太過熟練。Welton 則大聲地對我說：「God is the protection.」

演員們身懷的絕技不同，來自的國家不同，但有很多地方共通。那就是他們都經驗豐富，去過很多國家演出。摩托車手來自澳大利亞的 Freestyle Kings 組織，平均年齡 24 歲，以「猴子」自稱，充滿活力，騎着摩托飛天遁地。他們掌握的中文還不多，不過，像「您好」「我愛你」「再見」「青島啤酒」這些漢語詞彙卻說得字正腔圓。

魔術師 Niki 和 Jim 來自荷蘭。Niki 在經典魔術《nightmare》裏演女巫，假睫毛又長又厚。男主角 Jim 則戴着放大瞳片，他對長隆幾年的變化贊不絕口：「剛來的時候什麼都沒有，現在餐館、超市冒了出來，就像變魔術一樣！」

鼓舞舞者 Flor 和 Gonza 來自阿根廷。除了常見的踢踏舞和打鼓，他們的拿手好戲是快速揮舞 Boleadoras，這是一種系有 3 個重球的套索，巴塔哥尼亞的遊牧民族曾用它們來狩獵，如今用來表演同樣精彩紛呈。

羅馬尼亞的舞者 Tania，她高挑貌美，8 歲開始學跳舞，看到印着她照片的公交車駛過，興奮地用中文大聲對我嚷嚷：「我，我……」

晚上看馬戲，白天看動物。踏進張開翅膀的「魔鬼魚」造型的大門，頭頂巨型屏幕滾動播出的海底世界奇觀令人震撼。穿過大門後，只見過山車正翻來覆去不停地試運行，發出「嘩嘩嘩」的巨大聲響。在珍稀動物展館，讓孩子們興奮不已的除了中華白海豚，還有從俄羅斯引進的肥嘟嘟的白鯨，緩慢笨拙的企鵝，憨態可掬的北極熊……孩子們在這裏穿越一個個「海洋夢」，觀賞可愛的海洋動物，參與童話般的花車巡遊，暢遊在海洋的世界與各種各樣的奇妙生物嬉戲玩耍。

看看孩子們筆下的長隆海洋王國——

篇一

今天，陽光明媚，晴空萬里。7 點 40 分，我們準時向珠海長隆海洋王國進發了。大巴車輪下生風，不知不覺就抵達了珠海長隆海洋王國。

一進海洋王國的大門，我們就看見一個超大屏幕，在天花板上不停地播放着與海洋生物相關的逼真 4D 動畫片，每個人都不時發出贊歎；兩旁的柱子上裝飾着貝殼、海星、珊瑚，讓人覺得自己好像是到了海底世界一般。

我們參觀了海象山，看到了海象。它們長着兩根長長的獠牙，有着流線型的身體、發達的肌肉以及強有力的鰭狀肢。走起路來搖搖晃晃，顯得十分笨拙，滑稽可笑，但是一旦進入水中則行動自如，非常機敏，用後肢推進，前肢轉彎，據説時速可達 24 公里，可深入 70 米的海底。

接着，我們去了企鵝館，看到了許多形態各異的小企鵝。它們一個個昂首挺胸，精神抖擻，活像一個個剛打完勝仗的大將軍，走起路來一搖一擺，可愛極了。

篇二

從海洋大街往裏走，我聽到了一陣優美的歌聲，往湖裏看，原來是橫琴湖的音樂噴泉正在隨着旋律跳舞。第一站我走進鯨鯊館，正看見一位叔叔在喂小鯨吃飼料。後來我又去看了像海馬一樣的小動物，像鵬一樣的鰩魚，身上長滿刺的獅子魚，兇猛無比的鯊魚，慢吞吞的海龜和像海蛇一樣的鰻魚，

五彩繽紛的水母……

　　在白鯨館，看見大水缸裏的白鯨一會兒如過山車般俯沖下水底，一會兒又扶搖直上浮出水面，還時不時在水面上轉圈圈，好像一個世界游泳冠軍剛剛贏得了比賽，在那裏舉手歡慶……

　　珠海長隆海洋王國真是個好地方！

篇三

　　我來到海豚館，看見了幾只海豚在一起玩一個漂浮在水面上的粉紅色的大球，這只海豚扔給了另一隻海豚，接到球的這只海豚又將球扔給了另一隻海豚，好像一群小朋友在水中大戰一樣。我開心地和海豚們一起拍照留念。

　　讓我印象最深刻的還有企鵝館，企鵝在冰上一搖一擺地走路，有的企鵝在水裏游泳，不過為什麼企鵝能在水裏遊而且眼睛不受水壓的影響呢？原來企鵝的視力非常好，能在水中看清一切事物。最大的企鵝是帝企鵝，它在水中游泳的時候眼睛還不時地看向觀眾，好像在跟大家說：你好！

橫琴打造了一個中國版的「奧蘭多」，每年吸引着兩千多萬遊客前往長隆。長隆已連續創造五項吉尼斯世界紀錄，榮獲全球「主題公園傑出成就獎」，累計接待遊客超 7000 萬人次。

橫琴全力配合澳門打造國際旅遊休閒中心，助推建設國際休閒旅遊島，其締造的長隆旅遊龍頭項目在澳門經濟適度多元化發展進程中帶動了其他旅遊項目的落地，香港麗新創新方、澳門勵駿龐都廣場、星樂度·露營小鎮等項目即將開門迎客，琴澳旅遊合作共同發展，比翼齊飛……

第五章

橫琴何以成為橫琴

踏石留印，抓鐵有痕。

橫琴的一系列變遷背後，是一次次思想解放與觀念創新，她沒有偏離時間軌道，也不會在某個節點停滯。

血脈同源、人脈共享、經濟共生、文化共融。承載促進澳門經濟適度多元化發展的國家使命，橫琴邁開腳步的那一刻起，生命的蒼勁與沉重便已注定。

橫琴之所以成為橫琴，是因為橫琴建設者們不忘初心，不辱使命，在恪盡職守外，多了一份對「不忘初心」的深刻理解。就像一個上緊發條的鬧鐘，時時提醒和鞭策自己。

投資貿易便利。

政府服務高效。

市場監管有序。

法治保障有力⋯⋯

大刀闊斧的改革，精雕細琢的創新，讓橫琴在建設趨同港澳的國際化、市場化、法治化的營商環境中先行先試、一路領跑。

歷史從不眷顧因循守舊或滿足現狀者，展開橫琴大開發的徐徐長卷，那粗獷的線條，豪放的勾勒，濃豔的色調，顯示了與眾不同的強大力量。

在向橫琴凝眸的瞬間，我忽然發現，這一方滾燙的熱土，翻滾着的巨浪讓人屏息。

橫琴，是一團火，它因為澳門而燃燒。

你的事就是我的事

濠江在流淌。蜿蜒的江畔，一側是璀璨精巧的澳門島，一邊是蓬勃生長的橫琴島。到橫琴採訪之前，我就知道橫琴有一個全國獨一無二的機構：澳門事務局。顧名思義，澳門事務局就是橫琴新區專門負責對澳服務的機構。2013 年起，澳門企業開始往橫琴「紮堆」。

為做好對接服務，橫琴新區專門組織召開了一場座談會，規格很高，書記劉佳主持，在家的領導悉數參加。

「今天這個會是解決問題的會，大家有什麼問題，有什麼困難和訴求都可以提出來，我們會認真研究。」劉佳開門見山，直接切入主題。寂靜的會場氣氛開始有了一點小小的躁動。

「我們絕大部分澳門人是第一次到內地投資，找了一些中介，錢花了事卻沒辦成。」一位澳門老闆率先開了腔。

「是啊！在橫琴投資太複雜了，跑規劃、跑國土、跑建設，跑來跑去跑斷腿都沒走完流程。」

「項目上想拉一根電線都好難……」

會上，澳門投資商一口氣提了二三十條意見。絕大部分都是反映政出多門，多頭管理，澳門投資項目落地效率低。劉佳沉默了。

第二天，劉佳召開班子會，她說：「橫琴的使命是助力澳門經濟多元發展，現在澳門的企業陸陸續續進來了，卻碰到這樣或那樣的問題，我們要想想辦法，怎麼樣才能為他們提供高效率的服務。」「橫琴的機構已經是小部制了，很多部門合併後都是一個窗口對澳門企業。」

也有人認為，橫琴已經做得不錯了。

「沒錯，放在內地範圍看，橫琴確實已經做得不錯，媒體也給予一致好評，但放在港澳地區看，我們的營商環境遠遠不夠，昨天澳門企業家提出的問題足以反

映這個問題。」劉佳說。

會議討論成立一個專門服務澳門項目投資的機構，專事負責澳門事務，包括提供投資介紹、項目招商、項目落地等一條龍全程服務。叫什麼名字的機構呢？大家都開動腦子想。

「我看就成立一個澳門事務局吧！」劉佳的意見立即得到大部分成員的認同。

「可行嗎？」也有人懷疑，因為這也太「離譜」了。

「橫琴敢吃第一隻螃蟹，也能夠吃下第二只、第三只……」劉佳說，「將散落在多個部門的涉澳職能吸納在一起，方便澳門企業有什麼不好？」

根據設想，澳門事務局將統一負責橫琴各項涉澳事務，為澳門社會各界參與橫琴開發提供「一站式」高效服務。但在大家醞釀和籌劃時，問題來了，在當時的環境下，怎麼可能給你橫琴增加一個機構呢？

劉佳提出將原來的「交流合作局」改為「澳門事務局」，還是原來的那批人，那些編制。成立「澳門事務局」的方案報到市裏，很快得到積極回應。「澳門事務局」絕對是中國政府裏最特殊的一個機構，橫琴的創新達到了一個登峰造極的境界。澳門事務局一掛牌，便在社會上引起強烈反響。

媒體報道出來後，上面來人追責了：「怎麼可以成立這樣的局？」劉佳做了自我檢查後，她說：「澳門企業有所呼，我們政府有所應，澳門有訴求，我們做服務，這是橫琴責任所在，也是橫琴的使命決定的。」澳門事務局於是保留下來。正如德國哲學家黑格爾所說的那樣：「存在即合理。」

澳門事務局推動澳門項目落地「全覆蓋」，成為橫琴打造服務澳門的「專業隊」。鄒樺是首任「隊長」。

2017 年 7 月，在橫琴新區那間稍顯狹窄的會議室裏，我見到了已擔任新區管委會副主任的鄒樺。「事務局掛牌的時間是什麼時候？」

「2014 年 4 月 4 日。」鄒樺不假思索地回答。

「你們的職責主要是什麼？」

「就是重點協調解決與澳門的產業合作、通關便利、基建對接、法律互動等各

類事務以及在橫琴投資企業的問題和訴求。」

「事務局有多少人？」

「當時也就 4 個人。」鄒樺總是輕聲細語。

「還記得事務局成立後的第一項工作是什麼嗎？」

「就是和澳門貿促局那邊進行工作層面的對接。當時澳門一下子推薦 33 個項目過來，需要馬上安排會談。」鄒樺說，「澳門很多企業家都是第一次來橫琴投資，對橫琴開發政策、開發流程不了解，畢竟內地和澳門那邊不太一樣。」

2011 年 3 月 6 日，廣東省政府跟澳門特區政府在人民大會堂共同簽署了《粵澳合作框架協議》。隨着粵澳合作產業園的推進，澳門項目招商以及跟澳門的交流越來越頻繁，橫琴新區為加強合作溝通、政策對接和精準服務，將產業發展局與交流合作局的職能整合成立澳門事務局，以確保所有澳門項目順利推進。

動腦筋、花心思、下苦功……澳門事務局對澳門項目是「一對一」服務，一跟到底。

澳門項目一落地，橫琴新區澳門事務局就制定《推薦項目對接服務分工表》，每一個項目都十分明確。事務局每個月舉行一場政企面對面的活動，一直延續至今。項目代表、建設規劃、供水供電相關部門都派人參加，有什麼問題就在會議上面提出來，管委會的領導甚至直接出面協調解決企業面對的困難和問題。

「那個時候要去澳門企業界推介橫琴希望吸引投資，基本上沒有企業願意來，求都不來。」鄒樺對此仍記憶猶新。

辦事不便利，就很難吸引澳門企業前來投資發展，擔當促進澳門經濟適度多元發展的重任也就無從談起。

「澳門企業一開始在橫琴投資慎之又慎、長期觀望，這兩年變得積極踴躍，對橫琴發展的信心更足了。」鄒樺明顯感覺到，雖然溝通協調工作量依然很大，但是實際上變得容易了，有之前長談不下的項目近些年都能快速落地橫琴。

「澳門的事就是我們的事。」鄒樺曾在多個場合這樣表示。

在澳資企業紛紛前來的同時，橫琴促進澳門產業多元化的政策也更加精準多元。2016 年，橫琴頒佈了《橫琴新區促進澳門投資項目建設若干措施》和《橫琴

新區促進澳門中小企業發展辦法（試行）》，着力解決澳門中小企業在橫琴發展面臨的辦公、融資、人才招聘、通關以及與內地企業合作等方面的難題，為澳門中小企業優先參與橫琴開發建設創造有利條件。

橫琴新區澳門事務局在澳門設立了投資諮詢點，為澳門投資者提供全程服務指引；在橫琴設立了澳門投資綠色通道，專門服務澳門投資者。

優質服務讓澳門企業感受「賓至如歸」。

澳門施美蘭集團主席羅掌權回憶起澳門拱廊廣場在橫琴的落地過程，對橫琴新區澳門事務局的服務豎起了大拇指。

「橫琴對我們的項目提供了一對一專人專項的跟蹤服務，雙方信息能夠及時傳遞，另外還成立綠色通道，為我們在橫琴的工商注冊提供便利，效率非常高。」羅掌權說，「橫琴不斷改革創新，以優質便利的服務為澳門企業在橫琴發展壯大保駕護航，澳門企業對未來的發展充滿信心和期待。」

盡是暖心的話語啊！楊凱明是一個「澳門通」。我見到他的時候，已經過了下班時間，有同事告訴我，他基本上每天都是這樣，很遲才離開辦公室。

聽我說明來意和需要了解的重點後，楊凱明說：「沒錯，我們開闢了一條綠色通道和一個審批通道⋯⋯」我們談興正酣，他的手機響了起來，他對着我哈哈一笑，然後轉過身去，接聽電話。

他用一口流利的日語與對方交流。回到我跟前，楊凱明繼續之前的話題：「從做方案到跟蹤落戶，每一個流程、每一個重點都必須熟稔於心。」

「你好像很忙啊！」我對他說。

「是啊！你不了解，在對澳這一塊，從立項、環評到報批報建，從工商注冊到稅務登記，從水電路氣訊配套到員工招聘等一系列，我們事務局都要全方位跟進服務。」

「得像保姆一樣。」我說。

「嚴格地講，事務局更像一個居委會。」楊凱明呵呵一笑，「他們就是我們居委會那些居民嘛，什麼事都要管一下。他們有些不熟悉規章，我們就幫他找部門協調。」

　　訪談間，朱安邦也「插」了進來：「像這種澳門公司註冊的話，剛開始那段還很麻煩。」

　　「怎麼個麻煩？」

　　「首先的話我們得要初審，去商務局那邊備案審查，看到底是不是符合國家允許的投資目錄內容。再說橫琴的話，它不是所有的產業都允許進來的。雖然澳門推薦過來，可能後面我們會發現它確實是和橫琴招商的產業大相逕庭。」

　　「比如說？」我追問。

　　「比如有的就是完完全全想做地產性質的，想幹一筆撈點錢，賣完就溜，這跟我們產業園區的宗旨顯然是不符合的。」

　　「跟澳門投資人打交道，你印象深刻的是什麼？」

　　「契約精神，這一點我很佩服。」朱安邦說，「澳門比較遵守那種契約精神，他跟你簽協議的時候，會反反覆覆、認認真真地看，包括生產管理，工程期限……甚至政府的服務能力、規劃戰略，都在他們的考量之中。最後還找法務部門再看一遍，沒什麼問題才簽，他們非常重視這一點。」

　　澳門項目落了地，事務局的考驗才剛剛開始。越來越多的建設工程服務在等着他們，建設中出現什麼問題，跟施工單位產生什麼矛盾，相鄰地塊的兩個單位因為施工交叉會產生什麼影響。

　　朱安邦給我說了這樣一件事：「那是 2016 年，在中心溝有個澳門項目施工，相關部門批了一個搭建工棚的臨時用地，可能是有點遠，澳方一看這忒遠，不願意，自己偷偷摸摸在旁邊建了一個，幾個月之後，那塊地要出讓了，人家來一份函讓他們趕緊搬。」

　　澳方老闆想不明白，不願意搬，就這麼執拗。朱安邦就去協調。澳方老闆用三分之一的粵語和三分之二的蹩腳普通話講，朱安邦就用三分之二的普通話和三分之一的蹩腳粵語回答。大家比畫了老半天總算明白了要表達的意思。澳方老闆磨磨蹭蹭一個月終於搬走。結果他們又跑到旁邊那塊地上面建了一個工棚，住了兩三個月，人家那塊地又拿到施工許可證了，準備做樁基了，又發函讓這個老闆趕緊搬，這下老闆就不樂意了，說他搬一次上百萬，搬一次上百萬，你們怎麼能

把我們趕來趕去的？

「於是我們又得去做解釋協調。」朱安邦說，這樣的事情初期碰到比較多。其實協調除了問題還是問題，道道難題，逼迫自己去思考、去實踐、去解決。

回想起自己的服務經歷，朱安邦感慨頗多。從陌生到熟悉這份工作，園區從一無所有到現在漸成氣候……期間，嘗盡了談判和服務中的各種酸楚，也獲得了滿滿的成就感。

在橫琴採訪，我還聽到一個「逃跑新郎」的故事。在橫琴島上的一家小咖啡館裏，新郎一邊問我是要藍山咖啡還是摩卡咖啡，一邊叮囑我不要在書裏寫他的真名。他跟女朋友談了三年，好不容易休假幾天才相約到一起去雲南麗江拍婚紗照，準備國慶結婚，可剛拍了一天，就接到由他負責的「一對一」跟蹤服務對象的電話。當時澳商並不知道他已離開橫琴，澳商在微信通話中告訴他，自己的項目準備舉辦一個開工儀式，打算第二天來橫琴約他商討一些細節。

得到消息後，新郎二話沒說，馬上收拾起行李。可突然，一個念頭閃過，他又猶豫了：婚紗照才拍了一天，自己一走女朋友會不會不高興？剩下的兩天怎麼拍？

沒想，新娘很理解，馬上幫他在攜程上訂了機票。就這樣他把新娘子丟在麗江，自己跑回到橫琴陪澳商研究儀式方案，直到方案敲定後他才又飛回麗江繼續拍婚紗照……

正是無數類似的真誠服務，激活了橫琴一池春水。

對澳合作是橫琴的「一號工程」。橫琴的開發開放不跟其他新區比地區生產總值，也不比城市發展。比什麼？比的是服務效率！比的是服務創新！在橫琴，有一個耳熟能詳的詞語：服務澳門。這種服務事無巨細，滲入到橫琴每個部門、每個橫琴人的骨子裏。

2012 年 11 月 1 日，澳門人丘玉珍拿到了由橫琴產業發展局審批通過的編號為 0001 號的中華人民共和國港澳台企業批准證書。這張證書後來被放大影印放在橫琴的展示廳裏，丘玉珍為此還十分自豪：「我是第一家進來的（外資企業）。」

進橫琴投資前，丘玉珍聽朋友說到橫琴辦公司要雇一個專門跑機關的人，辦手續起碼要幾個月。

「沒想到登記僅用一天。」拿到了批准證書，丘玉珍十分興奮。她笑着說：「在橫琴註冊企業，效率很高，和在澳門沒啥太大區別了。」

如果按照以往的審批流程，申請人辦理企業的營業執照、組織機構代碼證、稅務登記證（含國、地稅）和刻章業務，需要往返政務大廳約 8 次，需要 9 個工作日才能領取上述證照。

在橫琴新區服務大廳，我看到工作人員正在做一件「小事」。他們正小心翼翼將企業註冊方面的表格內容按照澳門企業的習慣進行修改：「複印件」正在改為「影印件」。「身份證」正在改為「回鄉證」……

這些微小的細節，凸顯的是橫琴對澳門投資者的精細服務理念和對國際化法治化營商環境的追求和探索。

建大廳、轉職能、簡程序、優流程……一系列大刀闊斧的自我革新欣然上路，一系列為澳商「量身定做」「澳味十足」的服務舉措層出不窮。在行政服務大廳的顯眼位置，設立有「澳門投資企業綠色通道」。從外資審批、工商登記等環節專門服務澳門，讓澳門企業在這裏找到「家的感覺」。

「現在所有對澳工程事項找一個窗口就搞掂了。」澳門投資商陳志強的體驗來自於橫琴推出的《橫琴新區社會投資類建設工程管理模式創新方案》。這就是港澳投資商津津樂道的「綠色通道」。這個方案的推出是在 2016 年 4 月，採取並聯和集中審批、限時辦結等辦法，使澳門投資企業辦理施工許可手續，對接的政府單位縮減至 1 個，辦理程序數從 35 個縮減為 16 個。

其實，有「老橫琴」回憶，橫琴開發之初，市場准入、審批辦照、政務服務等方面依然是傳統模式，港澳社會投資類工程的審批也不例外，都是循着傳統的串聯式審批流程。辦個施工許可證，各相關部門互為前提，比如土地使用證、工程規劃許可證、環評、節能等，你沒批給我，我就沒辦法批給他，這樣串聯起來就要 200 多天。

如何協調解決澳門在橫琴投資企業的問題和訴求？如何匹配港澳的工程建設

環境？如何確保港澳社會投資類工程快速落地並開工建設？橫琴建設環保局局長劉晨光在接受一家媒體採訪時說：「零敲碎打調整不行，碎片化修補也不行，必須是全面的系統的改革和創新。」

聚焦澳門社會投資類企業反饋強烈的審批環節、建設工期以及投資成本三個方面，橫琴組織了近 10 人的創新團隊，歷經一年時間調研 20 多個政府部門，走訪港澳 10 多家社會投資企業，在包括香港發展局、屋宇署、工程師協會等機構調研，最終形成系統社會投資類工程管理創新方案。這個方案的關鍵詞 —— 報建清單、非土木工程技術性審查、自主選擇、立項範圍、分階段、施工許可、市場、資源配置、作用……這被港澳媒體譽為內地工程建設領域的重大創新成果。

陳志強直言好開心：「現在，建設項目可以分下部樁基礎、基坑及上部主體結構兩階段發放施工許可證。在簽訂土地出讓合同的同時就拿到了建設用地規劃許可證，這在以往，辦施工許可證沒有一年半載是不可能辦成的，而我們拿施工許可證前後僅花了 1 個月時間，相比過去，整個建設過程可以提前兩年完成。」

橫琴給澳門一種「不一樣」的驚喜。

簡化登記手續，降低注冊門檻，優化注冊流程……登記事項由原來的 11 項減少到 6 項，各類申請表格由原來 140 種縮減到 70 多種。橫琴在努力營造一個趨同港澳的商事登記和管理環境。

知道我在橫琴寫這本書，於是有人強烈推薦我寫寫橫琴工商局，說工商局創新力度大，是橫琴改革的先鋒。我於是慕名而去。原局長吳創偉（現任新區管委會副主任）如約而至，人很謙遜。他告訴我，橫琴的商事登記是一個不斷與時俱進的過程，其中商事制度改革是最大的成果。

吳創偉說，當時的企業注冊登記條件非常嚴格，注冊地址必須是有房產證的商用樓宇。橫琴有房產證的房屋不過 1000 戶，基本上都是住宅用房，如果等新建的商業樓宇投入使用才予以登記，至少要等 3 年。

「橫琴等不起，招商引資落不了地，怎麼辦？」他頗有深意地看了看我。

「怎麼辦？」我還以同樣的眼神。

「改革需要破題，倒逼我們轉變思路，放寬企業註冊登記條件。」他這麼一說，我重重地點了點頭。

在省工商局和地方政府的支持下，橫琴用 3 個月左右時間，起草了《珠海經濟特區橫琴新區商事登記管理辦法》，並運用珠海經濟特區立法權解決了這一困擾企業註冊的難題。

2012 年 5 月 24 日，全國第一個關於商事制度改革的政府規章頒佈實施。《珠海經濟特區橫琴新區商事登記管理辦法》探索出一套有中國特色，符合國際慣例，內容覆蓋註冊資金認繳制、註冊地與經營地相分離等 7 項改革創新措施，大幅降低企業註冊登記條件。

橫琴的商事登記改革一直沒有止步。

從 2014 年 6 月開始就推出網上商事登記服務，歷經多次更新迭代，網上審批中心實現了「一網通辦」，線上線下商事登記全流程系列標準化，網辦商事登記業務量佔到總體業務量的 50%。

「我們的目標就是讓企業『零跑動』。」吳創偉說，「至少是讓信息多跑動，讓企業、群眾少跑動。」

同年，橫琴再推出商事登記改革 2.0 版本——澳門企業准入、准營「24 證合一」，其中企業工商營業執照、刻制印章、國地稅稅務登記證、組織機構代碼證「四證聯辦」。經過網上預審，企業最遲在兩個工作日內拿到「四證一章」，往返橫琴一次即可完成商事登記。

「您給我說說橫琴商事主體電子證照卡⋯⋯」在採訪前，我事先做了一番功夫，知道橫琴商事主體電子證照卡在全國獨樹一幟。

「這個是我們跟銀行一起搞的。」談到商事主體電子證照卡，吳創偉興趣盎然。他轉身進到辦公室給我拿來兩張樣卡說：「第一個版本是 2015 年搞出來的，第二個版本是 2016 年出來的。」

我接過來打量一番，說：「是有點不一樣。」

「你不要小看這張簡單的卡，第一它沒有磁條，第二它沒有簽名條⋯⋯但完全可以提現。」我拿過樣卡端詳，發現它跟我們平常使用的銀行卡大小沒什麼兩

樣。一面是銀聯的標識，一面有莊嚴的國徽。

「為什麼設計成這個樣式？」

「作為全國第一張電子證照卡，證照跟金融的功能完美融合。銀行設計一邊，工商設計一邊。既要體現電子證照的身份，又要體現銀行卡的功能，我們前前後後搞了半年有餘。」

「為什麼要搞這個卡？」我不解地問。

「當時我們給企業發了營業執照後，企業到銀行辦理融資貸款等業務時，為規避一些風險譬如虛假合同等，銀行往往要到我們工商部門來核查企業的信用和基本情況：地址注冊在哪？開戶行是哪家銀行？法人是誰？我們就想，能不能合作搞一張卡，信息與銀行共享，從技術上解決部門之間的信息孤島問題，同時解決銀行的盡責調查問題。」

橫琴中國銀行支行覺得這個想法很「拉風」，確實很有必要試一試，於是積極推動。為這張卡，橫琴中行將報告打到省中行，然後到中國銀行總行，再到中國人民銀行，流程走得一路順暢。但到中國銀聯時，這事差點「黃」了。

「怎麼回事？」我急切地問道。

「人家問磁條在哪？簽名條呢？」橫琴解釋說「版面有限」……這當然是個理由。但沒有簽名條不符合要求，也違反規定。中國銀行廣東省分行真不錯，派人在北京待了一個月，磨來磨去，終於磨通了。

「也不是取消了，是隱藏了這些功能。」吳創偉說。

於是，一張以營業執照信息為基礎，集合企業其他登記、許可、備案、資質認證等證照基礎信息的可讀寫標準電子介質在橫琴誕生了。

商事主體電子證照卡加載了金融結算功能，與紙質營業執照和其他證照具有同等效力，具有「證照信息電子化、集成化，信息數據權威性，使用功能廣泛性」特點，逐步取代紙質營業執照和其他證照，真正實現企業「一張卡走天下」。

一位前來政務大廳辦事的人員告訴我，以往年度審核，審核前需要帶上公章、營業執照正副本、稅務登記證等許多證件，準備材料較多，需要花費不少時間，現在不用。

　　有了電子證照卡之後，投資者憑此卡可全天候享受便捷、高效、完整的商事服務，實現「一卡在手、服務全有、政商共用」。所有的信息都在卡內，不用重複遞交相同的材料。

　　「使用的情況怎樣？」

　　「除了中國銀行外，目前我們跟七八家銀行都有合作，有近 4000 家企業使用電子證照卡，其中不乏諸多港澳企業。」傳統工商登記模式被顛覆，只是橫琴創新改革的一個縮影。

　　橫琴工商局名噪一時的「三單」管理，就是專為澳門量身定制的。一是《市場違法經營行為提示清單》；二是《橫琴與香港、澳門差異化市場輕微違法經營行為免罰清單》；三是《橫琴新區失信商事主體聯合懲戒清單》。事前違法提示、事中輕微違法免罰、事後失信懲戒組成了三個全鏈條、閉合式智能監管模式。

　　「清單」管理模式的創新很有故事。初期，澳門企業到橫琴投資，經常會出現一些在澳門合法而在內地違法的經營行為。比如在澳門，店舖招牌名稱可以簡化，營業執照無須在醒目位置懸掛等，但在橫琴則不行。

　　「這也不行那也不行，怎樣才行？」在召開的座談會上，澳門的企業家有點「不舒服」。是呀！相關的法律法規條款內容分散不集中、不便查詢，對於一些經營行為是否違法搞不清楚，澳門企業在經營上如何放開手腳？即便是無心違法也會產生成本。如何對接港澳監管規則，讓澳門企業放膽經營？

　　2012 年初，橫琴工商局梳理港澳合法而內地違法的經營行為，將涉及工商部門處罰職能的 154 部法律、法規和規章中的 1810 種違法經營行為，按 96 個國民經濟類別及 15 個市場主體類型進行分類，並開發專門應用軟件方便社會大眾查詢下載，為企業經營「畫紅線」「標雷區」。

　　「有了這個清單，我們企業經營就不怕踩『地雷』了。」丘玉珍邊說邊為我打開橫琴新區市場違法經營行為提示清單查詢系統，選擇市場主體類型、行業類型後，不到 3 秒鐘，7 大類可能涉及的企業經營「雷區」便一目了然地展現在我面前。

　　「哪些不能做一清二楚。」丘玉珍高興地表示。「畫紅線標雷區」，地雷還是太多了。當時的市場監管規定帶有濃厚的計劃經濟色彩，管得過細過嚴。吳創偉

用了「絆腳石」三個字來形容。既然要助力澳門產業多元發展,就要有容錯的創新思維。能不能對一些輕微違法經營行為免罰?

吳創偉把這個想法分別向新區領導和省工商局和盤托出。「很有新意。」橫琴新區把這一創新想法當作重大改革來推動。2013 年 9 月,吳創偉一行來到北京,相關部門非常重視,當聽取匯報後,還找了好幾個專家來座談,專家把吳創偉「批」得體無完膚。「改革創新也還是在內地,橫琴不是澳門吧?」

吳創偉一聽,心想「完了,這次怕是要犯政治錯誤了」。走出會議室,吳創偉再一次向與會的主要領導陳述想法,領導被橫琴的創新精神和執着所感動,他將吳創偉拉到一邊,說:「小吳啊,你們回去以後穩妥推進,我們支持。」

「真幹了?」我迫不及待地問。

「幹了。」吳創偉說,「當時橫琴正要搞自貿區,草擬自貿區建設的促進辦法。我們就從對接港澳營商環境方面,通過地方立法,獲得了授權。」

「就是運用地方立法權?」

「對。」

2014 年,橫琴工商局針對市場監管領域內地法律法規與港澳法律差異條款進行了系統梳理,對比分析了部分在港澳合法而在內地違法的監管規定,在全國率先公佈《橫琴與香港、澳門差異化市場輕微違法經營行為免罰清單》,只要是在橫琴登記注冊的港澳企業,對首次實施上述輕微違法行為實行免予行政處罰或免予罰款。在公佈的首批共 30 條的工商行政管理類免罰措施中,對澳門企業首次觸犯公佈的輕微違法行為、對澳門商事主體店鋪招牌簡化名稱、對未在醒目位置亮照⋯⋯免予行政處罰或免予罰款。

「事實證明,這個免罰清單很有用。」

「有上面來追究嗎?」

「沒有。現在都說好,去年還是前年初,我不太記得具體時間了,國務院有一個通報,還表揚了。」吳創偉笑了。

2017 年 4 月 21 日,橫琴新區正式對外發佈《橫琴新區失信商事主體聯合懲戒清單》,以清單形式向社會公開工商行政管理領域首批違法失信行為、懲戒措

施，並聯合懲戒部門，推動各相關單位共建信用懲戒大格局。

橫琴工商局還推動建立了「黑名單」制度，對市場經營中的失信商事主體開展聯合懲戒，並推送失信商事主體名單到相關單位。在全省出台《失信聯合懲戒實施辦法》，明確多個部門在多個領域對失信商事主體共同實施懲戒，拓展懲戒對象範圍，構建「橫向到邊、縱向到底」大懲戒格局。

一處失信，將會處處受限。商事主體電子證照卡和港澳負面短清單作為政府智能化監管服務新模式入選全國自貿試驗區制度創新的「最佳實踐案例」。橫琴和澳門緊密度最強、融合度最高就是消費維權。每一年，澳門消委會會邀請橫琴的消委會以「神祕顧客」的身份去澳門參與誠信店評審，「神祕顧客」偷偷來到澳門那些參加評比的誠信店裏實地考察，然後打分，評審的結果互認。澳門的誠信店來到橫琴，或者橫琴的誠信店到澳門都可以享受相關的優惠，折扣共享。

橫琴與澳門建立有一套消費維權體系。2018 年 11 月，澳門消委會收到一宗投訴，一位澳門消費者反映其因購買珠海房產，向中介公司繳納了 5 萬元誠意金，但進一步查勘後，這位顧客對房子不滿意，他要求公司退還全部誠意金。

根據跨境消費維權合作協議，澳門將該投訴件轉到橫琴處理。橫琴消協調查後發現，中介公司銷售人員收取澳門消費者的誠意金後，已經離職，卻沒有將錢款上報和匯入公司賬戶，而是個人佔用。

中介公司協調後，銷售人員退回了 2.42 萬元給澳門消費者，餘下欠款銷售人員承諾在一年內分十期支付。但澳門顧客不同意分期退回。中介公司認為自己沒有收取錢款，且已採取了必要手段，故不同意承擔餘款的退款責任，雙方一度僵持不下。橫琴消協現場耐心調解和法律宣傳，最終雙方達成一致：被投訴方同意由公司先行墊付餘下未退還的誠意金 2.58 萬元人民幣，並承諾於 7 個工作日內退還至消費者，再由公司向該員工追討；而澳門消費者也同意不要求中介公司承擔利息費用。

為這事，澳門消費者來來回回折騰了 5 趟。

這件事讓橫琴工商局茅塞頓開，怎樣消除兩地消費維權程序差異，簡化消費糾紛處理流程，實現跨境消費維權「零跑動」？怎樣消除消費者兩地奔波、維權路

徑不熟的麻煩？

「我們合作建立跨境視頻調解機制。」吳創偉特別推崇，他告訴我，這個機制入選 2018 年度「廣東十大消費維權典型案例」。

2018 年 10 月，兩地合作建立了跨境視頻調解與仲裁機制。澳門和橫琴消費者發生跨境消費糾紛後，可直接向所在地消費維權部門投訴，並由澳門和橫琴兩地的消費維權部門通過跨境視頻調解平台，組織糾紛雙方進行調解。內地消費者在澳門發生消費糾紛時，還可在澳門消委會組織下進行視頻仲裁。該機制已成功調解 2 宗跨境消費糾紛，共為澳門消費者挽回經濟損失 22.58 萬元人民幣。

「接地氣，真正是在為澳門服務。」澳門主流媒體這樣評說。

2017 年 8 月，橫琴商事登記改革再推「證照分離」，不再強制「證」「照」辦理先後順序，對企業能夠自主決策的經營活動，停止、取消審批或改為備案管理。

吳創偉給我打了個比方，以前企業辦「出生證」，需要和「畢業證」「駕駛證」一起辦，現在取消前置審批，可以在從事許可經營項目時再去辦理。

從最初工商登記改革的「先照後證」，到後來的市場違法經營行為提示清單、免罰清單，再到「證照分離」、壓減審批、強化監管，橫琴的商事登記改革從未止步……

趨同港澳稅收環境是橫琴的一張「名片」。

2018 年 7 月 12 日，澳門人陳志豪打開 V-Tax 手機版，繳納了上個月在橫琴工作的 2078.34 元個人所得稅。他感歎：「在澳門家裏點點手機就可以生成個人所得稅電子稅票，下載到電腦隨時可以打印，真是太方便了。」

「非常棒！」陳志豪表示。

陳志豪使用的 V-Tax 遠程可視自助辦稅系統，是橫琴新區稅務部門在全國首創通過實時音視頻遠程交互，實現跨境、跨省、跨市、跨區辦稅，打造「全業務、全天候、面對面、類前台」的新型辦稅服務模式。

這套由橫琴稅務局自主研發、全國首創的智能系統用得最多的就是港澳人士，這引起各級領導的關注。

2019 年 5 月，中共中央政治局委員、廣東省委書記李希聽說藉助這套系統，澳門納稅人在家或者企業，就能輕鬆上網跨境辦稅，實現「零跑動」，於是慕名來到橫琴稅務局。

在橫琴稅務大廳，局長黃勇在向李希書記介紹 V-Tax 遠程可視自助辦稅系統的功能時，恰巧有一位澳門辦稅人員在澳門的家裏面通過系統向稅務部門諮詢相關辦稅的事情。

　　　　澳門納稅人：請問下，現在我們公司那個稅務信用代碼換了，我要怎麼辦理變更手續？

　　　　稅務局人員：您好！是這樣的，我們辦理變更納稅人識別號的話需要提供的資料有以下幾項……

　　　　澳門納稅人：這些資料我們要到現場提供嗎？

　　　　稅務局人員：不用，您只需要系統上提供就好了。

　　　　澳門納稅人：還有，按要求我需要繳納稅費，在系統上怎麼操作？

　　　　稅務局人員：先認證，完了您可以通過微信、支付寶支付或者銀行扣款。

　　　　澳門納稅人：那我用微信吧！

　　　　稅務局人員：請您掃屏幕上的二維碼……

　　　　澳門納稅人：謝謝！

　　　　稅務局人員：不客氣。

很快，這個客戶通過微信掃二維碼，4 萬多元稅費一下就進了國庫。李希書記饒有興致地看完整個過程，然後問黃勇：「像這樣能在網上辦的涉稅業務有多少項？」

「6 大類 116 項，這些都是企業日常的涉稅業務，全部通過 V-Tax 遠程實時辦稅終端，實施全程網上辦理。」黃勇回答道。

「電子申報率能達到多少？」李希書記又問。

「98%以上。」

黃勇還介紹說，廣東省電子稅務局啟用後，橫琴把原來V-Tax遠程可視自助辦稅系統跟電子稅務局合二為一，也就是現在看到的V-Tax升級版。目前，這套系統不僅澳門、香港納稅人可以使用，內地企業家也可以安坐家中，足不出戶就實現和稅務人員進行語音和視頻交流辦稅。

正好當天我也在橫琴，黃勇送走李希書記後，將我迎進接待室，我們的話題就是從這套自助辦稅系統開始談起。

「當時怎麼會想起開發這樣一套服務港澳的辦稅系統？」

「這個說來跟工商登記註冊有關。」黃勇說，「2012年時，橫琴在全國實行商事登記制度改革，其中有一個『一址多照，一照多址』，工商註冊在一個地址就有上千家，這樣就牽涉到辦稅問題。」

那時候，橫琴還是「蕉林曠野」，絕大部分企業的註冊地和生產、經營並不在橫琴，遠的在北京、上海、長沙這些地方，近的在深圳、廣州、香港、澳門等周邊，企業涉稅老是往橫琴這邊跑，窗口那裏人山人海，企業來回折騰自然增加了辦稅的成本。

橫琴就在想：現在視頻那麼發達，能不能通過網絡把這個辦事窗口「放」到那些在外地生產的企業去，延伸到港澳地區去，有圖有真相，就跟家裏面的視頻通話一樣，在家裏或在辦公室登錄這個業務系統，足不出戶就實現可視化辦稅？

2016年10月，系統開發完成，1500多家澳門企業中絕大多數都使用了這套系統，兩年多來越用越順暢。

「你們是怎樣提高企業知曉率和認同度的？」

「這也是有個認識過程，我們採取了幾個途徑，比如微信推送短信，對港澳企業辦班，新登記企業專門輔導，告訴他們登錄V-Tax就可以搞定……」

「實際運作中會不會出現甲公司冒充乙公司？」

「那不會……一開始就採用實名認證，對『四員』，即法人代表、財務負責人、會計、辦稅員的身份認證儲存在後台了。」

「港澳的企業也是這樣嗎？」

「他們就更便利了，直接用手機自拍，傳給我們核對就行，或是對着攝像頭，讓我們的辦事員看到。」

「除此之外，還有別的方式嗎？」

「我們推出了一個叫『智稅寶』的產品。」他還頗為自豪地告訴我，他們還有一個很好用的就是微信（納稅）……

黃勇說：「港澳地區稅制相對簡單，納稅較為便利。橫琴的納稅便利化指數的指標體系就是參考借鑒了英屬國家和地區的指標來構建。」

打破傳統，尋求突破和創新，將辦稅服務區域延伸至境外，為港澳納稅人提供了同城同質的投資便利化服務，這就是「跨境稅銀智能服務」新模式。全國首創的創新舉措在橫琴稅務不斷刷新，這塊試驗田裏，稅收新政出台的密度和頻率堪稱前所未有。

去橫琴採訪前，我就聽到有「港人港稅，澳人澳稅」的說法，這激發了我極大的興趣。在橫琴長隆工作的港澳雇員區志明、文建興是首批領到港澳居民個人所得稅差額補貼的人，我前往找到他們。

「你們都領到了多少補貼？」我十分好奇地問。

「21463.25 元。」

區志明還清楚記得首次發補貼的那天是 2014 年 3 月 19 日，橫琴新區組織了一個發放儀式，自己還上了電視，這輩子「想都沒想過」。

「我少點，是 16748.74 元。」文建興說。文建興原就職於香港迪士尼樂園，現在長隆海洋樂園餐飲部工作，剛來時他很擔心，香港稅負較低，到橫琴工作後，個人所得稅稅負會比以往大幅增加。

「還擔憂嗎？」

文建興高興地說：「現在這個擔憂沒了，我打算長期留在這邊工作，橫琴發展潛力很大。」

2011 年 7 月 14 日，國務院正式批覆在橫琴新區實行比經濟特區更特殊的優惠政策，明確規定對在橫琴工作的港澳居民給以個稅補貼。次年 12 月，廣東省財政廳出台《關於在珠海市橫琴新區工作的香港澳門居民個人所得稅稅負差額補貼

的暫行管理辦法》。2013 年，橫琴新區港澳居民個稅差額補貼政策正式出台。

周運賢，是一位拿到了「澳人澳稅」個稅差額補貼的澳門青年。橫琴對他而言，不僅僅是「兩地個稅相當」的意義。「這將大大吸引港澳高精企業和高端人才的集聚。」周運賢說。

「補貼是怎麼計算的？」我問他。

「就是實際繳納的個人所得稅稅款與其個人所得按照香港、澳門地區稅法測算的應納稅款的差額部分。」周運賢說，「以我的親身體會，橫琴完全趨同於澳門的個稅環境了。」

截至 2018 年 12 月，「港人港稅、澳人澳稅」優惠政策已經給予在橫琴工作的香港、澳門居民個人所得稅稅費差額補貼達 9000 萬元。

「目前，這個政策已普惠到大灣區所有城市了。」黃勇告訴我。

2016 年 12 月 16 日，《橫琴新區促進澳門中小企業發展辦法（試行）》正式實施，對符合《橫琴新區企業所得稅優惠目錄》的澳門投資中小企業，企業所得稅減按 15% 徵收。

15% 是個不小的優惠。

顯然，橫琴試圖通過稅收優惠方式引導高新技術、醫藥衛生、科教研發、文化創意、商貿服務等產業在橫琴發展，這與澳門重點發展的文化創意、科教研發、中醫保健等促進經濟多元發展的產業定位「同頻震動」。

最引人注目的「中藥飲片創新技術開發和應用」「文化創意設計服務」「跨境數據庫服務」等稅收優惠政策也是為澳門企業量身定做。橫琴新區大膽試、大膽闖、自主改，作為改革的「探路者」在稅收領域漸漸走出了「國際範」：一窗通辦、一網通辦、一鍵申報、一次辦結⋯⋯新辦企業所需的登記信息確認、發票票種核定等 10 個涉稅事項集成為「新辦企業套餐」，最快半天能走完開業到領取發票的全流程，澳門企業跨境辦稅服務效率整整提速了 60% 以上。

2018 年 4 月 1 日起，橫琴稅務又對 5 大類 258 項辦稅事項實行「最多跑一次」，有效壓縮 50% 的辦稅環節。一招鮮，招招鮮。橫琴稅務組建了優惠政策專家團隊優化政策輔導服務，建立了一對一、點對點的政策落實服務機制，切實為

納稅人帶來實惠。

　　冠聚源投資有限公司的財務人員林芹與我談起辦稅就贊不絕口。那是 2016 年 5 月 25 日，林芹如常到網上「零申報」，驚訝地發現，公司沒有可申報的稅種。

　　「怎麼回事？」林芹心裏既納悶又焦急。按照規定，納稅人如果不定期「零申報」或逾期「零申報」，將會收到稅務部門的行政處罰。她急忙給橫琴稅務局的工作人員打電話。很快，工作人員告知她，冠聚源投資有限公司符合「有稅申報」的條件。林芹終於長長舒了一口氣。

　　原來，橫琴新區稅務部門創新推出了「全稅種首次有稅申報」，納稅人發生應稅收入首次申報或首次申領（代開）發票的行為，稅務部門才對納稅人進行稅種（基金、費）核定，註冊的公司只要還沒有開始經營就不用老惦記着「零申報」了。林芹感歎地說：「現在橫琴辦稅的電子化程度和效率大幅度提升，一些業務的辦理體驗比港澳還要好。」

　　作為改革的先行者，橫琴辦稅服務的多個創新做法在廣東自貿區醞釀、試點、提升，形成了一批可複製、可推廣的自貿區改革經驗：「互聯網＋」稅收服務、免費推行 CA 證書、納稅提示清單、移動繳稅等 6 項創新服務措施入選廣東自貿區可複製推廣改革創新經驗。

　　從橫琴給我提供的報告顯示：2018 年，橫琴稅費收入是 193 億元，比 2009 年 1.8 億元整整增長了逾 100 倍，納稅戶從 2009 年的 1000 多戶增長到 2018 年的 54000 多戶，接近 60 倍。

　　「在 193 億稅收中，產業佔比是多少？」

　　「第一是金融，第二是商業，第三是房地產，房地產佔了 21% 的稅收。」

　　「房地產不是主要收入？」我有些意外，我說我聽到外界有不少聲音，說橫琴主要是房地產。

　　「那是誤讀，稅收最能反映真實情況。」

　　我想，原來一片荒地突然冒出那麼多高樓，難免讓人產生一些錯覺，橫琴開發又怎能沒有城市建設呢？

「真沒想到這麼快！」

2018 年 10 月 26 日，在位於橫琴濠江路南側、港澳大道北側的澳能研究院施工現場，澳能（橫琴）能源發展有限公司總經理許國飛興奮地表示：「之前入園的澳門企業從土建到送電通常要 1 —— 2 個月，沒想到我們只用了 17 天。」

高效的供用電，得益於橫琴實施的《中國（廣東）自由貿易試驗區珠海橫琴新區片區供用電規則》。

2015 年以前，橫琴的供用電規則仍為原電力工業部 20 年前發佈的供電營業規則，在程序、耗時、成本等方面都存在局限。如果對標世界銀行評估指標體系，橫琴在「獲得電力」方面的總分、排名、耗時、成本等均排在 100 名之後。

在建設國際化、法治化營商環境方面，橫琴顯然「落伍」了。

澳門企業到橫琴投資都存在「水土不服」的問題，橫琴的用電報裝與澳門的模式完全不同，程序煩瑣、耗時長。

如何建立一套高效的供用電規則？

2016 年，珠海供電局市場營銷部的副主任蔣道方帶領團隊多次到港澳地區進行對標交流，同時引入第三方機構對橫琴區內的企業客戶進行「背靠背」調研，借鑒港澳供用電經驗模式，踩准客戶的「訴求」，針對性探索建立一套市場反應靈敏、管理決策高效、服務模式靈活、可複製可推廣的供用電規則。

很快，一個涵蓋用電申請與賬戶開立、供電設施建設與供電設備安置、受電裝置建設、供電與用電等多個方面的《中國（廣東）自由貿易試驗區珠海橫琴新區片區供用電規則》（以下簡稱「《規則》」）出台了，《規則》包含 6 章 44 條，在供用電程序、耗時及成本方面實現突破性改進。

報裝審批環節的極大簡化是《規則》的一大亮點。許國飛所在的澳門永同昌集團在粵澳合作產業園的三個項目都趕上了「新規則」。

「之前，澳門投資商與電網企業的交互環節至少有 5.5 個。」許國飛告訴我說。

「現在呢？」我說我只關注現在。

「現在的交互環節只有兩個，供電方案、受電工程設計審查、現場檢驗環節已經取消了。」一張身份證明資料，一個在相應地址有權用電的證明。之後，電網

公司前來確認用電需求，公司配合提供供配電設施安置地，準備低壓部分。

「不出島就在橫琴供電所搞掂，很滿意。」許國飛爽朗地笑了。

在橫琴，只要一封郵件就能完成供用電申請。橫琴對申請資料要求也做了大量簡化，推行電費擔保（定金＋保函），還原供用電關係電力商品交易特性，延伸電網企業的投資範圍，減少客戶用電投資成本……

根據世界銀行評估體系模擬計算，《規則》實施後，橫琴「獲得電力」的程序、時間和成本大幅壓縮 80% 以上，評分提升至 93 分，橫琴「獲得電力」的評分排名提升至全球前 10 名，9 項創新舉措填補了國內空白。

匹配、支撐和服務橫琴助力澳門經濟適度多元發展，橫琴供電服務團隊以「未來思維」聚焦智能電網建設，為澳門提供用電保障服務。220 千伏琴韻變電站是南方電網首個 3C 綠色智能電網重點工程項目，也是粵港澳合作框架協議中的內容之一。談到「3C」綠色電網，劉佳津津樂道，她說這是給橫琴助力澳門經濟適度多元化發展下的一場「及時雨」。

為什麼這樣說？

時光回到 2011 年 2 月初。

齊軍睿智從容，如一介儒雅書生坐在我面前，他時任琴韻變電站工程業主項目部的經理。他回憶當時的情形，說：「因為橫琴開發，對澳門供電量陡然增長，長隆和新家園項目即將啟用，BT、中海油等項目陸續展開，島內僅有的一座 110 千伏變電站、兩台兩萬千伏安變壓器，供電能力明顯不足。」

「面臨着跟澳門『搶電』的問題。」齊軍說。

「對澳供電和新區開發一個也不能少，2011 年底工程必須投運。」劉佳下了死命令。

重壓之下，齊軍團隊頂住壓力，主動挑起大梁。

琴韻站的建設有兩個特點，一是變化多，二是時間緊。採用 220 千伏直降 20 千伏技術，這在廣東電網系統內尚無先例。

在系統剛搭建時交換機容量速率不夠。

「這下壞了。」齊軍心想。

為爭取交換機容量用到 1000 兆，齊軍主動爭取資源，協調相關部門，確保採購符合工程要求。「電網建設不是一個部門的工作，統籌協調，內外聯動才能真正搞好電網建設，好『留有一手』。」

220 千伏琴韻變電站的建設既是挑戰，又是機遇，它探索使用的智能化一次設備及網絡化二次設備分層構建技術、全數字化變電站自動化系統，為廣東電網建設數字化變電站摸索了經驗，其中「智能運行控制關鍵技術研究與應用成果」「不停電檢修技術」達到國際領先水平，具有分層分區自治自愈功能的智能電網讓國際知名電網運營商都拍案叫好⋯⋯

琴韻變電站通過通信技術，電網控制技術和計算機的結合，實現技術創新，故障率降低，可靠性提高。

齊軍介紹，變電站安裝了眾多參數傳感裝置，系統就像人一樣「智能」地對設備進行監測，在不停電的情況下，運用數字化技術預判設備可能存在的隱患，將故障消滅於萌芽狀態。

他還形象地比喻：「如果人眨一次眼睛需要 0.2 秒，那麼我們這裏在四分之一眨眼時間內就能切除電網線路故障。」

2015 年 8 月 15 日，珠海 220 千伏琴韻站至澳門 CT220（蓮花）站第三回電纜線路工程（琴蓮丙線工程）也如期投運了。

至此，廣東電網形成 6 回 220 千伏線路向澳門供電、3 回 110 千伏線路備用的供電格局，在滿足澳門中長期用電需求的基礎上，進一步提高對澳供電的可靠性。

風含情水含笑

　　澳門是一個崇尚生態環保的城市，舉個「芝麻綠豆」的小事情，足以「窺一斑而知全豹」。

　　在澳門，不少人逢年過節都曾收到「利是」（紅包）。但年節一過，大多數的「利是封」被當作垃圾而丟棄，既浪費也不環保。澳門每年推出回收「利是封」計劃，在全澳各社區設置了超過 200 個回收點，將完好的「利是封」回收循環再利用。小小一枚利是封，關涉環保大文章！

　　路氹城生態保護區是澳門最大的生態保護區，它處於橫琴島對面，天沐河就像一根「臍帶」將澳門的路氹濕地和橫琴的二井濕地連起來，路氹在東，二井在西。

　　作為澳門首個生態保護區，路氹城生態保護區由封閉式管理的生態一區和開放式管理的生態二區組成。保護區建了一條長 320 米的袖珍植物帶，諮詢生物專家後種植了多種類的適宜生長的植物，以便讓澳門學生親身感受到課堂上看不到的植物和珍稀鳥類，生態宣傳教育從孩子抓起。開放區設有 4 個觀鳥台，選址非常有講究。譬如每年 10 月踏入候鳥季，各種機構會組織公眾前來觀鳥，為了把對鳥類的干擾降到最低，他們細緻到要求參觀者須着便鞋，同時避免穿着顏色鮮豔的衣服等。

　　觀鳥時對穿着都有規定，這恰恰是澳門人的環保理念。

　　據統計，路氹城生態保護區生態一區中昆蟲有 100 多種，鳥類達到 140 多種，包括珍稀的黑臉琵鷺，這種鳥目前全世界只有 2000 多只，澳門就有 50 多只。

　　橫琴開發牽動澳門的環保神經。

　　在澳門，我採訪澳門土木工程實驗室主席區秉光時，他就十分擔心橫琴自然生態可能因眾多工程同時進行而受到衝擊。

　　他以澳門金光大道發展經驗來判斷短時間內橫琴變成一個「大地盤」。他說：

「眾多建築工程同時進行，會給生態等各方面帶來衝擊。自然生態可在短時間內受到影響，但卻要長時間才得以恢復。」

區秉光擔憂的情景會在橫琴出現嗎？

一個周六的下午，我駕車去「橫琴公社」餐廳吃那久負盛名的生蠔，一看時間尚早，便在橫琴島周圍轉轉，就這樣一不小心便轉到了橫琴西北角的橫琴芒洲濕地公園。

那邊廂是沸騰的工地，這邊廂則是靜謐的風光。碧波蕩漾中，落霞與千鳥齊飛，城市與自然共美，大片的蘆葦蕩和 12 萬多株真紅樹、半紅樹及紅樹林，單紅樹林植物就有 6 科 8 屬 8 種，還有秋茄、桐花樹、海桑、老鼠勒、銀葉樹、黃槿……

進入芒洲濕地公園，遠遠望去，只見數只白鷺翱翔天際，飛累了就集體休憩在一片綠洲上，留下了一份田園曠達。

橫琴四面環水，海灣眾多，沙灘綿延，怪石嶙峋，碧水漣漪。是一個風光旖旎，物種繁多，原始植被保存完好、鷗鷺翔集的濕地。據相關資料，島上植物種類 896 種，除了紅樹林外，還有無瓣海桑、桐花樹、木欖等，陸生野生動物 108 種，其中魚類有花鱸、黃鰭鯛、青魚、鯪魚等 81 種，還有最珍稀的數量比大熊貓還要少的粵溪蟹。

真可謂「茫海浮綠，長灣聚靈」。徜徉在木棧道、親水平台、觀景台，俯視濕地公園，碧海藍天映在水中，濕地阡陌，水塘與植被擺放得縱橫規整，那旺盛的植被，入眼滿是碧綠。我在想：這不是一幅虛構的畫面吧？山盤繞，波蕩漾，已修葺好的觀景棧道，設有專門的觀景涼亭，我隨意坐下，縱情地呼吸着新鮮空氣。彷彿在這裏得到了靈魂的休憩，身心都要跟自然融為一體了。遠離城市的紛擾，此時我的心境舒適又愜意。

踏上彎曲的浮橋，穿過河道，迎面看到各類珍稀鳥類撲棱飛過，幾個攝影愛好者趕緊抬起「長槍短炮」，那「咔嚓、咔嚓」的快門聲此起彼伏，他們顯然不想錯失這個「鳥的天堂」。春看鳥，夏聽瀑，秋觀日，冬品蠔。橫琴美不美，鳥兒告訴你。這片生長着紅樹林和大片蘆葦蕩的濕地具有極高的生態價值，大量鳥類越

冬在此棲息、繁衍。

在芒洲濕地公園內，建有廣東省首個海洋生態修復展示廳 —— 橫琴海洋生態修復展示廳，總面積 2000 平方米，是長期科普教育和生態教育的基地。

展示廳裏，解說員一邊解說一邊回答我的問題 ——

　　問：這島上的鳥類有多少種？

　　答：約 60 種，其中 11 種為國家 II 級重點保護鳥類，比如黑鳶、黑翅鳶等，被列入 CITES 全球瀕危物種的黑臉琵鷺有在橫琴出沒。

　　問：橫琴怎麼會有這麼多鳥類？

　　答：從生態區位的角度來看，橫琴處於一個非常特殊的位置。以 30 多平方公里的大橫琴山為中心，在珠江口構成了一個規模不大，但功能齊全的海洋濕地區域，是東亞和澳大利亞候鳥遷徙的主要驛站。

　　問：怎樣讓這些珍稀的候鳥留下來？

　　答：橫琴 10 年來一直致力於保護和修復，目的是致力把這裏打造成為粵港澳區域珍稀的紅樹林濕地資源區、橫琴和澳門地區最寶貴的海岸濕地生態系統。

　　問：讓鳥類成為這塊濕地的主人？

　　答：是啊！這裏有白鷺、中白鷺、池鷺、綠鷺、夜鷺、蒼鷺、黃斑葦、黑水雞等鳥類⋯⋯每年都吸引了不少國際觀鳥人士前來觀鳥。

所言不虛。在由珠海市濕地環境監測科提供的一份數據顯示，橫琴的 60 多種鳥類中，有東洋界 15 種，古北界 7 種，廣布種 8 種。居留型方面，11 月有留鳥 21 種，夏候鳥 1 種，冬候鳥 8 種，候鳥佔比已從 2013 年前的 15% 提高到了 35%。

有鳥鳴相伴的環境真好，它們靈動婉轉，鳴叫聲像是一節一節的旋律。

那麼，橫琴獨特的生態環境是怎樣煉成的呢？褪去工作日的匆忙與浮躁，我披着愉悅的心情將都市喧囂拋之腦後，冥冥中，似乎有一種無形的力量牽引着我。車沿着環島路行駛，沿途一線湛藍沖去了心中擾攘。那蒼茫的紅樹林隨風搖

曳，一畦畦平地往海的那邊漫去。我走進了橫琴新區環保局。

劉勇是橫琴新區環保局的局長助理，2011 年初來到橫琴工作，屬局裏的「元老」級人物之一。在那間稍顯狹窄的辦公室裏，穿白色襯衫、黑色西褲的劉勇溫文爾雅，彬彬有禮，傾聽我說明來意。

短暫寒暄後，我開門見山：「據我所知，澳門對生態的保護非常執着，橫琴在大開發中如何樹立與澳門相通的生態理念？琴澳在環境方面有合作嗎？」

「有，有合作。」劉勇將身子轉過來，面對我微笑着說，「我們兩地還很熱絡。」

「是嗎？」我將信將疑。

「澳門每一年的環保展，我們都派人去參加。」劉勇似乎看出我臉上的疑惑，說，「我們的合作是雙向的，我可以給您舉兩個例子。」劉勇告訴我，

2013 年 7 月，橫琴舉辦了一個大型的「橫琴綠色城市之路」分論壇，特別邀請了澳門環保局的專家做主旨演講，專門來談路氹生態保護區。2014 年 3 月，澳門牽頭完成「澳門路環 —— 橫琴生態保護區調研報告」後，函請橫琴環保局提出寶貴建議。橫琴環保局專程登門造訪，交流意見……

「你來我往，我們兩地就像走親戚。」劉勇笑言。澳門面積不大，但有一批鼎鼎有名的生態環保專家學者，比如澳門生態保育資深研究員梁華博士，澳門環境工程博士李金平等。前者以在澳門度冬的黑臉琵鷺種群為研究主題，長期研究這一瀕危鳥類的特性和遷徙習性；後者數十年以澳門路氹濕地作為實例分析，研究濕地鳥類生境管理……

2009 年，在國務院批覆《橫琴總體發展規劃》中，賦予橫琴新區的發展定位之一為資源節約、環保友好的「生態島」。綠色。低碳。環保。生態優先、規劃先行、基礎快上、政策快批、項目慎選、科學發展……橫琴着力打造一個綠色發展、低碳發展、可持續發展的「橫琴樣本」。

從 2010 年底，橫琴相繼制定了《橫琴新區生態島建設總體規劃》，包含《橫琴生態島區域能源規劃》《橫琴生態島綠色產業體系建設規劃》《橫琴生態島綠色市政與環衞體系建設規劃》《橫琴生態島綠色交通建設規劃》《橫琴生態島生態環

境建設規劃》《橫琴生態島建設生態功能區劃及污染物控制規劃》《橫琴生態島水體及近岸海域生態建設規劃》《橫琴生態島綠色建築建設規劃》《橫琴生態島綠色社區建設規劃》9 個專題研究，涵蓋能源利用、環境保護、綠色建築、綠色社區、綠色交通等內容，制定單位 GDP 能耗和碳排放量全國「雙最低」的生態管理目標。

橫琴就是這樣用大腦思考自然，用心靈感知自然，用眼睛觀看自然，這一系列眼花繚亂的專題，為橫琴生態島建設提供全方位指引。禁建區、限建區、適建區、可建區四大空間管制區被劃定生態「紅線」——

禁建區：除了少量的景觀設施外，禁止或控制其他一切建設開發活動，原始生態被嚴格保護。

限建區：嚴格控制過量開發，進行適度的設施建設。

適建區：嚴格控制發展規模，保護和恢復多樣性生態景觀。

可建區：統一規劃、合理分佈、分片開發、分佈實施。

保持城市和自然環境的協調發展。橫琴全島不過區區 106 平方公里，卻將近七成的土地被列入禁建區或限建區的範圍，而禁建區達 57.90 平方公里，超過橫琴面積的一半。橫琴和澳門是一個候鳥活動的區域，共建生態橫琴，這種生態觀念從規劃設計的起點就有着澳門的影子。

劉勇一邊與我交談，一邊打開電腦為我調取一份《橫琴海洋生態修復（芒洲片區）二期工程設計方案》，說：「您看，我們還請李金平博士作為專家出具專家意見。」

劉勇把電腦屏幕轉過來，我定睛一看，這是一份非常嚴謹的「專家意見書」：

生態保育與生態旅遊之間需要取得平衡，這種平衡需要在空間分佈上得到體現，部分區域（相當於核心區）是動物和水鳥活動的地方，嚴禁遊人進入。部分區域（相當於緩衝區）是遊人與水鳥並存的地方，以提供遊人在一定的距離觀賞動物……建議將西堤的部分或全部規劃為核心區，該區向西自然聯結磨刀門，水鳥可隨時進入芒洲。而西堤之部分或全部禁止遊人進入，以保證該區有較多的稀有或瀕危野生水鳥的出現。因瀕危水鳥對人的警戒性

極高。同時，取消遊船碼頭的設計，以減少對濕地動物必定產生的影響……

劉勇興奮地告訴我：2017 年 12 月，橫琴獲批國家濕地公園（試點），以二井灣濕地為重點區域正在穩步推進。

曾幾何時，在橫琴的「土地賬本」上記錄着兩筆被劃掉的生意。有投資商看中橫琴西南一塊地，希望在此建工業區和煤電廠。如果同意這個項目，電廠的黑煙將隨着東南風覆蓋整個澳門。

另一個很有來頭的項目是投資 8 億美元，在東南部建紡織城，包括印染和漂染廠，如果同意這個項目，污水廢水將環繞整個澳門。不過，那時的當政者經受住了「誘惑」，守住了「底線」，橫琴才有了今日生態立島的「本錢」。

橫琴濕地，一處渾然天成的所在。

劉勇將不同的展板在我眼前呈現，拿起、放下，再拿起、再放下。他為他口中的「濕地公園」津津樂道。

回到市區，我在百度上搜索「濕地公園」，其條目是這樣表述的：以濕地良好生態環境和多樣化濕地景觀資源為基礎，以濕地的科普宣教、濕地功能利用、弘揚濕地文化等為主題，並建有一定規模的旅遊休閒設施，可供人們旅遊觀光、休閒娛樂的生態型主題公園。

地球有三大生態系統：濕地、森林和海洋。濕地因為強大的沉積淨化功能，被稱為「地球之腎」。它就像天然海綿能夠吸收雨水，減緩洪水，預防幹旱，保護人類的河岸線，被譽為自然界最富生物多樣性的生態景觀。濕地有着許多美稱：動物的樂園、水的銀行、天然空調、天然污水處理廠、人類心靈棲息地……

橫琴濕地是「橫琴之腎」。劉勇說：「為了呵護好大自然賦予橫琴的寶藏，我們一直以來把濕地生態保護作為生態建設工作的重中之重，修復以紅樹林為代表的濕地生態系統和生物資源，建設濱海濕地公園。」

劉勇告訴我：橫琴濕地是與外海接觸最大的生態敏感面，是整個生態系統的發源地，他們通過先進的生態技術和國際理念，對橫琴整個濕地的生態建設進行

有效和高效的建設，力求打造國際一流的精品濕地公園和鳥類生態家園。通過全球性的國際招標，最終確定了法國 AMA 建築設計事務所為設計單位。

橫琴濕地的修復是橫琴生態建設的一個縮影。從收集回來的一大逻資料中，我查閱得知，橫琴濕地公園總面積 392 公頃，由兩片濕地組成，一片是 332 公頃的二井灣濕地，將蕉基魚塘改造為濕地靜態遊覽活動區，主要功能是紅樹林重點保育和觀鳥遊覽活動；另一片是 60 公頃的芒洲濕地，結合不同深度的水塘種植各類高度層次漸變的耐濕林木，向公眾展示濕地動植物的組成、結構、特徵，以及和諧共存的關係，起到直觀的濕地生態展示宣教作用。整個濕地公園分為生態宣傳展示區、濕地原生態保育區、濕地生態展示區、濕地休閒體驗區、海堤原生態植物觀賞區以及管理服務區六大功能區。

2000 米木棧道、浮橋，600 平方米親水平台、觀景台，2.94 公里生態海堤，60 公頃紅樹林……三台攬月、棲霞觀鷺、漁歌唱晚、九曲蓮橋讓人流連忘返。

曲徑通幽處，我碰上一個叫劉嫣涵的小姑娘，在和她聊天的時候，談起這塊濕地公園時，她也一臉驚訝地表示想不到這裏竟藏着一片世外桃源。她告訴我，她和男朋友的第一次約會就是在這裏。

「那個時候他還不是我男朋友。」劉嫣涵幸福得一臉陶醉，她還清楚記得那天是傍晚五點左右到公園，太陽剛剛躲進大橫琴山，感覺空氣特別甜，生態很好，水邊還有幾只鴨子。她特地穿上新買的衣服和裙子。

「好看嗎？」她問。

「好看。」他有些怯怯地回答。

「哈哈哈哈哈……」她開心的笑聲驚飛一對鷗鳥。

劉嫣涵說，那天就認定了文縐縐的他。之後，她和男朋友又來了幾次芒洲濕地公園，他們漫步在河岸邊，感受海風，看雲卷雲舒，相依相偎地坐在海邊吹風看海，聽海鷗和海浪的聲音。

「這裏的落日美極了，就像在愛琴海和戀人一起看夕陽，最讓人難以忘懷的那束陽光。」劉嫣涵說。

告別劉嫣涵，我來到濕地規劃展示廳，這是廣東省首個濕地規劃展示廳，建

築面積約為 1950 平方米，其建築結構一下就吸引了我的眼球：輕質混凝土牆面，原生黃竹作立面裝飾，建築與環境相得益彰，突出了生態、低碳的建築理念和內涵。展示廳設置了序廳、海洋廳、濕地廳、鳥類長廊、休息廳和 4D 體驗廳，據展廳講解員介紹，這裏可以全面展現橫琴濕地風采風貌，並演示未來濱海濕地公園建成後的美景。

「展示廳將作為長期科普教育和生態教育的基地。」負責人告訴我。

從展廳出來，正好碰上這裏正在舉辦一個大型活動，足足有 200 多人，熙熙攘攘的儀式正在進行。我走近過去，只見橫幅上打着「世界水日·中國水周」的宣傳標語，一位領導模樣的人正在為志願者進行「橫琴濱海濕地公園保護隊」授旗。一位小姑娘跑過來塞給我一迭宣傳資料，我定睛一看，內容盡是水資源、水環境方面基本知識和生態保護的政策。

小姑娘穿着藍衣藍裙，是名澳門學生，葡人後裔，她笑容明媚，頭髮漆黑，有點微微自然卷，大眼睛。她告訴我，這是當地政府聯合澳門的環保組織、中小學校以及社區志願者在這裏開展主題為「愛水惜水·生態保護·綠色發展」的活動。在這樣美妙的濕地公園，琴澳一起關注水生態和海洋生態建設，一起樹立水資源及環境保護理念，一起親近自然，共同放飛心靈⋯⋯

我的心靈時湧起一串遐想：2700 多年前，中國著名思想家管仲不是說過「水者，萬物之本源也，諸生之宗室也」嗎？阿拉伯文學的奠基人紀伯倫不是說過「大自然，那裏原本就是我們的起源」嗎？

「開展水治理、節約水資源，保護生態環境從我做起！」突然，隨風飄來一陣悅耳的宣誓戛然打斷我的遐想。只見孩子們放下舉起的拳頭，然後排着隊向步行棧道上走去，喧鬧沉寂下來了，一行人長長的身影漸漸淹沒在「海上森林」之中。

此時，太陽要下山了，被層層厚雲遮住。

殊不知，這也是一種美景：紅樹繁綠碧水，鷺鳥群集藍天，一幅人與自然和諧相處的美景久久定格在我的瞳孔裏⋯⋯

芒洲濕地就像一個美麗的守護者，守護着橫琴這片冉冉升起的發展熱土。隨着濕地公園建設的完善，這個生態綠洲將惠及粵港澳三地民眾。

物競天擇，適者生存，横琴深諳此理。

除了濕地修復外，横琴在綠色能源建設上也可謂「高瞻遠矚」。

譬如全島構建集中供冷供熱系統，這是中國第一個區域性的燃氣多聯供項目——電廠發電的餘熱通過管道供應給全島暖氣和熱水；餘熱可以通過溴化鋰裝置將熱水變成蒸汽和冷水，為全島供應冷氣和蒸氣；蒸汽又可被利用進行海水淡化，這些水可以達到醫用純淨水標準。

多聯供燃氣能源站項目由中國電力投資集團公司下屬企業中電投南方電力有限公司獨立投資，總規劃建設 8 台 F 級（390 萬千瓦）燃氣—蒸汽聯合循環機組，總投資 120 億元，首期建設 2 台。

横琴為什麼對這個項目如此「上心」？

「倒不是投資額誘人。」管理區一位負責人告訴我說，「這個項目可以作為綠色可持續發展理念實現的基礎，更好地服務於横琴『生態島』建設，避免環境墮入先污染後治理的『魔咒』。」

與同等裝機容量的火電相比，多聯供燃氣項目兼具節能和環保優點，完全無硫，氮排放只是火電的一半，二氧化碳排放是火電的 40%，熱效率則可達到 66%，火電只有 35%。

2014 年 11 月 3 日，多聯供燃氣——蒸汽聯合循環機組投入運行。

横琴多聯供燃氣項目為區內相關產業的發展提供電源、熱源、冷源保證，降低單位 GDP 能耗，減少總體能源的消耗，達到節能減排的目的，是横琴成為「生態島、低碳島」的保證。

「到 2020 年，整個横琴島不需要鍋爐，不需要空調和暖氣了。」這位負責人笑言，「屆時，横琴任何一棟建築都不用掛空調機，横琴沒有弗里昂。」

横琴的生態理念，不僅體現在對環境的呵護上，也體現在城市建設的每一個細節，無處不在……工程建設也同樣考慮到這個因素。

在横琴新區，新建的建築必須按綠色建築一星以上等級設計和建設，並達到綠色建築標準。為了實現所有新建建築都達到綠色建築標準的要求，對所有項目從設計階段就開始把關，如果一個項目的設計沒有達到綠色建築設計標準，將不

允許進行施工。

　　華融橫琴大廈、藍琴國際金融大廈、美麗之冠橫琴梧桐樹大廈、洲際航運中心、橫琴總部大廈……所有這些工程項目環保申報率達 100%，應批覆環評項目 100% 實行環境影響評價。

　　綠色交通：打造「通達有序、安全舒適、低能耗、低污染、高品質」的綠色交通系統。建立包括超級電容巴士、電動出租車、無軌電車、水上公交、自行車和步行等零污染出行方式。

　　綠色社區：從節能減排、健康舒適、社區機能和社區意識等着手。制定單位 GDP 能耗和碳排量全國「雙最低」的生態管理目標，嚴控污染物入海，建設截污工程、市政污水管網和南區水質淨化廠，城市生活垃圾無害化處理率達到 100%，社區照明設備全部採用 LED 節能燈。

　　綠色城市：合理規劃沿河綠道、濱海綠道和環山綠道，建設「百里綠廊，十里花海」的城市公園，使用綠色科技和環保低碳材料。骨幹樹種選擇黃葛樹，最終形成以榕樹為背景的基底顏色與景觀；城區綠地達到國際先進水平，覆蓋率達到 40% 以上。

　　綠色產業：全力構建綠色產業體系。在產業引進方面，橫琴新區選擇商務服務、金融服務、休閒旅遊、文化創意、中醫保健、科技研發和高新技術七大產業，禁止傳統的製造業和加工業項目上島進區，並嚴格落實環境影響評價、水土保持的方案審查。

　　著名作家冰心說：「綠色象徵着濃郁的春光，蓬勃的青春，崇高的思想，熱切的希望。」

　　橫琴咬定「綠色」不放鬆：海島土地資源集約開發，海洋資源保護利用，海洋生態保護建設，海洋防污染源頭管理……

　　如今，橫琴在城市基調上，建築以「藍、白、綠」為主，在城市尺度上，構建「山、水、林、湖、濕地」一體化的「生命共同體」，城市亮點紛呈。

　　各項指標如自然岸線保有率、海洋保護區佔管轄海域面積比率、城鎮生活污水處理率、工業廢水入海排污口污水排放達標率、圍填海利用率、近岸受損海域

修復率扶搖直上。

　　每個城市都有一條河流，它承載着城市的歷史，與城市一起成長，丈量着城市的光榮和夢想、傳奇與絢麗……長約 7 公里的天沐河水系縱貫海島南北，天沐河對於橫琴來說，就如同泰晤士河對於倫敦，塞納河對於巴黎，黃浦江對於上海，珠江對於廣州。天沐河位於琴樂二路與環島西堤水閘之間，西連現存濕地，東連橫琴口岸，總綠地面積達 492691 平方米。它的設計是依託現有資源及地形地貌，以海上絲綢之路為主題，將港澳文化，嶺南風情，生態平衡等理念貫穿其中，並引入「海綿城市」的元素。充分發揮建築、道路、綠化、水系等生態系統對雨水的吸納作用，從而實現自然積存、自然滲透、自然淨化的生態發展模式，達到了自然和諧的統一。

　　十年前，這裏還是滿眼的樸實和荒涼，那時候，天沐河並不是它的稱謂，它的名字叫「中心溝」。我曾專程到訪天沐河，只見南北兩岸的木棉、鳳凰木鬱鬱蔥蔥，紫薇、黃槐、雞蛋花、黃花風鈴競相開放，讓天沐河極具韻律節奏感，水帶與橋帶相伴、綠帶與路帶相鄰，人文雕塑、石景雕刻、親水綠化……天沐河也迎來了華麗的蛻變。如今的橫琴，天沐河從一南一北大小橫琴山之間流淌而過，一座座景觀橋橫亙在河道上，它們造型輕盈，姿態萬千。我愜意地走在林蔭道上，映入眼簾的是沙灘，花朵，綠樹和噴泉。幾只飛鳥在鳳凰木的枝頭上「喳喳」鳴叫，我的心情也如同眼前這般景色歡快了起來。為了讓城市舒展美麗的容顏，橫琴正在塑造一個由自然到人工相輔相成的生態循環，環境保護與建設的行動，每一年都會在橫琴上演。

　　記得 2016 年 3 月 18 日，陰冷帶雨，橫琴天湖牛角坑水庫附近卻是熱火朝天。植樹現場一派繁忙景象：扶苗、填土、夯實、澆水……一株株樹苗被植入圍堰中。志願者們配合熟練默契，每一道工序都仔細認真，不到一小時，在約 400 平方米的土地上，就栽下了夾竹桃、大紅花等 240 多棵樹木。種好的一株株苗木錯落有致，鋪滿了整片山坡，放眼望去，一排排新栽的苗木「英姿颯爽」，微風拂面，濃濃春意。

　　參加植樹活動的橫琴新區管委會副主任蔡凌燕說：「生態與經濟並不衝突，

GDP 不是衡量經濟的唯一指標，很多先污染後治理的城市現在就開始花重金為環境買單，而好的環境則為經濟的可持續發展提供支撐。『綠水青山就是金山銀山』的理念滲透在橫琴開發的每一寸土地上。」

落日，流水，白鷺。

金沙，碧海，藍天。

在微波蕩漾的大海邊，橫琴的產業發展完美地鑲嵌在森林、濕地與海洋的生態環境中，水網和路網交錯，田園風光與產業發展融合。

詩一般的氛圍，畫一般的景致。

城市，不只是一堆鋼筋水泥，它凝聚文明，也裝滿印記，有自己的內涵，也有自己的沉澱。歷經 10 年的開發建設，橫琴新區牢牢守住了生態底線，一個宜居、宜遊、宜業的生態島正一點一滴地從藍圖變成現實。

首批國家級海洋生態文明示範區。首批國家級生態保護與建設示範區。城市綠地覆蓋率達到 40% 以上。森林覆蓋率達到 32% 以上。橫琴怎樣善待自然，自然就怎樣對待橫琴。時至今日，一個既有經濟活力又充滿生態魅力的橫琴正款款向世人走來！

金融橋

濠江之上，穿梭巴士在彩虹般的蓮花大橋川流不息。蓮花大橋是一座「回歸橋」，1999 年澳門回歸時落成啟用。迄今為止，這座橋仍然是連接澳門與橫琴的唯一大橋。澳門人尹志華急匆匆走出橫琴口岸，閃身跨上一輛穿梭巴士，將雙肩包挪到胸前作掏物狀。他掏出的是一張 IC 卡。只見他將 IC 卡放在車載 POS 機上，「嘀」一聲，屏幕顯示他完成了車費閃付。尹志華在橫琴粵澳合作產業園工作，之前乘坐穿梭巴士通過蓮花大橋，每次都是以現金支付乘車費用。

「有時沒有零錢就特別不方便。」尹志華說。好幾次因為沒有零錢，他只好將 20 元或 50 元的鈔票往裏塞，現在穿梭巴士可以受理金融 IC 卡了，琴澳兩地金融卡互聯互通，超級棒！

尹志華所說的金融 IC 卡是橫琴推出的全國首個跨境公交受理金融卡項目，在琴澳兩地金融合作中，金融 IC 卡在跨境公交領域的使用極具代表性。別小看這張小小 IC 卡，那可是粵澳金融支付合作的一項重大突破。時間回溯到 2014 年 12 月。那是在第 18 屆粵澳金融合作例會上，澳門方面提出，琴澳兩地人員往來密切，蓮花大橋高峰日均客流量接近 3 萬人次，現金購票難以滿足快捷支付的需求，急需整合資源，加快粵澳支付同城化。也是在這次會議上，雙方就粵澳兩地共同推動在蓮花大橋穿梭巴士上裝載車載 POS 機具，共同推動蓮花大橋穿梭巴士受理金融 IC 卡項目的問題上達成共識。

2016 年 6 月 26 日，蓮花大橋穿梭巴士受理金融 IC 卡支付乘車費用項目得以落實，兩地居民以及各地通過橫琴口岸往來澳門的遊客，只要手持一張金融 IC 卡，就可以閃付穿梭巴士的費用。

從此，尹志華再不用為零錢煩惱了。隨着業務的增大，尹志華的公司獲批一台黑色粵澳兩地牌車，往來琴澳或珠海市區，每天都要「刷」好幾次，於是新的煩惱又來了，因為使用的是內地銀行卡繳納停車費和通行費，需要到內地充值。

2016 年底，工商銀行橫琴分行與澳門工商銀行再推「琴澳粵通卡」，澳門車主也可以在澳門充值，不僅便利停車費、通行費繳費，也為兩地個人資金跨境使用提供便利。

金融支付、結算的兩地制度銜接，讓尹志華這個小小的心願又實現了。「琴澳粵通卡」看起來只是制張卡而已，區區一件民生小事，但這張卡的背後卻是琴澳兩地工行卡系統的整合創新，具有標誌性意義。談起這張卡，楊秋向我伸出一個大拇指。

楊秋應聘橫琴一家澳門企業，但外派在澳門上班。之前，他在工商銀行橫琴分行開了一張「琴澳粵通卡」（信用卡），主要用於在廣東省內高速公路通行繳費和平常在境內項目的消費開支，卡的使用模式為先刷卡透支再還款。因自己是內地居民，按政策要求，他不能從澳門同名賬戶匯入人民幣資金。

讓楊秋困擾的是，他在橫琴買了房，每月不僅要按時償還住房貸款，還要寄錢贍養遠在四川老家的父母，因此每月需將部分境外收入匯往境內。此前，楊秋的做法是先匯入澳門幣，再使用本人及父母額度兌換成人民幣，需承擔一定的匯兌差價及人民幣匯率浮動損益。

2018 年初，楊秋聽說在橫琴可以為個人辦理其他經常項目人民幣跨境收付業務了，他第一時間聯繫銀行諮詢相關政策，很快，楊秋辦了張「琴澳粵通卡」，並通過中銀澳門網上銀行向境內中國銀行橫琴分行賬戶發起一筆 10 萬人民幣的跨境匯款，中午時分即到賬。

「太便利了！」楊秋極力稱讚。金融跨境流動和深度融合，資本助力澳門產業多元化，僅僅是橫琴澳門金融合作的冰山一角。

橫琴，一個最接近「錢」的地方。這並非杜撰或臆造。首先看香港，這裏是人民幣離岸業務中心，人民幣存款超過 1 萬億；再來看澳門，人民幣存款 1200 億元，每天的資金流動超過 15 億元。如果能讓兩地資金加速流動，必將有利於澳門的產業多元化。錢，不受地域限制，卻受法律制約。諸如兩種制度、兩種司法、兩種貨幣、兩種稅制……澳門的離岸人民幣市場與內地的人民幣市場在濠江兩岸

間流動滯阻。能不能在這濠江上架道「金融橋」？金融上的合作是最難啃的「骨頭」。而啃下這塊「骨頭」對橫琴助力澳門經濟多元化發展有着「四兩撥千斤」的作用。

2010 年 12 月，跨境金融的需求，終於碰到了橫琴這塊最適合孕育生長的創新土壤。國務院批覆同意了橫琴新區金融創新：允許區內金融機構開辦外幣離岸業務；允許區內企業參加跨境人民幣結算；允許籌建或引進信託機構，發行多幣種的產業投資基金，開展多幣種的土地信託基金（計劃）試點；下放部分涉及金融機構和業務准入、貨幣交易以及外匯市場方面的審批事項和監管權限……

橫琴對標世界銀行評價體系，迅速出台了《橫琴新區關於支持澳門發展特色金融業的若干措施》，措施鼓勵兩地金融機構互設、跨境投融資便利化，推動兩地金融市場雙向開放，大力支持澳門發展融資租賃業，探索推動建設澳門特色金融產業園，支持兩地旅遊、消費金融合作，全力支持和配合澳門發展特色金融產業。

政策創新充滿誘惑也充滿曲折，但橫琴一步步艱難跨越。2011 年，橫琴在全國率先啟動個人本外幣兌換特許機構刷卡兌換業務，珠海歐亞通匯貨幣兌換有限公司等 3 家企業獲得個人本外幣兌換特許業務經營資格。

2013 年 9 月 25 日，橫琴見證了中國金融發展史上一個非常重要的時刻 —— 中國銀聯攜手中國銀行、中國光大銀行、廣發銀行等多家銀行，在珠海橫琴首發包括港元、澳門元在內的首張銀聯多幣卡。

這些在全國均屬首創。從廣西來橫琴往澳門旅行的遊客陳小姐發現，橫琴的外幣兌換店不僅能用現金兌換外幣，還可以持銀聯卡刷卡兌換外幣。

「好方便！」沒有出門帶現金習慣的陳小姐連連稱讚。

銀聯多幣卡是針對橫琴新區等跨境合作平台所推出的金融創新支付產品，粵澳首次實現多幣種同城支付，同時構建了橫琴新區銀行機構直接加入澳門同城清算系統。持卡人能在港澳地區及境外直接使用美元等外幣賬戶結算。

跨境轉讓、跨境併購、跨境租賃、跨境直貸、跨境按揭等跨境金融業務頻頻沖破「紅線」，基金產品、保險服務市場互聯互通相繼取得新突破，不斷摸索、實踐的橫琴跨境金融合作成為一道賞心悅目的風景線。

2014 年 9 月，廣東省保監局和澳門金融管理局協商一致，橫琴在全國率先開展跨境單牌車輛保險業務。

2016 年 4 月，澳資企業澳漾融資租賃有限公司辦理了廣東自貿區內首筆跨境融資資金意願結匯業務。

2017 年 2 月，國家外匯管理局批覆同意橫琴新區試行資本項目外匯管理改革創新，允許區內企業向境外與其具有股權關聯關係的企業放款，其累計境外放款額度上限由其所有者權益的 30% 提升到 50%……跨境融資在過去貌似不可能，但在橫琴成了可能。

2018 年 4 月初，澳門華人銀行與橫琴華通金融租賃有限公司在澳門成功簽署跨境融資協議並完成簽約備案。18 日，首筆 7000 萬元跨境人民幣外債資金成功入賬。

能拿到跨境融資「牌照」不容易。在此之前，進行跨境融資，需要擔保或質押，有了「牌照」就可以直接進行境外合作了。

「聽到銀監會批覆同意籌建華通金租的消息後，我確實相當高興，因為這是橫琴首家金融租賃公司！」華通金租的董事長謝偉說他們取得「牌照」後，讓國內金融業內人士「眼紅不已」。

華通金租 2015 年籌建，一直在摸索非銀行金融機構跨境融資業務操作流程。直到 2017 年 7 月才成功獲批跨境融資資格，額度為 20 億元人民幣。

「澳門華人銀行成為我們的第一個客戶。」謝偉告訴我，至今他們已儲備完成香港、澳門、台灣及新加坡近 45 億元人民幣跨境融資額度，初步架起了濠江兩岸的「金融橋」。

跨境融資打通後，橫琴企業可更便利地對澳門及葡語系地區投資，促進其打造「葡語系國家商貿平台」；在橫琴發展的澳門企業亦可獲得境外低成本資金，有利於澳門經濟適度多元化發展。

在金融領域，好消息總是不斷從橫琴傳來。

2017 年 7 月 13 日，中國人民銀行廣州分行批准橫琴新區跨境人民幣貸款業務試點，政策落地，橫琴澳門居民跨境住房按揭業務應聲「火爆」，澳門居民在珠

海購房業務量激增，跨境按揭業務累計收款已超過 4.3 億美元。

一年之後，大橫琴投資有限公司 2.747 億元的跨境貸款資金「落袋」，成為橫琴單筆金額最大、期限最長的跨境人民幣貸款。

橫琴以跨境金融創新為突破口，用資本力量助力粵港澳的深度合作。我的手上有這樣一組數字：

從 2010 年業務試點到 2018 年，橫琴累計辦理跨境人民幣結算業務已超過 4387 億元，跨境人民幣貸款備案企業 35 家，區內備案跨境人民幣資金池個數達 8 個，備案金額達 510 億元。港澳居民跨境住房跨境按揭業務累計收匯已超過 6.63 億美元。

這組數字傳遞着怎樣的信息？

橫琴「金融島」，內河水波澹澹。海琴、海韻、海鳴、海貝、海翼 5 座橋樑舒展雙翼，飛架於「金融島」上，流水的澎湃賦予它們生命的力量。對面，是澳門高達 338 米的旅遊塔和清晰可見的葡京娛樂場，它們外觀奇特，近在咫尺，彷彿觸手可及。

在這個 1 平方公里的財富島上，橫琴國際金融中心大廈（IFC）、南方金融傳媒大廈、中大金融大廈、中交南方金融投資大廈、橫琴金融谷、新三聯現代金融創新基地廣場、橫琴國金金融租賃大廈、橫琴國際交易廣場……共有 10 多個項目建設得熱火朝天。

與金融島毗鄰的是金融街，映入眼簾的是一棟棟新穎別致的兩層辦公樓，整整齊齊就像列隊的士兵：工行、農行、中行、建行、華潤銀行……不同的 logo 就像不同士兵的閃閃帽徽。

然而，2014 年 1 月，橫琴島破天荒來了個「澳門兵」。24 日上午，澳門國際銀行正式設立橫琴代表處。這是 2012 年 7 月《內地與澳門關於建立更緊密經貿關係的安排補充協議》框架下第一家進駐內地的澳資銀行。當時的補充協議明確：允許澳門銀行在橫琴設立機構，資產規模從 60 億美元降至 40 億美元……率先降低澳門金融機構的准入門檻，橫琴喝了「頭啖湯」。

也是 2014 年,《粵澳服務貿易自由化協議》簽署,其中確定的「准入前國民待遇加負面清單」管理模式,被業內認為是我國銀行業開放力度最大的政策安排。澳門國際銀行橫琴「試水」,澳門大西洋銀行則捷足先登。澳門大西洋銀行的實力不可小覷。它的母公司葡萄牙儲蓄信貸銀行集團是歐洲最大的金融機構之一,擁有龐大的全球金融網絡,遍布歐洲、亞洲、非洲和美洲共 23 個國家,其中包括 7 個葡語系國家。

2017 年 1 月 18 日上午,大西洋銀行橫琴分行在橫琴總部大廈舉行開業典禮並隨即開展人民幣業務。這是第一間受惠於 CEPA 及其框架下的《粵澳服務貿易自由化協議》而進駐內地的澳門本土銀行,填補澳門金融機構籌建內地分行的空白。作為跨境金融從業者,大西洋銀行橫琴分行行長馮國增當天表示,期待金融領域更多開放。

金融機構政策一旦「破冰」,粵港澳金融合作駛上「快車道」:港資東亞銀行、創興銀行、工銀國際、KKR(亞洲)、六福金融接踵而至……到 2018 年底,橫琴注冊的港澳金融企業達 133 家,其中港資金融企業 109 家,注冊資金 501.26 億元,澳資金融類企業 24 家,注冊資本 115.27 億元。2018 年 10 月 17 日,澳門特色金融服務基地籌備辦公室在橫琴揭牌,為澳門發展特色金融提供人才、場所、技術支持和提供全方位基礎設施和配套服務。澳門金融業開拓內地市場的綜合能力扶搖直上……

亮眼的數據和成就值得我去關注背後的「推手」。走進橫琴新區管委會展覽大廳,大型電子屏上不斷閃爍着一排大字:「一國兩制下探索粵港澳合作新模式的示範區」。

橫琴新區管委會主任楊川告訴我說:「新區設立以來,橫琴承擔着探索金融改革、先行先試的任務。國務院以及『一行三會』等金融監管部門對橫琴相繼發佈了 29 項金融創新政策。」

他給我舉了兩個例子。2011 年 7 月,國務院《關於橫琴開發政策有關批覆》明確將金融業作為橫琴七大產業發展方向之一。

2012 年 3 月,廣東省人民政府發佈《關於加快橫琴開發建設的若干意見》,

明確提出支持橫琴開展金融創新，包括支持粵港澳三地在橫琴共建金融創新實驗區，在金融機構准入、金融市場、金融業務、金融產品、金融監管等方面進行改革創新等七項內容。

橫琴砥礪前行，多麼需要理念和決策的智慧之光。只要政策對路，觀念改變，橫琴什麼幹不成幹不好呢？橫琴立足於國家戰略定位，奮起直追，從跨境金融服務、總部金融運營、區域要素交易和服務、財富管理、創業創新金融服務等「五大重點」同步發力。私募投資基金、融資租賃、商業保理、互聯網金融、互聯網小貸、融資性擔保等一系列扶持政策陸續出台。各類金融要素快速集聚。

如今，在傳統金融機構中，經省政府、「一行三會」批准設立的持牌金融機構達 96 家，其中銀行 24 家，證券期貨 12 家，保險機構 36 家。

早春三月，橫琴草長鶯飛，天空湛藍湛藍。晨曦下的腦背山，鳥語花香，青山疊翠，天沐河霧靄升起。那是一個春風和煦的上午，我揣着筆走進了橫琴金融服務局。局長池騰輝熱情接待了我，他腰板筆挺，頎長清瘦。除了傳統的金融機構，我知道橫琴的新興金融業態最具特色，它們共同構成了多層次金融服務組織的體系。

坐畢，沒有寒暄，我開門見山，直奔主題：「橫琴的新興金融業為什麼特別發達？」

「在橫琴，傳統金融業務已經無法『解渴』，金融必須創新！不做新興業務沒有競爭力。」池騰輝應答如流。

新區初創，無金融產業、無金融人才，珠海市本身僧多粥少，金融產業不強，輻射橫琴不容易。如果一個地方含着「金鑰匙」出生，後期成長順風順水，這似乎理所當然，但橫琴不是。

「在橫琴的金融環境上，最初只能說是一名『新生兒』。」池騰輝回憶當年，唏噓不已，他給我說了一組數據：2009 年，橫琴金融類機構 1 家，注冊資金 0.3 億元。2018 年，橫琴金融類機構 7000 家，注冊資本 9875 億元，區內財富管理機構資產管理規模超 2.4 萬億元人民幣。簡直是匪夷所思！

「一手爛牌怎樣打出如此高分？」

「橫琴獨辟蹊徑，走更加個性化、更加創新的路。」池騰輝說。池騰輝為我答疑解惑，他對金融的熟悉，語言表述的清晰、中肯，每每使我豁然開朗。

2013 年，橫琴在全國率先頒佈了《橫琴新區促進私募投資基金發展實施辦法》《珠海經濟特區橫琴新區特殊人才獎勵辦法》，以及融資租賃、商業保理、互聯網金融、互聯網小貸、融資性擔保等一系列金融扶持政策，一下子便形成了聚集效應。

「做產業必須要有金融的引領。」池騰輝說，「特別是私募基金資金量大，投入都是上億的項目。我們希望通過聚集私募基金，將資金與投向這兩端往珠海帶。即使是流量資金，過路錢，也可以活躍起橫琴的生態圈。」事實上，私募基金帶到橫琴的何止是過路錢。

數據枯燥，但數據最有說服力：

中國工商銀行橫琴分行託管的私募資金等實繳金額超過 350 億元人民幣，澳門金管局儲備資金為有限合夥人的 200 億元粵澳基金選擇工商銀行橫琴分行作為服務銀行之一。

廣發證券引薦廣發資管、廣發基金、信德投資、易方達基金等多家企業在橫琴注冊資本 44.5 億元，管理資產規模超 1.5 萬億元⋯⋯

新興金融機構亦紛紛搶灘橫琴：公募基金、私募投資基金、融資租賃、保理等的 20 種細分金融類企業紛至遝來⋯⋯

民商網絡、中科沃土、恆健集團、粵財控股、工銀國際、格力集團、中科招商、粵科金融等知名企業在橫琴設立新興金融機構，橫琴資本所佔的比重越來越大：投資類公司 5013 家。資產管理類公司 1093 家。融資租賃類公司 349 家。在金融界，言基金必稱橫琴。迄今，在中國證券投資基金業協會登記的私募基金進入橫琴的已達 518 家，注冊且備案的私募基金進入橫琴的 1549 家。包括全球最大的信息技術風險投資公司 IDG、全球歷史最悠久的私募股權投資機構之一 KKR⋯⋯

　　王雅潔來自澳門。在橫琴稀貴商品交易中心，王雅潔坐在我面前，一顰一笑盡顯莊重典雅。我問她：「作為一名澳門人，你為什麼會選擇離開澳門來橫琴工作？」

　　「『金融＋服務』這個崗位很符合自己的口味呀！」王雅潔的普通話說得很溜。王雅潔是「85後」「海歸」，畢業於加拿大維多利亞大學經濟學專業，曾供職於澳門中國電信，現任橫琴稀貴商品交易中心會員服務部的經理，主要負責部門整體運營規劃、服務質量監管、客戶服務策略的建設和客戶信息數據管理維護。

　　橫琴的金融創新衍生五大交易平台，稀貴商品交易平台只是其中之一，這些交易平台涵蓋金融、產權、商品、知識產權等多種要素。王雅潔微笑着告訴我，稀貴商品交易中心是國內領先的規範、高效、優質的現貨交易和現貨電子交易服務平台，自己特別願意學一些新的金融知識。

　　在橫琴從事稀貴商品會員服務，王雅潔面對的人群相當國際化，內地的，港澳的，世界各地的……在與我交流時，不時有電話打進來，我聽見她一會普通話，一會粵語，一會英語……語言運用嫻熟自如。

　　王雅潔對橫琴金融創新十分關注。她說：「橫琴金融創新目不暇接，所以要倒逼自己必須自我學習，適應更加專業和細分的交易平台運行知識。」生活就是一個7天接着一個7天，周末的時候她都回澳門看望親人，王雅潔說她回到澳門也不間斷利用業餘時間「充電」，可以讓自己永遠充盈着一種激情。

　　從稀貴商品交易中心出來，我隨意轉悠着，剛走了一會，全身便是汗涔涔的。我鑽進了橫琴國際知識產權交易中心的大廳，在這裏，我碰到了英格爾特種鑽探設備有限公司總經理鄧光宏。

　　鄧光宏略顯疲憊，眼睛卻炯炯有神。一聊，原來他是來諮詢知識產權質押融資的。攀談中，他告訴我，他們公司是生產輕便型全液壓巖芯鑽機的技術導向型企業，但不斷擴大的生產規模，使得公司面臨着不小的資金壓力。

　　「沒錢犯愁啊！」鄧光宏憂心忡忡。

　　「可以貸款。」我建議他。

　　「商業貸款對固定資產、廠房抵押等相關貸款條件門檻很高。」鄧光宏搖了搖

頭,一個勁歎氣。

困頓之下,他聽說橫琴國際知識產權交易中心可以進行知識產權質押融資,於是他內心有些忐忑直奔這裏來了。「我們擁有 48 項專利技術。」從中心諮詢出來,鄧光宏滿面愁容一掃而光,臉也熠熠生輝起來。

「知識產權竟然可以交易?」

「是呀是呀!這可解決我們公司貸款的大難題了。」鄧光宏難掩喜悅之情。和鄧光宏公司一樣,只有知識產權,沒有固定資產的中小企業融資難問題被橫琴創新性地解決掉了。

作為廣東省中小企業公共服務示範平台,交易方式由政府風險補償基金承擔 40% 的風險,另外 40% 風險由保險機構來承擔,剩下 20% 的風險由銀行和擔保機構承擔。

4 4 2 的「橫琴模式」,破解了知識產權質押融資的大難題。廣東金融資產交易中心、珠海產權交易中心、國家知識產權運營公共服務平台……肩負金融改革試驗區使命,橫琴的一舉一動都受到關注。

金融成就了「不一樣」的橫琴——

6 項金融改革創新措施先後成為廣東省四批 21 項金融可複製推廣經驗的重要組成部分;8 項金融改革創新納入中國人民銀行廣州分行發佈的廣東自貿試驗區 9 個金融創新案例。

充沛的資本動能和金融力量賦予橫琴這片熱土堅實的後盾。橫琴金融板塊初步形成了以科技金融、高端金融培訓、產學研一體發展的金融產業鏈,形成了以創業谷、金融產業園為主體的一整套金融生態閉環,金融業迄今已成為橫琴最大的產業。

10 年蛹變,破繭成蝶,金融業跨越發展。

10 年磨劍,劍走偏鋒,金融業漸入佳境。

智慧的證明

天沐河，是橫琴的纖繩，橫琴人拉着它朝一個智慧的夢想奮然前行。

在國務院批准實施的《橫琴總體發展規劃》中，橫琴要建設成為知識密集、信息發達的「智能島」。

10 年過去，橫琴島「智能」了嗎？

從橫琴給我提供的一份材料裏，我看到這樣一份「電子作品」清單：口岸通關智能管理系統，橫琴首個大數據、雲計算中心，全國第一套環島電子圍網監控系統，琴澳商事主體電子證照銀行卡，跨境遠程可視化辦稅 ATM 機，全國首個城市智能管家「橫琴管家」APP，廣東首個數字城管執法系統，橫琴首個跨境電商平台，首創稅收遵從指數、商事主體「失信榜單」……

電子圍網是智能橫琴建設的重點項目。

30 多年前，深圳設立經濟特區時，為了對出入特區的貨物和人員進行檢查，打擊走私偷渡行為，「一線」和「二線」之間被一條東起大鵬灣畔、西到珠江口東側的全長 84.6 公里的鐵絲圍網隔斷，在很長一段時間裏，內地人進入深圳都需要先到戶籍所在地公安部門辦理「邊境通行證」。

珠海依樣畫葫蘆，也建起了數十公里長的物理圍欄。在那個時代，只能這樣粗放地管理。依據國務院《關於橫琴開發有關政策的批覆》，「橫琴環島不設置隔離圍網，代之以設置環島巡查及監控設施，確保有效監管」。

「如果修建物理圍欄，不僅讓人感覺每天走進鐵絲網中，也將大大疏遠橫琴與澳門與內地的心理距離。」一位澳門人這樣告訴我。

按照國務院的批覆，橫琴與澳門之間的口岸將設定為「一線」，橫琴與內地之間設定為「二線」，並按「一線」放寬、「二線」管住、人貨分離、分類管理的原則實施分線管理。

不設置物理圍網，沒有了傳統水泥圍牆或鐵柵欄，那麼，如何才能實現有效

監管？最開始大家心裏都沒有底。不設置隔離圍網，那又用什麼技術手段？在不斷地討論和溝通過程中，「電子圍網」的概念逐漸清晰起來 ——

在沒有物理圍網的情況下，綜合應用信息化技術手段，及時發現未獲得授權的人、交通工具及其他物體進入控制區域的行為並進行干預，達到對控制區域進行有效管控的一種非可視、非可觸、非可感的圍網監控體系。

2012 年初，橫琴新區最終確定電子圍網這個「叫法」。

2013 年 11 月 27 日，在珠海度假村酒店召開的會議上，拱北海關以及新區黨委書記劉佳、管委會主任牛敬悉數參加，會上正式宣佈啟動全國首個「電子圍網」開建。

鄧練兵時任大橫琴投資公司副總裁，他被通知參加會議。會議結束後，管委會主任牛敬將他拉到一邊，對他說：「這個任務就交給你來落實了。」

「多長時間完成？」

「3 個月。」

「3 個月？」鄧練兵一下就蒙了，工程都還沒有招標，而且他看過工程設計，標明是 3 年工期，忙不迭對牛敬說：「主任，不是說 3 年嗎？」

「誰說的 3 年？」牛敬緊鎖着眉頭問。

「設計院出的圖紙是 3 年工期⋯⋯」

鄧練兵望着牛敬，發現牛敬正以不容置疑的眼神望着自己。鄧練兵趕緊將要說出口的話又咽了回去，說：「那⋯⋯好吧！」

剛一接手，鄧練兵發現電子圍網的工程量十分巨大，涵蓋土建、供電、巡邏車、無人機、有線傳輸、4G 無線網絡和軟件開發部署等多個專業系統。項目採用的光電跟蹤儀、雷達、無人機、網絡攝像機、熱成像儀等多類監控設備都要集成到統一的平台。

「不是一般的複雜。」鄧練兵說。橫琴島是環島監控，電子圍網取代物理圍牆，需要視頻，視頻傳輸要有電，要有光纖，因此要在橫琴各制高點建立基站，可腦背山上原始植被覆蓋，怪石嶙峋，基站施工連一條簡易的道路都沒有。

鄧練兵帶人扛着幾把大砍刀上山開路，有同事還差點摔下了懸崖。羊腸小路

開出來了，但基站施工用的材料包括水泥、鋼筋又如何運上山去？「一桶水我們請人背要 80 元人工費，結果都沒人幹，更不用說工程材料了。」鄧練兵回憶說，沒有路沒有車，山這麼高，怎麼弄上去？

望着高高的腦背山，鄧練兵感到人都快崩潰了。正當走投無路之時，一天，正在發愁的鄧練兵突然看到一隊騾子，當時他就在心裏琢磨，這騾子到這裏來幹什麼？他覺得很奇怪。

有時候，人保持一點好奇也會有意外收穫。鄧練兵於是走過去看，跟趕騾子的老鄉聊。

「這個騾子是做什麼用的？」鄧練兵問。

「幫通信部門運輸器材和建築材料上山的。」老鄉回答道。

鄧練兵腦子彷彿一下過了電：哎呀！莫非是老天開了眼？大喜過望的他忙問：「珠海還有別的騾子隊嗎？」

「這邊有三個騾子隊。」

「好，你趕快把聯繫方式留給我。」

談起往事，鄧練兵依然對那些騾子念念不忘，他說，如果不是這些騾子，別說腦背山，建設在小橫琴山以及那些人跡罕見礁石上的基站施工，靠人挑肩扛幾乎是不可能完成的事情。

「要感謝這些騾子。」鄧練兵道。

環島電子圍網是橫琴的第一個信息化建設 BT 項目，項目的合作方是兵器裝備集團，整個項目需要建立 11 個子系統：海關監控多級聯網平台、有線傳輸網絡系統、無線傳輸網絡系統、監控指揮中心及機房、前端智能視頻監控信息採集系統、周界防範及報警系統、移動巡查及監管系統、數字集群通信系統、人機巡查系統、海關巡邏站建設、供電系統⋯⋯涵蓋了 138 個監控點、243 路監控信號、1300T 後台存儲。

「採購的設備繁雜，成本控制非常嚴格，而工期又極為緊張。」鄧練兵說。雙方建立了環島電子圍網系統項目路線圖，設定了 600 多項詳細工期計劃。

一般來說，在 BT 項目建設過程中，對材料的定價是甲乙方產生分歧的焦點

問題。過往的行業常規是「先定價，後採購」，為了加快進度，大橫琴公司和兵器裝備集團項目部實行「合署辦公，聯合採購」，兩家把辦公室挪到了一起，組成「聯合採購小組」合署辦公，所有需要在定價文件上簽字的審批人員，都成為小組的成員，定價信息完全透明。

「對於時間的節省更是不言而喻的了。」鄧練兵稱。

高效 BT 項目創造「奇跡」，原設計 3 年的工期僅用了 3 個月。一個覆蓋環島總長約 53 千米的數字化、智能化、多層次、多種檢測技術疊加的閉合式電子信息圍網在橫琴竣工落成。

2014 年 6 月 28 日，中國第一個電子圍網正式實施封關運作，它由「環島電子圍網系統」和「海關電子聯網系統」兩大部分組成。是國內智能化水平最高、防範最為嚴密、視覺觀感最人性化的監控系統。

一個秋風瑟瑟、秋雨綿綿的時節，我走進位於橫琴大橋二線通道內部的環島監控項目指揮中心，一塊碩大的 LED 高清顯示屏隨即躍入眼簾。

「哇！這塊大屏有多大？」我被這塊超大屏幕鎮住了。

「14.4 米 ×3.6 米。」大橫琴公司環島監控項目部總監韓曉光告訴我，他說在國內民用領域，這是同等技術規格中最大的一塊，有 1401 萬個 LED 燈管，其顯示效果相當於 8 塊全高清屏幕，就算在國際上也是鳳毛麟角。

工作人員輕觸鼠標，橫琴環島 270 個前端高清視頻信息就可隨意切換傳輸到這塊大屏上，53 公里長的閉合電子信息圍網，區域內的任何「風吹草動」都在國內面積最大的監控中心高清顯示屏上「纖毫俱現」。

在這塊高清大屏的背後，融匯了智能視頻監控、紅外監控、移動通信、無人機巡查、車載巡查、衛星定位、雷達監測、地理信息系統等高新技術，除了 270 個高清視頻頭，還有 8 套智能光電跟蹤儀、2 部雷達和 3 架無人機。

「對環島監控是多層次、全覆蓋。」韓曉光笑言，「誰從澳門大學圍牆上扔過來一個小包裹，監測系統馬上能夠識別得到，即便是夜間也逃不過。」

「你們是如何統籌運用這些高新技術的？」

「對人類肉眼無法看到的幾十公里外的可疑船隻，我們運用海事雷達做到『可

知』；當肉眼可以看到船隻但又看不清楚時，我們運用智能光電一體化跟蹤儀，辨識出船隻的大小以及人員的數量，做到『可視』；當船隻或者人員即將越界時，我們運用視頻智能分析檢測技術，及時識別出『非法越界』『隔空拋物』『異常滯留』等行為，做到『可控』；最後當確定其非法行為後，及時啟動應急預案，實現聯動處置，做到技防和人防相結合……」

韓曉光口若懸河，興致勃勃地說。

橫琴電子圍網真的有那麼管用嗎？真實的效果又如何呢？

在橫琴大橋頭，有兩棟 3 層高藍白相間的主體建築，它與查驗平台、出入卡口構成海關「分線管理」模式的一部分，總佔地面積 14.73 萬平方米。在這裏，中央電視台記者曾有一則現場報道，我後來找到了這則採訪視頻，播音員是這樣播報的——

突然，警報大作，尖利的叫聲在環島中心迴蕩。顯示屏上，一艘不明船隻越過了警戒線在橫琴碼頭靠岸。

科長劉艦從監控視頻迅速做出判斷：這是一艘沒有備案的船隻。根據應急方案，劉艦和他的同事迅速趕往橫琴碼頭查看觸線船隻是否違規作業，我隨同前往。

劉艦：「請問你們的船是什麼時候到達橫琴碼頭的？」

被檢查人：「剛剛靠岸的。」

劉艦：「我們是來例行檢查，有沒有裝載違禁貨物？」

被檢查人：「沒有，我們的船隻是載客人。」

劉艦走入船艙，他仔細查看每一個角落，然後拿起隨身攜帶的對講機：「環島中心，環島中心，我們是巡查人員，已經對可疑船隻進行了巡查，沒有發現異常。」

「中心收到！」

從船上走下來，記者迎了上去。

記者：「您剛剛已經檢查完，有什麼情況嗎？」

劉艦：「是的，我們對船隻進行了例行檢查，沒有裝載違反規定的貨物和異常情況。」

記者：「這個警戒線是怎樣設置的？」

劉艦：「電子圍網在 53 公里海岸線設置了兩條，一條是離岸 50 米的預警線，一條是離岸 0 米的告警線，船隻觸碰到告警線時產生的就是告警提示，然後我們就按照剛才的流程進行相應的處置。」

記者：「什麼情況下您需要前去處置？」

劉艦：「船隻或車輛越過設定的界線時，系統除了通過現場的喇叭告知對方不得越界，還通過智能雷達向指揮中心發出預警，並由自動光電跟蹤系統鎖定越界的船隻，將該船隻的行動情況傳回指揮中心，指揮中心接到報警後立即派人出動進行處置……」

藉助環島智能視頻監控以及物聯網監控、智能卡口控制、電子聯網賬冊監管等監管方式，海關實現了對全島區域的全天候、全方位、智能化管理。

2018 年 9 月，廣東正式發佈《電子圍網通用技術條件》地方標準，填補了中國乃至國際關於電子圍網總體架構和系統建設標準的空白。

這個標準就來自橫琴！

2017 年冬至，落日餘暉映照下的澳門威尼斯酒店像披上了一件金黃色的衣袍。在它的「對門」，橫琴這小島上開發的熱度絲毫不減，這個冬天似乎來得有些晚。

走在橫琴新區的街頭，我不時看到掛着澳門牌照的車輛從身邊疾駛而過。我心裏納悶：這些澳門單牌車是怎樣便利通關、快速往返橫琴和澳門的？

鄧練兵告訴我，他們建立了一套跨部門跨琴澳的多係統聯動技術支撐系統。這套通關申報、審批的核心系統的設計和實施以及網絡通信基礎設施的建設，就是由大橫琴科技發展有限公司來承擔的。

「一開始碰到兩大難題。」鄧練兵所說的難題，一個是跨區域單牌車輛通行是全國首例，系統的設計方案需要多部門共同摸索，沒有先例可以參考；另一個是

協調多部門多係統的聯動，打通政府、各口岸聯檢單位、交警等多部門八九套系統之間的壁壘。

作為「一國兩制」的一種重要嘗試，橫琴多方協調、調試，最終實現了澳門機動車輛申報、驗車、審批、備案等業務「一條龍」服務，縮短了澳門車主辦理業務等候時間。這套綜合管理系統的搭建，為澳門機動車出入橫琴提供了核心保障，使得澳門和橫琴兩地聯繫越來越緊密，是粵澳合作的一項重大成果。

「單牌車現在過口岸要多長時間？」

「一輛澳門單牌車首次進入橫琴從填表、簽字到申領臨時車牌，只需不到半個小時。」說到這裏，我發現鄧練兵的眉心一下子舒展開來。

「有這麼快？」我滿臉疑惑地問。

「是啊！這得益於信息化快速通道的構建和橫琴大數據的建設。」鄧練兵說。建設粵澳信息港，整合粵澳各類信息資源是橫琴建設「智能島」的基礎保障。

我們的談話漸入佳境，他的話匣子一打開便發而不收，更不需要提示。他給我講述了橫琴「智能島」建設的前世今生——

一開始，整個橫琴島只有 5 公里長的通信管道和光纜，在信息和通信領域更是一張白紙。到 2018 年底，橫琴共完成 260 公里的通信光纜敷設和 40 公里的通信管道建設，整個橫琴島實現數據 100% 通過光纖傳輸。全島鋪設了視頻監控系統，市政、交通、生態等無線感知系統，實現物與物、物與人、人與人的互聯互通和相互感知。

之前，光纖通過杆路，不僅影響城市景觀，也存在一定的安全風險。現在，主幹道全部鋪設了主幹光纖環，並逐步部署地下的配線光纜和末端接入光纜。

「萬兆到企業，千兆到桌面。」

在橫琴，時空大數據成了城市管理者對各類政務數據資源全面整合的基礎，為政府決策、城市管理和服務澳門等提供輔助支持。

大橫琴科技發展有限公司工程師李贇鵬說：「時空大數據的理念已在全國形成共識，但要實現多源時空信息的真正意義上的融合，最有可能得以實現的地方就是橫琴。」

橫琴為什麼這樣有自信？這是因為橫琴建立了一個統一的大數據平台，也就是數據湖，消弭了行政和技術的壁壘，並且在地理信息相關係統建設前期的規劃階段，就融入了時空大數據的理念。

橫琴以世界最先進的標準和技術來謀劃智能發展。

2014 年 7 月，橫琴啟動了大數據雲計算中心的規劃建設，採用國際競爭的方式邀請了 IBM、埃森哲、微軟、戴爾、華為等國際頂級 IT 公司參與規劃設計和建設。最終由埃森哲公司負責整體設計和總集成，IBM、華為等公司參與建設，於次年 7 月建成投產。中心擁有 PB 級數據存儲能力和千核計算能力，完成了「互聯網＋」橫琴時空大數據智慧雲平台頂層規劃設計。

這是一個真正意義上的大數據雲計算中心 ── 首創政務信息系統和數據的集中，實現了智能分析和展現環境、集成與交換平台以及數據倉庫應用。

李德仁是中國科學院、中國工程院雙院院士，在中國智慧城市領域是泰鬥級人物，他高度評價橫琴的時空大數據在全國「引領政務服務之先」。

作為這項技術的推動者，橫琴為人工智能提供高質量的、統一標準的數據資源。數據中心以天地一體化城域物聯網為觸角，以下一代互聯網為神經，以雲技術為骨架，以時空大數據為大腦，以「互聯網＋」促創新……數據中心是支撐橫琴所有公共信息系統的「中樞神經」，也是橫琴政務環境對接港澳、與國際接軌互聯網思維的重要載體。「全島免費 Wi-Fi 計劃」就是一個大數據支撐的智慧應用案例。

「我們的網速比普通的 Wi-Fi 要快，基本達到港澳的水平。」高級無線通信運維工程師史堅惠說，「用島內 Wi-Fi 在線觀看高清電影非常流暢，而且對使用者沒有任何數據流量的限制。」

「這個計劃實施了多長時間？」

「兩年多三年吧！」史堅惠略作沉思，說，「橫琴希望用最好的無線網絡質量來讓居民們和遊客們有最好的用戶體驗。」

Wi-Fi 信號覆蓋了環島東路片區所有公共區域，包括長隆檢票口、碼頭、醫院、一線口岸、二線口岸、創意谷、美食街、金融基地、商業步行街……對所有用戶開放！所有用戶免費使用！

　　——這就是「任性」的橫琴。

　　在一個信息高度發達的時代，任何一點閃失，只需指尖一點瞬間便可傳遍世界，如何確保用戶的信息安全和隱私不受侵犯？我一直沒找到答案。史堅惠似乎洞察到我的顧慮，他給了我一個明確的答案：「盡可放心。」

　　史堅惠告訴我，他們使用的是無線入侵檢測等技術，在防範非法 IP 和保護用戶信息方面具備強有力的保障：在網絡方面，對主機服務器存儲進行設備安全培訓和加固；部署主機防火牆，IDS、IPS 及惡意代碼防護，確保主機持續提供穩定服務。在應用層方面，部署 Web 應用防火牆、Web 網頁防篡改、網站安全監控等安全防護措施保證特定應用的安全。在數據層方面，採用數據隔離、數據加密、數據防泄漏、剩餘數據防護、文檔權限管理、數據庫審計等加強數據保護……

　　史堅惠不斷感歎技術變化之快，他說，作為橫琴新區智能島的推動者，橫琴正在接入國家高速骨幹網和國際通信專用通道，打造領先的互聯網環境，支撐整個智慧橫琴的建設。

　　用智能化思維解決傳統的城市和社會治理問題，橫琴發揮到了極致。

　　2018 年 6 月的一天中午，晴朗炎熱的天空突然烏雲密布，一場滂沱大雨接踵而至。楊宏亮開着澳門單牌車路過永興路二巷時，他發現一個垃圾桶倒在了地上，桶裏的生活垃圾灑落了一地。他慢慢地停下車來，搖下車窗，拿出手機，登錄橫琴管家 APP，對准垃圾桶拍攝照片，然後上傳系統，準確定位之後點擊「上報」，之後駕車而去。

　　不一會兒，我就在 APP 手機端看見兩位穿着雨衣、戴着小黃帽的志願者騎着自行車過來，只見他們將傾倒的垃圾桶扶正，將灑落的生活垃圾清掃並倒回到垃圾桶裏……

　　楊宏亮使用的是一款以「互聯網＋」為手段的新型互動式手機應用軟件，名為「橫琴管家」。

　　當然，楊宏亮的這一舉動也將獲得「回報」：獲得 30—50 積分，按照 10 分折合人民幣 1 元的換算標準，即可獲得 3—5 元的獎勵。他可以換算成人民幣立即提現，也可以到與橫琴管家 APP 合作的商家進行消費。如果他下車參與解決了問

題，再拍照上傳、定位的話，獲得的積分將會更多。

楊宏亮後來對媒體說，自己雖然是澳門人，但在橫琴有房產，橫琴把這個「家」管得很好，愛護家園，人人有責任。

橫琴新區綜合執法局局長趙振武向我透露：「橫琴大膽創新，執法模式實現顛覆性再造，職能深整合，執法全覆蓋，綜合執法模式獲得深度拓展，城市治理的整體效果獲得了廣泛認可。」

其中，通過智能化打造線上與線下互動的全新社會治理新模式就是橫琴綜合執法深改革的最大亮點。

2017 年 4 月上線的橫琴管家 APP 是全國首個城市智能管家平台。通過 APP 平台，市民時刻進行「巡查」，不斷為城市發現問題、解決問題，市民成為城市建設、管理和維護的主人。

「用互聯網＋來解決城市治理和社會管理正獲得普遍關注，前來取經的各個城市同行絡繹不絕。」趙振武說。

作為「特區中的特區」，橫琴藉助「互聯網＋」技術，城市治理和社會管理可以實現問題上報、搶單處理、積分獎勵與兌換、評價以及信息發佈的全網絡實時在線模式。

好奇心驅使我去參與體驗一番。

橫琴管家 APP 初體驗：我下載橫琴管家 APP，前端共有市民、專業志願者、商家、執法人員等四個模塊，其中「市民」板塊需實名注冊，填寫完整的個人信息後，通過手機驗證碼驗證後我便成了用戶。

剛注冊完畢，我就發現在橫琴管家 APP 即時案件欄彈出這樣一條消息：「橫琴紅旗村永興一巷附近有亂張貼小廣告。」趙振武告訴我，附近市民只要通過 APP 進行實時定位，使用「搶單」功能就可以接單處理了。

「接單率有多少？」

「搶單接單處理率達 80%。」

藉助大數據，橫琴管家 APP 推動城市治理從「政府全包」向「市民治理」轉變。市民不僅可以通過橫琴管家 APP 進行案件「投訴」，還可通過「搶單」模式

隨手做好事、贏獎勵。簡直太夢幻了，其智能程度令人咂舌。「背後支撐是橫琴新區智慧城市平台。這個平台實現了綜合執行核實、派單、指揮調度、統計分析、獎勵支付、系統維護等功能。」趙振武侃侃而談。

「有些案件市民和志願者處理不了怎麼辦？」

「系統移交至 12345 市民服務熱線或由政府的執法隊伍來解決。」趙振武說。

APP 依託「智慧橫琴」指揮中心的統籌調度，協調公安、工商、建設部門等多部門聯動實現城市綜合執法。

橫琴管家 APP 向市民開放了市政設施類、市容市貌類、交通運輸類、規劃國土類、生態環境類、治安輔助類、工商管理類以及其他類共 9 大類 20 小類的城市治理參與性工作，基本上老百姓的所有問題都可以在這個平台上反映和處理。

建築施工噪音、隨處張貼小廣告、公共設施損壞……通過手機端以拍照、錄像、語音等形式上傳證據，輕輕一點，案件即刻形成。

「萬一有人報假案呢？」

「對弄虛作假的行為，系統建立了懲戒機制。」

橫琴管家 APP 實現在線獎勵、瞬間支付，大大提高市民參與社會治理的積極性。橫琴管家 APP 上線以來，由市民及志願者處理的案件，佔總量約 80%。2018年初，橫琴管家 APP 再升級，通過智慧停車系統整合橫琴口岸周邊 10 多個停車場資源，共計提供 5378 個有效停車位，緩解了居民「停車難」問題。改版後的「智慧停車」功能上線不到半個月，用戶關注量累計 5838 人，增長速度日均達 458.5 人。

查詢車位、停車預約、地圖導航、停車繳費……如今，可以打開橫琴管家APP，通過「智慧停車」板塊一鍵搞掂。

橫琴管家 APP 踐行「市民治理」理念取得一定成績後，橫琴又提出了「物業城市」的新理念，就是將橫琴新區作為一個高檔物業小區，聘請一家專業的公司，作為城市「大管家」，參與到橫琴公共資源的服務、管理與運營工作中，APP 的功能不斷擴展，以更加智慧化、精細化和人性化的模式治理城市。

2018 年 6 月 13 日，橫琴管家 APP 全面升級為 2.0 版本，更名為「物業城市」並正式對外發佈。

物業城市 APP 把城市公共空間與公共資源作為一個整體，一個「大物業」，引進高水平的物業公司進行統籌，基於大數據進行智慧管控，對整個城市進行專業化、精細化、智能化、社會化的管理，實現「管理＋服務＋運營」的高效統一。

線上 APP 讓市民參與城市治理，線下物業公司把城市當成小區來管理，真正實現「一鍵上報、一鍵辦事、一鍵服務、一鍵督辦、一鍵諮詢」等應用服務。城市治理和政務服務的一站式綜合服務平台，為破解全國社會治理難題探索出了一條新路。

「物業城市 APP 功能正在不斷集聚，這項創新舉措已經成為橫琴綜合執法改革的一大亮點。」趙振武說。如今，有 7 萬多名市民和 600 多名志願者在注冊使用這個軟件。

深化城市治理模式的基礎是大數據。橫琴通過統一的大數據平台，打造政府、社會組織、企業、市民多元聯動模式，這成為獨具特色的「橫琴名片」。

「我們的理念是以大數據為引擎的『五位一體』全覆蓋。」鄧練兵以大數據雲計算中心為例，向我直言智能島建設走過的路並不平坦。2014 年底，橫琴決定要建大數據雲計算中心，為此組織了國內一批專家前來論證。為了讓與會者暢所欲言，鄧練兵沒有與會，而是派自己的助手鐘歡參加。

會議開了一整天，也爭論了一整日。下午的會議剛結束，鐘歡就急匆匆地闖進鄧練兵辦公室，說：「鄧總，情況不妙。」

「別急。」鄧練兵倒了一杯水，招呼鐘歡坐下，「你慢慢說。」

「專家的結論是沒必要建。」鐘歡喝了口水，接着說，「有專家說橫琴有一間機房，兩台服務器就夠了。」

專家基本否定了橫琴的方案。當時有一個教授非常激烈地反對，他說你橫琴的需求在哪裏？現在是一片工地，三五年內也看不出來。再說要實現政府的數據統一，就要拆政府部門的機房，各單位的機房是可以想拆就拆的嗎？

鄧練兵聽完後，沉思了許久。

晚上，他找到專家組成員，問了同一個問題：「如果我們堅持做這件事，會不

會帶來什麼風險？」

專家們都微笑着回答說：「那倒沒有什麼風險。」

鄧練兵想了想，內心打定了主意：既然沒風險，那麼我們就幹。

第二年，橫琴的大數據雲計算中心建設完工了，新區又組織一批專家前來驗收。去年激烈反對的那位教授也來了，在看完橫琴的大數據雲計算中心後，他向鄧練兵舉起了大拇指，真心佩服地說：「沒想到發展這麼快，當初誤判了。」

「一个小心就在全國領先了。」鄧練兵的自豪感溢於言表，他說，「國家倡導大數據建設，我們提早了兩年，現在橫琴只有一個機房，一個數據中心，這在全國都非常罕見，目前也沒有找到先例。」

橫琴的彎道超車絕非偶然。

除了理念超前，橫琴的智能島建設並非零敲碎打，而是從頂層進行統一規劃，通信和計算機基礎設施也比較先進。比如通信管網，比如全島光纖，比如寬帶網速……全島一個城市級平台就解決信息化的「煙囪」問題。

鄧練兵笑言，橫琴的智能島建設就像一個孩子，儘管走路的姿勢不怎麼好看，甚至有些踉踉蹌蹌，但回過頭來一看，還走得蠻遠，方向也走對了。

他向我透露，橫琴新區與阿里巴巴正在合作做一件很有意思的事情，就是建中國的第一個人工智能超算中心和做高性能計算機器人……

橫琴智能島的發展速度，如時代彎弓上的一支響箭，迅疾如飛：大數據、雲計算、物聯網、移動互聯網、人工智能……這些時髦的科技前沿詞彙和新型智慧城市的「標配」，已經由一個個抽象而炫酷的概念，變成橫琴發展進程中的一個個新標籤。

非常道

2016 年 10 月 18 日。橫琴來了一位不速之客，他的身份很特別——澳門廉政公署專員。張永春專員一行先看電子圍網，然後到澳門青年創業谷和粵澳合作產業園，這些都是澳門企業比較集中的地方。張永春到訪橫琴，其實是來考察橫琴法治化、國際化營商環境的。

澳門廉政公署是借鑒香港的經驗設立的。眾所周知，20 世紀 60 年代至 70 年代初，香港的市民飽受公共部門腐敗之苦：郵差送一封海外來信會要求收件人給紅包才完成送達，消防員救火前向苦主索賄，為香港經濟社會治安服務的警察部門問題頻發……在當時，高級警察葛柏的腐敗案件最為典型。葛柏曾因工作表現受到英女王嘉獎，此後有人發現他事實上擁有大量不法財富。滑稽的是，葛柏在接受調查期間運用職權調用飛機逃回英國。社會輿論一片譁然，民眾發起反腐敗的大遊行。時任港督麥理浩抓住此機遇成立專門處理腐敗案件的廉政公署。葛柏案成為公署打「老虎」的第一案，此役之後廉政公署的威信大增。

橫琴廉政辦的醞釀和籌劃，就借鑒了港澳特別是香港成熟的運行機制，並結合了橫琴實際。

2011 年初，香港一家媒體赫然刊載一篇由評論員「鐵君」撰寫的題為《廣東省珠海市橫琴新區打算借鑒香港廉政公署的做法和經驗》的文章，文章說：「據當地一位官員介紹，為了提高政府服務水平，打造清廉、高效的行政隊伍，橫琴打算借鑒香港，引入廉政公署的一些做法，組建內地的『廉政公署』……」

在寶興路 119 號，一層簡易板房顯得很低調，橫琴廉政辦的牌子就掛在這個毫不顯眼的地方。

2012 年 9 月 8 日揭牌那天，時任廣東省委常委、省紀委書記黃先耀，珠海市委副書記、市紀委書記王衍詩都參加了。這個全國獨一無二的機構集紀檢、監察、反貪、審計四大職能於一體，為國內首個突破現有體制整合反腐防腐各項職

能的專門機構，用官方對外的口徑叫作「一個平台辦公，多雙手抓落實」「一體化防腐新格局」。

這是在省紀委的直接指導下，由珠海市紀委牽頭完成的重大創新。將紀律檢查、黨風廉政、行政監察、反貪反腐和審計等五大核心職能進行整合，組成一個懲治預防腐敗的廉政「拳頭」。

在全國率先探索成立廉政辦，形式上的整合只是第一步，更重要的是實現職能、機制以及實踐的有效協調配合，聯合懲腐。這種不同部門治理腐敗的力量結合到一塊，為全省乃至全國的反腐倡廉體制機制創新探索提供經驗。

陽光、透明。這是橫琴構建趨於港澳法治環境的主題詞，廉政辦聘任港澳籍人員擔任人民監督員，開創了全流程全領域的預防懲治腐敗體制。

廉政辦成立不久，省委常委、省紀委書記黃先耀到橫琴調研，他試探性地問劉佳：「劉佳，省紀委要開展探索領導幹部家庭財產申報公示工作試點活動，這個任務交給橫琴新區，你們敢接嗎？」

劉佳心想：這不是與橫琴打造「廉潔島」的初衷不謀而合嗎？

她當即毫不猶豫向黃先耀書記表態：「只要省裏把這個任務交給橫琴，橫琴就一定能夠高質量、高水平完成。」

財產公示是一把遏制腐敗的利劍，當時在國內還是新生事物，試點可能會引起一些是非爭議，招惹一些評頭論足。

橫琴就這麼幹了。工資、獎金、津貼、補貼、勞務所得、家庭房產、股票基金、有價證券、家庭汽車……先三層級公示，後二層級公示。

這一年是公元 2012 年。

三年後，廣東省紀委、省監察廳在橫琴創建廉潔示範區，全方位瞄准權力監督，梳理和公佈了新區政府部門權力清單 1457 項，將自由裁量權降至最低，並在新區政府網公佈，劃設權力邊界，推動權力運行公開。

防止權力濫用，強化權力監督，把權力關進制度的籠子裏。2016 年 11 月 30 日，珠海市八屆人大常委會第四十次會議高票通過了《珠海市人民代表大會常務委員會關於促進中國（廣東）自由貿易試驗區珠海橫琴新區片區廉潔示範區建設

的決定》。這是全國自貿試驗區中首部針對廉潔示範區建設的法規。

編制橫琴新區黨委、紀委和領導班子成員黨風廉政建設主體責任和監督責任「兩清單」，形成責任到人、權責明晰、問責有力的責任體系。構建黨風廉政建設主體責任評估「一系統」，及時發現並整改問題，層層壓實「兩個責任」……

橫琴開發，工程項目動輒上億，資金大、涉及廣、專業性強。如何防範可能出現的腐敗問題？為防止利益衝突，新區發佈領導幹部配偶子女經商辦企業負面清單和公務人員決策、執行、監督工作職務迴避清單。公開透明、過程留痕、責任明確……

建立工程變更審批監管平台，實施政府投資工程變更在線申請，加強國有資金項目審批制度。目標導向只有一個：監督！橫琴知道，單靠傳統手段已不能完全有效防止工程領域腐敗問題，必需引入「互聯網＋」思維。他們運用科技和信息化手段開展廉政建設制度設計，對重大工程項目從立項、竣工到驗收全生命周期實施有效監督，立體式構建工程廉情和效能預警評估系統。

權力監督又有了新途徑。

靠前監督，跟蹤審計，同步預防、同步糾正……104 個建設項目，228 項工程審批實行在線監督，系統根據問題嚴重程度設置了四個預警等級，分別用紅色、橙色、黃色、藍色預警表示。

零跑動、零收費、零罰款……

如今這些耳熟能詳的名詞就是橫琴「發明創造」出來的。橫琴的廉政辦被澳門視為「內地版」的廉政公署，外媒給予高度期許，難怪引來澳門廉政公署專員張永春的關注。他心裏清楚：橫琴有 1000 多家澳門企業，有數以千計的澳門員工。

2015 年 11 月 25 日上午。

一位男子步履匆匆走進橫琴法院，他背着個雙肩包，在跟工作人員輕聲細語交流後徑直來到審判席，坐在打着自己銘牌的位置上。這位男子名叫胡景光，是一名澳門籍的人民陪審員。

　　當天陪審的案子是這樣的 ——

　　原告系珠海一位女士，為了移民與美籍華人肖某某登記結婚，不料肖某某沒有為她辦理移民手續，並且下落不明。原告遂向橫琴法院起訴要求與被告肖某某離婚，並由肖某某返還收取的款項 60 萬元……

　　澳門人怎麼會以人民陪審員的身份和橫琴法院的法官坐在一起共同審理案件？

　　沒錯！這是真的。

　　作為一名「不穿法袍的法官」，胡景光說：「澳門沒有陪審員制度，在橫琴這裏，法官會征詢我的意見，自己有滿滿的參與感。」在橫琴法院，像胡景光一樣的港澳籍陪審員有 10 名，他們接受過相關培訓，並對內地法律有一定了解，成為法官的「左膀右臂」。橫琴法院院長蔡美鴻告訴我，聘請澳門籍居民擔任人民陪審員開始很有爭議。

　　「主要是什麼分歧？」

　　「法理基礎不同。」蔡美鴻說，「澳門與內地的法律制度不一樣，他們是資本主義法律制度，我們是社會主義法律制度。」在當年的專家諮詢小組會上，有的法律專家持不同見解：「怎麼能讓澳門的人過來跟你橫琴的法官坐在一起審案子？」

　　「爭論比較激烈。」蔡美鴻對此記憶猶新。

　　「你們還是堅持？」

　　「最高法院還是支持我們做。」蔡美鴻說，「選任港澳籍陪審員制度，可以向港澳同胞展示內地的司法公開、公正，並為法官審判個案提供參考依據，強化了司法公信，現在看來效果非常好。」

　　作為最高人民法院指定集中管轄珠海市轄區內的一審涉外、涉港澳台民商事案件的自貿區法院，橫琴法院全方位打造涉澳審判特色品牌：選任 7 名港澳籍人民調解員、吸收 7 名澳門研究生擔任法官助理、在全國率先推出開閘區際司法協助便捷通道、深化涉澳民商事糾紛化解聯動機制、邀請澳門社團聯合總會等參與涉澳案件調解。

　　橫琴法院是全國綜合改革示範法院，一直致力於打造趨同港澳的法治環境。

專職法官制度在業內早已是名噪一時。讓時間回到 2014 年 3 月 21 日。上午 9 時許，第一位當事人蔡某和他的代理律師黃思悅走進了橫琴法院。書記員黃明莉簡單地看了一下起訴材料後，便通過審查並確定可以立案，當事人繳納了相關訴訟費後，黃思悅拿到了「（2014）珠橫法民初字第 1 號」的案件受理通知書。

從遞交材料、法官審查、繳納費用到決定立案，前後花費不到 30 分鐘。幾分鐘後，黃思悅在立案大廳門口的法院電腦信息查詢中，查詢到了此案的審判法官信息，他的名字叫謝偉東。

謝偉東是我國不設審判庭法院的第一名專職法官。而這樁標的為 840 萬元的股權轉讓糾紛案，也成了橫琴法院開門迎訴後的第一案。

兩個月後，專職法官謝偉東披着法袍再次走進第一審判室，這天開審的是首宗涉澳民事案件，原告林某、黃某等 3 人均為澳門居民，被告為珠海居民李某及珠海某投資公司，案由為房屋買賣糾紛……

來橫琴法院前，謝偉東是珠海市鬥門區人民法院副院長，有着 24 年審判經驗。2003 年開始出任鬥門區人民法院副院長，主管民商事案件的審判，橫琴法院建立後，他成為首位專職法官。

法官無官位之虞。在橫琴法院，專職法官不隸屬於法院內任何一個行政機構。從一個主管副院長變成了專職法官，謝偉東一直在適應角色的變化。正在適應角色變化的還有院長蔡美鴻。

「我是全國法院裏權力最小的院長啦！」蔡美鴻院長目光炯炯，睿智精明，一張口便笑逐顏開。我們就此打開了話匣子。「民一庭」「民二庭」「刑事庭」「行政庭」……說起各地基層法院的庭室設置，法律人都能如數家珍，傳統基層法院至少有 15 個部門。

在傳統法院裏，庭長、副庭長等是科級或處級的級別，院長權力在法官之上，院長管庭長、庭長管法官也是天經地義的事情。可橫琴不行！橫琴的法官由上級人大任命，工作任務的分配則是由法官會議來決定的。

在傳統法院裏，立案決定權在立案庭，合議庭法官負責審理和判決，執行則由執行局法官負責。一個案件全程走完至少需要三個部門參與。除了法官審判

外，還要經過主管審判庭的庭長、副庭長審批，有的甚至要主管副院長審批。

在橫琴，法院取消了立案、刑事、民事、行政等審判庭建制，把這些傳統的行政階梯也給「抽掉」了，從制度設計開始就終結院長干擾案件的可能。獨任審理的案件，裁判文書由承辦法官審批；合議庭審理的案件，裁判文書由合議庭成員簽發。院長、副院長無權過問其不參與審理的案件。院長被「奪權」了。

橫琴島寶興路 118 號，一棟兩層白色小樓緊鄰橫琴碼頭，與澳門隔海相望，樓不高大氣派，卻不失整潔莊重，它是租賃當地一家公司的臨時建築改建而成的。

曹如波是橫琴法院副院長，有着法學博士學位。此前他是珠海中級人民法院審判委員會委員、立案一庭庭長。這位「學者型」法官見證了橫琴法院的「誕生」。

2012 年 11 月，最高人民法院同意設立橫琴新區法院。在廣東省高院的支持下，2013 年初，珠海中院立即成立橫琴法院籌備調研小組。珠海中院從院內抽調 7 位骨幹法官，曹如波就是其中之一。

7 位骨幹法官被同事們稱為「7 人小組」，當中有 4 名博士、3 名碩士，其中 4 人有國外留學或訪問學者經歷。

「7 人小組」對境內外法院的司法運行機制做了大量研究，並專門赴澳門、台灣法院調研學習，歷經半年時間，最終形成了關於橫琴法院籌建的兩套方案。

兩套方案中，第一套：法院不設立審判庭，由專職法官專門負責審判，以法官委員會代替審委會。經過論證，認為這套方案頗具顛覆性，部分條例和現行法律有衝突。第二套：保留審判庭設置，根據橫琴靠近澳門的特點，設立涉澳民商事審判庭和金融專業審判庭，精簡司法行政機構。

兩套方案「出爐」後，珠海中院立即向廣東省高院和珠海市委匯報。隨後，廣東省高院、珠海市委、珠海市人大、珠海市中院等部門聯合成立了橫琴法院籌備領導小組。領導小組對兩個方案進行了全方位的研究，反覆修改和論證。最終，兩個方案各取所長，合併為一個方案。

「實際上，最終方案是兩個方案的綜合和補充。」曹如波說，「最終方案吸納了第一套方案中不設審判庭設立專職法官，第二套方案設立司法政務管理辦公

室、精簡司法行政機構等內容。」

2013 年 11 月，趕在十八屆三中全會前夕，方案最終定稿。

「當時我們也覺得方案改革力度過大，有點超乎想象，心裏有點打鼓。」就在曹如波他們猶豫之時，十八屆三中全會專門提及司法改革的新要求。「看到報告中的內容，我們覺得方案是符合中央要求的，信心反而增強了。」

果不其然，最後心想事成。2013 年 11 月下旬，最高法院院長周強到廣東參加全國司法公開會議，第一站專門來到珠海橫琴，了解橫琴法院的籌備進展後，公開表達了對橫琴法院司法改革的支持。12 月上旬，橫琴法院「三定」方案正式獲批。

橫琴法院是我國探索建立法院工作新模式的一塊試驗田，也是全國唯一一個沒有審判庭的法院。這裏只有「三辦一局一隊」。「三辦」是指審判管理辦公室、人事監察辦公室、司法政務辦公室，「一局」為執行局，「一隊」為司法警察大隊。改革的另一大亮點是廢除了法官判案的領導審制制，將裁判權交給辦案法官。

院長蔡美鴻說：「比如謝偉東專職法官辦理的案件，按以往流程，涉及查封、扣押及訴訟保全的案件，都需庭長、院長逐級審批簽字，如今都由審案法官依法自行處理。」

他還給我講了這樣一件事。謝偉東獨立辦第一個刑事案件時，給被告人判處的是緩刑，按照法律要求，判緩刑當場就得把人給放了。人是放了，可謝偉東當天晚上卻輾轉反側，一夜難眠。按照傳統流程，案件審批都是要層層簽字，這會自己獨自把人放了，是不是違反法律和操作規定？謝偉東心中沒底。

第二天一早，謝偉東找到院長蔡美鴻，對他說：「你說我會不會錯了，這個人已經放了，但是沒經過你審批。」

「沒有錯啊，按照操作規程就是你負責。」蔡美鴻知道他的傳統思維還沒轉過來，按照以往做法需要主管副院長或院長審批。

蔡美鴻給他吃定心丸：「肯定行，沒有問題，就是應該這樣做的。」取消案件審批制這一改革很徹底，真正落實「讓審理者裁判，由裁判者負責」的司法改革精神，也為中國司法改革提供了標本性的借鑒意義。

　　橫琴還有一個亮點是首創法官會議制度，實現民主決策、自我管理。法官審理案件類型，與哪些法官組成合議庭，每年辦案任務多少，由專職法官們在法官會議上投票決定。

　　「法官會議實際上是『革了院長的命』。」蔡美鴻如是說。

　　對一些新型案件，專職法官認為把握不准的情況，橫琴法院法官會議又設立有專業會議，其主要職能之一就是對新型疑難案件採用「專家會診」，討論意見也只供專職法官參考。

　　可能很多人並不知道，橫琴法院在全國最早將法官「員額制」落實到位。這一制度是橫琴在全國率先推出的，實行「法官少而精、輔助人員專而足」的人員配備模式。少而精：根據橫琴司法實踐，確定了配備 8 名法官這一「員額」。選拔的法官除具備基本條件外，還必須從事法律工作 10 年以上，業務要精湛，將從珠海市兩級法院和面向全社會的法律人士招錄，招錄過程接受社會監督。專而足：每名法官配備三名助理和一名書記員，增強職業保障，配足輔助人員，使法官專心從事審判業務。如果案件量增加，為保證每名專職法官的辦案量適度，法院將調整法官數量，給法官「定額」，防止出現審判的瑕疵，影響審判質量。

　　甫一推出，名聞遐邇。在橫琴法院，曹如波的「出鏡」率很高，他在建院初期一直擔負着新聞發言人的角色。

　　在橫琴法院會議室，蔡美鴻對我坦言：「橫琴法院只有 8 名專職法官，算上院長和兩名副院長兼任法官，總共也才 11 位法官，而案量逐年遞增，2016 年 1844件，2017 年達 2289 件案件，2018 年達到 2947 件，有的法官每年要辦 300 件以上的案件。」

　　「這麼多案如何了斷？」

　　「每名法官配備兩名助理和一名書記員。」

　　「這個案件量依據什麼來參考的？」

　　「依據管轄區域近 3 年的案件量。」蔡美鴻告訴我，「橫琴承擔了珠海市所有涉及港澳台的案件，一年平均有 3000 件左右，專職法官異常忙碌。」專職法官獨立判案，他們的審判水平和道德水準怎樣把握？蔡美鴻說，法官的好壞直接決定

着橫琴改革的聲譽。因此，選任、監督和法官本人廉潔與否便顯得尤為重要。對專職法官的選任十分「苛刻」，除了 10 年以上的法律工作資歷外，還要熟悉各類案件的審理，從業期間沒有任何審判瑕疵和不良記錄……

當然，有「權」的專職法官也不是好當的，每辦完一件案子，這件案子的檔案將跟隨法官一生，實行錯案責任終身追究制。一旦專職法官審理案件出現錯案，將立即啟動追究程序，即使專職法官退休，以前審判的錯案也將會追究責任。在香港和澳門，如果法官在任職期間完全清廉，退休後可以拿到一筆可觀的廉政保證金。這個廉政保證金制度也被橫琴新區列為可探索的舉措。

2014 年 2 月 28 日。橫琴檢察院專職主任檢察官張雁收到珠海市公安局橫琴分局對一起拒不支付勞動報酬案件的偵結報告。報告提請逮捕的犯罪嫌疑人叫譚某某。案卷為「故意拒不支付 46 名工人勞動報酬」。

收到案卷後，張雁提審、閱卷。3 月 3 號，她做出決定：批捕！首宗審查批准逮捕案件由主任檢察官張雁獨立做出。張雁是第一批經珠海市人大常委會任命的橫琴檢察院專職主任檢察官，來到橫琴之前，她擔任香洲區檢察院反貪局長。

「我原來管 5 個部門和 40 多號人，也都沒有現在這麼忙。」張雁感歎，「工作節奏變化太大了。」

過去檢察院批捕、起訴，每一個階段都需要三級審批，無論捕還是不捕，首先是批捕科的科長批，然後是主管逮捕的副檢察長批，最後是檢察長批。一個普通程序走完三級審批怎麼也得三四天。橫琴檢察院沒了三級審批，主任檢察官的權力是不是就沒了制約呢？

「簽了自己的名字，就意味自己將對這個案子終生負責。」張雁說，「權力大了、責任大了，壓力就會更大。」

「責任夠大吧？」她反問我。來橫琴之前，張雁已經有 10 多年沒進看守所提審嫌疑人了，現在都要自己親自到看守所提審，所有的案件卷宗都要自己閱讀。

「壓力夠大吧？」

她朝我笑了笑。約莫一周後，張雁接手了第二起案件，這一次，她根據案件

情況做出了不批捕的決定。

「不批捕的決定，您就可以決定？」我滿臉狐疑。

「案件是我來負責的，我只向領導匯報辦案情況和我的建議。」

「最後還是由您來決定？」

「是！」張雁肯定地回答。一個檢察官真有這麼大的權力？於是，我揣着錄音筆走進了位於寶興路 189 號的橫琴檢察院，期望解開我心頭的困惑。

「毋庸置疑。」在周利人檢察長辦公室，溫文爾雅的他說，「主任檢察官制度是橫琴檢察院營造港澳法治環境的最大成果，制度效率更高，責任更明。」

從他的敍述中，我知道橫琴檢察院是在 2013 年 12 月 20 日掛牌。作為創新型檢察院，橫琴承載着為全國檢察改革探路的重大使命，同時也成為廣東省人民檢察院指定開展主任檢察官辦案責任制和檢察人員分類管理的試點單位。主任檢察官制度甫一推出便名聞遐邇、震驚四座，在全國檢察系統有着標杆意義。

當我問到開展這一創新改革的初衷和過程時，周利人向我推薦了他的前任向少良。「台前幕後他知根知底。」周利人說。可惜我一直沒有約到已調任珠海市人民檢察院副檢察長的向少良。不過我從一份報紙上看到了時任橫琴檢察院檢察長的向少良在接受媒體採訪時有這樣一段訪談。

　　問：據說橫琴檢察院參考了澳門檢察院一些分類管理的做法？

　　答：我們借鑒了澳門檢察院設立檢察官委員會的經驗，改變按一般公務員管理檢察人員的模式。

　　問：具體來說？

　　答：就是將檢察人員分成檢察官、檢察輔助人員和檢察行政人員三類進行管理。[1]

1　一、檢察官（檢察長、副檢察長、檢察委員會委員、檢察員和助理檢察員）；二、檢察輔助人員（檢察官助理、書記員、司法警察、檢察技術人員等）；三、檢察行政人員（政工黨務、行政事務、後勤管理等工作人員）。

問：檢察管理行政色彩被淡化了？

答：對，更趨於職業化和專業化方向。

問：這跟一般公務員的管理大不一樣？

答：是。

問：分類管理有什麼好處？

答：專職檢察官能夠有精力鑽研業務，而不是盯着官位，檢察輔助人員和檢察行政人員也有自己的上升通道，不用必須變成檢察官。

問：內設機構有什麼特點？

答：由傳統的 20 多個大幅精簡到「三辦一局一隊」，即檢察長辦公室、組織與檢務保障辦公室、預防犯罪與公共關係辦公室、反貪污賄賂瀆職侵權局和司法警察大隊。

問：原來的三級審批辦案取消了？

答：是的，從根本上摒棄了過去的辦案模式，包括偵查監督、公訴、民事行政檢察等業務部門。

問：這樣設置有什麼好處？

答：減少了審批環節，明晰了辦案責任，提升了辦案效率。

問：人員也少了？

答：專項編制只有 25 名，其中主任檢察官設定為 8 名，檢察長只設一正兩副，每個人都滿負荷工作。

回過頭重溫向少良的這篇訪談，讓我對主任檢察官制度的來龍去脈有了一個感性的認識。

翻開《主任檢察官制度》，我發現裏面在公訴、偵查監督、職務犯罪偵查等業務中，除極少數法定事項或重大複雜疑難案件需經檢察長審批或檢察委員會研究決定外，大部分事項都授權給了主任檢察官獨立行使決定權。

譬如，單公訴這一業務，主任檢察官可以獨立處理的事項多達 24 項，而需經檢察長或檢察委員會決定的只有 7 項。橫琴檢察院突出主任檢察官執法辦案的親

歷性：在全國率先探索建立主任檢察官主導偵查取證工作新機制，在橫琴公安分局設立了主任檢察官聯絡辦公室。及時介入公安機關的偵查取證活動，確保刑事案件偵查取證質量符合法庭審判要求。

規定主任檢察官必須親自參與審閱案卷、出庭支持公訴、訊問犯罪嫌疑人、詢問證人等重要活動。主任檢察官個人承辦的案件，除一些事務性工作由檢察官輔助人員完成外，其他正常的辦案活動均須自己親自完成……

主任檢察官身兼偵查監督、公訴、刑事申訴和民事行政檢察四項檢察業務和職務犯罪偵查業務，那麼，如何防止檢察官濫用職權呢？周利人坦承，外界對此比較關注，他說：「我們主要在外部和內部監督機制上完善。」

在外部監督上，借鑒澳門檢察院設立檢察官委員會的做法，率先在全國創建了檢察官懲戒（監督）委員會制度，加強對檢察官職業操守和執法作風的監督，制定了與該制度相配套的《懲戒（監督）委員會工作規則》。首屆檢察官懲戒（監督）委員會委員由9名委員組成，既有本地人員，又有港澳籍人士，體現了廣泛的社會代表性和較高的監督制約性。他們可以查閱案件資料、收集群眾意見、參與執法檢查、提出違紀調查處理意見等。

在內部監督上，設有監察室、紀檢室這些人事監察機構進行內部監督，還採取設立主任檢察官業務工作考評委員會的方式，由上級檢察機關偵查監督、公訴、民事行政檢察、反貪污賄賂、反瀆職侵權等部門業務專家、業務骨幹組成，對主任檢察官所辦案件質量和規範執法等問題進行每年一次綜合測評，促進主任檢察官嚴格規範執法、提高辦案質量。

橫琴檢察院的監督手段還有很多：建立「主任檢察官會議」定期交流平台，力求在交流中發揮主任檢察官互相監督的作用。終結性文書終身網上公開……下放權限與加強監督並重，結果控制與程序控制、事中監督與事後監督、內部監督與外部監督並行，橫琴檢察院構建了完備的主任檢察官執法辦案監督制約制度體系。橫琴還為每位主任檢察官建立了執法檔案，詳細記錄主任檢察官辦案數量、質量、效率、效果及職業道德、檢察紀律和執法規範等情況。

2014年初，珠海市人民檢察院考評委員會對橫琴新區人民檢察院全面試行

主任檢察官辦案責任制一周年綜合考評，考評結果令人欣喜 ── 100% 無錯案發生。100% 無因複議複核改變原決定。100% 無違反法定程序。考評結果顯示，主任檢察官辦案責任制具有科學性、嚴密性和生命力，改革試點工作效果出乎意料地好，真正體現了「讓審理者決定，讓決定者負責」的精神。

周利人檢察長說：「嚴密制度保障辦案，經得起考評委員會考評，實現 3 個 100% 一點都不稀奇。」

與橫琴定位和發展需相匹配、相適應，橫琴檢察院應運而生，它營造與港澳法治環境趨同的創新舉措為後來全省乃至全國檢察體制改革提供了可複製的經驗和模式……

橫琴在構建趨同港澳的法治環境方面蹄疾步穩：對接港澳調解機制，成立橫琴珠港澳商事調解合作中心。對接國際仲裁環境，成立橫琴國際仲裁院，適用港澳法律或者內地法律進行仲裁。對接港澳知識產權環境，成立橫琴新區知識產權巡回法庭和國際知識產權保護聯盟，在全國範圍內率先探索知識產權侵權懲罰機制改革。對接港澳法律服務，試點粵港澳聯營律師事務所，成立中銀─力圖─方氏律師事務所、人和啟邦（橫琴）聯營律師事務所。對接跨境消費維權，實現跨境消費維權「零跑動」……

所有這些創新和嘗試，讓人推崇備至，心悅誠服。

第

六

章

我家大門常打開

橫琴像一部史詩，讀來蕩氣迴腸。

橫琴像一把名琴，曲終餘音環響。

遠見、激情、膽識、機遇⋯⋯

橫琴是一個「來了就不想離開的地方」，她恰到好處地誘惑着你，牽扯着你，挽留着你的腳步。

澳門香港元素的對接，國際國內企業的加盟，讓橫琴注定無法沉寂。對夢想的追逐，過程已經變成交響。

對激情的追逐，結果將會變成華章。

正是這種激情與夢想的交織，橫琴在閉門酣睡中被悄然叫醒 ——

　　我家大門常打開

　　開放懷抱等你

　　擁抱過後就有默契

　　你會愛上這裏

　　⋯⋯

我陡然想起 10 年前北京「鳥巢」裏那首家喻戶曉的奧運歌曲，其耳熟能詳的旋律重新縈繞在我的腦際。

雄渾的美，瑰麗的美，鼓舞我走近橫琴。我在橫琴的字裏行間捕捉大時代的韻腳，在它深邃的內涵中尋找追夢人的痕跡。那一串串由淺入深的足印就像電影映像，一幀幀、一幕幕在我的眼前切換⋯⋯

一起去橫琴

丘玉珍曾被 N 個記者問過同一個問題：「為什麼要去橫琴？」

她不置可否，粲然一笑，露出一口白白的牙齒。她想，商人選擇外出投資或創業，不是一件新鮮事，但為什麼選擇去橫琴就成了一件新鮮事？

曾經，在澳門人的眼裏，橫琴只是繁華澳門的一個旁觀者，是蕉林綠野，農莊寥落的代名詞，與對面澳門的流金溢彩、燈光璀璨比較，橫琴就是一個「窮小子」。從英國留學歸澳後，已有多家企業高管經歷的丘玉珍，正在尋找創業機會。彼時，國家開發橫琴以及惠澳政策讓她心動不已，從發佈的總體規劃來看，橫琴要着力營造趨同港澳的國際化法治化便利化營商環境，成為促進澳門經濟適度多元發展的新平台。

2012 年初，丘玉珍一個非常要好的朋友無意間透了口風：橫琴新區已獲得部分省級外資審批權，外資到橫琴投資將會更加開放。說者無意，聽者有心，丘玉珍覺得機不可失，失將不再。她馬上只身赴橫琴考察。從拱北口岸入境，打車用了 45 分鐘，這是她第一次來到橫琴，儘管只隔着一條 200 米的淺淺水道。

丘玉珍印象深刻，那時橫琴剛剛起步，眼前還是一片爛泥地和髒兮兮的工地小路，車輛駛過，飛揚起的塵土讓路人退避三分。站在一片荒地之中，想象自己的事業將要從這裏平地而起時，冒險的刺激讓她心潮澎湃。

「就是這裏了！」她心裏篤定。

想到這裏，丘玉珍心境如水蕩滴，輕鬆而愜意。在丘玉珍看來，澳門商人創業，像北京、廣州這些商業環境已很成熟的城市反而不適合，她說：「對內地的商業文化和營商規則不熟悉，短期內要融入、要適應非常困難。橫琴是個全新的地方，國家開發的目的又有針對性，就是為澳門經濟適度多元化提供載體，政策方向上也與澳門緊密合作，我們有時間從頭去學習。」

丘玉珍註冊的公司主要業務是為想到橫琴投資的境外企業提供中介、諮詢服

務，用她的話是「相邀去橫琴，甘當搭橋人」。

一開始，「搭橋」並非一帆風順。2012 年公司成立不久，丘玉珍一次性帶了 200 多個澳門企業家到橫琴考察，儘管丘玉珍滿腔熱情，但企業家們來到橫琴看到一片荒地後個個撓頭擺手，給出的反饋大多是「再看看吧！」

她先是一愣，隨後就明白了。

丘玉珍理解他們的顧慮，澳門人比較務實，當他們看到一片荒地，當然很難想象它未來會怎樣。作為粵澳合作的主陣地，橫琴必須了解澳門，澳門自然也要了解橫琴，雙方需要共同設計彼此的未來。

「現在的情況怎樣？」丘玉珍說：「現在不一樣了，澳門人一天天看着橫琴的變化，現在不是我帶他們，是他們主動來找我帶他們去。」公司成立迄今，已有數十個澳門企業經丘玉珍引薦落戶橫琴。儘管橫琴仍有待完善之處，但看到它的飛速發展，丘玉珍覺得這裏對於企業來說，確實是個幸福的起點。

對於眾多澳門企業家來說，對橫琴持續的投資熱情，不僅僅是因為它與生俱來的區位優勢，更是因為它所呈現出來的發展活力和潛力，橫琴成為澳門企業實現產業多元的首選之地。

2012 年 6 月，首個澳門中小企業投資項目勵駿龐都廣場落戶。2014 年 4 月，澳門政府推薦 33 個項目上島入園。2016 年 11 月，澳門政府與橫琴新區 50 個項目對接。2019 年 1 月，2.7 平方公里土地啟動向澳門招商。

橫琴「火」了。橫琴國際生科城、大昌行物流中心、金源國際廣場、應來科創廣場、港澳智慧城、金匯國際廣場、鉅星匯商業廣場……

好消息不斷從橫琴傳來：金源國際廣場竣工！勵駿龐都廣場落成！臻林山莊主體工程封頂！一個個亮眼地標接連崛起。

臻林山莊是一個醫療旅遊項目，2014 年落戶橫琴。

澳門殷理基集團的主席李佳鳴對我說：「臻林山莊項目是《粵澳合作框架協議》首批落地項目之一。」嬌小玲瓏、溫文爾雅。這是李佳鳴留給我的第一印象。1993 年，畢業於斯坦福大學的李佳鳴從美國來到澳門殷理基就任副總經理。

　　她清楚記得，那是 3 月的一個下午，春霧朦朧，她拖着箱子風塵僕僕走出澳門港澳碼頭，細細打量眼前這個自己初來乍到的陌生城市時，內心有點忐忑。李佳鳴開始在澳門接班創業。殷理基有限公司始創於 1920 年，原屬澳門著名土生葡人 Nolasco 家族的企業，後被香港實力雄厚的永新集團收購，又經過多年銳意拓展，成為澳門舉足輕重的集團性企業。

　　在李佳鳴整潔舒適的辦公室裏，一幅「鳴」字長條條幅映入我的眼簾。身穿黑色行政套裝的她笑容親切，讓每一個見過她的人印象深刻，過目不忘。「沒想到澳門成就了我與橫琴今天的緣分。」

　　當年的黃毛丫頭已歷練成為殷理基有限公司主席，並蟬聯三屆澳門全國政協委員。因為採寫這本書的緣故，我自然關注她在全國兩會上的提案，每一年，她都積極建言獻策，關注的領域也很廣泛：青少年教育、海歸創業、城市可持續發展……

　　2018 年的全國兩會，李佳鳴關注的是橫琴。

　　李佳鳴建言，橫琴可利用自貿區和粵港澳合作示範區的優勢，探索擴大醫療健康領域的對外開放，打造高端醫療健康產業試驗區。我注意到，殷理基的橫琴項目正是朝着這個方向。她不僅僅是在呼籲，而是以實際行動去橫琴踐行。

　　「我要把國外好的東西帶到橫琴去。」李佳鳴說到這裏，有些唏噓，「很多對（健康）這方面有需求的人士，初衷是從養生預防的角度出發，但人家寧願跑到國外去了。」

　　「所以您一直倡議？」

　　「係呀（是呀），現在提倡健康中國……休閒旅遊、醫療養生將是一個亮點。」李佳鳴捋了捋額頭上的一縷髮絲，說，「因為橫琴正好有 5 平方公里的粵澳合作產業園，殷理基是希望可以在裏面做個示範、做一個引領。」

　　「看得出，殷理基對橫琴的前景有信心？」

　　她略作沉思，語調沉穩而平緩：「澳門要推動經濟適度多元發展，橫琴有非常好的基礎設施，發展的潛力非常巨大，特別是橫琴發展旅遊休閒健康產業的定位，更符合殷理基的口味。」

「殷理基投資的臻林山莊醫療旅遊項目進展情況怎樣？」

「很順利，一期已經封頂竣工，我們希望在 2020 年底前投入服務，我們很有信心。」李佳鳴說，「只要琴澳聯手，利用好港澳的國際醫療渠道和經驗，完全可以打造蜚聲國際的醫療旅遊目的地。」

2016 年 11 月 22 日。珠海度假村。這一天，澳門特區政府推薦 50 個項目與珠海對接，主辦方還「搬」來了一位神祕人物。這位神祕人物就是前面曾經寫到過的陳志強。

作為第一批投資橫琴的澳門商人，陳志強在會上分享他企業入駐過程中的體驗：橫琴規劃局幫他在很短時間內拿到了規劃用地；橫琴環保局指導他把地下建築和地上建築分開報建，縮短了報建審批時間；橫琴澳門事務局專人全程跟進，提供一站式的保姆服務……

會場裏鴉雀無聲，大家在靜心地傾聽。

「講實在，來橫琴之前還有些擔心，因為聽說在內地投資手續非常麻煩，需要一年半載才能辦完公司註冊流程……」陳志強頓了一下，說，「沒想到，在橫琴從準備投資到辦完所有手續只花了 3 個月。」

陳志強的金源國際廣場項目 2014 年首批獲推薦進入橫琴，2015 年取得項目用地。項目落地後，遇到的都是一個個具體又瑣碎的問題。從搞貿易到搞基建，隔行如隔山啊！每當這時候，他就去找管委會，找澳門事務局尋求幫助，總是能夠得到最好最快的解決方案。

他還在會上分享了兩個例證。一個是辦施工許可證。拿到這個施工許可證，僅花了 1 個月時間，如果在其他地方做項目，辦施工許可證前後至少需要花上 1 年時間。另一個是深基坑處理。橫琴安排了很多專家團來幫評審，3 個月左右就把這個基坑的方案解決了。陳志強說，橫琴政府很幫忙，有求必應，自己搞的話，「諗都冇諗（想都別想）啦！」

陳志強「現身說法」令與會的澳門投資商「怦然心動」。此時此刻，橫琴像一束強光，照亮了澳門中小企業的創業之路，大家有點按捺不住，躍躍欲試。按

捺不住的還有澳門的投資人。

2017 年 4 月 23 日中午時分，天氣有點悶，暮春的陽光照在身上，竟有點熱辣的感覺。在橫琴 37 個項目的簽約啟動儀式上，人們看到了澳門銀河娛樂集團和信德集團的身影。

銀河娛樂集團創始人呂志和是新晉的「賭王」，2016 年的亞洲第二富豪。呂志和家族雖然低調，但其掌控的銀河娛樂卻雄心不小。2017 年初，呂志和旗下公司與橫琴簽訂框架合作協議，涉及金額達到 100 億元人民幣。這麼大手筆投資想在橫琴幹什麼？呂志和之子、銀娛副主席呂耀東透露，將在橫琴島西南部區域建設體育休閒度假中心，主要以陸地和海上的休閒旅遊項目為主，突出特點是具有長海岸線，目標是打造橫琴版「馬爾代夫」。橫琴睜大眼睛看。

信德集團來頭不小，系「賭王」何鴻燊家族企業，由其女兒何超瓊掌舵。何鴻燊家族在橫琴「潛伏」已久，數年前其子何猷龍在接受《南方都市報》的採訪時就表示橫琴開發「絕對不會缺席」。

2013 年 8 月 1 日，信德集團發佈公告宣稱：以 7.21 億元人民幣，投得橫琴口岸與澳門口岸之間的一塊黃金地塊。何超瓊坦言，澳門每年入境旅客人次超 3000 萬，加上與多個即將落成的新景點和遊樂設施相鄰，橫琴項目將「受惠於預期未來旅遊業的龐大增長」。當日啟動的信德橫琴口岸服務區項目佔地 2.38 萬平方米，總建築面積 19.37 萬平方米，其中地上建築面積 13.11 萬平方米。

何超瓊透露，此番投資橫琴口岸服務區項目，將建成集辦公、酒店、商業、商務公寓等多種功能於一體的綜合體項目，地下二層及地上二層南面與口岸聯檢大樓相連通，地下二層西側部分與廣珠城際及澳門輕軌相連接，項目完成後澳門輕軌及廣珠城際均可直達，交通非常方便。

精明的澳門商家，窺伺到其中暗藏的商機，於是紮堆搶灘橫琴：

> 澳門施美蘭集團擬投資 10 億元人民幣建設澳門拱廊廣場。
> 澳門應來投資（國際）有限公司擬投資總額 13.5 億元人民幣建設應來科創廣場。

澳門來來集團擬投資 5 億元人民幣建設來來夢幻世界。

澳門天匯星國際擬投資 8 億元人民幣建設天匯星影視綜合城。

港澳智慧城投資發展有限公司擬投資 20 億元人民幣建設港澳智慧城。

澳門金龍集團擬投資 6 億元人民幣建設金匯國際廣場。

新豐樂置業發展有限公司擬投資 450 億元人民幣建設萬象世界。

澳門泊車管理股份有限公司擬投資 16 億元人民幣建設中葡商貿中心。

彩虹集團擬投資 10 億元人民幣建設彩虹生活廣場……

有媒體驚呼：橫琴的熱度達到 96 攝氏度了！

澳門企業紛紛登陸橫琴，傳遞出澳門哪些產業多元化信號？

Sport land 鉅星匯是澳門 聯國際投資有限公司在橫琴投資的項目。總額 13.5 億元，規劃用地面積 3.48 萬平方米，總建築面積 14.5 萬平方米，包括 Sport land 主題酒店、Sport land 智能辦公樓、四層商場、夢遠書城、三層地庫以及大型體育設施、劇院等，這個項目富含體育競技和文化創意元素，集運動、演藝、酒店、餐飲及創意孵化產業於一體。

一句話，這是一個與《橫琴總體發展規劃》產業定位相契合，而且專注於澳門中小微企業的綜合體。投資方執行董事兼總經理吳國壽告訴我，Sport land 鉅星匯主要是為澳門中小微企業搭建一個全新的國際化商業平台。

「這是你們的初衷嗎？」

「是的，因為澳門的中小微企業和創業者普遍存在縮小辦公樓單位面積的情況。」

「為什麼？」

「畢竟他們自身累積和發展的資金有限。」

原來，項目啟動前，吳國壽專門到澳門中小微企業和青年創業者中間去摸過底。有一回，他路過一間藝術公司，說是公司，其實也就一間工作室，他走進門去，逼仄的空間堆滿了展板和一些材料。

「這麼小的空間能創作嗎？」他有些驚訝地問。

「不需要太大的空間，能放下一張畫台就足夠了。」

他後來了解到，由於中小微企業和創業者能用於發展的資金有限，都希望有一個較小面積的辦公樓單位，以減輕壓力。

「Sport land 鉅星匯項目就是要回應這一訴求。」他告訴我，他去橫琴投資的項目就是創造機會支持這些青年創業人士，帶動澳門中小企業共同參與，促進澳門居民在橫琴就業。

文化創意，是橫琴的七大產業之一。

助力澳門經濟多元，澳門的文化創意是不是一片沙漠？2015 年 12 月 4 日，一個名為「ARTMO 藝術澳門」的活動從往屆的室內酒店挪到了室外公眾空間：澳門博物館、民政總署、塔石藝文館、婆仔屋……沒有星級酒店的人造光，沒有白色展板隔成的格子間，一路人馬在澳門半島的老街巷中穿行。別開生面的情景吸引着公眾和遊客一起來體驗這場獨具特色的藝術之旅。

機緣巧合，我有幸採訪到了「ARTMO 藝術澳門」的總監何健宇先生。何健宇年輕帥氣，儘管他「周遊」內地多年，但本土澳門的身份還是讓我從他的普通話裏聽到些許「澳門味」。

「為什麼去橫琴？」我開門見山問他。

「為什麼？你說為什麼？」他與我對視一笑，反問我後又忙謙遜地說，「開玩笑啦！」

何健宇現任澳門文化藝術行業協會會長，澳門人文投資有限公司總經理。他談到他的三個追求：推動澳門的文化發展、促進澳門旅遊業的多元化發展、培育澳門藝術文化產業。

「我的出發點不是我想做什麼，是澳門的文化藝術產業需要什麼。」他的站位比我想象的高。為尋找問題的答案，他攜澳門中寓藝文發展有限公司的「人文天地」去到橫琴島。

「為什麼取名叫『人文天地』？」這個問題一直在我的腦海裏縈繞，我希望他能為我解開這個謎底。

「藝術、文化、旅遊。這就是橫琴『人文天地』項目的全部內容。」對藝術癡迷的何健宇說,「傳統的藝術博覽會在澳門水土不服了。」

何健宇投資橫琴的「人文天地」項目更強調澳門特色。為實現這一構想,他在橫琴島上籌備和打造新的藝術產業園區,建設中的園區將旅遊、藝術、人文等多重內容及功能相融合,在人文功能融合的基礎上有針對性地運營與開發。

我說,我找到您去橫琴的理由了。何健宇的橫琴「人文天地」項目北接橫琴二橋,東臨東方高爾夫球場,南面是海洋王國,周邊臨近中拉經貿園,位置極佳。

他興致勃勃地攤開一本《投資項目》圖冊如數家珍地向我介紹:項目佔地面積近 8 萬平方米,包括文化創意產業交易平台、藝術動漫文化旅遊、藝術動漫文化培訓等。

「我知道『人文天地』項目是首批推薦入園的項目,怎麼現在才進來?」何健宇坦言「沒經驗」,他說,第一次到橫琴投資,對蓋房搞建築從來就沒有接觸過,一年多都還沒有想好,特別是在土地開發方面,為此十分「鬱悶」,無從下手。

「我們一直在找合作夥伴。」何健宇說,「這個夥伴必須是熟悉土地開發,蓋房有經驗,市場產品理念相同。期間找了幾家,人家興趣不大,最後找到一家名叫『新方勝』的公司。」

「一起去橫琴?」

「對,一起去橫琴。」

「項目現在進展順利嗎?」

「非常順利!」他依然是那個招牌式的微笑。

在橫琴奏出的宏大發展進行曲中,「人文天地」只是一個小小的音符。

天下熙熙,皆為利來;天下攘攘,皆為利往。

橫琴恍如一壺老酒,它不僅醉了大千世界芸芸眾生,也醉了有血有肉的真情漢子 ── 除了獨具特色的港澳企業,全球知名企業、總部企業紛至遝來,成為橫琴投資榜單上的「天王」。

2014 年,中國鐵建投資集團揮軍南下,將注冊地從北京遷至橫琴,彰顯央企

踐行國家使命，以實際行動助力澳門經濟適度多元化發展的決心和意志，大手筆投資 30 億元在橫琴打造綜合運營體 —— 中國鐵建大廈，迄今在珠海基礎設施建設領域總投資超過 255 億元。

八仙過海，各顯神通，橫琴儼然成了一個小「聯合國」：

擁有全球最大搜索引擎的跨國科技企業谷歌，宣佈在橫琴建設和運營 Google Adwords 體驗中心。

德國保時捷公司在橫琴建設汽車主題文化體驗館；

西門子公司建造智能樓宇和智能交通停車場管理系統；

徠卡相機建造全球光學技術研發中心。

日本 Hello Kitty Land 開發動漫主題綜合商務旅遊……

「中」字頭接踵而至：中國華融、中國交建、中國神華、中國中冶、中海油踏足橫琴。

外資和國企不會遲到，民營也不會缺席。

華彬集團通過位於橫琴的南方總部，在珠海成立了 7 家公司，涵蓋通用航空、醫療健康、快消品、文化創意等業態，其中快消品營收累計已達 100 多億元。

三一集團依託橫琴南方總部成立了全國首家裝備製造類專業財險公司，通過產業資本和金融資本的融合，提升裝備製造產品附加值，促進珠海先進裝備製造產業發展。

背靠內地、對接港澳、走向世界，橫琴成為眾多企業總部引進來和走出去的重要平台。

國家電投來了。

中信集團來了。

保利集團來了。

固生堂中醫集團來了……

光大、海航、久隆財險、國機區域總部紛至遝來，根植橫琴。

來橫琴「湊熱鬧」的還有跨境電商。

2018 年初，Smarcle（智循）將銷售運營總部從北京搬到橫琴。

Smarcle 還真不能小瞧。

這是一家業務版圖橫跨中國、日本和美國的品牌管理公司，擅長跨境電商的運營及銷售。

2017 年底，Smarcle 與來自日本四大化妝品集團之一 POLA 旗下的療愈化妝品牌 THREE 簽訂戰略合作協議，成為中國市場唯一的合作方。

「借橫琴之『道』將海外品牌帶入粵港澳大灣區的零售市場。」Smarcle 創始人兼 CEO 李夏川說，從倉儲物流、銷售運營、渠道分析、政策諮詢、市場戰略到營銷公關，Smarcle 致力於幫助海外品牌快速精準地進入瞬息萬變的中國市場，並為外國品牌快速立足於中國市場提供「一站式」服務。

橫琴成為企業爭相競逐的投資熱土。

數據顯示，至 2018 年底，在橫琴注冊的企業已突破 5.85 萬家，其中，港資企業 1324 家，澳資企業 1388 家，還有眾多世界 500 強企業，落地項目總投資超過 5000 億元。涉及商務服務、休閒旅遊、文化創意、醫藥衛生保健、特色金融、科教研發、倉儲物流等產業領域。

追夢

　　夕陽下的腦背山像一幅圖，粗獷豪放的線條，顯示出力的雄壯；似一幅畫，濃墨重彩的色調，展現出肌的健美。

　　腦背山下，斜陽在橫琴創意谷的外牆上映着一個大大的英文標識：Imstem。Imstem，這不是愛姆斯坦生物科技有限公司的名稱嗎？愛姆斯坦來到橫琴，這裏面有點「不經意」的味道。

　　話得從 2010 年說起 —— 彼時，王小方在美國求學，他師從於徐仁和教授，期間王小方發明了胚胎來源的間充質幹細胞生產方法，即 T-MSC 技術，這個技術全面克服了現有成體幹細胞的缺點。2012 年 6 月，王小方博士在美國獲得專利，並以此為基礎在美國法明頓創立了 Imstem Bio technology。

　　不久，徐仁和教授來到橫琴的隔壁澳門大學執教。在徐仁和教授的引薦下，王小方博士受邀參加「海外赤子為國服務行動計劃暨廣東省第七屆海外專家南粵行珠海專場活動」。在這次活動上，王小方博士了解到橫琴的創業機會以及政府對人才的支持和服務，了解到澳門大學搬到橫琴後對生物研究人才的渴望。

　　徐仁和教授對王小方說：你何不把 Imstem 放到橫琴來，既整合中美技術及人才優勢，實現琴澳資源共享，又實現對澳門大學人才儲備的支撐？王小方對橫琴一番考察後，做出了一個明智的選擇。

　　2016 年 10 月 20 日，愛姆斯坦與橫琴新區管理委員會、澳門大學正式簽署生物科技項目合作、共建孵化基地的協議。內容包括：橫琴提供研發、細胞制備的辦公場地和科技研發項目專項扶持資金以及關鍵技術人才、孵化基地生活配套保障；澳門大學發揮生物技術和醫學科學優勢，對孵化基地給予技術研發協助和智力支持；王小方的孵化基地接收澳門大學學生實習和學者科研，為其提供科研成果產業化培訓和服務……

　　僅僅 8 個月，王小方博士便完成了高端實驗室和標準 GMP 超淨間裝修，設

備購置安裝到位，項目孵化器也具備幹細胞制備和試驗條件。

2017 年 6 月，Imstem 與澳門大學共建的生物醫學產業孵化基地正式掛牌。Imstem 組建了由頂尖科學家牽頭，高校、科研機構和自有技術團隊參與的多中心研發網絡，匯聚一批幹細胞研發和臨床應用領域的高端專業人才：

培養幹細胞保持幹細胞多能分化性的理論奠基人應其龍來了。由其領銜的科研成果 —— 胚胎幹細胞全能性機理研究獲評 McEwenAward，該獎項被譽為世界幹細胞研究領域的最高級別獎。

全世界第一個完成自體幹細胞核移植的鄭永基教授來了，他率先用成年男性組織細胞成功克隆出胚胎幹細胞。

在橫琴這片熱土上，上演着各不相同的追夢故事。他們或從鄰近的港澳跨境而來。他們或從遙遠的海外歸國而來。他們或是本土精英紮根數十載……

在橫琴創意谷領翌技術（橫琴）有限公司的實驗室內，一個體積近 30 立方米、形似太空艙的龐然大物引人注目。這是用於檢測無線產品性能的微波測量暗室，核心組件由領翌自主研發。

領翌的合夥人是漆一宏、于偉、朱宇。這三個「牛人」原本「八竿子打不着」。彼時，作為加拿大工程院院士的漆一宏尚未歸國，中國移動子公司高管朱宇還在體制內「混」，信維通信的聯合創始人于偉正幹得風生水起。沒有想到的是，數年後，他們會在一個叫橫琴的地方上演一段「桃園三結義」的合作故事。

漆一宏是黑莓創始團隊成員、現代智能手機天線的發明者、擁有全球超過 500 項專利及論文……這些榮譽隨便拎一個出來都很耀眼。漆一宏與朱宇的初次見面是在 2008 年。當時，在加拿大工作的漆一宏受邀回北京參加「核高基國家科技重大專項」技術討論會。朱宇所在的中國移動集團公司在其中牽頭承擔了部分課題，這便是相遇的契機。

「一宏是個接地氣的科學家，他的想法很有商業潛力。」這次會面讓朱宇關注到漆一宏。

正是這次討論會讓朱宇「打開了眼界」——國內互聯網風起雲湧，傳統通信行業正面臨衝擊。他開始思考通信產品如何自我革新。2015 年，朱宇決定跳出體

制，嘗試創業。

相比朱宇，于偉早早就有了創業的念頭，他參與初創的深圳市信維通信股份有限公司成了國內手機天線行業的佼佼者。那年，漆一宏、于偉與朱宇攜手加入江蘇省東方世紀網絡信息有限公司，于偉任 CEO，漆一宏主攻研發，朱宇開拓市場。無線通信領域創業門檻頗高，沒有核心技術走不遠。有了核心技術的加持，東方世紀脫胎換骨，次年即在海外敲鐘上市……

「我們還在拚命奔跑，努力追夢。」朱宇說，「橫琴，就是下一個追夢之地。」

2018 年 6 月，領翌在橫琴創意谷注冊成立。「領翌」二字是 0 和 1 的諧音，寓意着把過往歸零，創造從 0 到 1 的技術革新。為何領翌選擇落地橫琴？

時至今日，漆一宏仍清晰地記得一年前他參觀橫琴新區展廳時解說員的話語：「按照規劃，橫琴將有完善的基礎設施配套和金融服務體系，加之政府對科技創新的重視，以及大灣區生產製造業的支持，未來這裏將會成為中國科技創新的重要一極……」

「我們一定要來橫琴！」漆一宏暗下決心。梅開二度。創業團隊延續了此前在東方世紀的分工，分別負責研發、運作和市場三大板塊。落地之初，場地問題沒有解決，科技人才匱乏，加上創意谷入駐企業不多，氛圍尚未形成。

橫琴很快幫他們解決了場地裝修等細碎問題，創意谷則組織企業到外地招聘。注冊後僅 2 個月，領翌就「開張大吉」，如今已有 60 多位員工，其中不乏港澳優秀人才。「目前，領翌已有 44 項專利落在橫琴，預計 2019 年將達到五六十項。」朱宇對此信心十足。

這裏不妨給你描述一下「領翌」產品的應用場景。一個城市的管理，車位秩序維護常常是個難題。領翌的無線賦能可以解決這一難題，它給每個車位裝上車檢器，車主們只需打開手機 APP，就能實時掌握附近車庫的車位停靠信息，給「愛車」找個「棲息地」。這款基於 5G 物聯網及 NB-IoT 技術的雙模車位檢測器，目前已經在煙台、南京、無錫等地投入試點。

2018 年 11 月，在首屆中國橫琴科技創業大賽上，三人面對媒體侃侃而談：「領翌在無線收發機領域有着顛覆教科書公式的理論突破，基於這些突破，我們可

以提供世界上性能最優的無線產品。」

除了智慧停車，領翌的核心產品還包括高性能 Wi-Fi 路由系統，以及可監測高鐵地基、樓宇沉降、港口物流的高精度定位解決方案等。領翌為網易遊戲打造的 UU 加速器，預售上線僅 3 天，一萬台便已售罄。

「無線賦能，無限可能。」朱宇表示，無線賦能技術的應用領域十分廣泛，除了研發更多性能優異的產品，領翌還希望能提供一個無線賦能平台，服務橫琴以及大灣區更多的創新型企業，更遠來說，助力電子信息、人工智能等產業提質升級，讓他們從 80 分變成 99 分、100 分……

橫琴像個「大磁場」，吸引着來自世界各地的逐夢者，也吸引着來自內地和港澳的追夢人。

蔣昕是橫琴澳門青年創業谷創新拓展部的經理，她發現了一個讓她很「驚異」的現象。

2016 年 8 月，創業谷引進了第一位國家「千人計劃」特聘專家鮑學元博士，以及他的「微波地面幹餾技術用於頁巖油的工業化生產」項目。沒過多久，鮑學元博士又介紹了第二位「千人計劃」專家來到創業谷，第二位專家又介紹了第三位……就這樣，口口相傳，在短短半年多時間裏，創業谷竟然有 14 位「千人計劃」專家的項目落戶。

「真的沒有想到。」蔣昕說。

見到蔣昕時，她正準備帶一位「千人計劃」專家歐陽博士去參觀鮑學元博士位於洪灣的實驗基地。

蔣昕在創業谷專門負責海外人才和海外項目，其中便包括引進「千人計劃」專家等海外高層次人才。

她回憶道，2015 年年底，鮑學元博士作為第十一批國家「千人計劃」創新類特聘專家，在應邀參加珠海市第三屆留學生節暨 2015 海外學人回國創業周活動時認識了橫琴，並選擇將其傾心研發的「微波地面幹餾技術用於頁巖油的工業化生產」項目落戶橫琴，並在橫琴開展研發、在洪灣進行試驗和產業化生產。

2016 年 8 月，鮑博士的公司在橫琴注冊，成為創業谷第一個「千人計劃」專家項目。

「為了打造一個示範效應，除了辦公場地、實驗場地的優惠外，我們還為鮑博士爭取到了 100 萬元落戶資金，以減輕鮑博士實驗室器材進口的資金壓力，」蔣昕說，「鮑博士很滿意橫琴和創業谷對其項目的支持和幫助，便主動介紹其他『千人計劃』專家來到橫琴創業。」

蔣昕告訴我，創業谷除了已經引進來的 14 位「千人計劃」專家外，又有 3 位「千人計劃」專家有意落戶。

山不在高，有仙則名。創新型、複合型、戰略型、國際型的「千人計劃」專家齊聚。景建平博士創辦珠海凱蒂亞（KTI）智能裝備有限公司，李勇博士創辦珠海瑞百適生物科技有限公司……這些專家創辦的企業或創新的項目涉及電子信息、新材料技術、航空航天技術、生物與新藥技術、新能源及節能技術等多個領域。

讓人驚愕的是，3 年前整個橫琴僅有一位「千人計劃」專家。人們不禁要問：人才為什麼紛紛到橫琴？

2018 年 4 月，春寒料峭。

一眾媒體記者來到橫琴高級人才公寓，走進樣板房，如同走進了一間豪華的酒店客房：大屏幕液晶電視、簡潔溫馨的軟裝飾、鋪着潔白床單的大床、可移動書櫃後面隱藏的小廚房……

公寓位於環島東路西側和橫琴大道北側，這裏環境綠色友好、居住功能齊全、配套充分、智能技術先進。

「這是一個綜合公寓小區。」橫琴新區黨委副書記李偉輝指着公寓對媒體說，「這就是為專門在橫琴工作的高級人才提供的。」

「整個公寓有多大？」有記者問。

「佔地面積 25600 多平方米，規劃總居住戶數 920 多戶，總居住人口可達 2400 多人。」李偉輝說。

橫琴重金打造高級人才公寓，就是通過完善人才配套，為助力澳門經濟多元發展提供人才支撐。橫琴大手筆注入智力資本。大國角逐，比拼的是人才；地方發展，人才同樣是制勝之棋。橫琴圍繞國家定位和澳門入駐產業全方位招才引智，鮮明地表現出一個地區對人才的重視和渴求以及助力澳門的堅定初心。

「人才和澳門產業多元結構相匹配，園區澳門產業項目和人才引進相互動。」李偉輝說，「助力澳門經濟多元化發展，人才資源是第一要素，我們是從全球視野攬各方才俊，通過為其提供廣闊的發展平台、創新的人才政策和優惠的稅收環境，讓他們在橫琴安心創業創造。」

在橫琴，蓬勃發展的熱土急需將才，科學研究急需專才，一大批科技含量高且涉及高新技術領域的項目，需要強大的智力支持。橫琴立足毗鄰港澳的獨特優勢，先行先試，全力打造體制機制最創新、人才智力最密集、創新創業最活躍的「國際人才島」。

橫琴成立高層次人才服務中心，探索一套具有琴澳特色的人才引進模式，培養模式，使用模式，管理模式和激勵模式。從項目落地、待遇兌現、扶持政策等方面，為海內外高層次人才提供廣泛、細緻的全方位服務，一系列配套政策橫空出世：

2015 年，橫琴新區《珠海經濟特區橫琴新區特殊人才獎勵辦法》落地，高額度鼓勵人才。

2017 年，橫琴頒佈出台《橫琴自貿片區促進人才優先發展實施意見》，優化對國家「千人計劃」專家和兩院院士領軍的團隊在橫琴創新創業專項扶持政策的兌現方式。

2018 年，橫琴再出「殺手鐧」，《橫琴新區引進人才租房和生活補貼暫行辦法》出台，給予人才 36 個月的住房和生活補貼，最高 6000 元 / 月 / 人，特別突出的還可以「面談」……

政策開放、唯才是用、真情實意。

橫琴絕不是玩虛的。

採訪對象一：橫琴黨群部部長助理穆柏軍，負責橫琴特殊人才獎勵政策牽頭推進工作。

《珠海經濟特區橫琴新區特殊人才獎勵辦法》是以用人主體的市場化薪酬標準評價為核心，實施特殊人才獎勵，不唯學歷、不唯職稱、不唯地域評價和激勵人才。即符合橫琴人才開發目錄且個人年度財稅貢獻超過 5000 元，在國內依法參加社會保險，便可申請特殊人才獎勵，最高可獎勵個人所得的40%。

問：多少年評一次？有名額限制嗎？

穆柏軍：橫琴特殊人才每年評選一次，獎勵不設名額限制。

問：特殊人才獎條件是不是很苛刻？

穆柏軍：只要年納稅 5000 元以上，所在企業或機構對橫琴發展有貢獻，人人都可以申報人才獎。

問：怎麼重獎的人才名單裏有馴獸師和飼養員？

穆柏軍：他們沒有高學歷高職稱，但對企業非常重要，在業內也享有很高聲譽。

問：鄔達明和劉英林是中專學歷？

穆柏軍：鄔達明從一個實習生做到了公司高管，是長隆助理總經理；劉英林是長隆馴演的副經理，2015 年榮獲「全國優秀農民工」稱號。

問：如果按傳統認定方式，中專學歷可能不被認為是高端人才？

穆柏軍：我們尊重市場認定的人才，企業選擇且重用的人才，當然是市場需要的人才。

問：只要是企業認可的人才，對助力澳門經濟多元發展做出貢獻，就一樣可以享受財政獎勵？

穆柏軍：對，這就是特殊人才獎勵政策創新和特別的地方。

採訪對象二：韓永飛博士，「千人計劃」專家，橫琴密達科技有限責任公司總經理。

　　《橫琴自貿片區促進人才優先發展實施意見》從評價和激勵機制、通關居留環境、創新創業政策、載體平台建設、綜合服務保障等 5 大方面提出了 30 條措施。由「千人計劃」人才領銜的專家團隊在橫琴創業發展，橫琴將給予一次性 200 萬元專項扶持，「兩院」院士領銜的創業團隊，將給予一次性 500 萬元專項扶持，並且「由原來需每年工作不少於 6 個月，注冊公司滿一年後才能申報，調整為注冊公司後即可申報」。

　　問：你們公司什麼時候注冊的？主要的業務有哪些？

　　韓永飛：2018 年 4 月上旬注冊並開始運營，主要進行關於「AI+ 區塊鏈 + 大數據」的融合研究、產品開發和銷售，就是網絡空間安全和區塊鏈產品。

　　問：你們團隊申報專項扶持資金是什麼時候？

　　韓永飛：7 月初。

　　問：拿到專項扶持資金時間？

　　韓永飛：8 月 7 日。就 1 個月，我們也沒想到。

　　問：據我所知，以前要 1 年之後才能申報獎勵？

　　韓永飛：這是政策調整前，政策調整後，我們是獲得扶持資金歷時最短的第一家。

　　問：現在的業務開展順利嗎？

　　韓永飛：密達科技的產品在澳門、珠海均有合作，簽訂了銷售合同。

　　問：政策調整後給你們企業帶來哪些好處？

　　韓永飛：獎勵的快速兌現，對初創企業來說就是及時雨和雪中送炭。時間成本、等待成本就是影響因素。

　　橫琴有兩塊亮錚錚的金字招牌：一塊是粵港澳人才合作示範區；另一塊是全國人才管理改革試驗區。

　　有了這兩塊「招牌」，橫琴建立了綜合財政、企業管理、社會服務、旅遊休閒、科技金融、口岸通關等政策聯動的人才制度體系。創新驅動團隊落戶扶持，重大人才工程配套扶持，外籍人才出入境便利，博士後專項資助，人才引進核准

入戶一系列「組合拳」讓外界眼花繚亂，人才成為橫琴新區的智力資本，為橫琴助力澳門經濟適度多元發展源源不斷注入新動力。

2015 年 12 月，橫琴獲批全國首個設在自貿區的博士後工作站 —— 橫琴新區博士後科研工作站。這個工作站的設立，裏面還有一段不為人知的故事。2013 年底，橫琴環島電子圍網的建設進入尾聲，通過這個項目臨時聚集的一批人才很快就要離開橫琴，鄧練兵就想：電子圍網後期的維護誰來負責？鄧練兵建議成立一個科技公司來做這個事。領導覺得這個建議「接地氣」。

2014 年春節剛過，鄧練兵就開始起草報告，3 月 3 日報新區管委會，4 月 4 日獲批准，5 月 5 日公司註冊成立，6 月 6 日就開張了。資本金註冊一個億，公司卻找不到一個立足的地方。

鄧練兵到處搜羅，終於在橫琴後面一個施工單位發現一間板房，當時沒人用。鄧練兵找到老闆：「你能不能把這個會議室給我用一下？」

老闆很乾脆地表示「可以」。

開張那天，就鄧練兵一個人，他拎着一桶水來到會議室，用抹布將桌上厚厚的灰塵擦去，場面有點寥落。幾個環島監控的技術員聽說後趕來，當時他們的關係都還沒有轉過來。開張後尷尬了，招人很困難，根本沒有人願意來。

鄧練兵腦子真的好用。「何不搞一個博士後工作站？」他知道，博士後工作站是個資格，它是流動的，博士來到站裏 2 到 4 年就要出站，對博士來說就是一個工作的經歷，很多博士就是想要這個經歷，出站後他去找別的單位，我就招第二批進來，留得下來就留，留不下來沒關係，再找，而且不受地域的限制。

大概是 2015 年 3 月份，他到市裏找相關部門諮詢，想法剛說了一半，科長就說：「不可能，絕對不可能！」科長告訴他，整個珠海就高新區一個工作站，實在太難了，太難申請，兩年才一次。橫琴島啥也沒有，都是建築工地，博士後是高新技術企業，你那裏沒有條件。

確實，申請成功的概率非常的低，試想，市裏面淘汰 40%，省裏面再砍掉 60%，國家又再砍掉 60%……

鄧練兵走出門口想了好久，又折轉身走了進去，問：「你幫我評估一下，如果沒有選上，有什麼風險沒有？有什麼問題沒有？或者產生什麼成本？」

「這個就沒有。」科長說。

「那我們試一下，看行不行，你給我們支持。」

回到橫琴後，鄧練兵就寫報告，自己寫，還有一個博士收集相關資料，一切準備就緒後，他又找到市裏相關部門。還是那位科長，鄧練兵一直在觀察他的面部表情，只見他認真翻看申報材料，臉龐舒展，眼睛光亮，然後很有經驗地說：「嗯，我幫你修改一下。」

結果呢？

結果北京批了，國家博士後管理辦公室還來到橫琴為博士後工作站揭牌。馬雲曾經講過一句經典的話：「萬一成功了呢？」鄧練兵說，他爭取的好幾件事情都應驗了這句話。

隨後，橫琴迅速建立起「152」三級博士後工作站體系，即1家區域性工作站、5家企業分站和2家創新實驗基地，吸引了眾多博士後的青睞，成功打造博士後人才聚集的「窪地」。不過，最讓鄧練兵覺得美中不足的是，橫琴博士後工作站還不能「獨立招收」博士後。

國家批准設立的博士後站有兩類，一類是博士後科研流動站，另一類是博士後科研工作站。前者指在高等院校或科研院所具有博士授予權的一級學科內，經批准可以招收博士後研究人員的組織；後者指在具備獨立法人資格的企業等機構內，經批准可以招收博士後研究人員的組織。

橫琴博士後站屬於後者。按國家規定，博士後科研工作站一般應與博士後科研流動站聯合招收、培養博士後人員，只有經國家批准的少數學術技術實力強，具備獨立培養博士後人員能力的博士後科研工作站才可以和博士後科研流動站一樣單獨招收博士後人員。

最讓他憂心的是，港澳地區未與內地博士後政策有效對接，橫琴助力澳門經濟多元發展受法律制度等因素的制約，聯合培養高端人才遲遲無法落地。港澳博士後如何進站？與港澳博士後導師如何合作？外籍博士後如何引進？

　　橫琴需要做出新的探索。2017 年，橫琴獲批「獨立招收」博士後人員資格，鄧練兵的擔憂迎刃而解。這在全國自貿區屬「首個」。國家將獨立招收博士後的資格賦予毗鄰港澳的橫琴，在一定程度上表明國家有意在內地與港澳博士人才的交流培養上探索直接引進港澳博士進站工作的模式。

　　鄧練兵非常激動：「橫琴高層次人才的選擇空間得到了拓展。我們將整合資源，加強港澳地區的優秀導師與內地博士後之間的交流，促進內地與港澳人才的深度融合。」

　　「怎樣善用這個平台？」

　　「我們將研究如何與境外博士後政策銜接，探索境內外博士人才交流合作、聯合培養等方面的新途徑，打造博士後工作的『橫琴品牌』。」

　　橫琴迅速做出反應。2017 年 11 月至 12 月，連續 5 場「智匯橫琴」系列活動重磅登場，來自中國、美國、英國、法國等國家逾 600 名博士及博士後管理人才齊聚橫琴。

　　中外博士後制度研討會、全國博士後網球大賽、全國博士後學術論壇、中國博士後科技服務團、博士後創新人才支持計劃座談會等一系列活動有條不紊徐徐展開，吸引了澳大利亞新南威爾士大學教授約翰·特林德、紐約州立大學布法羅分校教授尹力、內華達大學教授陳穎涵、加州大學默塞德分校工學院教授肖恩·紐薩姆等共同聚焦橫琴博士後研究⋯⋯

　　高端人才的集聚、思想碰撞的火花、口口相傳的好評，使得橫琴在全國博士後群體內風生水起，知曉度節節攀升。

　　鄧練兵告訴我，為推動博士後工作的開展，橫琴新區出台了《橫琴新區博士後管理工作暫行辦法》，在引進、培養、出站、留在橫琴等每個環節都對博士後人員予以扶持，聘請了李德仁、方濱興、辜勝阻、倪明選、周成虎、劉韻潔、趙偉、劉良、張曙光、蔡智明、孟建民、吳堯等各領域的「大咖」擔任博士後導師。

　　橫琴從建站啟動經費、科研經費、安家費等方面加大了對博士後工作的扶持力度，設站即可獲最高 50 萬元人民幣獎勵，科研成果單項最高獎金達人民幣 500 萬元等。

紮根橫琴大平台，人才滿滿獲得感。

2016 年，在橫琴博士後工作站進行科研攻關的武劍博士就獲得了博士後科學基金面上資助二等，得到國家、市、區三級補貼。2018 年，安樂博士也獲得廣東省珠江人才計劃（博士後資助項目）100 萬元的資助。

2018 年 11 月 7 日。中星電子博士後分站。

中星電子是中星微電子集團在橫琴設立的全資子公司，致力於安防監控物聯網芯片和系統的研發、應用及產業化工作，在核心技術領域擁有眾多的發明專利。

早在 2014 年年底，周文博和中星微電子一起來到橫琴。他告訴我，中星微電子是 2017 年 3 月獲批博士後工作站企業分站，像這樣的博士後科研工作分站在橫琴共有 8 家。

踏入公司大門，我就被門口設置的一台人臉識別系統吸引住。我駐足問道：「這套人臉識別系統識別率有多高？」

「90% 以上。」

「是高清攝像頭嗎？」

「是，安裝了中星電子芯片的攝像頭可以清晰地觀測到大約 17 公里以外的事物，對低照度環境的拍攝尤其清晰。」周文博對此津津樂道。他為我介紹說，在夜晚或逆光狀態下拍攝車道，普通攝像頭拍攝的圖像一般是看不到車牌的，而中星電子芯片不但能讓攝像頭清晰地拍下車牌，還能通過攝像頭看清司機的臉。

「哦？」我有些驚異，「這達到一個什麼樣的水平？」

「可以說是世界級了。」周文博一邊說一邊拿出一台安裝了星光傳感器的攝像機、一台外國知名品牌攝像機、一台普通攝像機作對比為我展示。

只見他摁下拍攝按鈕，在黑暗的光線下，普通攝像機什麼也拍不出來，外國品牌的攝像機只能拍出一個模糊的輪廓，而安裝星光傳感器的攝像機拍出的圖像竟然有細節表現。

「這有很強的技術優勢了。」

「我們在這個領域已經耕耘了十幾年，博士後站為企業和尖端人才搭建了『高速路』，我們將吸引海內外頂級人才進站深造。」

「作為自己的人才儲備？」

「是的，人才是創新的核心要素，除了總部基地，集團的研發重心也將放在橫琴，將來中星微電子在橫琴的研發團隊將會達到一兩千人。」

在橫琴，每一個追夢人都有着一份屬於自己的收藏。

在橫琴，每一位參與者都有着一份屬於自己的記憶。

他們个是一個人，是一群人。

他們來自五湖四海，他們的知、情、意、性，他們的激情熱血，他們的人生標杆，都如同火一般燃燒着。

他們懷揣一種情懷，又或一種追求。他們不乏 IBM、惠普、華為、中興通訊、中軟等大企業工作的經歷，遠道奔波，從天南海北來到橫琴，將妻兒放在電話或者網絡的那一頭，一門心思紮進橫琴的開發建設。他們迫切地希望憑藉一技之長，在橫琴新區這個無限的舞台上施展自己的才華。

他們累並快樂着——

李大銘：我 2016 年 5 月從澳門城市大學博士畢業後來到橫琴，我的導師就是澳門大學的首席副校長倪明選，國際一流大數據科學家。2017 年 12 月轉成在站博士後，我成為橫琴新區「智能島」規劃、建設與運維大軍中的一員，我的職業選擇很大程度上得益於粵港澳合作，橫琴就是三地合作的一個平台，有這樣一個好的平台，就有機會接觸與大數據、智慧城市有關的項目。這裏個人成長很快，比較有成就感。

楊振宇：2016 年 9 月，我辭去了在廣州已經有十六年工齡的 IBM 職位來到橫琴。橫琴新區是一個非常大的平台，肩負着非常重大的國家使命。在這個平台上，我不僅可以發揮以前的技術專長和技術積累，還能接觸到很多有實力的高端人才帶來的新想法、新思路，這麼好的一個舞台，在其他地區是沒法獲得的，所以我來啦！

趙志海：我 1994 年畢業於北京大學，後在美國南加州大學攻讀碩士和博士學位，2003 年入選廣東省「千人計劃」來到中山大學任教，之後轉戰央企，直到 2015 年從南方電網辭職來到橫琴。我常調侃自己不是一個安分的人。如果不離開南方電網，我能看到未來退休是什麼樣，在那邊很輕鬆。而橫琴這邊，工作節奏基本接近廣州，人會覺得累，但是這裏是一個創新的試驗田，有很多機會。我在國外生活了 9 年，有些想法在很多地方是沒法實現的，橫琴給了我更多的機會來發揮。

姚祥：我是 1985 年生人。原來在武漢惠普工作，聽人介紹說這裏平台很大，可以做很多創新。於是，2015 年 6 月，我就義無反顧地來到橫琴參加了面試，7 月 17 日就正式入職了。現在我主要負責的一個項目是歐盟智慧城市雲平台搭建，服務的對象包括政府、中小企業和生活在這個城市的居民，最終要達到一個生態圈，因為是統一的架構，統一的基礎，藉助這個平台，中國的企業進入歐洲，或者歐洲的企業進入中國，都能迅速平滑地進行遷移。

朱林浪：我畢業於清華大學國際會計專業，2016 年 4 月來到橫琴，此前 5 年一直在天津中興的一家子公司工作。我看中的是橫琴新區的成長環境。來到橫琴工作不久，我就將全家從天津搬了過來，現在珠海市區置了業，橫琴真正成了我的第二故鄉。這裏對外合作的企業也都是國內外知名企業，整體接觸面很廣，個人成長很快，也比較有成就感。

陳飛：我家在深圳，之前在中興通訊工作了 12 年，2016 年辭去中興通訊的職位轉戰橫琴。選擇橫琴，是因為它的定位立足於國家級新區，這裏有很多政策是開放性的。我以前在中興負責企業內部的安全，範圍比較窄，而我現在的崗位正是我最感興趣的，包括雲計算、大數據、智慧城市。這邊的平台範圍更寬廣，能夠發揮的餘地很大……

　　橫琴新區是一個夢想之地，是一個成就企業家夢想的搖籃，也是很多有志者夢想起航的天堂。

　　如今，橫琴引進院士 2 名，國家「千人計劃」專家 70 名，在站博士後 5 名。覆蓋了計算機軟件、電子、智慧城市、中醫保健、金融投資等行業和領域。

大通關

2016 年 12 月 20 日。

雖然是初冬，但海島上的風不一樣，嗖嗖地在澳門氹仔島與橫琴島之間掠過，讓人感到一陣陣寒意。

上午 11 時，澳門單牌車入出橫琴的啟動儀式就在口岸車輛入境通道舉行。

9 輛澳門單牌車呈「一」字形排開，打頭的是一輛黑色奔馳 S400，澳門車主麥建華根據車道上方的提醒標誌緩緩駛入規定通道，將車暫停在進境車道的閘杆前方，然後主動打開車尾廂和車窗玻璃接受口岸查驗人員候檢。

11 點 18 分，隨着澳門特別行政區保安司和珠海市政府領導為澳門機動車進入橫琴啟動金鑰匙，口岸通行的提示燈變綠，閘杆迅速抬起，麥建華駕駛車輛沖開紅絲帶，駛出車道，進入橫琴。

其他車輛依次緩緩駛入橫琴。

車開出入境通道後，喝「頭啖湯」的麥建華打開車門，手拿着嶄新的黃色司機簿讓各路媒體記者「咔嚓咔嚓」拍照。

「像我這樣同時在澳門和橫琴有工作有事業的澳門人不在少數。實施澳門單牌車政策後，我們駕駛自己的澳門車輛往來橫琴方便多了。」麥建華與記者們聊起，喜悅之情溢於言表。

現在每個工作日，麥建華都會自駕車直接從澳門家裏開到橫琴的辦公室，平時從澳門過關到橫琴公司至少花費 40 分鐘，麥建華說：「現在可以直接開車過來，10 分鐘就可到達辦公室了。」

我在澳門採訪得知，單牌車出入橫琴政策在澳門坊間的「朋友圈」裏廣泛轉發，十分火爆，擁有「粉絲」眾多，獲得超級多的點贊。

其實，這個惠澳政策得從 2016 年 10 月份說起。10 日那天，國務院總理李克強到澳門出席中國 —— 葡語國家經貿合作論壇第五屆部長級會議前，在聽取澳門

特區行政長官崔世安的工作匯報後宣佈中央支持澳門 19 項措施，其中一項就是實施澳門單牌機動車入出橫琴政策。

「年底前一定要落地實施！」會上，總理擲地有聲地表示。

毋庸置疑，這一政策對降低澳門橫琴通關成本、促進琴澳便利往來、拓展澳門經濟發展空間起到積極的促進作用。那麼，符合怎樣條件的澳門車輛才能在橫琴 106 平方公里的土地上暢行？怎樣進？如何管？出了事故怎麼辦？時間只有短短兩個月，粵澳、珠澳、琴澳圍繞澳門單牌車輛入出橫琴展開一次又一次的調研，反覆研究論證，最終凝聚共識。於是便有了本節開頭的「分鏡頭」。

緊隨其後，《澳門機動車入出橫琴管理暫行辦法》《澳門機動車入出橫琴管理細則》《澳門機動車入出橫琴申請條件》三份配套規章制度先後發佈，澳門單牌車入出橫琴政策落地實施不斷放寬申請條件：

1. 持有澳門特別行政區商業及動產登記局頒發的機動車所有權登記憑證，且在有效期內。

2. 已購買機動車交通事故責任強制保險，且保險期限不少於臨時入境牌證有效期。

3. 境內外道路交通違法行為和交通事故均處理完畢。

4. 安裝電子車牌識別標籤。

5. 機動車所有人、駕駛人及機動車 3 年內無超出批准行駛範圍行駛交通違法行為。

6. 機動車所有人、駕駛人及機動車 5 年內無超出臨時入境機動車牌證有效期滯留境內交通違法行為。

7. 機動車所有人及駕駛人 5 年內無利用入出橫琴的澳門機動車參與走私、偷越邊境、攜帶危害國家安全和社會秩序的違禁物品、攜帶國家禁止進境的動植物及其產品或超範圍非法營運等違法行為。

……

此外，備案管理、分類擔保，數據自動採集、車輛自動辨別、卡口自動核放……談起這一政策在澳門落地並實施，澳門媒體的朋友向我推薦了一個人物：吳國慶。

吳國慶是澳門海關的助理關長。媒體朋友告訴我說，他曾採訪過吳國慶，吳國慶能把這一政策在橫琴落地的前前後後「講清講楚」。

問：來之前我做了些功課，知道澳門大約有 23 萬輛車子，總不可能都放進橫琴來吧？這樣橫琴不擠爆去？

吳國慶：當然是要實行總量控制，要合乎三方約定的條件的。像第一批 100 輛，是在橫琴注冊設立至少一家獨立法人公司，在橫琴納稅額達前 100 名，要承諾五年內不遷出橫琴，還有就是取得橫琴新區土地的澳門公司及其法人也可申請。第二批才將在橫琴新區工作、購置房地產以及人才引進的澳門居民納入可申請範圍。

問：這樣的條件好像比粵澳雙牌車來得嚴苛？

吳國慶：這是澳門與珠海、橫琴以及廣東省政府多次討論的結果。

問：比較保守謹慎，當時是怎麼想的？

吳國慶：沒搞過，當時主要還是為積累經驗，避免一開始就讓大量車輛湧進來，避免交通擁堵。一開始條件可能會比較嚴格，試驗過後逐步放開，這是比較穩妥的做法。

問：現在有多少輛澳門單牌車可以進入橫琴？

吳國慶：首期是 100 輛，第二階段增加到 800 輛，第三階段配額將新增到 1700 輛，總量達到 2500 輛。每台車最多可申請 2 個備案駕駛人。

問：澳門海關與橫琴這邊的海關如何為單牌車提供便利？

吳國慶：我們分別在蓮花口岸與橫琴口岸啟動了「粵澳兩地牌小客車檢查結果參考互認」新模式。通關耗時縮短 30% 左右……

澳門單牌車入出橫琴是兩地加速融合的里程碑事件。政策方便澳門居民在橫

琴投資、就業，促進澳門與橫琴協同、創新發展。

橫琴口岸，是國家批准的客貨運綜合性口岸，也是橫琴與澳門之間唯一的陸路通道。在《橫琴總體發展規劃》中，明確提到將橫琴建設成為連通港澳的「開放島」。

但凡澳門回歸紀念日，橫琴口岸總有些「大動作」。2014 年澳門回歸 15 周年那一次，橫琴口岸 24 小時通關，我作為親歷者和見證者就在現場。

12 月 18 日凌晨時分，旅檢大廳內熙熙攘攘，燈火通明，不少澳門居民聽到消息後特意趕來過關，人們都在等待這個歷史性的時刻……隨着零點的鐘聲逼近，大廳內的氣氛驟然升溫，港澳記者們紛紛舉起「長槍短炮」，聚焦在旅檢入境通道 —— 人群正簇擁着澳門第一位入境的旅客曾文惠。

此刻，橫琴邊檢站的兩位「警花」走上前去，齊刷刷立正敬禮，然後微笑着向她送上一束祝福的鮮花。

「太激動了！」曾文惠說。她家住澳門氹仔，平時經常從橫琴過關，她說：「沒想到自己能成為 24 小時通關後第一個入境的旅客，口岸實行新的通關安排，對於我們澳門人而言，再不用趕時間過關了。」

也就是從這一天起，橫琴口岸向澳門開啟了永不關閉的大門。

「24 小時通關，太方便了。」馮國增非常滿意。

馮國增是土生土長的澳門人，現任大西洋銀行橫琴分行的行長。每個工作日，他都準時出現在橫琴，兩地順暢的交通以及便利的口岸通關過境，加上橫琴務實的政務環境，絲毫沒有讓他這個「外來者」感到不適應。

作為往來澳門和珠海橫琴的「常客」，馮國增形象地告訴我，下班後自己回到了澳門市區的家裏「飲茶」，而珠海的同事還堵在上下班高峰期的橫琴大橋上。

他說，24 小時通關後，從橫琴回到澳門，比從橫琴回到珠海市區更快，到澳門市區也就半小時。

在馮國增看來，毗鄰澳門的橫琴確實能夠成為澳門經濟多元發展的有效補充。單從通關而言，無縫連接為澳門人解決「最後一公里」。橫琴口岸 24 小時通

關是其中的標誌性事件。

在橫琴口岸旅檢大廳，通關的遊客絡繹不絕。與 24 小時通關同步實施的，是自助通關通道。澳門居民持港澳居民來往內地通行證卡在機子上刷一刷，然後進行指紋、臉部識別，就可以過關了。

這個自助通關其實是採用生物識別技術來取代傳統人工驗放的口岸智能化應用。即通過將持有人的生物特徵與證件存儲備案信息進行比對，直接完成身份識別及證件查驗，最快不用 10 秒即可完成過關，可大大提高通關效率。

不過，許多首次使用自助通關係統的澳門旅客操作不熟悉，常常會發生一些窘事兒。一位 70 多歲的澳門大爺進入通道後茫然站立，左看看右看看，顯然是對自助通關還不熟悉。

「大爺您按指示看着鏡頭，伸出大拇指按指紋。」女警劉盛楠熱情走上前說。大爺依舊迷茫地看了看鏡頭，不知所措。她再次上前，伸出手指引他說：「請這邊按指紋。」

大爺愣了一下，他按照民警指引將拇指放到系統上，綠燈亮了。

「謝謝你們，多謝！」大爺走過通道，轉身向她揮揮手。

一位澳門阿姨進入通道後，前後左右轉了個圈，第二道門就是不打開。劉盛楠說：「阿姨，請您按照腳印標識的位置踩在上面，這樣就能對准鏡頭了。」阿姨笑了：「哦，好的。」阿姨退回身子，再次將腳踩在腳印標誌上，綠燈亮了。

還有一次，一位帶小孩的澳門母親在自助查驗通道口徘徊。原來，母女倆都換了新版往來內地通行證，卻不知道是否可以使用自助通道。劉盛楠告訴她：「小孩必須年滿七周歲且身高一米二以上，在辦證機關採過指紋才能通行！」這位母親怔在那兒，似乎在回味邊檢民警的一席話。劉盛楠二話不說，趕忙讓同事把母女倆帶到了人工優先查驗通道……

熱情的態度，最及時的幫助，每一位澳門通關旅客的需求，都是邊檢人的職責所在。但也有一些想鑽 24 小時通關「空隙」之人。檢查員馬丹給我講述了這樣一個故事。

那是 2015 年 2 月 4 日凌晨 3 時左右，一位趙姓旅客將一本破損的護照遞給她。

「怎麼會缺頁？」馬丹接過護照問，兩眼卻直視着這位旅客。

「不小心放洗衣機裏洗了，我老婆就把爛的那頁給撕了，有什麼問題嗎？」

趙姓旅客裝得若無其事。馬丹沒有回應，只是仔細地翻查證件，這下趙某有點不耐煩了：「哎呀您能不能快點，我還要趕到澳門中轉飛機。」

「非常抱歉，按照相關規定，您所持的護照不能出境。」馬丹將破損護照拿在手裏，然後耐心細緻地向趙某解釋出入境法規對於持用破損證件的處理規定。最後，趙先生終於心悅誠服地說：「你們的服務態度太好了，那我下次再出境吧！」

邊檢查證碰到的問題在海關那裏也有不少的案例。

2014 年某日凌晨 2 時，海關關員劉光前在旅檢大廳來回巡視，已年過半百的他跟小夥子一樣神采奕奕「巡更」。這時，一個年輕人從澳門入境，此人身上沒帶什麼行李，形容枯槁，神情恍惚。憑藉多年的經驗，劉光前直覺判斷，此人很有可能是個「癮君子」。

劉光前上前攔住了這個萎靡不振的年輕人，說：「請你將身上攜帶的物件取出來接受例行檢查。」

年輕人倒也十分配合，手機、錢包、小手袋、香煙、隨意揉成的紙巾……全掏了出來。劉光前細細查看，在香煙盒裏，幾支不起眼的小香煙引起他的注意，憑經驗，他初步判斷其成分是大麻。後經檢測，這幾支小香煙確為大麻。

還有一次，同樣是一個年輕人，從外貌看像是「癮君子」。可當劉光前盤問他時，此人神態自若，對答如流。

劉光前揮手放行，就在年輕人即將離去的時候，他突然多問了一句：「你經常來橫琴和珠海嗎？主要去哪裏呢？」

「××村。」

「××村？」劉光前心中頓生警惕，他知道，該村的吸毒人員較多。「你過來！」劉光前再次將這個年輕人攔下。他從該年輕人運動外套的衣領順勢往袖口摸，當摸至衣服內袋的時候，劉光前發現其中有一小袋東西，掏出一看，是兩克

多的大麻。

時間來到 2018 年暖冬，陽光灑滿大地，橫琴被塗上了一抹金色。春節前夕，我再次來到橫琴口岸旅檢通道，只見澳門過關旅客拖家帶口過關，熙熙攘攘，節日氣氛漸濃。海關關員賴向陽不時地與過關的澳門旅客打招呼。

「你對過關的旅客那麼熟悉？」我有些驚愕。

賴向陽笑了笑，他指着那位老先生的背影對我說：「您看，老先生是澳門人，在橫琴開了一家網紅豬扒包，生意好得很，每天凌晨五時入境到橫琴，下午五點回澳門，雷打不動，我上勤經常碰見他，漸漸就熟了！」「很好的一個人，從來遵紀守法，每天往來口岸連個豬扒包都不曾帶過。」

與我談話間，他輕輕地對旁邊的搭檔說：「那個男的有問題，把他叫過來。」賴向陽站在通道上靜靜地聽搭檔和男旅客的對話，突然張口來了一句：「不用隱瞞了！」那位男旅客猶豫了一下，抬頭看見賴向陽正用一雙銳利的眼睛盯着他，然後低下頭弱弱地承認：「是有 50 萬元港幣。」

「哇！你身懷絕技，火眼金睛呀！」我抱拳行禮，直呼佩服。

後來我才知道，眼前這位有點平常的海關關員 20 多年前就曾親手制服過攜帶炸彈闖關的旅客，如今到橫琴口岸依然寶刀不老，成為查獲記錄最高的保持者，據說 2018 年他就查獲貨幣類案件 700 多宗，毒品案件 2 宗。

賴向陽說：「橫琴過口岸的群體中，總有那麼一些人有小心思壞動作，想敗壞便利通關的口岸環境，我們就是要辨別出這些小心思壞動作。」

「我看你們也就五六平方米的查驗台，一天幾萬人過境怎麼監管得過來？」我問。

「現在 CT 機一過，清楚明白，異常圖像還能自動報警提示。」賴向陽告訴我，他 30 年前就幹旅檢了，那時候都是一個一個手工查，現在的科技手段層出不窮，那時想都不敢想。

賴向陽嘴裏說的科技手段除了行李物品 CT 機外，還有機器人、毫米波、太赫茲等設備為現場關員精確判圖、精準查緝提供助力。而以 CS1000T 頂照式小客車查驗設備、H986 查驗設備等大型科技監管設備為代表的查驗信息電子化和非侵

入式的查驗方式，更是讓澳門車輛通關更順暢。

走出旅檢大廳，夜幕已經降臨，橫琴口岸通關人員依然川流不息，對岸的澳門路氹城更是燈火通明，一派熱鬧繁華。

人暢其行，貨也暢其流。

在橫琴口岸採訪，我聽到「輝哥」和「老陳」的故事。

「輝哥」名叫李昶輝，1998 年入職海關，2010 年調到橫琴海關，任通關科副科長。橫琴海關的工作非常繁忙，李昶輝來橫琴後，負責貨物監管，長隆建設物資驗放、澳門大學橫琴校區建設物資監管、第一屆國際馬戲節海關監管、橫琴新區二線通道封關運作、橫琴口岸轉場搬遷……橫琴開發開放的每個重要節點基本都有他的身影。

「忙」是從李昶輝嘴裏吐出來頻率最高的一個字。

他常常用好幾個形象的詞語來形容這種忙碌 —— 五加二、白加黑、24 小時全天候、365 天無休日……

提起澳門大學橫琴校區的建設，李昶輝感觸頗深。

因建設海底隧道的需要，澳大橫琴校區與澳門氹仔島之間的一段內河被臨時填上，人員、物資可以在上面隨意走動、運輸，這對橫琴海關監管是非常大的挑戰。再說，因為隨時都可能有物資運入，不知道什麼時候貨物會到，所以他們都是 24 小時全天候服務，一旦有物資進來，就要趕到現場。

輝哥說校區移交那天，就好像看着自己的小孩出生，當要把它移交出去時，心情難以割捨。如今，從辦公室出來，剛好可以看到澳門大學的標誌牌。「每次看到那個標誌牌的時候，內心就會有一種自豪感和成就感。」

輝哥還有一件好玩的趣事。那是長隆建設期間，李昶輝參與長隆進口物資的驗放工作，為了便利企業，他常常蹲在長隆實地監管。

「爸爸您在哪兒？」小孩想爸爸了，於是給他打電話喊要視頻。

「在長隆哩！」李昶輝說。

「昶輝你在哪兒？」妻子有事找他商量。

「在長隆哩！」李昶輝回答。

就這樣每次跟家裏通電話被問在哪的時候，他都說在長隆。久而久之，孩子以為自己爸爸是長隆裏面的動物管理員哩！「我的爸爸在橫琴長隆工作。」一次，學校組織孩子們去長隆遊玩時，孩子吵着要去找「在長隆工作」的爸爸……

說到這裏，李昶輝突然變得有些激動。他說，加班加點的工作必定會佔用和家人相處的時間，自己無法抽出精力照顧家庭，看着妻子一個人帶着年幼的孩子，為小家庭忙裏忙外，內心感到非常愧疚。

李昶輝和大多數工作繁忙的人一樣，常常不得不缺席孩子的家長會、演出等，和孩子相處的時間被擠佔。「一直沒有和孩子一起去長隆玩過。」此時，李昶輝的眼睛有點紅潤，聲音也有點哽咽，「實在是……沒有時間。」

再來講講「老陳」。

「老陳」名叫陳啟津，高高的個子，挺直腰，昂起頭，一看輪廓就知道他年輕時必定是一個標準的帥哥。陳啟津是橫琴邊檢站的一名老民警，同事們習慣叫他老陳。助力澳門經濟適度多元化發展帶來的海島大開發，讓橫琴成為一個大工地，光纜損壞就成了邊檢部門最擔心的問題，那十餘股粗粗的光纜是口岸警用和島上民用的通信命脈啊！

光纜安全成為邊檢部門牽腸掛肚的事，一旦被挖斷，橫琴口岸的邊防檢查旅檢驗放系統和貨檢驗放系統都會全線癱瘓，影響到 24 小時通關，整個口岸就會癱瘓，後果不堪設想。

老陳的任務就是保護這些光纜。

那天氣溫特別高，還下點毛毛雨，我決定去看看陳啟津。遠遠看到他擦一把汗後又把帽簷壓低到額頭，我們打過招呼後，他抬起頭，渾身濕淋淋的，分不清是汗水還是雨水，古銅色的皮膚，一雙大眼炯炯有神。多年的工作積勞早就磨去了昔日帥哥的棱角，現在，他就是個踏踏實實的老民警，臉上多了幾條十分明顯的皺紋。老陳已經記不清這是第幾次搶修光纜了。

「這段日子，珠海天氣陰雨多，對島上施工和交通都有很大影響，我們的巡檢和光纜割接施工難度也就更大了。」老陳揚起頭看了一眼對面的澳門，高聳的澳

門觀光塔像一把利劍直插雲霄，蔚為壯觀。他說着，將收回的視線再次放在眼前嚴重破損的光纜上。

「一次要多長時間？」

「一般我們的光纜割接施工需要四個多小時。」老陳說。

「怎麼都在晚上進行？」

「既要確保口岸各網絡、數據傳輸系統安全穩定，又要配合島上各項建設，因此邊檢的光纜割接施工就得放在口岸閉關後進行。」

那時橫琴口岸還沒有延關，晚上 8 時 10 分口岸關閉後，他就和同事駕車沿路線纜進行巡檢，並對線纜割接工作的前期準備工作跟進指導、數據核對、系統調試。正是有了精確到每一分、每一秒、每一個環節的周密部署，每次線纜光纖施工都圓滿完成。

「邊檢部門現在的目標就是全力配合橫琴新區助力澳門經濟多元化發展，為建設『一國兩制』下探索粵港澳合作新模式示範區做出應有的貢獻。」老陳有很高的政治站位。

「那要經常熬夜啊！」

「熬夜倒是不怕，只要光纜不出問題。」老陳說。各項建設施工帶來的破壞都是潛在的，稍有不慎，整個光纜系統又要重新調試。

在橫琴海關業務大廳內，我碰到一名報關員正在為一批來自台灣的貨物辦理進口通關手續。一聊，他名叫陳偉東，供職於珠海市南光報關有限公司，貨主是一名澳門老闆。我問他報的是什麼貨物，他笑着答：「純膠。」

「純膠？」我說我知道，進口純膠經過澳門時，須先拿到澳門海關確認書後才允許通關。

「那是以前的老黃曆啦！」陳偉東一邊向窗口遞文件，一邊扭過頭來回應我，「現今只要在橫琴直接辦理通關手續，貨物就可運往全國各地，至少少花一天時間。」

同樣是口岸，橫琴口岸為何速度不一樣？

原來，2016 年 5 月間，澳門海關與海關總署簽訂《關於自由貿易協定項下經澳門中轉貨物原產地管理的合作備忘錄》，這份《備忘錄》簡化了經澳門中轉貨物的單證提交要求，將澳門海關簽發中轉確認書的範圍，由《海峽兩岸經濟合作框架協議》擴展至所有內地已實施的優惠貿易協定，並可通過「中轉確認書」電子簽發系統進行網上申請和簽發，隨後打印紙質單證進行通關，藉以簡化處理和提升效率。

這項舉措被澳門人形象地稱為「中轉易」。

琴澳海關良性互動、同頻共振。2016 年 12 月 28 日，橫琴海關與澳門海關首次通過「中轉確認書」簽發系統為企業貨物辦理的「中轉確認書」手續。首批由泰國曼谷啟運，經澳門中轉至橫琴的泰國原產水果共 49 箱新鮮山竹僅用了十多分鐘就辦完了享受中國——東盟自貿協定優惠稅率的通關手續。

之前，貨物經澳門中轉至橫琴最快也要一天的時間。

每天早上，產自深圳的蛋糕都會通過橫琴口岸按時送往澳門的各銷售點。代理深圳這家蛋糕企業的報檢員說：「三通兩直好，沒有三通兩直，深圳的蛋糕哪有那麼準時。」

報檢員說的「三通兩直」指的是為提升進出口貨物通關效率、減低進出口企業經營成本，貨物檢驗檢疫探索大通關機制而實施在珠海轄區通報、通檢、通放，在珠海與其他區域之間實施出口直放、進口直通改革措施。

檢驗檢疫一體化為每批進出口貨物平均縮短通關時間約 0.5——2 天，有效降低企業的通關成本。

澳門的一磚一瓦、一草一樹等許多物品都是通過橫琴口岸運過去的，橫琴海關一項重要工作就是促進琴澳跨境要素大通關，保障澳門的民生和社會發展。

迄今，橫琴海關已累計推出支持項目 144 項，首推創新舉措 61 項。

——建立粵澳海關定期會晤機制，琴澳陸路口岸小客車機檢檢查結果參考互認，推動大型集裝箱機檢設備（H986）珠澳兩地設備共用、圖像共享、結果互認。經澳門中轉貨物在橫琴口岸實現「無紙化」通關，每票貨物通關時間減少約 1 個小時。

　　——實行 ECFA 項下貨物通關免交澳門海關確認書，無論是集裝箱還是空運，經澳門中轉耗時縮減 0.5 —— 2 天。首創供澳建材「一次申報、分批出境」通關模式，單批次貨物海關通關時間從 20 分鐘縮短至 5 分鐘。

　　——設立「一檢通」信息化智能平台，實現從境外到境內全鏈條全物流過程監管。對澳門小食品實施「進口食品檢驗前置」、採信第三方機構檢驗結果、允許澳門小商品採用合併歸類的簡便申報方式。

　　——創新會展檢驗監管模式，提供「駐場監管」「預約通關」「專用通道」「集中查驗」等便捷服務，支持澳門企業跨境會展服務。

　　——支持粵澳合作中醫藥科技產業園等重大創新載體建設，實行「一次審批、分次核銷」，縮短特殊物品檢疫審批流程，便利生物醫藥特殊物品在橫琴口岸進境通關。

　　——啟動全國首創「知識產權易保護」8 項合作機制。

　　——實施「入境查驗、出境監控」衛生檢疫模式改革和供澳貨物檢驗檢疫證書聯網核查，通關效率提升 30%。

　　——對橫琴新區內進口用於流轉，且不在區內消費使用的貨物實施保稅監管……

　　此外，便捷擔保，快速維權，風險預警……橫琴口岸人緊貼澳門元素，篳路藍縷，先行先試，闖出了一條特色的便利通關之路。

漂洋過海來看你

到澳門，你會深切感受到中西文化碰撞的魅力。

這在官也街集中體現。

官也街位於澳門施督憲正街與告利雅施利華街之間，至消防局前地。從拱北口岸入境澳門，我在關閘馬路站坐 34 路車到濠江中學站，走約 350 米便到達官也街。走在這條短窄清幽的小路上，兩邊的建築是葡萄牙統治時期所建，古樹蔭護着淡粉、淡黃、淡綠色的小樓，充滿着澳門老街的特色，兼有葡萄牙和廣東風情。

這裏還有葡式建築博物館、廟宇，還有氹仔唯一的天主教堂——嘉謨聖母教堂……

官也街的每一棟房屋、每一塊磚石都彷彿疊印着澳門 400 年間那段說不清道不明的歷史留下的痕跡。

1999 年回歸後，澳門成為內地與葡語系國家溝通聯繫的橋樑，但受制於地域空間、市場規模以及資源配置等多方面要素，澳門仍然是一個以服務業為主體的微型經濟體，博彩一業獨大。

澳門如何轉型？向何處轉？

2014 年，澳門特區政府根據自身的特點和優勢，制定了符合經濟適度多元的發展目標：構建「世界旅遊休閒中心」和「中國與葡語國家的商貿服務平台」。這個定位恰如其分，滿滿的智慧啊！

資料顯示，2014 年，中國已成為拉美第二大貿易夥伴國，是僅次於亞洲的中國海外投資第二大目的地。中拉雙方在投資、金融、產能、基礎設施建設等新興領域的合作漸入佳境，中拉合作注入了新的強勁動力。在中拉經貿合作的大趨勢下，澳門不失時機地找準了自身的角色。

澳門要做中國和拉美、葡語系國家合作的「精準聯繫人」，橫琴如何「幫」？作為國家自由貿易試驗區，橫琴具備要素資源和市場渠道共享、配套和產業互通

共享的基礎條件。

2017 年 11 月初，橫琴人阿健突然發現大街上多了許多國際友人，他們膚色較深，操着西班牙或葡萄牙語。沒錯，這波客人正在趕赴一場橫跨整個太平洋的國際約會。9 日這一天，就是激動人心的相見時刻，由中國國際商會主辦，珠海市人民政府、廣東省商務廳、廣東省貿促會及橫琴新區承辦的「中國 —— 拉美國際博覽會」拉開帷幕。

500 多年前，哥倫布發現了美洲新大陸，人類歷史進入新的發展紀元；500 多年後，因為澳門與拉美和加勒比地區國家聯繫緊密之緣，橫琴跨越上萬公里，與熱情的拉美牽手……

為了迎接漂洋過海、遠道而來的朋友，在珠澳第一高樓 —— 珠海中心湛藍色的樓體上，漢語、英語、西班牙語、葡語都說着同一句話：歡迎來到中拉國際博覽會！

璀璨之夜，琴鳴天下。這棟超高層建築變身超大熒幕，化身珠澳兩地最耀眼的明珠，以盛大亮燈傳遞來自東道主濃濃的情誼，向來自五湖四海的友人們致以最真摯的問候。橫琴盛情邀請，這滿滿的誠意，隔着屏幕都能感受得到。

懸掛在主會場正中的 logo，是一個中國和拉美陸地版圖構成的旋轉地球，由紅、黃、綠、藍四種顏色為主色調，紅色象徵中國的熱情與好客、黃色代表「一帶一路」倡議、綠色代表拉美的生命力、藍色代表海洋與科技。若干個彩色方塊既體現出產業多元、內容豐富的特點，又明確了此次大會是一個促進中拉經貿發展、科技人文交流的重要平台。

「相知無遠近，萬里尚為鄰。」中拉國際博覽會體現中拉攜手相聚橫琴，密切協作、互利共贏、共建中拉經濟共同體的主旨，傳達出中拉跨境合作，共同帶動澳門的蓬勃發展。

「閃耀中拉，琴澳聯手。」澳門有報紙在頭版套紅，大篇幅報道了發生在隔壁的這一令世界矚目的國際盛會。

商品貿易、服務貿易、技術合作、投資金融、文化體育、旅遊合作……展會佔地面積達 3 萬平方米，中拉合作展區、粵港澳大灣區展區和拉美特色展區三大

展區吸引了 523 家企業參展。參展商名錄中，不乏智利化工、巴拿馬航空這些世界知名的企業，也不乏數十家來自香港和澳門本土的企業。

拉美風情，魅力零距離。走進拉美特色展區，熱情奔放的拉丁舞中透着濃濃的拉美風，來自巴西、哥斯達黎加、巴哈馬、烏拉圭、特立尼達和多巴哥等國家的演出團體在展館現場進行桑巴、探戈、歌唱、鋼鼓等表演。

除了拉美特色的美食、美酒外，牛油果、可可豆、紅酒、漿果以及牛肉、豬肉等優質產品在展會上一一亮相。

幫助澳門強化「平台」作用，橫琴堅信能使澳門的轉口貿易、航空、物流、金融、管理諮詢等行業擁有更大的輻射潛力。

走出拉美展區，我來到大灣區展位入口，看到了一個「星樂度橫琴露營樂園」模型。

星樂度怎麼跑到中拉國際博覽會來了？

我知道，星樂度橫琴露營樂園是橫琴的特色休閒旅遊項目，它首創了「自駕＋露園＋樂園」的度假模式，擁有房車、集裝箱、帳篷、木屋等多種高品質露營設備，還有海盜船、私人 Party、戶外燒烤、沙坑遺跡、泰迪熊遊樂場等多樣的活動，加上「魯濱孫」漂流奇遇記等主題活動吊足了旅行者的胃口。

一個名為「智讀橫琴」的可視系統吊足了人們的胃口，這裏的人氣可以用「爆棚」來形容。

全島實時人流統計、全島遊客來源分析、全島遊客過夜分析、景區口碑分析、媒體輿情監測、遊客群體分析、澳門綜合分析、遊客軌跡分析……別具一格的主題數據在視屏上集中展示。

智在旅途，慧遊琴澳。

解說員將一迭資料送到我手上，我倚在展柱上細細瀏覽。原來，這是大橫琴泛旅遊公司用「旅遊＋」「互聯網＋」新思維、新理念建成的融合大數據、雲計算、物聯網等新興科技的大數據中心——橫琴全域智慧旅遊平台。平台整合政府、企業、遊客三方面的數據信息，與國內三大電信運營商和知名數據服務商合作，全面呈現橫琴旅遊業的發展動態，為澳門和橫琴兩地政府精準決策，兩地企業精準

營銷，兩地遊客精準消費提供大數據信息支撐。

為到場來賓留下珍貴留影而準備的互動攝影裝置 —— 子彈攝影吸引了眾多眼光，這不是普通的平面拍攝，而是一種應用在電影、電視廣告或電腦遊戲中的 180°特效動態攝影裝置。

我頓時來了興趣，嘗試着過把「攝癮」。在互動拍照區排隊拍攝完成後，現場打印了照片並掃描二維碼。

呵呵，原來「如此」。

此次博覽會，國外展商 339 家，國內展商 184 家，國外展商佔比 64%，其中以巴西、祕魯、智利和阿根廷為代表的 26 個拉美國家就有 252 家企業參展。

大咖雲集，高峰對話。期間，共舉辦主論壇或主題會議 14 場，安排各種會見、洽談 530 場。中拉兩地多個政府部門代表、知名專家學者和企業家齊聚首，展開一場場「頭腦風暴」，奉上一幕幕「思想盛會」。

當天，中拉國際博覽會的重頭戲 —— 橫琴中拉經貿合作園開園，首批 15 個項目簽約，簽約總金額達 32.5 億元。

橫琴與拉美的不解之緣通過澳門開啟新航程。

在橫琴島西北，芒洲濕地以南，一座佔地 8.7 公頃的園區正在崛起，9 棟主體建築整齊排列。不遠處，珠江從磨刀門水道奔向浩瀚的南海，而園區的觸角則延伸到了遙遠的大洋彼岸。

2019 年 3 月，在中拉經貿合作園開園一周年之際，我決定到園區去「轉轉」，看看建設中的合作園長得咋樣。9 棟主體建築中，1 號樓中拉經貿合作園主樓啟用；2 號樓希爾頓酒店已開業；3 號至 8 號樓主體結構進入標準層施工；9 號樓外牆已完成，室內裝修基本完成。

「前景可期。」大橫琴創新發展有限公司總經理張大慶告訴我說，「開園一年多，合作園共簽約項目 56 個，簽約總金額達 32.5 億元人民幣，項目涉及拉美、澳門等多個重要國家和地區，涵蓋電子商務、經貿、文化交流、平台合作等內容。」

合作園總投資達 40 億元人民幣，總建築面積 24.4 萬平方米。園區信心「爆

棚」打造中拉合作「三平台三中心」。

三平台：中拉商品國際交易平台、中拉跨境電商合作平台、中拉金融合作服務平台。

三中心：中拉休閒旅遊文化交流中心、中拉企業法律服務中心和中拉政策研究與創新中心。

張大慶為我回憶起在橫琴舉辦的第十二屆中國—拉美企業家高峰會。這個高峰會在 2007 年 11 月由中國貿促會倡導創立，是中國首個針對拉美地區的經貿合作促進機制性平台。2015 年初，高峰會被列入《中國與拉美和加勒比國家合作規劃（2015—2019》，成為中國 —— 拉美共體論壇項下經貿領域分論壇。

高峰會每年一屆，輪流在中國和拉美國家舉辦，2018 年落在橫琴。那天，中拉經貿合作園人聲鼎沸，吸引了 23 個拉美國家代表來訪，約 60 家拉美企業前來考察交流：哥倫比亞中國投資貿易商、墨西哥外貿委員會、墨西哥中國商業科技商會、墨西哥中國商會……

這一明星陣容中包括了烏拉圭 ZONAMERICA（迅美亞）。

ZONAMERICA 園區位於烏拉圭首都蒙得維的亞市附近，成立於 1990 年，距離市中心 30 多公里，是烏拉圭和拉美第一個私營自貿區，擁有拉美地區一流的園區配套和服務，主要業務包括物流、分發和服務。佔地近 100 萬平方米，入駐企業超過 350 家，為烏拉圭貢獻近 2% 的 GDP。

烏拉圭與所有南美國家簽訂了優惠貿易協定，並與墨西哥簽訂了自由貿易協定，再加上烏拉圭是南方共同市場成員，這使得在烏拉圭生產的商品能方便進入南美各國市場。

峰會前夕，中拉跨境電商合作平台和中拉經貿合作網上線，以中、英、葡、西四種語言為中拉商家提供信息發佈、產品發佈、商品交易服務，以互聯網打破兩地地域上的隔閡，減輕兩地信息不對等的問題。其中，中拉商城覆蓋了巴西、阿根廷、墨西哥、智利等拉美 14 個國家，均開設了相應的產品展館。

「烏拉圭 ZONAMERICA 集團鐵定入駐中拉合作園了。」中國—拉美企業家高峰會剛結束，張大慶就興奮地告訴我這個消息。

　　子曰：有朋自遠方來，不亦樂乎！

　　橫琴端出的是一桌「滿漢全席」：一套《橫琴新區促進中拉經貿合作的若干措施》，將拉美企業在橫琴投資貿易便利、財稅資金扶持、平台服務保障等各方面的紅利「傾情奉獻」。它整合了法律、金融、政策研究、跨境商品交易等要素，設立了「橫琴中拉合作貢獻獎」等頗具誘惑力的福利：首次落戶橫琴、以拉美經貿為主業的，且在橫琴營業收入超過 10 億元的電商企業，當年給予一次性最高 200 萬元專項獎勵。

　　每年從在橫琴注冊的企業中遴選對推動橫琴中拉經貿合作平台建設做出突出貢獻、產業帶動性強、關聯度大的代表性企業給予最高 100 萬元人民幣資金獎勵。

　　對進駐橫琴中拉經貿合作園的拉美企業以及從事中拉經貿、旅遊、文化、法律、服務等領域的國內企業提供最多不超過三年的辦公場地租金補貼。

　　支持拉美符合條件的檢驗檢疫機構在橫琴成立進出口商品第三方檢驗鑒定機構和強制性產品認證指定機構，為拉美的食品、商品進入廣東省提供便利。

　　鼓勵拉美企業參與橫琴要素交易平台建設運營，為拉美特色商品交易提供便捷服務……

　　對於澳門來說，中拉經貿合作園的作用非常明顯，是連接中國市場與拉美市場經貿合作的窗口。橫琴可以有效利用政策、貿易和金融優勢，實現對澳門和橫琴產業的全面帶動，滿足中拉日益擴展和升級的合作需求。

　　目前，中拉經貿合作園主要是以新興技術產業為基礎，比如生物醫藥、人工智能、大數據、雲計算等。當我問到企業的入駐情況時，張大慶說：「我們吸引了 8 個國家，有 30 多家拉美企業有意向來園區入駐，包括 LYNK 鏈知公司、Travel Flan 香港自樂遊有限公司、中國墨西哥商會、珠海中聯拉美信息科技有限公司、中拉聯合（珠海）投資有限公司等都已簽署與產業園的合作協議。」

　　中拉經貿合作園將全面完工，橫琴與澳門如何攜手互動？

　　張大慶告訴我，橫琴將與澳門特區政府、行業協會開展交流推介活動，通過澳門與葡語國家的固有聯繫和參加中國—葡語國家經貿合作論壇（澳門）等各類投資洽談會議，穩步推進與拉美企業的對接工作。澳門特區政府推薦的與拉美合

作有關項目,將優先入駐橫琴中拉經貿合作園、優先參與在橫琴舉辦的各類經貿交流活動,並享受相關扶持政策。

國之相交在於民相親,民相親在於心相通。與中拉經貿合作相向而行的是文化、體育、藝術交流,它跨越時空的障礙和語言的藩籬,漂洋過海來到橫琴,為橫琴和拉美的文化交流和人文合作增添亮色。

一系列冠以國際字眼的大型活動在橫琴精彩上演,魅力橫琴吸引世界目光,聲名鵲起。首當其沖的是拉美舞蹈。「一場舞蹈之後,你會發現地板上有被愛灼傷的痕跡。」這是拉美人對拉丁舞的描述。

倫巴(Rumba)、恰恰(Chacha)、捷舞(Jive)、桑巴(Samba)、鬥牛(PasoDoble)……拉丁舞的起源追溯起來相當複雜,它的每一個舞種都起源於不同國家,有着不同的背景、歷史和發展歷程,不過絕大多數都來源於美洲地區。

融體育、藝術於一身的拉丁舞蹈,以其獨有的藝術魅力首先成為中拉建立友誼、陶冶情操、鍛煉身體、提高技藝的最好形式。

以舞為媒。自 2016 年以來,橫琴連續主辦了兩屆中國橫琴標準舞和拉丁舞國際錦標賽,不同膚色的世界頂級「舞林高手」匯聚橫琴,成為全球舞壇的新磁力中心。

第二次世界大戰後,美國人將這些舞蹈傳播到世界各地,在歐洲尤其流行。拉丁舞最高賽事 WDC 每年固定在英國的黑池舉辦舞蹈節。同樣,融匯澳門與拉丁世界的中西文化交流,橫琴同樣無法抗拒拉丁舞的魅力,它向全球發出鐫刻着珠海橫琴專屬浪漫標籤的「舞林之約」。舞蹈隨着中拉文化的交融發展而頻頻造訪。

2017 年 11 月 18 日,適逢冷空氣南下,橫琴國際網球中心卻掀起火熱的勁舞狂潮,它用滿滿的活力點燃了中國橫琴中拉標準舞 / 拉丁舞國際錦標賽的激情。形象而巧妙地展現標準舞和拉丁舞的文化沉澱與獨有韻味。韶華之夢,星動橫琴。炫舞青春,花香滿路。不同膚色的世界頂級高手來自 45 個國家和地區,逾 6000 對次舞者在橫琴極富創意地「舞林對決」。

由 WDC 世界舞蹈總會派出的 80 多位評審組成豪華陣容。擔任大賽評審長的是 ISTD 英國皇家舞蹈教師協會榮譽主席 Michael Stylianos、WDC 世界舞蹈總會祕

書長 Hannes Emrich 和知名英國黑池評審 Carol Macraild，擔任大賽執行評審長的
是來自中國台灣的世界知名評審葉榮元。

　　典雅飄逸的華爾茲、行如流水的狐步、熱情奔放的探戈、俏皮活潑的恰恰、
狂野熱辣的桑巴、舒展強勁的鬥牛……世界職業摩登賽排名第一選手、歐洲職業
拉丁舞冠軍、俄羅斯職業摩登舞冠軍等在橫琴上演了一場場巔峰對決。

　　高水平的賽事為觀眾奉獻了一場視覺盛宴，比賽現場掌聲、歡呼聲不斷，賽
事也得到業界的點贊。這項被譽為國標舞界的「舞林大會」的賽事，為何連續兩
度落戶橫琴？龍衞紅參與了橫琴兩屆賽事的組織籌備，她最具發言權：「橫琴有今
天的地位，絕非一日之功。」

　　20 世紀 80 年代，內地許多人還不知道國標舞為何物，香港和澳門的富人階
層將其引進，佔據地緣優勢的廣東最先接受和流行起了國標舞。那時的龍衞紅就
是國標舞的超級「擁躉」。

　　2000 年的時候，龍衞紅第一次參加英國黑池舞蹈節，裙角飛揚，舞動出藝術
的魅力；眼波流轉，傳遞出浪漫的風情。她被眼前的賽事所震撼：在黑池，舞者
哪裏是在用腳跳舞，分明是在用靈魂跳舞！

　　黑池是英國北部小鎮，1950 年，黑池因舉辦首個世界性舞蹈盛會而名揚世
界。迄今成為全球舞蹈愛好者心中的聖地，是國標舞金字塔的最頂端。

　　如何跳出富有靈魂的舞蹈？當時有舞蹈權威這樣預言：「要跳到黑池這樣的水
平，中國起碼要花 30 年。」30 年？這個數字一直在龍衞紅的腦際裏揮之不去，她
說：「黑池舞蹈大賽歷經 80 屆的磨煉才舉世聞名，橫琴的體育舞蹈起步很晚，但
通過政府支持和舉辦兩屆中拉國際大賽，比賽的組織規模、參賽人數和影響力已
經嶄露頭角了。」

　　舉辦舞蹈節不僅讓黑池成為全球知名的旅遊城市，還帶動了當地及周邊的政
治、經濟、文化的發展。對標黑池舞蹈節，橫琴作為同類比賽的後起之秀，一直
將打造「東方黑池」作為重要目標，從首屆賽事起，大賽就專門邀請了專業現場
樂隊演奏，同時搭配豪華的舞美場景，賽場氛圍向「黑池」看齊。

　　借鑒「黑池」模式，在中拉文化深度交流的戰略背景下，橫琴離「東方黑池」

漸行漸近。厲害了，我的橫琴！

說到拉美，怎麼能少了足球？

說到足球，怎麼能少了巴西？

在珠海大鏡山社區公園散步時，我被足球場內的一群外籍教練所吸引，他們皮膚黝黑，身材健碩，球技很棒。一打聽，原來他們都是來自橫琴黑豹拉丁足球俱樂部格雷米奧青少年足球培訓基地的巴西教練，他們是利用業餘時間專程來這兒訓練社區的小球迷們。巴西足球是怎樣「踢」進橫琴的？這裏面有個人物不得不提，他的名字叫 Hugo Manzanilla（雨果）。雨果說他原本是一名商人，把中國產品銷往拉美市場。

談起自己與珠海的邂逅，雨果顯得有些興奮，他說：「那天我從深圳乘船到珠海，海岸線讓我驚訝，藍天白雲搭配起來的畫面也讓人十分舒服，身在城市裏就能看到開闊的大海。」

雨果也沒想到，在中國走過這麼多城市的自己，會突然對珠海一見鍾情鍾情，而且十分着迷。

「珠海臨近澳門，經常會碰見來自拉美的友人，並不覺得自己身在一個遙遠的國度。」雨果回憶說，那時真切地感受到自己和珠海的緣分。雨果決定在珠海住下來。

「如何讓這座城市的人能夠記起自己？自己適合在這座城市做些什麼？」懷着拉美人深入骨髓的足球情愫，雨果決定在橫琴創辦黑豹拉丁足球俱樂部。他說：「在拉美人的心裏，足球是永遠抹不去的情懷。」

2015 年，黑豹拉丁足球俱樂部正式成立。雨果圓了「足球夢」，他決定把巴西專業足球教練請到橫琴來。

機會來了。2016 年 3 月，當時，中國（廣東）與墨西哥經貿合作交流會在廣州召開，橫琴發展有限責任公司與珠海黑豹拉丁足球培訓有限公司簽署了一份戰略合作框架協議，這份協議的核心內容就是引進巴西足球教練及訓練體系，為中國培訓未來的足球運動員。

於是，雨果找上了巴西最知名的足球俱樂部格雷米奧。這個聲名顯赫的俱樂部成立於 1903 年，在 1969 年成立了巴西第一個專業的足球培訓學校 —— 格雷米奧足球學校，多年來為俱樂部及巴西國家隊輸送了大量優秀的運動員。

最終，隨着格雷米奧足球學校的加盟，雨果的青少年足球培訓基地項目落戶在了橫琴·澳門青年創業谷。黑豹成立後，小學員也從最初的 3 名發展到現在的超過 100 名。

在大鏡山社區公園，我「逮」到了一位黑豹拉丁足球俱樂部的小學員。

「你在球隊裏打的什麼位置？」

「守門員。」小孩子滿頭大汗。

「你很喜歡踢足球嗎？」

「嗯。」小孩子羞澀地回答。

「在這裏跟巴西教練學了多長時間了？」

「學了半年多了。」

「你喜歡他們嗎？」

「喜歡。」

「為什麼呢？」

「因為他們都是全能的，射門厲害，守門也很厲害，帶球也很厲害。」

看到一個個孩子走出球場，臉上帶着歡樂，享受着足球運動，我心想：足球太神奇了。

目前，俱樂部的小球員已超過百人，帶着拉美基因的「足球種子」正在橫琴破土、發芽。雨果說：「俱樂部會對每一個學員進行評估，將他們分為 1 到 10 不同的級別。我們定下了一個目標，就是 10 年內，要為中國國家隊輸送至少 1 名隊員。10 年的時間聽上去很長，但是就培養人才而言其實不長。」

足球，成為中拉深化合作在橫琴的一個縮影。

2017 年，橫琴舉辦了一場賽事：「中拉杯」國際足球邀請賽。

這場賽事給俱樂部的小球員們帶來驚喜，他們心心念念的巴西格雷米奧俱樂部和桑托斯俱樂部都來到了橫琴。

　　桑托斯俱樂部 8 次獲得巴西頂級聯賽桂冠，3 次取得南美解放者杯冠軍，球王貝利、內馬爾就是桑托斯培養打造出來的。而格雷米奧俱樂部培養出了世界頂級足球教練斯科拉里和世界頂級足球巨星羅納爾迪尼奧。

　　最吸引孩子們眼球的還數名叫 OLE（奧拉）的吉祥物，那是百鳥之王 ── 鳳凰和南美叢林裏最美麗的金剛鸚鵡的化身。OLE 眼神友善且堅定，象徵着中拉協作與交流；堅硬無比的喙，象徵着中拉克服一切困難的決心；五彩繽紛的尾羽，象徵着中拉人民之間熱烈而深厚的友誼。

　　重磅球星亮相珠海，亮相橫琴。

　　孩子們親眼欣賞了桑托斯預備隊、格雷米奧預備隊與廣州恆大淘寶、廣州富力隊的精彩對決。

　　　　飛越千山萬水

　　　　心心相連中國拉美

　　　　熱情相約走來

　　　　因足球更加精彩

　　　　你我不同膚色

　　　　時刻都會激情澎湃⋯⋯

　　隨着中拉合作的升溫，雨果表示，珠海靠近澳門，有着多元化的文化基礎，國際化程度日益提升，希望這座美麗的海濱城市成為中拉深化合作的大舞台。

　　馬戲，從未如此接近橫琴。精彩在夜色中開啟，四面八方的遊客乘興而來，欣賞來自世界各地、身懷絕技的馬戲團在長隆大劇院的表演⋯⋯

　　這是發生在橫琴中國國際馬戲節上的場景。

場景一

　　差使：「誰喜歡音樂，嚮前走三步！」班長發出命令。

這時，六名士兵舉起手，爭先恐後邁着誇張的腳步走了出來。

「很好，現在請你們把這架鋼琴抬到三樓會議廳去。」班長說完，六名士兵面面相覷，現場瞬間爆發出一陣陣笑聲。

場景二

狹小的空間內，與獅共舞，不是一頭獅子，而是一群兇猛的非洲獅子，令人心驚膽戰。不過，隨着音樂響起，平時兇猛的獅子們在馴獸師的指揮下竟如小貓一般溫順，還會做出「恭喜發財」等動作，觀眾又是爆發出一陣歡笑……

場景三

一位女士去監獄看望自己的戀人，但是時空突然靜止，兩人得以喜悦重逢。當時空再度正常化，戀人再度被捕……

無論哪種殘酷的抓捕和懲罰，何種「刑具」，主角都能在極短時間內脫逃成功，令人目瞪口呆。

舞蹈與魔術的融合，更像是一場扣人心弦的舞台劇。

Matwos Menda 只有 12 歲，來自埃塞俄比亞，他從 4 歲就開始練習雜技，已經是個「老手」了。埃塞俄比亞的演員們表演了精彩的「抖轎子」。那個在空中經常被甩來甩去的小夥子，就是 Matwos Menda。

Matwos Menda 心心念念的就是「英吉拉」了。開始我還以為「英吉拉」是他的一個什麼人，後來才知道是他們家鄉的一道美食，Matwos Menda 想家鄉的味道了。這是一種什麼食物呢？長隆的大廚們想一試身手，但演員們比畫了半天也沒說清楚，只知道它是用一種叫「teff」的阿比西尼亞茅草做的，很「sweet」。

貝洛有一頭足足一英尺高的金黃色頭髮，走到哪兒頭髮就豎到哪兒，他被《時代周刊》稱為「美國最好的小丑」。

「你是用髮膠嗎？」走出馬戲場館的貝洛來到橫琴小鎮觀看珠海非物質文化匯

演，我有幸與他交談。

「哦，不。」貝洛說了一種我聽不懂的物質，他告訴我，除了表演，在生活中他也始終保持這個標誌性的發型。貝洛很驕傲地說：「做髮型可是有訣竅的，在我很小很小的時候，我就頂着這一頭頭髮了，認識我的人都認識我的頭髮。」

貝洛從 6 歲開始學習，已經當了 35 年「小丑」。他的家族連續 7 代人都從事小丑表演。貝洛足跡遍布世界各地，曾在著名的「大蘋果馬戲團」演出多年，《紐約時報》《時代周刊》等多次對他進行報道。

「第一次到橫琴表演嗎？」

「Yes！」他自始至終高舉着相機錄像或拍照。舞獅隊、客家竹板山歌、鳳雞舞、鶴歌鶴舞、沙田民歌、編花袖……

此刻，川劇變臉表演者正走下舞台，來到貝洛旁邊，請他用手指「摁」住自己的臉，貝洛饒有興致地伸手摁住演員的臉譜，誰知表演者一甩頭瞬間變換成了另一臉譜。

這讓身懷絕技的世界頂尖小丑貝洛張大了嘴。談起法國的康城，人們會想起電影節；說起德國的慕尼黑，人們會想到慕尼黑啤酒節；提起橫琴的長隆，人們自然會想到馬戲節……雜技和馬戲，古老而充滿趣味的藝術形式。在此前，馬戲與橫琴的交集並不多，舉辦馬戲節有何意義，橫琴也未必知道。

萌芽於周，形成於漢，盛行於唐，中國擁有歷史悠久的中國雜技，但具有國際影響力的雜技節卻為數甚少，尤其是馬戲類節目，更是整個雜技大類中的「短板」。馬戲節的舉行則可有效彌補這一短板。2012 年 4 月，廣東長隆集團提出舉辦國際馬戲節。

長隆的想法與橫琴「不謀而合」。成瑜榮時任珠海市旅遊局副局長，他告訴我，當月底，珠海就着手啟動馬戲節的申辦。但珠海的申辦卻「生不逢時」。當時，全國範圍內正清理規範各類慶典、論壇，凡是帶有「中國」「國際」頭銜的活動都需要經專門的小組審批。如何說服國家有關部門同意珠海辦這場國際性的馬戲節？成瑜榮說，光靠熱情、誠意顯然不夠。珠海制定了翔實的可行性分析報告、總體工作方案、賽事方案，從必要性、可行性、獨特性等方面反覆印證珠海

有實力、有能力、有決心辦好這場國際性盛會。

9 月下旬，這份經過無數次修改的方案獲得省政府、文化部兩家主辦單位同意後，正式上報全國清理和規範慶典研討會論壇活動工作領導小組。這個名稱超長的領導小組由 16 個國家部委組成。

「一個星期之內，這份方案獲得 16 個部委一致通過！」回憶往事，成瑜榮難掩興奮。11 月 23 日，他接到全國清理和規範慶典研討會論壇活動工作領導小組辦公室的通知：中國國際馬戲節已經獲批，正準備發文。

「來之不易。」事後他才得知，這是全國清理和規範慶典研討會論壇活動工作領導小組成立後批准舉辦的第一個節慶活動。如今，每到一年一度的馬戲節，因為馬戲節而改變的城市細節在橫琴處處可見，營造出迎接馬戲節的熱烈氛圍，馬戲節成為眾多市民交談的話題。

從 2013 年開始，中國國際馬戲節已經連續舉辦了 5 屆，堪稱全球超大規模的國際馬戲盛會，吸引了全球 43 個國家的頂尖馬戲表演團隊同台競技，累計觀看演出人數達到 35 萬人次。

驚心動魄的《蹬人》，浪漫唯美的《春之韻》，上下翻飛、驚豔四座的《頂壇》……俄羅斯、烏克蘭、白俄羅斯、澳大利亞、德國、美國、意大利、加拿大、荷蘭等國家的節目涵蓋極限運動、空中雜技、舞台雜技、特技表演、滑稽小丑、大型魔術等，每屆參演人員超過 200 人。技術難度之高、規模陣容之強大、表演之精彩程度令人驚歎。

隨着馬戲節永久落戶橫琴，珠海這座浪漫之城從此增添了馬戲雜技的歡樂基因，與中國航展，一柔一剛，一起成為珠海最為靚麗的城市名片。

孖城記

　　記得有一部熱播電視劇叫《雙城生活》，男女主角奔波在北京和上海兩個城市，生活裏有諸多的不便和矛盾。但這種情況在橫琴和澳門之間並不會出現。因為它們離得太近，就像一對「孖寶」。橫琴開發後，「琴澳同城」這個詞頻頻出現。事實上，雖然橫琴和澳門兩地居民不說「同城」二字，但同城生活早已開啟。

　　每天，兩地居民就像串門一樣頻繁進出橫琴口岸，上班上學或公務活動，每天，如鯽的車輛滿載着生活用品經由蓮花大橋源源不斷地運往澳門的街市、酒樓、食肆等每一個角落。

　　楊冰家住澳門路環島，是一名綠道騎行愛好者。丈夫是廣西籍，在橫琴粵澳合作產業園一家澳門企業擔任中層領導。他們是在跨境騎行中結緣的。2015 年，因為騎行這一共同愛好，橫琴不少地方都留下他們共同騎行的身影，他們越「騎」越近，最後走在了一起。多少次，他們在驛道上採擷愛的花瓣，在海灘上寫下愛的誓言，然後相視而笑，相伴同行……

　　橫琴上演着這樣一個纏綿悱惻的跨境愛情故事。楊冰的婚姻故事是橫琴與澳門關係的一個極佳的隱喻，也成為琴澳融合發展的一個夾帶私家記憶的有趣注腳。如今，楊冰的工作還在澳門，夫妻倆在橫琴買了房，他們工作生活橫跨兩地，每天都要穿梭於兩地之間，24 小時通關解決了這個問題。

　　在楊冰看來，橫琴與澳門交流合作密切，人員往來便利，從通關上講，琴澳往來甚至比去珠海許多地方還要方便快捷。

　　在澳門工作，在橫琴生活，正在成為一種時尚。

　　我有一對澳門夫婦朋友，做教師的 Crystal 和他的全職太太司徒。2016 年初，他們在緊挨天沐河的一個小區裏買下一套 100 平方米 3 居室的房子，和不到 4 歲的孩子一起開始了「工作在澳門，居住在橫琴」的兩地生活。

　　Crystal 大學畢業後在澳門一家中學做教師。早上 8 點，準時過關到澳門工作，晚上 6 點多再過關回到橫琴的家裏，工作日每天都往返，幾年來風雨不改，周末則貓在橫琴度過悠閒假期⋯⋯

　　住天沐河邊，育澳門子弟。Crystal 熱愛他的教育工作，也享受他在橫琴的幸福生活。

　　在橫琴口岸，我就看到出入境邊防檢查站的工作人員已經對這些經常往返的澳門市民很熟悉了，Crystal 屬於這類高頻率來往橫琴口岸的人群，工作人員經常一邊查驗證件，一邊微笑着互相問候。

　　Crystal 對現在的生活津津樂道：「其實我上下班所用的時間跟在澳門住的同事差別不大。」Crystal 說，工作的學校就在氹仔島，有些同事還住在澳門半島那邊。現在口岸的便利通關為兩地人的同城生活提供了可能，無論是從橫琴去澳門還是從澳門回橫琴都快捷愜意。

　　Crystal 的太太司徒祖籍中山，但在澳門出生長大讀書，畢業後在澳門做化妝品零售員，嫁給了 Crystal 後，夫妻倆決定移居橫琴。

　　司徒說，澳門回歸那年，她才 9 歲，當時只記得爸爸媽媽開心地帶自己出去看煙花，煙花很美，但當時並不知道「回歸」是什麼。而她現在能深切體會到這種情感了。

　　「以前只知道自己是澳門人，現在才深深體會自己是中國人。」她愉快地告訴我說。

　　我驚訝於她流利的普通話，因為在我接觸的澳門人中，很多人的普通話並不標準。她似乎看出我的疑惑，她告訴我現在澳門很多學校都設立了普通話課程，大家會聚在一起刻意用普通話來談論內地的旅遊和美食，移居橫琴後，自己身邊也出現了越來越多的內地人。

　　「很多人問我為什麼要這樣『奔波』，其實澳門有不少人跟我一樣的啦，通關這麼方便，橫琴往返澳門也就『一抬腳』的事，跟在一個城市沒區別。」

　　「會不會與澳門的生活脫節⋯⋯」

　　她哈哈一笑：「不會不會，我經常嘴饞時忍不住跑去澳門吃一頓。有時周末我

們會去澳門欣賞一場世界高水平的音樂會，並在澳門的家住上一兩天，逛逛名牌店⋯⋯」

再次見到丘玉珍時是在橫琴政府服務中心，她正好帶着朋友去遞交材料、填寫表格，注冊公司，程序很快完成，她說：「幾天後，朋友就能拿到一張牌照開始在橫琴經營。」

前面說過，丘玉珍是最早到橫琴投資創業的澳門女企業家之一，她的港澳台企業批准證書編號就是「0001 號」，也是從那時開始，她在橫琴、澳門之間開啟了「雙城生活」模式。

橫琴加快落實促進澳門經濟多元發展的各項措施，琴澳兩地之間的人員往來、要素流動更加便捷，丘玉珍說「有了家的感覺，就像在同一座城市裏一樣」。

2016 年 12 月 20 日，丘玉珍成為第一批拿到橫琴臨時入境車牌的澳門單牌車車主之一。

「等這一天等了 5 年。」她感慨地說。

短短不到 10 年，她親眼見證了橫琴口岸 24 小時通關，澳門單牌車進出橫琴，從澳門的家到橫琴公司的距離，也從 45 分鐘變成 30 分鐘，現在變成了 15 分鐘。從澳門的家到澳門公司和從澳門的家到橫琴公司時間差不多，就像同一個城市。丘玉珍在澳門有個幸福的 5 口之家，還有兩間公司，每周至少有三天她要過關來橫琴處理公司事務。

看着橫琴「長大」的丘玉珍對這裏的感情也非比尋常，見證每一條路的開闢、每一棵樹的成長，橫琴早已不僅僅是個投資地，而更像是自己的第二故鄉。

「我真的把橫琴當家。」丘玉珍讀書時數學最好，大學又念的是法律，習慣了精準而規律的生活。她說橫琴這個地方，誰都猜不到下一秒會發生怎樣的奇跡，這就是它迷人的地方。

如今，原來很「港澳味」的丘玉珍開始看內地的電視劇，追《快樂大本營》《天天向上》，還是熱播電視劇《人民的名義》裏「達康書記」的迷妹。

「我現在八成時間都在講普通話。」來橫琴才開始學習普通話的丘玉珍，現在說着一口流利的普通話。

「雙城生活」要如何更優質，丘玉珍坦言「很不容易，還有很多生活配套設施需要完善，還有一個就是制度和文化上的適應」。

在澳門上班，在橫琴生活；或是在珠海上班，在澳門生活越來越成為一種常態。阿麗和小輝跟我講述「琴澳同城」的便利生活。

人物小檔案一

人物：阿麗

性別：女

年齡：28 歲

戶籍：橫琴

職業：留學諮詢

愛好：購物、炒股

阿麗是地道橫琴人，生於斯長於斯工作於斯。

阿麗：「我老公是澳門人，每天下班回來都會偷偷帶一兩個我愛吃的進口水果。後來我讓他不用拎着大包小包了，省得賊一樣過口岸時被查。因為橫琴有了跨境電商 O2O 展銷體驗中心，一個正品 LV 包比澳門還便宜一兩成。至於愛吃的進口水果比如智利車厘子、泰國榴蓮……我對比曾經在超市裏買過的進口車厘子，價格還便宜了兩成哩！」

日用品、護膚品、保健品等進口物品，阿麗都喜歡在朋友圈裏曬，好東西一起分享嘛！好些葡語系國家和拉美國家的產品朋友們根本沒見過，譬如巴西可可、葡國海鮮……

阿麗：「在進口商品直營店，有大把東西供你淘。」

之前經常往返澳門，阿麗發現在貨幣兌換上很吃虧，貨幣兌換點吃的「點數」太多，去銀行兌換又要排隊。現在，橫琴新增了很多兌換點，可隨時隨地換錢，且吃的「點數」也少了些。

阿麗：「兩地生活日趨同城化。」

阿麗是一名留學諮詢師，之前，有小孩要出國留學找她諮詢，她都是通過澳門的中介機構跑業務，因為資源更廣泛的澳門中介機構不被允許在橫琴設分支機構，阿麗經常要「過關」。

阿麗：「這兩年陸續有港澳大型出國留學中介機構進駐橫琴。這些港澳中介提供更多選學校、選專業等諮詢服務，有些還提供申請一些難度較大的國家和學校的服務。」

工作並不忙碌時，阿麗也玩股票，但 A 股「T+1」的交易模式不如港股不設漲跌停板且可「當天買當天賣」（「T+0」）來得自如。可是滬港通 50 萬元的開戶門檻把阿麗攔在了外面，每當她收到「內幕消息」或「情況不妙」時，需要到澳門去「處理」。隨着「允許自貿區金融機構按規定為自貿區內個人投資者投資香港資本市場的股票、債券及其他有價證券提供服務」政策落實，阿珠找了一家自貿區的券商開戶炒港股。

阿麗：「當天買賣港股『T+0』，感到好 HAPPY！」

人物小檔案二

人物：阿輝

性別：男

年齡：33 歲

戶籍：澳門

職業：店主

愛好：單車自由騎行

阿輝是澳門人，正籌劃創業，想開個創意手信店。在澳門首次創業可獲得 30 萬澳門元無息貸款，但租金高，在大三巴附近租個幾十平方米的店舖，每月要 20 多萬澳門元。看着對岸橫琴飛速發展，阿輝越來越覺得「心癢」：那邊的世界很精彩，想去找找機會！

一打聽，橫琴有個澳門青年創業谷，可以提供一條龍創業服務，進駐減免至少一年租金。還有好多風投機構，好項目可獲得風投資金，公司壯大

後，還可在內地新三板上市。阿輝於是在創業谷注了冊，開始創業。

阿輝：「澳門特區政府正在將青年創業政策優惠延伸到橫琴，讓兩地扶持政策疊加。」

以前，阿輝在橫琴往澳門打電話、用澳門手機上網是國際長途，費用不是一般的貴。2015 年，珠海電信與澳門電信聯合推出「橫琴卡」，通信話費、上網流量資費「雙同城化」，阿輝第一時間買了一張，費用低，網速也快。

阿輝：「我媽不用嘮叨我的話費和流量了。」

橫琴買房澳門貸款，是不是真的？

是真的！

阿輝 5 年前買房結婚，那時他對女朋友說，我們去橫琴買房吧，橫琴房價比澳門便宜一半不止，生活環境不知好到哪去。跨境貸款也放開了，阿輝在橫琴買房還可以在澳門按揭，享受低利率。

如今，阿輝的兒子也 3 歲了，準備上幼兒園。不過在澳門上學好「心塞」，幼兒園、小學、中學要派學位，家長要通宵排隊報名，孩子要參加面試，最終也不一定能找到「心水」學校。

橫琴正在引進私立學校和國際學校，一方面橫琴將對在橫琴工作生活的澳門居民子女提供義務教育。另一方面，澳門免費教育福利也將延伸至橫琴，未來孩子在橫琴上學，也可能享受和在澳門一樣的福利了。

阿輝：「不用通宵排隊報名，享免費教育。」

以前，阿輝開車從澳門去橫琴，好不容易才弄到個粵澳兩地車牌，這個車牌要經廣東省公安廳審批，符合條件才能申領。實行澳門單牌車可進出橫琴政策後，阿輝很快就申請到了單牌車指標，他開着澳門便宜的進口車，輕鬆往返兩地。

阿輝最放心不下的是自己的媽媽，畢竟她快 70 歲了，自己在橫琴時間比較多，他想把媽媽接到橫琴一起住，但又擔心離開澳門享受不到澳門特區政府的敬老金等福利和補貼。因為根據最新標準，凡滿 65 歲的澳門長者居民每月可領取養老金 3450 元，敬老金每年 9000 元，永久居民現金分享每年

9000 元，而特區政府現金分享政策也要求居民在澳門待滿一定的天數。

不過，好消息來了：澳門特區政府正與內地方面協商，探討澳門人在橫琴養老問題，橫琴也正在籌劃，很快就要建起澳門新街坊，蓋養老院，對接澳門的醫療、養老等相關服務。

阿輝：「如果這樣，我一定會把媽媽接到橫琴一起住。」

新葡京、永利、金沙、美高梅、威尼斯人……在這些豪華酒店的另一面，卻是中國傳統文化與老歐洲的交融：牛雜、牛腩、甜品和蠔仔粉，這是原汁原味的地道澳門；葡式豬扒包、葡式蛋撻和聖地亞哥下午茶則遺留着老歐洲淡淡的滋味。

我在澳門坊間舊區的小斜巷行走，在路環島上的小徑漫步，在社區的小廣場上駐足歇息……

「去澳門一定要去威尼斯人！」之前，好友叮囑我不到威尼斯人不算到澳門。此威尼斯人非彼威尼斯，它是一間因模擬威尼斯水系而聞名遐邇，集酒店、免稅購物、會議展覽等服務設施為一體的大酒店。

那天，我在威尼斯人酒店購物街漫步，陶醉於購物的各國遊客摩肩接踵，川流不息。一家門頭裝飾高端的意大利名牌服裝店吸引了我，我多掃了幾眼。

「您好，歡迎到店裏看一看。」一個操着內地口音的小夥微笑着對我說。

「哦，聽口音你是內地來的啊！」

「對啊，我老家是廣西的。」

「我們老鄉。」我說。

他鄉遇故知。攀談起來，原來小夥子名叫張雨生。他淡淡一笑，補充道：「不是那個台灣歌星張雨生哦！」

從廣西桂林來澳門打工的張雨生個子不高，卻幹淨利落，落落大方，頭腦聰明活絡，加上會待人會處事，又說得一口流利廣東話，很快便擔任這家品牌店的店長。

「來澳門工作幾年了？」

「已經三年了。」談到工作，他和我聊了起來，「澳門現在發展很快，工作機

會也多，在這裏也能享受到完整的假期，還不錯。」

「住在澳門嗎？」

「不，橫琴啊！」

「橫琴？為什麼不住在澳門？」

「澳門房租很貴啊！」言語間他一聲歎息，「一張床都要 2000 元。」

「每天橫琴澳門兩地來回跑？」我說。

「是啊！白天在酒店工作，晚上回橫琴住。我的居住證都是橫琴的派出所辦的。」

對於跨境工作生活的辛苦，張雨生表示自己已經適應了：「每天回到橫琴的租房還是開心的，這邊收入高一點，銷售好的話每個月加提成有差不多兩萬元。」

張雨生屬於琴澳雙城生活裏的「另類」。

澳門回歸後，內地各省與澳門之間也以合作等多種形式促進勞務資源的對接。張雨生是數萬在澳門從事服務業的內地人中一員。澳門酒店業的發展，需要越來越多的從業者加入，澳門的國際酒店也提供了不錯的薪資和福利，吸引了大量內地人來澳門就業。

談到未來的打算，張雨生揚了揚頭，眼睛閃着亮光，胸有成竹地說：「買房！打算在橫琴買房，讓居住證變身份證。」

白天，他們奔波去澳門，出境插卡、按指模、看鏡頭；傍晚，他們接踵而歸，入境插卡、按指模、看鏡頭……夜裏，他們棲息於一衣帶水的橫琴，雙城生活怡然自得。

這樣周而複始，宛如潮汐。

橫琴與澳門一步之遙，生活在橫琴的澳門人對同城生活的信心，每每表現在他們當中越來越多人願意在橫琴置業。

30 歲的楊書是廣州人，高個方臉，濃眉大眼。大學畢業後留在澳門發展，現供職於一家會計師事務所，同事都是澳門人，朋友基本上也都是澳門人。在澳門，楊書還覓得幸福婚姻，娶了澳門姑娘小娥。

「我成倒插門了。」楊書侃侃而談的臉上，現出些許得意之色。

坐在我對面的他身着一件藍色豎條紋襯衫，搭配一條得體的黑色西褲，腳穿一雙幹淨的黑色皮鞋，襯衫還規規矩矩地別進腰間。如果時間倒回去兩年，當時的他絕對不會想到，自己會交一位澳門的女友。能認識小娥，這其實和買房有關。

澳門是高福利社會，澳門人幸福滿滿，只是房價三四年間狂躍 10 倍，這讓許多剛需階層「真的傷不起」。楊書身邊幾個澳門同事早過起了雙城生活，一個在珠海的華發新城買了一套江景豪宅。一位更早一些到珠海的唐家灣買了棟別墅，每天澳門和珠海兩邊跑，過着雙城生活。

「澳門房價實在太貴，動輒要上萬澳門元一尺，我們剛工作的根本買不起，我的同事大多和父母住在一起。」楊書說，他和其他幾個同事一年前就打定主意在橫琴買房，相邀一起去橫琴看看。閒暇之餘他一直通過網絡關注橫琴的新房。

在一次坐某樓盤看樓車的時候，楊書認識了同車鄰座的姑娘小娥，就這麼一坐就被「電」着了。兩人一見傾心，幾次接觸下來，很自然地成為戀人。一次看樓的經歷倒成了牽線「紅娘」，房沒買成，女朋友到手了。

澳門是名副其實的「小」呀！你想想，19 世紀的澳門土地面積才 10.28 平方公里，400 年間通過填海造地擴張到今日的 32.8 平方公里，60 萬居民就擁擠在如此狹小的土地上，用地不緊張才怪，大規模小區難覓蹤影，帶庭院的小區更是少之又少。

毋庸置疑，澳門人是橫琴買房的絕對主力。

價格窪地、生活品質、政策利好……澳門人選擇在橫琴買房的理由很多，房價差只是吸引澳門客垂青橫琴樓市的一方面。由於澳門地域狹小，寸土寸金，當地人居住品質普遍不高，握手樓林立，不少樓宇緊鄰馬路，十分嘈雜。再加上樓齡較長，設計早已落伍，在澳門，沒有窗戶的黑廚黑廁十分常見，當地人已經習以為常。

橫琴置業動輒數十米的樓間距，優良的採光和私密性，不用配套高級會所、餐廳、學校等設施，僅僅憑實用率，就足夠讓澳門客點贊。難怪澳門客紛至逕來。

橫琴樓市曾一度被打上了濃重的澳門標籤，不少樓盤過半甚至九成買家都是

澳門人，幾個屈指可數的樓盤更是一夜之間成為澳門剛需和炒家階層爭搶的香餑餑。楊書和女友的婚房一直沒有搞定。這讓他犯難發愁。

2016 年春夏之交，澳門和橫琴碧綠蔥蘢，兩地的天氣時而豔陽高照，時而暴雨如注，充分表現春夏之交的季節特徵。

楊書再一次踏上橫琴看房。跟着看房團，楊書和女友一天就考察了華發‧悅府、中海名鑽花園、華發首府、K2‧荔枝灣四個樓盤。默默跟在隊伍後面，聽售樓員講解、參觀樣板間。此時，橫琴的新房均價在 41000 元 / ㎡左右。最終，中海名鑽成為首選，無論是建築的外觀設計還是整體規劃，都讓他們不約而同地覺得「值」。該出手時就出手，楊書一錘定音。

我問他：「這麼執着地在橫琴購房對你來說意味着什麼？」

楊書回答我：「人生算是圓滿一半了。」

從此，楊書開始享受更為豐富的琴澳「雙城」生活。接下來的時間裏，他的生活軌跡改變很大。「以前只是偶爾來一次橫琴，現在天天要過關。」「對我來說，雙城生活的最大好處，就是能夠和女友甜蜜相處，因為橫琴有我們的愛巢。」

根在澳門，枝展橫琴。再次見到楊書是在 2019 年 2 月，他挽着太太，手裏還牽着一個小男孩，咿呀咿呀叫我「伯伯」。

我問他：「對這種雙城生活你適應了嗎？」

「那當然，橫琴讓我過上休閒的生活，澳門幫我實現夢想。」楊書說，雙城的融合使橫琴與澳門的人員往來更加緊密，雙方有更多的機會了解與交流。他相信雙城的融合度會不斷提升，兩者能夠更加互相包容，澳門和橫琴的明天一定會更好！

告別楊書，我陡然想起 20 世紀歌手蘇芮演唱的那首家喻戶曉的《酒干倘賣無》——

　　　沒有天哪有地
　　　沒有地哪有家
　　　沒有家哪有你

沒有你哪有我……

沒有一套房，雙城生活就是「浮雲」。根據橫琴一家樓盤的統計數據，購房的客戶中，澳門人佔 70%，香港人佔 9%，珠海本地人佔 15%，其餘 6% 為其他內地客戶。

「用澳門貸款在橫琴買房比在澳門買房便宜了一半多。」2016 年 4 月 23 日，澳門人劉冰在剛剛更名的中國銀行橫琴自由貿易區分行辦理了 150 萬元人民幣的跨境購房款結匯業務。

劉冰英俊瀟灑，臉上戴着一副度數不淺的近視眼鏡，鏡片後面閃動着一雙明亮的眸子。他說，剛到橫琴的時候，每個工作日的晚上都會經橫琴口岸回家，有時通宵達旦，有時加班，晚一點下班過不了關口就只能住在公司宿舍。

「不加班不行嗎？」

「不行，工作量實在太大。」

劉冰每次往返琴澳，至少要轉車三次，回去又是三次，很不方便，於是便萌生了買房的念頭。那時候，橫琴方面正積極爭取協調推進國家有關部門進一步出台對澳門擴大開放的政策措施，破解和減少兩地生產要素便捷流動的障礙。後來，橫琴口岸 24 小時通關了。再後來，劉冰的單牌車也可以開進橫琴了。每天一路暢通地往返於澳門家裏和橫琴公司，單程可以節省大概半個小時的時間。

「那為何還要在橫琴買房？」

「有歸屬感啊！」劉冰說。

隨着一系列改革創新措施的落地，珠港澳三地之間要素流通越來越方便，橫琴在全國率先開展跨境住房按揭貸款試點。劉冰就是通過在澳門銀行辦理按揭，再由澳門銀行按匯率轉賬到橫琴的中國銀行，讓自己在橫琴買房變得輕而易舉。

後來我從中國銀行橫琴自由貿易區分行得知，港澳居民可以在港澳地區將人民幣匯入開立在該行的同名賬戶，香港居民每人每天限額 8 萬元人民幣，澳門居民每人每天限額 5 萬元人民幣。這些業務都是為橫琴助力澳門經濟多元化和琴澳生活同城一體化提供最根本的金融支持。

「沒有家，任何人的心靈都無處安放。」劉冰說。

2018 年 2 月 5 日，在陰沉沉的天氣中，我先後來到橫琴龍光玖龍璽、華發廣場、金匯國際廣場、天慶‧粵凱廣場等多個樓盤銷售中心，一輛持有澳門和粵 Z 的雙牌照轎車正從我的身邊駛離。見我有些驚詫，保安人員向我透露：「像這樣的兩地牌車每天都有十幾輛，澳門客戶一茬又一茬。」

澳門居民王若曦女士帶着家人過來看房，她告訴我，自己在澳門有一套 120 平方米的房，兒子正在澳門大學讀書。澳門這套房子是準備留給兒子結婚用，自己跟老伴商量好退休後到橫琴居住，於是趁假日來「睇樓」（看房）。

我問她，澳門人對橫琴的住房為何鍾情有獨鍾？

她扳起手指為我一口氣點了好幾個「讚」：

好近。

24 小時通關。

房價不足澳門一半。

首付貸款享受澳門的低利率……

橫琴住宅風格多樣，西班牙風情、地中海旖旎、高大上的鋼化玻璃、穩重的花崗巖石塊……每一種建築形式都竭盡全力地「投其所好」。

到橫琴採訪之前，我十分好奇澳門人前呼後擁來橫琴購房，他們到底喜歡什麼樣的房子？

我為此設計了一份調查問卷並在口岸發放了 500 份，這份問卷包括了 3 大項共 20 個小項：

1. 您計劃購買的面積多大？

2. 您傾向的樓層是？

3. 您最關注的是什麼？

4. 您購房是自住還是投資？

5. 您對小區的配套有什麼要求？

6. 您購買的住房總價在多少可以接受？

……

在收回的 360 份問卷中，接受問卷調查的男女比例分別為 43% 和 57%，其中，兩代同堂佔 38%，情侶佔 31%，單身佔 19%，統計結果顯示：

計劃購買的面積：70—100 平方米是澳門人最愛，佔 49%；60 平方米以下佔 21%。只有 8% 的人士考慮購買 120 平方米以上的戶型。

傾向的樓層是：10 到 30 層，佔 79%。

最關注的是：治安和消防，佔 49%；家政服務，佔 27%。

自住還是投資：自住，佔 61%；投資，佔 32%；均可，佔 33%。

對小區的配套：學校和商業超市，佔比分別為 29% 和 20%；醫療保健機構，27%（這點和內地人何其相似）。

住房總價：300 萬，佔 38%；350 萬，佔 47%；500 萬，佔 17%。

王若曦買的房子總價是 350 萬，17 層。那是一套 80 平方米的兩房一廳的公寓。

買房那天她在微信朋友圈曬了一張粉紅色的定金單，寫了這樣一段話：愛上橫琴，兩邊都是家。

突然有一天，她給我發來一條微信，後邊只是三個號啕大哭的表情。

我大吃一驚，連忙用微信語音與她通話，她有點六神無主地告訴我：「我的購房資格沒有通過審查。」

「你可能被不良地產商坑了。」我告訴她。

原來，那天在一家樓盤售樓部前，一個年輕的小夥子對她宣稱內部認購，還向她展示一張「購房 VIP 卡」，只要交點「介紹費」就可以買到更便宜的房子。信以為真的她稀裏糊塗地跟小夥子來到另一個樓盤，精美宣傳冊上打着「LOFT」「SOHO」「酒店式公寓」「70 年產權公寓」的噱頭，其實根本就沒有商品房預售許可證。

　　糟了，她心涼了半截，一夜躺在床上翻來覆去，老是做噩夢。

　　「腦子突然間就像進水了。」她並不隱諱。當時沒有查看那家機構的營業執照、房地產經紀機構備案證書和經紀人證書資料，就鬼使神差地下了定金。

　　據說在澳門消委會的協助下，王女士遠程與橫琴消費爭議遠程視頻調解及仲裁平台的調解員進行過視頻溝通。

　　後來，通過政府居中協調，這家被投訴的樓盤開發商無條件向王女士退回全部款項。

　　涉嫌以內部銷售、內部認購方式違規對澳門預售樓花的開發商被政府約談，還受到了處罰。

　　吃一塹長一智，這回王若曦看准了一家口碑好的開發商，全款一次性買下了一套兩居室，她的臉上終於露出了難以形容的喜悅。

　　「我在橫琴買到『家』了！」她還把小區圖片發在朋友圈裏分享，獲得了140多個贊。

橫琴沒有休止符

到過橫琴的人，總會被這裏的大自然景觀所吸引：山巒起伏，樹影婆娑，草色泛青。早間明媚燦爛的晨曦初照，黃昏血紅斑斕的海天一色，總是那樣的宏闊與邃遠。

700 年前，橫琴島上演的宋人「忠、義、節、烈」的大傳奇，消逝的壯懷激烈，曾經的大浪淘沙，已化作豐厚的歷史積澱。

時光如白駒過隙，今日之橫琴沉實、從容與大氣。

它讓我聯想到首任澳門同知印光任先生泛舟大小橫琴山時發出的由衷詠歎：「有曲仙應譜，無弦籟自鳴。」

琴，乃韻通天下之正樂。

《琴論》云：「伏羲氏削桐為琴，面圓法天，底方象地，龍池八寸通八風，鳳池四寸合四氣。」

橫琴遠幸於伏羲氏，它成為粵港澳三地間一個無與倫比的「龍池」，琴音洪亮圓潤，盼響天下。

一撥一彈琴澳情，古往今來盡和聲。

琴聲嫋嫋，琴音嫋嫋……

「靄靄春風細，琅琅環佩音。」如今的橫琴不僅調好了琴弦，更有了新曲譜，是彈奏「橫琴新曲」的時候了。

它有「一帶一路」的高亢旋律。

它有粵港澳大灣區的渾厚和聲。

它有琴澳深度合作的激情詩韻。

《山海經·大荒北經》曰：「大荒之中……有人珥兩黃蛇，把兩黃蛇，名曰夸父。后土生信，信生夸父，夸父不量力，欲追日景，逮之於禺谷，將飲河而不足……」為了承載國家使命，橫琴的「夸父」們紛紛行走在逐日的行列。

我駐足遙望，朝日染紅的橫琴島上，大海又一次潮起……

關注就是力量

「我們始終要不忘初心，讓這裏充滿創新發展活力，促進澳門經濟適度多元化發展。」[1] 習近平的囑託直抵每一個橫琴人的靈魂深處。

這是橫琴永恆的精神動力！

2019 年是農曆己亥年，嶺南這個春節不算冷，2 月 13 日是節後上班的第二天，珠海許多機關單位的門口張燈結彩，還洋溢着一派喜迎新年的氣氛。中共中央政治局委員、廣東省委書記李希來到珠海。

選擇這個日子，難道別有一番深意？

在聽取珠海市委、市政府的工作匯報後，李希書記要求珠海深入學習貫徹習近平對廣東重要講話和重要指示批示精神，多算長遠賬、大局賬，不忘初心，把橫琴開發開放作為一把手工程抓緊抓實，加強與澳門合作，在全面深化改革、擴大開放中展現特區、自貿區應有的擔當作為。他的講話讓在座的每一個人隱隱感到某種壓力和緊迫感……

3 個月後的 5 月 15 日，李希書記又來到珠海。

這一次，李希書記實地調研橫琴新區辦稅服務廳、橫琴口岸及綜合交通樞紐項目建設現場和創新創業園區。在位於橫琴·澳門青年創業谷園區的中銀——力圖——方氏（橫琴）聯營律師事務所和橫琴跨境說網絡科技有限公司，李希書記深入了解創新創業園區、法律服務機構和企業運營情況。他強調，要致力打造法治化國際化便利化營商環境，強化服務意識，幫助解決企業生產經營和青年創新創業中的困難和問題，讓企業和人才與橫琴共同成長。

細細地看，靜靜地聽，諄諄教誨……

1　《習近平強調自主創新：要有骨氣和志氣，加快增強自主創新能力和實力》，新華社 2018 年 10 月 23 日報道。

他說，橫琴開發開放是習近平、黨中央立足豐富「一國兩制」實踐、促進港澳長期繁榮穩定做出的重大決策部署，是推進粵港澳大灣區建設的重大舉措。要牢記總書記囑託，不忘黨中央開發開放橫琴初心，切實提高政治站位，深入落實《粵港澳大灣區發展規劃綱要》，堅定貫徹新發展理念，對標國內國際最高最好最優，舉廣東全省、珠海全市之力，既只爭朝夕，又久久為功，多謀長遠、全局之策，紮紮實實推動橫琴開發建設。

「切實扛起橫琴開發建設的重大政治責任。」李希書記語重心長的一席話，振聾發聵，飽懷着對橫琴的殷殷摯情和期望。

澳門所需，廣東所能。

在 2019 年 5 月 27 日粵澳合作聯席會上，廣東省省長馬興瑞與澳門特別行政區行政長官崔世安在澳門一口氣簽署了 9 份合作協議，這其中包括：發揮澳門聯繫葡語系國家和「一國兩制」的優勢，共同參與「一帶一路」建設；紮實推進創新創業合作，共同打造國際科技創新中心，抓好首批粵澳青年創新創業基地建設……

澳門所需，珠海所及。

2019 年北京「兩會」期間，珠海市委書記、市人大常委會主任郭永航在接受《南方日報》記者的採訪就說：「珠海經濟特區因澳門而生，橫琴新區因澳門而興，自設立以來就擔負着服務『一國兩制』和服務澳門的使命。珠海將切實履行好習近平、黨中央賦予的政治責任，在服務澳門產業多元發展、支持澳門融入國家發展大局上發揮應有作用……」

如何做好珠澳合作這篇文章？郭永航回答了記者提問，共講了四個方面：

　　一是探索政策創新。

　　學習借鑒國際和港澳通行做法，實行高水平的貿易和投資自由化便利化政策，逐步在出入境、內外貿、投融資、財政稅務、金融創新等領域構建更靈活的政策體系，打造開放層次更高、營商環境更優、輻射作用更強的開放新高地。優化拓展「分線管理」政策，在橫琴實現「一線基本放開、二線高

效管住、人貨分離、分類管理」，進一步促進人員、貨物的便捷流動。研究擴大澳門單牌機動車的內地行駛範圍，全面放開澳門單牌車便利進出橫琴。

二是豐富珠澳合作內涵。

加快基礎設施互聯互通，完善港珠澳大橋的運營管理機制，加快推進橫琴口岸、青茂口岸、澳門第四供水管道等建設。發揮澳門「精準聯繫人」作用，積極參與「一帶一路」建設，打造葡語系國家商貿合作服務載體，推動葡語國家產品經澳門更加便捷進入內地市場。落實 CEPA 系列協議，探索取消或放寬澳門的資質要求、持股比例、行業准入等限制，共同打造高水平對外開放門戶樞紐。支持澳門企業在珠海設立研發機構和創新孵化基地，加強澳珠國際科技創新合作。發揮橫琴·澳門青年創業谷載體作用，開發建設「一站式」「一網式」服務平台，助力澳門青年更便利在珠創新創業。推動跨境公共服務和社會保障有效銜接，加快「琴澳新街坊」綜合民生項目建設，為澳門居民在珠海學習、就業、創業、生活提供更加便利的條件。

三是拓展珠澳合作空間。

以橫琴及周邊地區為主平台，打造趨同港澳的發展環境，重點支持港澳高端服務業特別是澳門醫療健康、特色金融、高新科技、文化創意等新興產業發展。在此基礎上，推動橫琴自貿試驗片區政策延伸覆蓋保稅、十字門、洪灣片區等一體化發展區域，以及向金灣區（高欄港區）、鶴洲片區拓展，逐步形成集約高效、宜居適度、山清水秀的珠港澳合作新空間。

四是共同發展新興產業。

以粵澳合作產業園、粵澳合作中醫藥科技產業園、橫琴·澳門青年創業谷等平台為重點，推動兩地共同在特色金融、高新科技、生物醫藥、現代服務等新興產業領域加快發展步伐……

短短半年時間，珠海市委常委會會議、書記專題會、市政府黨組會共 11 次專題研究橫琴工作……

是什麼東西讓日理萬機的領導者深情關注？

是什麼東西讓夙夜不懈的為政者寢食難安？

是這方熱土所承載的特殊使命！

站在老式的橫琴碼頭上，眺望着波平浪靜的濠江，不時有駁船「突突突」地駛過，水面蒸騰起一片片雲翳霧靄。

在橫琴行走，每一次回望，總會讓我感歎什麼叫「萬千寵愛於一身」，什麼叫「人努力天幫忙」……有地緣的優勢，有機遇的垂青，也有人為的勤奮。

──國家級新區。

──廣東自由貿易試驗區橫琴片區。

──粵港澳深度合作示範區。

──國際休閒旅遊島。

……

回首往事，光陰漫漶中，橫琴總是被高層頻頻關注。橫琴自由貿易試驗區、粵港澳大灣區、國際休閒旅遊島等國家政策優勢交匯疊加，歷史機遇撲面而來。

咀嚼歷史，總是一件饒有意味的事情。

那是 2014 年底的一天，橫琴新區黨委書記劉佳帶着各職能部門的領導前往上海考察自由貿易試驗區。

傍晚時分，黃浦江兩岸華燈初上。中巴穿過霓虹閃爍、流晶逸彩的浦東，在駛近上海自由貿易區試驗區時，劉佳看到一個大大的拱門，拱門上面還畫着兩只栩栩如生的海鷗。

「上海這個拱門很有特色，我們橫琴也要搞一個，做成將來橫琴自由貿易試驗區的一個形象。」劉佳說，然後突然提高嗓門問道，「你們誰來完成這個事？」

坐在中巴上的人一愣，然後所有人都把目光投向了吳普生。

吳普生當時主持橫琴新區公共建設局的工作，只見他倏地站了起來，不假思索地說：「我來完成。」

當天晚上，吳普生就去拜訪上海建工設計院，了解上海自貿區這個拱門是怎麼設計出來的。兩天後，上海建工設計院就帶着方案來到橫琴。方案報到廣東省

自貿辦後，省裏又請廣州美院設計了一個統一的自貿區大門樣式。

2015 年大年初一晚上 11 點，天空中下着蒙蒙細雨，橫琴大橋上冷颼颼的，橋面上空無一人。

此時，一台 500 噸重的大吊車和兩台小吊車正吊着一個近 300 噸重的鋼構拱門緩緩升起，然後穩穩落在了基座上，現場很寂靜，也沒有掌聲和放飛的氣球。第二天一早，一座蔚藍色的拱門就像變魔術一樣呈現在往來橫琴島的一眾遊客的眼前。

組織這次施工的正是吳普生。

這個新年跨年，吳普生將太太和剛剛從英國留學回來看他的兒子一起帶到了工地現場，他說想讓家人一起見證橫琴新區是怎樣開「新門」，是怎樣「把新桃換舊符」的。

橫琴新區管委會副主任葉真也來到現場，看着高高聳立的大拱門，「中國（廣東）自由貿易試驗區珠海橫琴新區片區」幾個大字把葉真的思緒拉回到兩年前 ——

葉真是 2012 年到橫琴擔任新區副主任的，到任不久，他帶着幾個人「混」在北京，就這麼來回在國家發改委、商務部、海關總署等國家部委之間跑政策。

北京跑多了，自然就熟悉一批人物。有一天，他在某部門拜訪時，人家告訴他：「還跑什麼跑啊？人家上海都申報自由貿易試驗區了，自貿區的政策比你們這個還好。」

葉真心裏「咯噔」一下。

「自貿區是一個什麼東西？」回到酒店，他立即上網搜索相關資料。葉真坦言，在此之前，他對「自貿區」這個概念知其然不知其所以然。

「上海已經動作啦！」從北京回到橫琴，葉真立即向新區領導班子成員做了匯報，書記劉佳覺得這個消息很重要。

2013 年 9 月 18 日，國務院批准《中國（上海）自由貿易試驗區總體方案》，隨即自貿區正式掛牌。

劉佳立即找到市長何寧卡，何寧卡說，自貿試驗區既然讓上海帶了個頭，口子被打開，那麼橫琴就有機會。

「你們去省裏面打聽打聽。」市長交代。

不打聽不知道，一打聽嚇一跳。廣州先知先覺，已啟動自貿區申報半年有餘，初步方案正在征求專家意見。

「橫琴掉隊了。」葉真去到廣州，多方打聽找到其中一位專家，好不容易從專家的嘴裏摳到一點點消息。

選址：南沙。

定位：粵港澳全面合作區。

既然前海服務香港，橫琴服務澳門，粵港澳全面合作前海和橫琴怎麼能缺席？

葉真一個電話打到深圳前海那邊，他們也不知道這個事。

葉真說：「那我們兩邊能不能一起來做這個事，爭取趕上第二批自貿區的申報？」

前海那邊回答：「好！」

2014年上半年的一天，葉真陪劉佳來到廣東省商務廳，向廳長郭元強匯報工作，提出將橫琴申報為自由貿易區的意向。

「那你們趕快起草方案往省裏報啊！」郭元強很爽快地表示支持幫助。

為了確保萬無一失，橫琴還成立專職小組，劉佳、葉真、閆衛民、鄒樺與商務部國際貿易經濟合作研究院的專家學者一道「閉門研討」，用了整整半個月的時間，撰寫《申報設立廣東粵港澳自由貿易園區（橫琴）可行性研究報告》。

報告正式提交後，他們四處登門拜訪，逐章解讀推介，為橫琴最終納入廣東自貿區範疇加了「高分」，在高層決策時起到了「臨門一腳」的作用。

2014年12月，國務院決定設立中國（廣東）自由貿易試驗區，廣東自貿區涵蓋三個片區，其中橫琴片區赫然在列。

「如果再晚一點，橫琴就可能與自貿區失之交臂了。」現在葉真談起此事仍唏噓不已，錯過了將會被甩在別人身後十萬八千里。

公元 2019 年 2 月 18 日。

北方寒風凜冽，連續幾日大雪紛飛，而地處南方一隅的橫琴島上溫暖如春，小雨淅淅。

這天，國務院正式發佈《粵港澳大灣區發展規劃綱要》，引發萬眾矚目，粵港澳大灣區迅速刷爆各大媒體和朋友圈……

眾所周知，灣區經濟是具有開放的經濟結構、高效的資源配置能力、強大的集聚和外溢功能的重要經濟形態，往往成為所在國家的經濟增長極和發動機。與目前世界著名的「三大灣區」（東京灣區、紐約灣區、舊金山灣區）相比，粵港澳大灣區是中國開放程度最高的增長引擎之一，無論是經濟總量還是經濟活力都完全可以與其相提並論。

以 0.6％的國土面積，創造 10％以上的 GDP，粵港澳大灣區怎能不引人注目？

建設粵港澳大灣區，是習近平親自謀劃、親自部署、親自推動的重大國家戰略。在總共 2.7 萬字的《粵港澳大灣區發展規劃綱要》中，「珠海」被提及 20 次，「橫琴」被提及 22 次，「澳門」被提及 90 次。

在這一戰略佈局中，澳門、珠海、橫琴都面臨前所未有的發展機遇，珠澳一極可謂「火炎焱燚」，熱度不減。

橫琴，成為粵港澳深度合作示範區。

2019 年 3 月 21 日，橫琴再掀波瀾。

這天，國務院批覆《橫琴國際休閒旅遊島建設方案》，將構建橫琴「一帶一廊一區」全域發展佈局。4 月 18 日上午，國家發改委官方網站正式公佈了《橫琴國際休閒旅遊島建設方案》詳細內容。

領域更寬。

層次更深。

水平更高……

橫琴熱如同地下巖漿，熾熱滾滾。

作為繼海南和福建平潭之後，國內批准的第三個國際性旅遊島，橫琴助力支持服務澳門建設世界旅遊休閒中心又有重大創新舉措。

好風憑藉力，送我上青天。《橫琴國際休閒旅遊島建設方案》開宗明義為橫琴定位：促進澳門經濟適度多元發展新載體。旨在實現兩地產業互補、市場錯位、協同發展，促進澳門經濟發展更具活力。

其中的建設目標是到 2020 年，配合澳門世界旅遊休閒中心建設初見成效。2025 年，攜手港澳打造「一程多站」旅遊線路基本成形，配合澳門世界旅遊休閒中心建設取得明顯進展。

琴澳合作被一次次放在聚光燈下。

冥冥之中，一切彷彿早有安排。這讓我想起中國儒家經典《禮記‧大學》裏講述的這樣一個故事。商朝的開國君主成湯在器皿上銘刻箴言曰：「苟日新，日日新，又日新。」橫琴隨之湧起的，則是一種新的激動與夢想，新的豪邁與榮耀。

行走中的橫琴

古人說：「作始也簡，將畢也巨。」意思是指事情開始的時候總是相對簡單和容易，發展到後面就會越來越複雜和困難。不忘初心，方得始終。歷史從不等待猶豫者、觀望者、懈怠者、軟弱者。誰與歷史同步伐，誰與時代共振，誰就贏得未來。

國家主席習近平視察橫琴後，橫琴煥發改革激情，迅速統籌 35 項重點工作任務，遴選了 23 個重大項目，總投資 1045 億，全部明確了路線圖、任務書、時間表和責任主體，逐項抓好落實。

行走中的橫琴一旦發現路徑稍有偏差，便立即校准發展的「准心」，這個准心就是助力澳門經濟適度多元化發展。方向既明，行動必疾。堅持澳門需求導向，橫琴高擎「初心」的火炬，動作頻繁。

2019 年 3 月 26 日，全國首個澳門跨境辦公試點樓宇橫琴總部大廈掛牌，首批 10 家澳門企業入駐。

橫琴總部大廈是橫琴最好的樓宇之一。四面都是落地窗，玻璃幕牆在陽光照射之下熠熠生輝，站在 33 樓的雲端觀光廳，視野廣闊，濠江對岸的澳門威尼斯人、銀河酒店近在眼前，蓮花大橋上川流不息的車輛正往返於琴澳之間。在它的旁邊，一棟大樓頂上矗立着繁體字的「澳門大學」，旁邊則是一行葡萄牙文「Universidade de Macau」。

「手續十分簡便。」入駐企業代表盛澤（澳門）文化科技有限公司董事長朱海生說，「這個政策對澳門企業幫助很大，到橫琴辦公一方面解決了企業招人難的問題，另一方面也越來越感受到珠澳同城的便利。」

與此同時，橫琴新區正式出台實施《關於鼓勵澳門企業在橫琴跨境辦公的暫行辦法》，無須辦理工商登記注冊和稅務登記手續，僅向橫琴新區澳門事務局備案，便可與樓宇管理方簽署辦公場地租賃合同入駐，還享受每月每平方米 70 元的

租金補貼。

「這樣的安排我們很滿意。」朱海生說，「這是一個雙贏的舉措。」

澳門企業入駐，將對接港澳與橫琴在資本、市場、技術和管理要素方面的資源，將成為促進兩地融合尤其是促進澳門產業多元化發展的重要力量。

為了方便澳門企業員工往返琴澳，同一天，「橫琴 —— 澳門跨境通勤專線」也延伸過來了。

這條專線開通後，每日往返澳門、橫琴共計 24 個班次，從澳門葡京酒店始發，途經氹仔新濠鋒酒店、澳門蓮花口岸、橫琴口岸、橫琴總部大廈、保利國際廣場，終點為橫琴粵澳合作中醫藥科技產業園，班車運行範圍覆蓋了澳門半島、氹仔島和橫琴新區。

琴澳通勤專線主要面向橫琴的澳資企業員工和在橫琴工作生活的澳門居民。跨境辦公一掛牌，由岐關公司營運的通勤專線隨即就增設了創意谷、臻林山莊兩個上落點。

橫琴竭盡全力打造促進澳門經濟適度多元發展新載體。2019 年 5 月，「澳門產業多元十字門中央商務區服務基地」揭牌。

澳門華記環球集團、卓科數碼、康業醫藥、永新科技、微科大數據、栢利勤科技、APM 供應鏈、鳳凰天空文創經濟協會、澳門未來智慧城市研究會等紛紛在澳門產業服務基地掛牌。

打造珠澳合作重要平台，完善公共服務配套，橫琴準備好了。

橫琴滿懷鴻鵠之壯志，而基建高效對接，是橫琴正在落子的兩盤大「棋」。先來看第一盤棋：澳門蓮花口岸搬到橫琴口岸「合體」。但凡從橫琴口岸過關的人，都有過葉姨的經歷。由於生意上的往來，葉姨在澳門和橫琴兩邊跑，從橫琴口岸、蓮花口岸通關往返必須先在拱北、橫琴口岸各查驗一次，然後再坐穿梭巴士過橋到蓮花口岸再查驗一次，俗稱「兩地兩檢」。

「通個關真叫人精疲力竭。」葉姨很是感慨，「穿梭巴士在蓮花大橋上來回『擺渡』，倒騰來倒騰去耗時長，煩得要命。」

　　葉姨的「遭遇」有廣泛代表性。供職於橫琴商務局負責口岸工作的張軍深有體會，他說，每年橫琴做營商環境或口岸通關便利化問卷調查，總被拿通關來說事，這個問題始終排到前列。有什麼辦法能解決好過境擺渡這個「唛」事？

　　「我們其實在 2016 年初就有想法了。」張軍說，「當時口岸樞紐要建設，我們就想，能不能讓澳門的口岸過來一起『合體』，就不用折騰了。」

　　那時，深圳灣口岸搞「兩地一檢」，我們想學深圳和香港，讓澳門搬過來也照葫蘆畫瓢幹。這是個皆大歡喜的事，澳門蓮花口岸搬遷到橫琴後，原來那片用地還可以拿出來做城市更新。也許是認知問題，此事一直是停留在概念上，畢竟太複雜，涉及太多的部門，事權在中央。

　　王彥是橫琴法規室副主任、自貿辦副主任，許多重大政策草擬就是出自他的手，是公認的「大手筆」。王彥說，事實上，在橫琴新口岸開建前，規劃圖紙上就預留了空間給澳門，因為搬遷和查驗機制創新都涉及用地，需要一併考慮，只是還處在「保密」階段，橫琴並沒有聲張。

　　當時分管領導是閆衛民，他聽了幾次匯報後問：「澳門蓮花口岸為什麼要搬過來，合作查驗是個什麼樣子？你們得做一個細化的方案。」王彥清楚記得那是 2017 年的 9 月份，閆衛民在協調會上指定由區自貿辦來牽頭做這個論證。

　　一邊與查驗單位協調，一邊與澳門溝通，前前後後與澳門開了二十幾次會。

　　王彥笑稱好像做「地下」工作一樣，雙方都不發會議紀要，靠的是君子協定。

　　「為什麼不大張旗鼓地做？」

　　「中央沒有要求我們做這件事，是我們主動做這個事，也不知道合不合適，因為這涉及法律授權問題。」王彥說。

　　時間來到 2018 年 3 月份，一份洋洋灑灑兩萬字的論證報告出籠，報告中還加入了兩個演示視頻。

　　論證報告送達澳門後，澳門方十分認同。5 月，澳門把論證報告最核心的部分提煉出來，以特區政府的名義向國務院港澳辦提交了《關於推動澳門路氹城邊境站（蓮花口岸）搬遷橫琴初步分析報告》，希望借橫琴口岸規劃建設契機，將蓮花口岸整體搬遷到橫琴，提高通關便利化程度。

中間有點小曲折。由於澳門方提交的是分析報告，不是以請示的形式來報，並不符合內地上文規範，所以被退了回來。7月，澳門特區政府將分析報告作為附件，又給國務院港澳辦重新上了一個請示。10月，國務院港澳事務辦公室副主任黃柳權一行來到橫琴新區，就橫琴口岸查驗機制創新事宜進行專題調研，並召開工作座談會。

「有戲！」澳門最先報道這個消息。

「座談會後不久，國家就批了。」王彥說。

「批給橫琴？」

「不是，是批給澳門。」王彥說。

「你們是怎麼知道這個消息的？」

王彥告訴我，12月14日，在第2屆橫琴新區發展諮詢委員會上，橫琴新區黨委書記牛敬在會上披露：澳門蓮花口岸將搬遷至橫琴口岸已獲得國務院的批覆同意，並實行「合作查驗、一次放行」的通關模式。傳聞多時的「靴子」終於落地。聽到這個消息，葉姨喜上眉梢，直言「沒想到這麼快，好開心」。

原則性和大框架定下來後，王彥說他們正在與澳門協同解決4個問題：一是全國人大授權；二是國務院批准橫琴口岸啟用日期和租賃面積、具體坐標等；三是口岸查驗單位與澳門查驗單位形成「三互大通關」協議；四是澳門口岸搬過橫琴來需要澳門立法會批准。

「現在的進展怎樣？」

「2019年5月14日，珠海跟澳門剛開了會，並簽訂了會議紀要，我們馬上就分頭向中央匯報，總共有6塊土地需要全國人大授權。」

「面積確定下來了？」

「共167720平方米。」

其實在澳門全國人大代表和政協委員裏，將蓮花口岸搬遷至橫琴「合作查驗」早有呼聲。2015年3月5日全國「兩會」上，全國政協常委楊俊文、政協委員吳立勝等32名澳門全國政協委員直言澳門與橫琴之間存在阻礙跨境人士使用橫琴通關的重大因素：口岸通關仍需「兩地兩檢」，橫琴口岸與澳門蓮花口岸之間還隔一

座蓮花大橋，澳門人需要搭乘穿梭巴士在蓮花大橋來回「擺渡」，等候穿梭巴士耗時長，通關效率不高。

提案開宗明義，就是建議讓澳門蓮花口岸「搬家」。

2018 年 3 月，再有澳門全國人大代表劉藝良提案。隨着粵澳合作開發橫琴深入推進，愈來愈多澳門項目落地橫琴，澳門人在橫琴投資、工作，生活群體逐步擴大等，橫琴口岸創新通關模式極具必要性和緊迫性。他提議稱，以租賃形式將蓮花橋區域劃澳管轄，在橫琴口岸設定澳方管轄區域作為執法空間……

看似尋常最奇崛，成如容易卻艱辛。澳門蓮花口岸「搬」到橫琴，在橫琴地塊上興建兩地共享的新口岸，琴澳口岸合作迎來 4.0 版本。再來看第二盤棋：澳門輕軌與橫琴城軌在橫琴口岸「牽手」。

2019 年 5 月 16 日。雨後天晴，空氣濕潤。藍藍的天上白雲飄，但這飄的是薄薄的狀雲，染的是濕漉漉的陽光，有點像彩帶。雖然還是早晨，但直射的陽光也讓人感覺有點灼熱。

我來到建設中的口岸交通樞紐工程現場，這個口岸中的「巨無霸」一下使我怔住了。

投資 168 億元，面積 131 萬平方米，單通關區域的樁基就有 6500 根，平均長度超過 100 米，基坑施工面積達 13.5 萬平方米，相當於 19 個標準足球場大小。此時，吊機的馬達聲和攪拌機的轟鳴聲在混響，一抬頭，只見吊機伸長着「臂膀」正來回搬運一綑捆鋼筋，數十名工人正在綁紮焊接鋼筋籠，他們把每一根鋼筋仔細地綁紮後焊接在一起。新口岸建成後，無疑是直通澳門的最大口岸和名副其實的口岸「流量王」，因為它的建成將滿足旅客年通關量 8000 萬人次，車輛年通關量 265 萬輛次，貨物年通關量 533 萬噸。

「我們爭取在澳門回歸 20 周年前旅檢部分具備通關條件。」給我介紹情況的口岸項目總規劃設計師高海波告訴我，項目涵蓋口岸功能區、綜合交通樞紐功能區、口岸綜合開發及配套三大功能體系，將加快琴澳之間交通無縫銜接、同城化進程與產業高效對接，促進國際服務貿易要素在兩地之間便捷自由流動。

項目離海近，施工地質條件非常複雜。建設方中建二局介紹，當時碰到最大

的難題有兩個，一個是樁基成孔難，另一個是鋼筋籠轉運。

後來，在項目部看播放的視頻，他們採用了高頻免共振錘下超長護筒解決了成孔難問題。所謂高頻免共振錘下超長護筒其實就是一個「金鐘罩」，工人們挖土、鋼筋籠吊裝、混凝土澆築都在「金鐘罩」裏進行，安全又高效。

聰明的建設者利用卷揚機拉動鋼筋籠，通過摩擦力作用帶動鋼管繞軸旋轉，使鋼筋籠在鋼管上可以快速移動，猶如「輕功」一般「飛」起來。6500 根樁，鋼筋總重量高達 70800 噸，每個鋼筋籠長達十幾米，重達數噸。如果採用汽車吊或履帶吊轉運鋼筋籠，既費時又費力。

橫琴定位是國家決策，橫琴開發是國家戰略，橫琴承擔國家使命刻不容緩：拓展珠澳合作空間，豐富珠澳合作內涵，共同發展新興產業……

打破利益藩籬，以刮骨療毒、猛藥去疴的決心和勇氣付諸行動，橫琴一系列政策和措施齊頭並進：全面暫緩非澳門項目的用地審批。梳理未開工項目或建設進度緩慢項目。調整 1.3 平方公里的住宅用地為產業用地……

琴澳合作空間還有「重磅」！橫琴新區規劃國土局《橫琴南部填海區控制性詳細規劃》批後公告透露了諸多細節。填海區總用地 25 平方公里，位於橫琴新區南部淺海海域，北距橫琴本島岸線 1 公里。整個區域由四個部分組成，分別為：水琴島、木琴島、金琴島、火琴島。

「寸土寸金」的橫琴島七成以上土地屬禁建區或限建區，可開發土地僅餘 28 平方公里，而此次南部填海計劃就達 25 平方公里！整個填海區將擁有 1.843 平方公里居住面積，住宅建築規模 310 萬平方米，未來可容納居住人口 8.11 萬。相當於半個澳門的填海區，給了澳門無限的遐想，因為我從官方上看到有媒體報道：這塊區域將探索管理模式創新。

2018 年 12 月 28 日。澳門宋玉生廣場 263 號中土大廈。

這一天，橫琴與澳門在 19 樓共同舉行聯合記者會，宣佈重啟橫琴粵澳合作產業園剩餘 2.57 平方公里地的新一輪招商。境內外媒體和澳門企業代表將發佈廳圍得水泄不通。

有記者注意到，這一輪招商與前兩次招商在評審機制上迥然不同。

譬如，本次項目招商由澳門特區政府牽頭，橫琴新區全力配合，琴澳雙方共同參與。而在此之前，項目由澳門征集、評審、推薦，橫琴主導篩選入園。再譬如，在產業選擇上也發生了微妙的變化。此次聚焦高新技術、新興產業、高端服務業等，橫琴主要負責政策配套。而在此之前，產業以旅遊休閒、物流商貿、科教研發、文化創意為主。

澳琴雙方政府還聯合制定新的項目評審標準、准入條件和申請指引，決定各派出 6 名代表，以及 3 名澳門業界代表，共 15 人組成橫琴發展澳門項目評審委員會。

參會的橫琴管委會主任楊川在回答媒體的提問時表示：本次粵澳合作產業園重啟招商，實施項目評審落地新機制是琴澳雙方踐行和落實習近平指示的具體行動，橫琴將不忘初心，牢記使命，把促進澳門產業多元化發展當作頭等大事來推動。

澳門商人梁啟賢參加了這一輪招商發佈會，他說前兩次也參加了，但此前橫琴對所選項目必須符合橫琴發展定位；項目進入粵澳合作產業園，企業股東 51% 以上必須是澳門居民；且項目發展方向亦需要與橫琴方面溝通。

「說是合作產業園，但我們這種澳門小企業根本進不去。」梁啟賢談起項目招商，心裏還有點兒「氣」。我們是在創業谷裏的一家咖啡店裏見的面。他說兩次申請都不符合條件，第一次說是項目定位不符合橫琴整體規劃不能進園，第二次又因為澳門股東的股份比例不符合橫琴要求。

「之前，橫琴的產業項目進駐『門檻』太高了，除財大氣粗的財團夠資格進駐外，我們中小企業想要佔有一席之地真的不容易。」梁啟賢說着歎了一口氣，他笑稱是「望琴興歎」。

「12 月 31 日就開始接受申請了，這次由澳門主導了，希望你能如願。」我說。梁啟賢說：「不過，政策也很重要。」

他特別激動地提到：「粵澳合作協議簽署時訂明『一線放寬、二線管住』，政策針對的是生產類企業，但橫琴現時根本不能設立工廠及生產基地，商務服務、

高科技、旅遊休閒、文化創意產業才是可發展行業，不符政策的原意。」

「是吧？」他反問我。我笑笑，不予置評。

梁啟賢是我採訪的澳門企業家裏比較「敢講」的一個，他坦言橫琴人氣仍然不足，生活設施配套不夠完善，學校、醫院、街市、超市……澳門需要吸引力。

「還有……買房子的問題。」他欲言又止。

「什麼房子問題？」

「應該鼓勵境外銀行支持澳企申請跨境人民幣融資或按揭，澳門居民在橫琴置業時，首期付款後應可申請人民幣銀行按揭，如政策不落地，會影響澳門人過來居住……」

梁啟賢幾次看時間，他說他只接受我一個小時的採訪，臨出門的時候，他轉過身來對我笑了笑：「講真，橫琴要多考慮澳門企業的特性，倘若一味要求澳門企業發展高科技產業，當下確實有一定困難，產業基礎和人才都是個問題，橫琴要認真琢磨澳門人的想法。」

我告訴他，粵澳合作產業園重啟招商並以澳門特區政府為主導，就是考慮到從澳門的實際需求出發，更加精準地選擇產業，趕快準備好資料申報。

「這次一定成功。」我與他握手告別。

送走梁啟賢，我獨自思索良久。我想，橫琴還有很多事要做。活力與內涵還需提升。公共服務配套尚不完備。產城融合確實需要進一步提速。對澳門居民和投資者的吸引力有待增強……

橫琴一系列的大事、要事、喜事，無一不展現出促進澳門經濟適度多元發展的「橫琴初心」。這種初心，在於堅守助力澳門經濟適度多元化發展的定位，矢志不渝。這種初心，在於堅守特色發展，有所為有所不為。這種初心，在於保持開放姿態，海納百川。

「咬定青山不放鬆」，一步一個腳印的擔當，再遠的路，也要奮力前行。

初心如磐

「多少事，從來急，天地轉，光陰迫，一萬年太久，只爭朝夕。」

毛主席在《滿江紅　和郭沫若同志》中有這樣的名句。橫琴事，從來急。出台專項政策扶持澳資大型商業綜合體開業運營。試行相關先試先行醫療及養老政策。加強與澳門在物流發展戰略合作。構建珠澳共商共建共管共享合作新機制……初心是根，使命是魂。橫琴努力探索與澳門深度合作新模式，搭建促進澳門經濟適度多元發展的新平台。

2019 年 3 月 15 日，這是一個風和日麗，春暖花開的日子。橫琴與澳門大學共建橫琴·澳門大學產學研示範基地正式簽約。

這邊廂——

橫琴為澳門大學免租提供 10000 平方米科技創新載體和 1 億元重大研發機構扶持資金及天使投資基金，協助澳門大學加速融入大灣區並優化創新科研佈局，推動澳門大學研究服務和知識成果轉移轉化。

那邊廂——

澳門大學依託該校 3 個國家重點實驗室及優勢學科院所，在橫琴新區建設產學研示範基地，包括五大研發中心：微電子研發中心、中華醫藥研發中心、智慧城市科技研發中心、醫學研發中心和先進材料研發中心。

「還將包括一個高級培訓中心。」澳門大學校長宋永華喜悅之情溢於言表。

橫琴新區管委會主任楊川透露，10000 平方米的科技創新載體將分 3 期投入，其中首期的 2300 平方米即將落地；1 億元資金中包含 7000 萬元的重大研發機構扶持資金及 3000 萬元的風險投資基金。

「一期項目將在下半年落成並投入使用。」楊川說。

2019 年 6 月 27 日，從橫琴新區環島西路傳來一個重磅消息：澳門大昌行橫琴物流中心啟用！前往「道賀」的人物非同一般，包括全國政協副主席何厚鏵，

澳門特別行政區行政長官崔世安，中央人民政府駐澳門特別行政區聯絡辦公室主任傅自應，珠海市委副書記、市長姚奕生等。

大昌行有何來頭？

這家成立逾 70 年的企業，總部設於香港，業務拓展至亞洲多個地區。從服務香港市民起步的企業，多年來在發展香港、澳門和內地的業務上積累了豐富的經驗並建立了廣泛的物流網絡，是 2014 年在橫琴立項並獲選為粵澳合作產業園的首批准入項目。

《粵港澳大灣區發展規劃綱要》提出：「推進粵港澳物流合作發展，大力發展第三方物流和冷鏈物流，提高供應鏈管理水平，建設國際物流樞紐。」

春江水暖鴨先知。大灣區物流新格局初顯，大昌行便搶佔先機。澳門大昌行物流中心是大灣區供應鏈網絡的重中之重，為澳門和珠海地區提供包括常溫倉、冷鏈倉儲、保稅物流、流通性增值服務等方面的一站式物流倉儲解決方案，更配置零下 18 至零下 25 攝氏度及零下 40 攝氏度超低溫冷庫。

橫琴新區黨委書記牛敬對這個項目贊不絕口，他說：大昌行物流中心是澳門企業藉助橫琴載體拓展發展空間的成功嘗試！

粵澳合作漸入佳境。一個名叫「澳門新街坊」的綜合性民生項目正在橫琴悄然上路。這是橫琴重點打造的集養老、居住、教育、醫療等功能於一體，趨同澳門公共服務和社會環境的重點項目。澳門陳阿婆聽說隔壁老鄰居橫琴要與澳門合作，打造「澳門新街坊」，自言「夢到笑醒」。

「好到極。」陳麗華阿婆逢人便說，澳門的福利有望延伸到橫琴了，這才是澳門普通老百姓最想要的。眾所周知，澳門人的福利放在全球那可都是「棒棒噠」：

15 年免費教育：附設 4000—9000 元不等的學費援助、3000 元的膳食津貼，以及 2000—2500 元的學習用品津貼。

結婚派利是：政府專設生育津貼和結婚津貼，兩項津貼均為 1800 元，人人都可申請。

殘疾津貼：澳門殘疾人士每年可領取 8000 元，最高達 16000 元，還有臨時性殘疾補助，聘用殘疾人士的企業也能有所獲益。

每年派錢：自 2008 年開始，澳門連年派錢，以澳門永久性居民為例，8 年來獲發的現金合計 58000 元 / 人。

澳門還設有敬老金，2016 年的敬老金調整到 8000 元，不用供款也不用收入審查，按年發放……

澳門的教育、醫療、養老等福利一旦對接到橫琴來，像陳阿婆這樣的老年人有更多「着數」了。在橫琴工作、生活、養老的澳門居民都可以享受到與澳門本土相當的各種社會福利。

不僅福利，橫琴還探索澳門醫療及社會保險體系，研究設立為澳門居民在橫琴治病就醫提供保障的醫療基金，吸引更多的澳門居民到橫琴居住、就業、生活。

回程路上，我專程轉到橫琴口岸西邊，約 5 分鐘車程便到了「澳門新街坊」選址地，這塊地的面積約有 18 萬平方米。

橫琴新區管理委員會主任楊川說：「年底前澳門新街坊一定會開工，建成後將借鑒澳門好的成熟社區的經驗，將其建設、管理等模式『複製』過來，將是一個趨同港澳生活環境，融教育、醫療、養老等服務功能於一體的綜合社區。」

「有了愛就有了一切。」我陡然想起了冰心老人說過的這句話。

堅守「一國」之本，善用「兩制」之利。橫琴助力澳門經濟適度多元化發展還有很大的餘地和空間，還有很長的路要走。

在我的採訪筆記裏，在我的採訪錄音中，收納着許許多多澳門人的期待，我把它們一一整理，我相信會有那麼一天。

通關便利：

琴澳兩地人員、貨物和交通工具一方查驗後雙方結果互認。

琴澳兩地共享「一站式」查驗設施設備，全面實現「一次排隊、一次查驗、一次放行」。

琴澳兩地口岸「信息互換、監管互認、執法互助」，人員及攜帶物品在口岸合作查驗，一次放行。

財稅收益：

澳門企業和個人在橫琴投資產生的 GDP 納入澳門統計範疇，體現橫琴助力澳門經濟適度多元發展的實質性、指標性貢獻。

澳門特區政府、企業和個人在橫琴投資產生的財稅收益全部返還給澳門，實行「澳企澳稅」。將澳門金融環境複製到橫琴⋯⋯

一份份答卷剛剛交出，接踵而來的是一份份新的答卷，橫琴像一個勤奮的中學生，不求滿分，但求高分。

凡是過往，皆為序章。橫琴從澳門實際需求出發重新謀劃助力發展的路徑，探索更加靈活的政策體系、監管模式、管理體制，胸懷和視野更加開闊，方法和路徑更加成熟。

領導小組、專責小組、工作小組⋯⋯橫琴走得穩健而從容，儘管壓力不斷，甚至有緊迫感。

善弈者謀勢，不善弈者謀子。按照粵港澳深度合作示範區的制度設計，橫琴正與澳門共同謀劃並打造一個「粵澳深度合作示範區」，以此推動一系列體制機制「破冰」。

面對困難或挫折，那只是一個頓號；面對成功或勝利，那只是一個逗號，與暫時的成功或勝利告別，那是因為前面的路還很長。正如屈原於《離騷》中說的那樣：「路漫漫其修遠兮，吾將上下而求索。」

開弓沒有回頭箭，橫琴在「上下求索」：

實行高水平的貿易和投資自由化便利化政策，逐步在出入境、內外貿、投融資、財政稅務、金融創新等領域構建更加靈活的制度體系。

共建產業合作發展新機制，落實「澳門資源＋全球先進技術＋國際化人才＋橫琴載體」模式，支持服務澳門發展科技創新、特色金融、醫療健康、跨境商貿、文旅會展、專業服務六大產業。

實施「一線放開、二線管好、人貨分離、分類管理」，將橫琴全島視同「境內關外」。

擴大內地與澳門監管互認範圍，通過兩地合作和第三方採信等措施，將運輸工具和部分貨物的查驗、檢驗檢測等前推至澳門。

爭取國家支持，探索試行「澳企澳稅」，即澳門企業在橫琴適用趨同澳門的簡單稅制、低稅率政策環境。將澳門特區政府、企業和個人在橫琴投資產生的財稅收益全部或者按比例返還給澳門。

研究在合作示範區配合服務澳門發展特色金融產業，建設粵澳金融跨境合作示範區。

建設「廣州—深圳—香港—澳門」科技走廊西岸核心區，吸引集聚國際高端創新資源，共建國際科技創新中心。推進橫琴與澳門攜手建設和運營大數據交換中心、離岸數據中心、智能超算平台，設立「下一代互聯網基金」，加快建設國際互聯網數據專用通道，打造互聯網協議第 6 代（IPv6）應用示範項目和下一代互聯網產業集群……

琴澳合作前景無限。

橫琴這把古琴彈奏了千百年，也沉默了千百年。如今，它日夜激蕩的已不僅僅是山水海風之歌。在逐夢大灣區的改革創新中，橫琴正在注入粵澳深度合作的新元素、新內涵，正在演奏「助力澳門、共榮發展」的瑰麗樂章。橫琴深知，唯有不忘對澳初心，牢記對澳使命，與澳門守望相助，休戚與共，攜手並進，才能書寫新時代發展新篇章，才能不愧於國家的重託。

浩浩珠江，南流入海。晚霞暮影，夜幕在緩緩鋪陳，淡紫色的氤氳正從天沐河裏嬝嬝升起，腦背山在夕陽的映照下展露出她美麗的輪廓。

我駕車駛出橫琴島。此時，濠江兩岸燈火初上，澳門和珠海彷彿同時被塗抹上一層濃濃的豔妝。我擰開車載收音機，音響裏傳來一首節奏明快的廣東音樂——《步步高》！

不遠處，落日染紅的十字門水道潮起汐落，噴着「嘩——嘩——」的鼻息，它接納着四面八方的船和槳，我彷彿看到，橫琴又站在了浪尖上……

後　記

一

　　要不要寫這篇後記？說實話，初稿完成差不多有半年時間，好幾次將手中的筆拿起又放下，再拿起……

　　我一直在思忖：這書要不要出？這書該不該出？畢竟橫琴新區成立才 10 周年。後來我想，一個 10 歲的孩子能驅使一個作家念茲在茲地要去為她書寫，這個孩子肯定有他的非凡之處。

　　橫琴就像一個非凡的孩子。

　　我是 5 年前開始關注橫琴的，當時她剛剛被批准為自由貿易試驗區，地方的媒體為她興奮，很多人都把目光聚焦橫琴，我也不例外。

　　我的觀察點有所不同：論新區，她不能跟浦東新區等量齊觀，說自貿區，她不能跟上海自貿區相提並論。區區 106 平方公里的橫琴之所以能「集萬千寵愛於一身」，正是因為她身邊有一個澳門。

　　對！這就是橫琴的非凡之處。

二

　　橫琴的初心是什麼？

　　其實，在國務院批覆的《橫琴總體發展規劃》中已經有非常明確的定位，就是要助力澳門經濟適度多元化發展。

　　歷史選擇了橫琴，讓她有幸承載國家賦予的莊嚴使命，有幸踐行「一國兩制」下粵港澳合作的深度探索，而我與橫琴的「邂逅」，則使我有幸成為橫琴一路行走

的「觀察家」。

橫琴幹得怎樣？

橫琴怎麼幹的？

這種觀察和思考，令我躍躍欲試要為橫琴寫一部書。

我於是揣着筆一次次走進橫琴，我並非樹碑立傳，我只是想用我的筆去審視這個曾經荒蕪的海島上的昨天、今天和明天，去探尋橫琴人對初心的執着守望和對使命的莊重承諾……這，是一個作家的責任。

三

歲月的年輪總是平靜地轉過。似水流年，時光匆匆，歲月無痕，眨眼間 10 年逝去。

10 年是一段時間，也是一段記憶。橫琴牢記習近平的囑託，以不忘初心的政治責任和使命擔當服務「一國兩制」偉大實踐，着力推動澳門融入國家發展大局，着力拓寬產業空間、發展空間、生活空間……

10 年是一種歷程，也是一種未來。作為特區中的特區，橫琴和澳門兩地全方位多層次合作，同頻共振，互利共贏。這些發展的印記深深鑴刻在琴澳兩地同胞的心裏，並注定要對每一個人的生活、工作產生深遠影響。

10 年，是橫琴不經意間標注的一個小小頓號，而正是這個小小的頓號，呈現出一個小橫琴的大情懷。

四

歷史，總是在一些特定節點，給人啟迪，催人奮進。我駐足在這片熾熱的土地上，看着橫琴日新月異的變化，看着橫琴人砥礪前行的精神風貌，我切膚深感力不從心，唯恐寫下的文字如管中窺豹，不及一斑，又怕着墨無度，讀來讓人索然無味……

2019 年初，國務院正式發佈《粵港澳大灣區發展規劃綱要》，珠海、澳門成為粵港澳大灣區的重要一極。我又一次走進橫琴補充採訪。

因為我相信，翻讀橫琴，就是翻讀粵港澳大灣區合作的重要一章！

採訪結束的那天，我將車停在橫琴橋頭，虔誠地祝福眼前這座我深深敬仰的海島：橫琴你大膽地往前走，莫回頭，通天的大路九千九百九十九……

五

既然書要出版，總有些未盡的事和感謝的話要表達。

由於採訪的視角和個人水平所限，書中疏忽遺漏、以偏概全在所難免，在此先向讀者抱拳行禮，還望海涵。也由於種種原因，我對那些未接受採訪或未採訪到的橫琴開發決策者、執行者和建設者表示崇高敬意，你們雖然沒有走進我的書裏，但你們已經走進了橫琴和澳門市民的心中，走進了橫琴開發的光榮史冊。

書中參閱了各主流媒體或新媒體的報道、通訊和特寫，我向撰寫這些文章的記者和文字工作者表示衷心感謝。

感謝許許多多朋友的鼓勵，感謝王彥先生、吳冠希先生、袁超先生為本書的採訪協調提供各種便利並參與了採訪，感謝珠海市橫琴創新發展研究院，本書從策劃、採訪到核稿過程，都得到了研究院的精心指導，沒有他們的支持和配合，要完成這樣一部書是不可想象的。

2019 年 7 月 28 日於珠海